筑路材料与试验检测

主　编　郭天惠
副主编　李　何　龙志伟
参　编　韦锦兵　李　琼
主　审　刘　志

北京理工大学出版社
BEIJING INSTITUTE OF TECHNOLOGY PRESS

内 容 提 要

本书以国家和交通运输部发布的最新技术标准、规范和试验规程为依据，充分体现任务引领、实践导向课程的设计思想，紧紧围绕不同施工阶段所涉及的筑路材料试验编写而成。全书共分为4个学习情境，分别是：学习情境1施工进场阶段常用材料及试验，包括土、石料、集料、石灰与水泥、钢材；学习情境2路基、桥梁施工阶段常用材料及试验，包括矿质混合料的组成设计、无机结合料稳定材料、水泥混凝土、建筑砂浆；学习情境3路面施工阶段常用材料及试验，包括沥青材料、沥青混合料；学习情境4新型材料，包括新型水泥混凝土、新型桥面防水材料、土工合成材料、高分子聚合物、其他新型材料等。

本书可作为高等院校道路与桥梁工程技术、监理工程、城市轨道、道路养护和其他相近专业的教材，也可作为从事道路工程试验检测人员的培训及参考用书。

版权专有　侵权必究

图书在版编目（CIP）数据

筑路材料与试验检测／郭天惠主编.—北京：北京理工大学出版社，2021.1
ISBN 978-7-5682-9422-5

Ⅰ.①筑⋯　Ⅱ.①郭⋯　Ⅲ.①筑路材料－材料试验　Ⅳ.①U414

中国版本图书馆CIP数据核字（2021）第004968号

出版发行／北京理工大学出版社有限责任公司
社　　址／北京市海淀区中关村南大街5号
邮　　编／100081
电　　话／（010）68914775（总编室）
　　　　　（010）82562903（教材售后服务热线）
　　　　　（010）68948351（其他图书服务热线）
网　　址／http://www.bitpress.com.cn
经　　销／全国各地新华书店
印　　刷／北京紫瑞利印刷有限公司
开　　本／787毫米×1092毫米　1/16
印　　张／20　　　　　　　　　　　　　　　　　　责任编辑／多海鹏
字　　数／535千字　　　　　　　　　　　　　　　　文案编辑／多海鹏
版　　次／2021年1月第1版　2021年1月第1次印刷　　责任校对／周瑞红
定　　价／78.00元　　　　　　　　　　　　　　　　责任印制／边心超

图书出现印装质量问题，请拨打售后服务热线，本社负责调换

前　言

本书以国家和交通运输部发布的最新技术标准、规范和试验规程为依据，充分体现任务引领、实践导向课程的设计思想，紧紧围绕不同施工阶段所涉及的筑路材料试验编写而成。在编写过程中，编者注重理论联系实际，将职业知识和职业意识教育相结合，强调现代教学技术手段与教学课件的综合运用和教学效果，力求使本书具有高等教育的特色以及具有针对性和可操作性，突出对学生的技术和技能的培养，注重学生综合素质的提高，充分体现高等教育的特点。

本书以当前常用筑路材料为主要对象，结合道路工程所用材料的基本知识、基本理论和试验检测方法进行编写。针对专业特点，着重阐明常用道路材料的作用、分类、结构和试验原理，使学生牢固掌握常用道路材料的组成、性质、技术指标和常用道路材料的试验操作方法；培养学生对道路与桥梁施工常用的原材料、混合材料质量进行检测的实践能力；培养学生进行混合材料组成设计的能力；培养学生进行仪器操作、数据处理的动手能力；培养学生运用国家现行试验规范、规程、标准的能力，以及对材料、试验检测仪器及试验检测方法不断更新的适应能力，为学习后续课程和参加专业岗位实践奠定基础。

本书由贵州交通职业技术学院郭天惠担任主编，由贵州交通职业技术学院李何、龙志伟担任副主编，贵州交通职业技术学院韦锦兵、李琼参与编写。具体编写分工如下：引言、学习情境3由郭天惠编写，学习情境1由李何编写，学习情境2由李琼编写，学习情境4由龙志伟编写，韦锦兵参与试验视频资源录制，全书由贵州交通职业技术学院刘志主审。在本书的编写过程中，得到了贵州交通职业技术学院的领导、老师和有关专家的指导和帮助，在此一并表示感谢。

由于编者学术水平和教学经验有限，书中难免存在错误和疏漏之处，欢迎广大读者提出宝贵意见，以便修改和补充。

编　者

目 录

引 言 ··· 1

学习情境1 施工进场阶段常用材料及试验 ·········· 5

项目1 土 ································ 5
任务1.1 土的三相组成及物理性质指标 ········· 6
1.1.1 土的形成 ························· 6
1.1.2 土的三相 ························· 6
1.1.3 土的物理性质指标 ··················· 8
任务1.2 黏性土的界限含水率 ··············· 14
任务1.3 土的工程分类 ··················· 18
1.3.1 一般规定 ························ 18
1.3.2 《公路土工试验规程》（JTG 3430—2020）中土的工程分类 ··········· 19
任务1.4 土的力学性质 ··················· 20
1.4.1 土的击实 ························ 20
1.4.2 土的固结 ························ 21

项目2 石料 ······························ 25
任务2.1 石料概述 ····················· 25
2.1.1 岩石的定义、特点和分类 ·············· 25
2.1.2 石料的技术性质 ··················· 26
任务2.2 石料的物理性质 ················· 26
2.2.1 物理常数 ························ 26
2.2.2 与水有关的性质 ··················· 30
任务2.3 石料的力学性质 ················· 31
2.3.1 抗压强度 ························ 31
2.3.2 抗拉强度 ························ 32
2.3.3 抗折强度 ························ 33
2.3.4 磨耗度 ························· 33
任务2.4 石料的化学性质 ················· 33
任务2.5 石料的技术标准 ················· 34
2.5.1 路用石料的技术分级 ················ 34
2.5.2 路用石料的技术标准 ················ 34

项目3 集料 ······························ 35
任务3.1 集料概述 ····················· 35
3.1.1 集料的概念 ······················ 35
3.1.2 集料的分类 ······················ 35
3.1.3 集料的技术性质 ··················· 36
任务3.2 集料的物理性质 ················· 36
3.2.1 物理常数 ························ 36
3.2.2 粗细程度与颗粒级配 ················ 39
3.2.3 粗集料的物理性质 ·················· 43
任务3.3 集料的力学性质 ················· 52

项目4 石灰与水泥 ·························· 57
任务4.1 胶凝材料概述 ··················· 57
4.1.1 胶凝材料的概念 ··················· 57
4.1.2 胶凝材料的分类 ··················· 57
任务4.2 石灰 ························ 57
4.2.1 石灰的生产工艺概述 ················ 58
4.2.2 石灰的消化和硬化 ·················· 58
4.2.3 石灰的技术要求和技术标准 ············· 59
任务4.3 水泥 ························ 60
4.3.1 硅酸盐水泥生产原料与生产工艺 ··· 60

4.3.2 硅酸盐水泥的化学成分和矿物
组成 ……………………… 62
4.3.3 硅酸盐水泥的水化、凝结和硬化 … 64
4.3.4 硅酸盐水泥的技术性质和技术
标准 ……………………… 66

项目5 钢材 …………………………………… 81
任务5.1 钢材概述 …………………………… 81
5.1.1 钢材的分类 ………………………… 81
5.1.2 建筑钢材的分类 …………………… 82
任务5.2 钢材的技术性质、应用与
保护 …………………………… 83
5.2.1 钢材的主要技术性质 ……………… 83
5.2.2 钢材的冷加工 ……………………… 85
5.2.3 钢筋混凝土结构用钢材 …………… 86
5.2.4 钢材的腐蚀与防护 ………………… 90

学习情境2 路基、桥梁施工阶段常用
材料及试验 ……………… 97
项目6 矿质混合料的组成设计 ……………… 97
任务6.1 集料的级配 ………………………… 98
6.1.1 矿质混合料级配类型 ……………… 98
6.1.2 级配曲线 …………………………… 98
6.1.3 级配理论 …………………………… 99
任务6.2 级配曲线的绘制 ………………… 100
任务6.3 矿质混合料的组成设计
方法 …………………………… 101
6.3.1 试算法 …………………………… 101
6.3.2 图解法 …………………………… 103
项目7 无机结合料稳定材料 ……………… 109
任务7.1 概述 ……………………………… 109
任务7.2 无机结合料稳定材料的组成
及其技术要求 ………………… 110
7.2.1 无机结合料 ……………………… 110
7.2.2 被稳定材料 ……………………… 111
7.2.3 水 ………………………………… 112
7.2.4 添加剂 …………………………… 113

任务7.3 无机结合料稳定材料的
技术性质 ……………………… 113
7.3.1 强度 ……………………………… 113
7.3.2 变形性能 ………………………… 114
7.3.3 疲劳特性 ………………………… 115
7.3.4 水稳定性和冰冻稳定性 ………… 115
任务7.4 无机结合料稳定材料的
组成设计 ……………………… 115
7.4.1 设计依据和原材料选择 ………… 116
7.4.2 组成设计步骤 …………………… 116

项目8 水泥混凝土 …………………………… 125
任务8.1 普通水泥混凝土的组成
材料 …………………………… 126
8.1.1 水泥 ……………………………… 126
8.1.2 细集料 …………………………… 127
8.1.3 粗集料 …………………………… 130
8.1.4 矿物掺合料 ……………………… 132
8.1.5 混凝土拌和用水 ………………… 133
任务8.2 水泥混凝土的技术性质 ………… 134
8.2.1 新拌混凝土的工作性
（和易性）………………………… 134
8.2.2 硬化后混凝土的力学性质 ……… 137
任务8.3 外加剂 …………………………… 144
任务8.4 普通水泥混凝土的组成
设计 …………………………… 146
8.4.1 混凝土配合比 …………………… 146
8.4.2 普通混凝土配合比设计方法 …… 147
8.4.3 水泥混凝土配合比设计示例 …… 154
任务8.5 路面水泥混凝土 ………………… 157
8.5.1 路面水泥混凝土组成材料的
技术要求 ………………………… 158
8.5.2 路面水泥混凝土技术性质 ……… 159
8.5.3 配合比设计步骤 ………………… 160
8.5.4 施工配合比 ……………………… 163
8.5.5 配合比设计示例（以弯拉强度为
设计指标）……………………… 163

任务8.6 普通水泥混凝土的质量控制	164
8.6.1 混凝土质量的波动	164
8.6.2 混凝土质量的评价方法	165
任务8.7 其他功能混凝土	167
8.7.1 高强度混凝土	167
8.7.2 纤维混凝土	167
8.7.3 轻集料混凝土	168
8.7.4 流态混凝土	168
8.7.5 碾压式水泥混凝土	169

项目9 建筑砂浆 ... 181
任务9.1 砌筑砂浆 ... 181
- 9.1.1 组成材料 ... 181
- 9.1.2 技术性质 ... 182
- 9.1.3 砌筑砂浆的配合比设计计算 ... 183

任务9.2 抹面砂浆 ... 186

学习情境3 路面施工阶段常用材料及试验 ... 191

项目10 沥青材料 ... 191
任务10.1 石油沥青 ... 192
- 10.1.1 石油沥青的生产和分类 ... 192
- 10.1.2 石油沥青的组成和结构 ... 193
- 10.1.3 石油沥青的技术性质 ... 195
- 10.1.4 道路用液体石油沥青的技术标准 ... 205

任务10.2 煤沥青 ... 207
- 10.2.1 煤沥青的化学组分与结构 ... 207
- 10.2.2 煤沥青的技术性质、技术指标及其技术要求 ... 207

任务10.3 乳化沥青 ... 209
- 10.3.1 乳化沥青的组成材料 ... 209
- 10.3.2 乳化沥青的形成机理 ... 211
- 10.3.3 乳化沥青的技术性质与技术要求 ... 211
- 10.3.4 乳化沥青在集料表面分裂机理 ... 211
- 10.3.5 乳化沥青的应用 ... 211

任务10.4 改性沥青 ... 213
- 10.4.1 改性沥青的分类及特性 ... 213
- 10.4.2 改性沥青的技术要求 ... 214
- 10.4.3 改性沥青的应用和发展 ... 215

项目11 沥青混合料 ... 216
任务11.1 概述 ... 216
- 11.1.1 沥青混合料的特点 ... 216
- 11.1.2 沥青混合料的分类 ... 217

任务11.2 热拌热铺沥青混合料 ... 218
- 11.2.1 组成结构及其强度理论 ... 218
- 11.2.2 组成材料的技术要求 ... 221
- 11.2.3 技术性质和技术标准 ... 224
- 11.2.4 组成设计 ... 240
- 11.2.5 拌制及运输 ... 244

任务11.3 其他沥青混合料 ... 245
- 11.3.1 沥青玛琦脂碎石混合料（SMA） ... 245
- 11.3.2 冷拌沥青混合料 ... 246
- 11.3.3 桥面铺装材料 ... 247
- 11.3.4 水泥混凝土路面填缝材料——沥青胶粘剂 ... 247
- 11.3.5 沥青碎石混合料 ... 248

学习情境4 新型材料 ... 250

项目12 新型水泥混凝土 ... 250
任务12.1 聚合物改性水泥混凝土 ... 250
- 12.1.1 混合料技术特征 ... 250
- 12.1.2 原材料的技术要求 ... 253
- 12.1.3 混合料组成设计 ... 254

任务12.2 纤维混凝土 ... 254
- 12.2.1 混合料技术特征 ... 255
- 12.2.2 原材料技术要求 ... 255
- 12.2.3 混合料组成设计 ... 256

任务12.3 透水性混凝土 ... 258
- 12.3.1 混合料技术特征 ... 258

12.3.2 原材料技术要求……259
12.3.3 混合料组成设计……259
  任务12.4 露石混凝土……261
12.4.1 原材料技术要求……261
12.4.2 混合料组成设计……262
  任务12.5 彩色混凝土……263
12.5.1 原材料技术要求……263
12.5.2 混合料组成设计……264

项目13 新型桥面防水材料……266
  任务13.1 防水材料的分类及其特点……266
  任务13.2 防水材料的技术性质……268
13.2.1 物理力学性能……268
13.2.2 路用性能……269
13.2.3 抗施工损伤性能……270
  任务13.3 防水材料的技术标准……271
13.3.1 桥面防水卷材……271
13.3.2 桥面防水涂料……272

项目14 土工合成材料……274
  任务14.1 土工合成材料的分类及特点……274
  任务14.2 土工合成材料的技术性质……276
14.2.1 物理性能……276
14.2.2 力学性能……277
14.2.3 水力性能……281
14.2.4 耐久性能……283
  任务14.3 土工合成材料的选择及技术要求……285

项目15 高分子聚合物……290
  任务15.1 聚合物概述……290
15.1.1 聚合物材料的组成……290
15.1.2 聚合物的结构特征……291
15.1.3 聚合物材料的分类与命名……291
15.1.4 聚合物的合成……292
  任务15.2 常用的工程聚合物……293
15.2.1 合成橡胶……293
15.2.2 合成纤维……295
15.2.3 塑料……295
15.2.4 塑料-橡胶共聚物……297
  任务15.3 高分子聚合物在道路工程中的应用……298
15.3.1 聚合物混凝土……298
15.3.2 其他应用……299

项目16 其他新型材料……301
  任务16.1 新型建筑钢材……301
  任务16.2 新型沥青材料……302
16.2.1 天然沥青……302
16.2.2 泡沫沥青……304
  任务16.3 新型沥青混合料——Superpave的组成设计方法……305
16.3.1 沥青胶结料性能评价方法……305
16.3.2 Superpave集料性能评价方法……306
16.3.3 Superpave混合料设计方法……307
  任务16.4 新型沥青混合料——GTM的组成设计方法……309

参考文献……311

引　言

　　通过对本课程的学习，学生应掌握道路、桥涵、隧道等工程建设常用材料技术性能及要求，具备常用材料的试验检测能力，即掌握水泥、石灰、石料、集料、水泥混凝土、钢筋、建筑砂浆、无机结合料稳定材料、沥青及沥青混合料的基本知识和技术要求，掌握水泥混凝土和沥青混合料配合比设计，能独立完成常用材料的试验报告。为在有限的学时内取得较好的学习效果，本课程采用理实一体化的教学模式，在理实一体化的路桥专业教室内进行。在教学过程中，针对道路工程从进场到工程竣工每一阶段所用的材料及对材料所做的试验检测，教师课堂上采用实物、视频、理论讲解、现场教学、项目教学和分组教学等方式进行教学，在传统的教学基础上增加了PPT、视频、微课等，以期化难为简，充分调动学生的感知能力和学生的学习热情。

　　本课程试验项目如下表所示：

序号	试验名称	试验内容及要求	每组人数	试验属性	开出要求
1	土的含水率试验（酒精燃烧法）	掌握土的含水率检测方法，能够正确选取土试样，正确使用酒精、铝盒、天平	6～8	检测	必做
2	土的颗粒分析试验（筛分法）	掌握土的筛析检测方法，能够正确使用套筛、天平，会进行数据处理，判定土的类别	6～8	检测	选做
3	土的密度试验（环刀法）	掌握土的密度试验，能正确用环刀制备土样	6～8	检测	必做
4	土的比重试验（比重瓶法）	掌握土的密度检测方法，能够正确使用电砂浴煮沸密度瓶，能够正确进行三次称量	6～8	检测	必做
5	界限含水率试验（液限和塑限联合测定法）	掌握土的液塑限联合测定方法，能够正确使用液、塑限联合测定仪，正确进行土样制备、试验数据处理，判定土的类别	6～8	检测	必做
6	土的击实试验	掌握土的击实试验检测方法，能够正确制备土样，正确使用击实仪和进行数据处理，得出最大干密度和最佳含水率	6～8	检测	必做
7	石料密度试验	掌握石料真密度的检测方法，能够正确制备岩粉试样，正确使用密度瓶、电砂浴、烘箱	6～8	检测	必做
8	毛体积密度试验	能够正确用量积法、水中称重法、蜡封法测石料毛体积密度，能够正确使用游标卡尺	6～8	检测	必做
9	单轴抗压强度试验	掌握单轴抗压强度检测方法；能够根据试验数据对岩石的强度进行分级和岩性描述	6～8	检测	选做

续表

序号	试验名称	试验内容及要求	每组人数	试验属性	开出要求
10	细集料表观密度试验	掌握细集料表观密度检测方法,能够正确操作烘箱,能够正确取样,能够精确读取液体体积	6~8	检测	必做
11	细集料堆积密度试验	掌握细集料堆积密度的检测方法;能够正确将试样通过漏斗装入容量筒,能够正确进行容量筒校正	6~8	检测	必做
12	细集料的筛分试验	掌握细集料筛分检测方法,能够正确使用干筛法和水筛法;能算出细度模数,画出级配曲线,判定细集料的类型	6~8	检测	必做
13	粗集料表观密度试验	掌握粗集料表观密度检测方法,能够正确使用静水天平,能够正确称取饱和面干质量	6~8	检测	必做
14	粗集料堆积密度试验	能够正确使用松装法、紧装法(振动实法、捣实法);能够正确使用松装法、累装法(振实法、捣实法测定堆积密度)	6~8	检测	必做
15	粗集料及集料混合料的筛分试验	掌握粗集料筛分检测方法,能够正确称取试样的最小质量,正确计算出筛余质量、通过率,画出级配曲线	6~8	检测	必做
16	水泥混凝土用粗集料针片状颗粒含量试验(规准仪法)	掌握水泥混凝土用粗集料针、片状含量检测方法,能够正确使用针状规准仪、片状规准仪	6~8	检测	必做
17	沥青路面用粗集料针片状颗粒含量试验	掌握沥青混合料用粗集料针、片状含量检测方法,能够正确使用游标卡尺	6~8	检测	选做
18	粗集料压碎值试验	掌握粗集料压碎值检测方法,能够正确取样,能够操作压力机和使用压碎指标测定仪,能够鉴定水泥混凝土粗集料的品质	6~8	检测	必做
19	粗集料磨耗度试验	掌握粗集料磨耗度检测方法,能够正确操作洛杉矶式磨耗机,能够按照规定要求选取各种粒径试样的质量	6~8	检测	必做
20	水泥细度检验方法	能够正确使用干筛法、水筛法、负压筛法进行水泥细度检测,能够正确操作负压筛	6~8	检测	必做
21	水泥标准稠度用水量与凝结时间检验方法	能够精确用标准法和代用法检测水泥标准稠度用水量,能够正确使用维卡仪,能够精确计算初凝及终凝时间	6~8	检测	必做
22	水泥安定性检测方法	掌握水泥安定性检测方法,能够正确操作雷氏夹、沸煮箱,能够判定水泥的安定性是否合格	6~8	检测	必做

续表

序号	试验名称	试验内容及要求	每组人数	试验属性	开出要求
23	水泥胶砂强度检验方法	掌握细集料表观密度检测方法；能够正确操作压力机、抗折机；能够计算水泥抗压抗折强度，判定水泥强度等级	6~8	检测	必做
24	无机结合料稳定材料的无侧限抗压强度试验	掌握无机结合料稳定土的无侧限抗压强度检测方法，能够正确进行试件制备、强度计算	6~8	检测	必做
25	低碳钢的拉伸试验	掌握低碳钢拉伸检测方法，能够正确操作万能试验机和使用游标卡尺，能够绘制拉伸曲线	6~8	检测	必做
26	金属冷弯试验	掌握钢筋冷弯检测方法，能够正确操作万能试验机	6~8	检测	必做
27	水泥混凝土拌合物稠度试验及混凝土成型	掌握水泥混凝土拌合物稠度试验及混凝土成型，能够正确使用搅拌机、坍落筒、电动振实台	6~8	检测	必做
28	水泥混凝土立方体抗压强度试验、水泥混凝土抗弯拉强度试验	掌握混凝土抗压、抗折强度检测方法，能够正确操作压力机、抗折机，能够计算抗压、抗折强度并判定混凝土强度等级	6~8	检测	必做
29	建筑砂浆取样及试样制备、稠度及保水性试验	掌握建筑砂浆稠度检测方法，能够正确取样、操作砂浆搅拌机及正确操作稠度仪等	6~8	检测	必做
30	水泥砂浆立方体抗压强度试验	掌握砂浆立方体抗压强度检测方法，能够正确操作压力机、计算抗压强度、判定砂浆强度等级	6~8	检测	必做
31	沥青针入度试验	掌握沥青针入度检测方法，能够正确操作沥青针入度仪、精确计算针入度	6~8	检测	必做
32	沥青延度试验	掌握沥青延度检测方法，能够正确使用沥青延度仪、精确计算延度	6~8	检测	必做
33	沥青软化点试验(环球法)	掌握沥青软化点检测方法，能够正确使用沥青软化点仪、精确判定软化点	6~8	检测	必做
34	沥青混合料试件制作方法(击实法)	掌握沥青混合料试件制作方法(击实法)检测方法，能够正确制备试样，操作沥青混合料搅拌机、马歇尔电动击实仪，能够正确脱模	6~8	检测	必做
35	压实沥青混合料密度试验(表干法)	掌握沥青混合料密度试验(表干法)检测方法，能够正确使用挂篮天平，并精确计算出沥青的表干密度	6~8	检测	必做

续表

序号	试验名称	试验内容及要求	每组人数	试验属性	开出要求
36	沥青混合料马歇尔稳定度试验	掌握沥青混合料稳定度检测方法,能够正确操作沥青马歇尔稳定度仪,并精确计算出浸水马歇尔稳定度、流值	6~8	检测	必做
37	沥青混合料车辙试验	掌握沥青混合料车辙检测方法,能够正确操作沥青混合料车辙试验机,并精确计算出沥青混合料稳定度	6~8	检测	必做
38	沥青混合料配合比设计	掌握沥青混合料配合比设计,能够进行目标配合比设计、生产配合比设计、生产配合比验证	6~8	案例设计	选做

学习情境1 施工进场阶段常用材料及试验

核心技能

1. 会做土的技术性质常规试验。
2. 会做石料技术性质常规试验。
3. 会做集料技术性质常规试验。
4. 会做石灰、水泥技术性质常规试验。
5. 会做无机结合料稳定材料技术性质常规试验。
6. 会做钢材技术性质常规试验。

项目1 土

学习目标

1. 能够掌握土的各种技术性质。
2. 能够熟练掌握土的密度和含水率的测定，正确操作仪器，独立完成试验并会分析试验结果。

任务描述

准备3~5种土试样，装在托盘中，让学生观察土的性状，采用简易鉴别法确定土的分类，并对土试样进行描述。

学习引导

本项目沿着以下脉络进行学习：

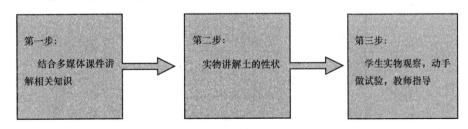

任务1.1 土的三相组成及物理性质指标

1.1.1 土的形成

土是由地壳表面的岩石经过物理风化、化学风化和生物风化作用之后的产物，不同的风化作用会形成不同性质的土。

1. 物理风化

岩石暴露在大气中，受到温度变化的影响，体积发生膨胀和收缩，不均匀的膨胀和收缩使之产生裂缝，同时长期经受风、霜、雨、雪的侵蚀以及动、植物的破坏，逐渐由整块岩体崩解成大小不等和形状不同的碎块，这个过程叫作物理风化。物理风化只改变岩石颗粒的大小和形状，不改变颗粒的成分。

2. 化学风化

当岩石的碎块与氧气、二氧化碳和水接触后，发生化学变化，变成更细的颗粒并且其成分发生改变，产生与原来岩石成分不同的矿物，这个过程叫作化学风化。

3. 生物风化

由于动物、植物和人类活动对岩石的破坏称为生物风化。

经过这些风化作用所形成的矿物颗粒堆积在一起，与其间贯穿的孔隙、孔隙间存在的水以及空气等集合体组成了土。

相关链接

在工程建设中，土往往因其用途不同而具有不同的功能。如在建筑工程中(房屋、桥梁、道路、堤坝)，土作为地基，用来撑承建筑物传来的荷载；在路堤、土坝等工程中，土则用作建筑材料；在隧道、涵洞及地下建筑工程中，土成为建筑物周围的介质或环境。

1.1.2 土的三相

土是由土颗粒(固相)、水(液相)及气体(气相)三种物质组成的集合体(图1-1)。

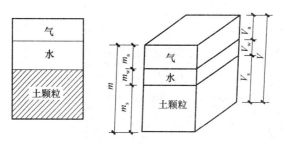

图1-1 土的三相体积与质量关系

V——土的总体积(cm^3或m^3)；V_s——土中固体颗粒的体积(cm^3或m^3)；V_w——土中水的体积(cm^3或m^3)；
V_a——土中气体体积(cm^3或m^3)；m——土的总质量(g)；m_s——土中固体颗粒的质量(g)；
m_w——土中水的质量(g)；m_a——土中气体的质量(g)

1.1.2.1 固相

土的固相物质可分为无机矿物颗粒和有机质，是土体的骨架物质。其中，无机矿物颗粒又分为原生矿物（如石英、长石、云母等）和次生矿物（如三氧化二铁、三氧化二铝、次生二氧化硅、黏土矿物及盐类等）两大类。

土在风化过程中，往往由于微生物的参与，产生有机质成分。其中，有机质成分分解完善的，称为腐殖质土；有机质成分分解不完善、尚存有残余物的，称为泥炭。有机质成分对土的工程性质具有不利影响，在公路工程中不应采用含有机质成分的土。

1.1.2.2 液相

土的液相是指土孔隙中存在的水。一般这种水与自由水类似，是无色、无味、无嗅的中性液体，其密度为 1 g/cm^3，重度为 9.81 kN/m^3，通常在 0 ℃ 时冻结，在 100 ℃ 时沸腾。但实质上，土中水是成分复杂的电解水溶液，它与土粒间有着复杂的相互作用。

水在土中以气态、液态和固态三种状态存在。

1. 气态水

在土孔隙中任何时候都存在有水汽，它与空气形成气态混合物。水分以气态运动时，盐类自然不迁移。但是气态水形成过程经常伴随着原先存在于水溶液中的物质在蒸发层中积累。在干旱和半干旱地区，由于这种积累发生盐胀，往往会使公路路面遭到破坏。

2. 液态水

液态水可分为存在于矿物颗粒内部的水——化学结构水和化学结晶水，以及存在矿物颗粒表面的水——结合水和自由水。

(1)化学结构水：以 H^+、OH^- 离子的形式存在于次生黏土矿物结晶格中，成为土颗粒结构的组成部分。这种水只有在 $165\text{ ℃} \sim 175\text{ ℃}$ 温度作用下才能被释放，对某些矿物如氢氧化铝、氢氧化硅之类，甚至要高达 500 ℃ 以上时才能被释放出来。

(2)化学结晶水：以水分子的形式存在于一些盐类矿物中。化学结晶水对盐渍土性能有较大影响。

(3)结合水：根据被吸附的程度又可分为强结合水和弱结合水两种形态。强结合水的含量决定于土的矿物成分和粒度成分，土颗粒越细，比表面积越大，含有黏土矿物和腐殖质时，强结合水含量则偏高。在强结合水外一定范围内的水分子，受到 $1 \sim 10$ 个大气压力，被吸附在土粒表面形成弱结合水。土中含有弱结合水时可使土具有塑性。结合水有时占据很大的容积，因而减少了内部孔隙和毛细管的断面(有时减少可达 $20\% \sim 40\%$)。在高黏粒含量的土中，结合水完全能够充满细小孔隙，这就造成了土的不透水性。

(4)自由水：包括毛细水和重力水。毛细水由于表面张力作用，在土孔隙中能够移动。它能够溶解盐分并使之发生迁移；在季节冰冻地区，若地下水水位较高，毛细水可成为已冻土层中的弱结合水不断补充的水源，使冻土层中的聚冰体膨胀，造成严重冻胀从而破坏道路及构造物。重力水的特征是液体状态，在重力作用下倾向于垂直下行(或侧向沿地面坡度)运动，具有很强的溶解作用，能够以溶液状态转运盐分、胶体溶液和很细的悬浮体等。在地下水水位埋藏很深的情况下，重力水在下行移动的过程中逐渐扩散，同时转变为毛管水和弱结合水的状态。

3. 固态水

处于固态的晶体状态中的水为冰，它是自由水的一个特殊类型。土中水以冰的形态呈季节性出现，称为季节性冻结，在我国北方广大地区的冬季可见到。除此之外，在我国东北及西北的部分地区，还存在有多年冻结土层及永久性冻结土层。

1.1.2.3 气相

土的气相主要是指土孔隙中充填的气体。土的含气量与含水率有密切关系，其中土是气体占优势还是水占优势，对土的性质会有很大的影响。土中的气体可分为两类：与大气相连通的自由气体和与大气隔绝的封闭气体（气泡）。在受到外力作用时，自由气体能很快地从孔隙中被挤出，一般不影响土的工程性质。而封闭气体在受到外力作用时，随着压力的增大，气泡可被压缩或溶解于水中，当压力减小时，气泡又会恢复原状或重新游离出来。气泡的存在增加了土体的弹性，减小了土的渗透性。这种含气体的土称为非饱和土，不含气体的土则称为饱和土。

1.1.3 土的物理性质指标

土的物理性质指标反映土的工程性质特征，具有重要的实用价值。土的物理性质的指标有密度、土粒比密度、含水率、干密度、饱和密度、浮密度、孔隙比、孔隙率、饱和度等。

1. 常用物理性质指标和定义

(1) 土的密度：是指土体单位体积的质量。

$$\rho = \frac{m}{v} (\text{kg/m}^3) \tag{1-1}$$

(2) 土的相对密度（或土粒密度）G_s：是指土的固体颗粒的单位体积的质量与水在4℃单位体积的质量之比。

$$G_s = \frac{m_s}{m_w} = \frac{m_s}{V_s \rho_w} \tag{1-2}$$

(3) 土的含水率：是指土中水的质量与固体颗粒质量之比，通常以百分数表示。

$$w = \frac{m_w}{m_s} \times 100 \tag{1-3}$$

(4) 土的干密度：是指土的固体颗粒质量与土的总体积之比。

$$\rho_d = \frac{m_s}{V} (\text{kg/m}^3) \tag{1-4}$$

(5) 饱和密度：是指土中孔隙全部被水充满时土的密度。

$$\rho_{sat} = \frac{m_s + V_v \times \rho_w}{V} (\text{kg/m}^3) \tag{1-5}$$

(6) 浮密度（或称浸水密度）：是指土浸入水中受到水的浮力作用时的单位体积的质量。

$$\rho' = \frac{m_s - V_s \times \rho_w}{V} (\text{kg/m}^3) \tag{1-6}$$

(7) 孔隙比 e：是指土中孔隙的体积与固体颗粒体积之比。

$$e = \frac{V_v}{V_s} \tag{1-7}$$

(8) 孔隙率：是指土中孔隙体积与总体积之比。

$$n = \frac{V_v}{V} \times 100 \tag{1-8}$$

(9) 饱和度：是指土孔隙中水的体积与孔隙体积之比。

$$S_r = \frac{V_w}{V_v} \times 100 \tag{1-9}$$

土的物理性质的主要指标见表1-1。

表1-1 土的物理性质的主要指标

指标名称	表达式	参考数值	指标来源	实际应用
相对密度 G_s	$G_s = \dfrac{m_s}{V_s \cdot \rho_w}$	2.6~2.75	由试验确定	1. 换算 n、e、ρ_d； 2. 工程计算
密度 ρ /(g·cm^{-3})	$\rho = \dfrac{m}{V}$	1.6~2.20	由试验确定	1. 换算 n、e； 2. 说明土的密度
干密度 ρ_d /(g·cm^{-3})	$\rho_d = \dfrac{m_s}{V}$	1.3~2.00	$\rho_d = \dfrac{\rho}{1+w}$	1. 换算 n、e； 2. 粒度分析、压缩试验资料整理
饱和密度 ρ_{sat} /(g·cm^{-3})	$\rho_{sat} = \dfrac{m_s + V_v \rho_w}{V}$	1.8~2.30	$\rho_{sat} = \dfrac{\rho(G_s-1)}{G_s(1+w)} + 1$	—
水下密度 ρ' /(g·cm^{-3})	$\rho' = \dfrac{m_s + V_n \rho_w}{V}$	0.8~1.30	$\rho' = \dfrac{\rho(G_s-1)}{G_s(1+w)}$	1. 计算潜水面以下地基土自重应力； 2. 分析人工边坡稳定
天然含水率 w	$w = \dfrac{m_w}{m_s}$	$0 < w < 1$	由试验确定	1. 换算 s_r、ρ_d、n、e； 2. 计算土的稠度指标
饱和含水率 w_{max}	$w_{max} = \dfrac{V_v \rho_w}{m_s}$	—	$\rho' = \dfrac{G_s(1+w) - \rho}{G_s \cdot \rho}$	—
饱和度 S_r	$S_r = \dfrac{V_w}{V_n}$	0~1	$S_r = \dfrac{G_s \cdot \rho \cdot w}{G_s(1+w) - \rho}$	1. 说明土的饱水状态； 2. 砂土、黄土计算地基承载力
天然孔隙度 n	$n = \dfrac{V_v}{V}$	—	$n = 1 - \dfrac{\rho}{G_s(1+w)}$	1. 计算地基承载力； 2. 砂土估计密度和渗透系数； 3. 压缩试验整理资料
天然孔隙比 e	$e = \dfrac{V_v}{V_s}$	—	$e = \dfrac{G_s(1+w)}{\rho} - 1$	1. 说明土中孔隙体积； 2. 换算 e 和 ρ'

试验1.1 土的含水率试验(酒精燃烧法)(JTG 3430—2020)

土的含水率表示土中含水的数量,为土体中水的质量与固体矿物质量的比值,用百分数表示。

1. 目的和适用范围

本试验适用于快速简易测定土(含有机质的土和盐渍土除外)的含水率。

2. 仪器设备

(1)天平：感量0.01 g；
(2)酒精：纯度95%以上；
(3)其他：滴管、火柴、调土刀、称量盒(定期调整为恒定质量)等。

3. 试验步骤

(1)称取空盒的质量,精确至0.01 g。
(2)取代表性试样不小于10 g,放入称量盒内,称盒与湿土的总质量,精确至0.01 g。

(3)用滴管将酒精注入放有试样的称量盒中,直至盒中出现自由液面为止。为使酒精在试样中充分混合均匀,可将盒底在桌面上轻轻敲击。

(4)点燃盒中酒精,燃至火焰熄灭。

(5)火焰熄灭并冷却数分钟,再次用滴管滴入酒精,不得用瓶直接往盒里倒酒精,以防意外。如此再燃烧两次。

(6)待第三次火焰熄灭后,盖好盒盖,称干土和盒的质量,精确至0.01 g。

4. 结果整理

(1)按式(1-10)计算含水率,精确至0.1%。

$$w = \frac{m - m_s}{m_s} \times 100 \tag{1-10}$$

式中 w——含水率(%),计算至0.1;

m——湿土质量(g);

m_s——干土质量(g)。

(2)精度和允许差。本试验须进行二次平行测定,取其算术平均值,允许平行差值应符合表1-2规定,否则应重做试验。

表1-2 含水率测定的允许平行差值

含水率 w/%	允许平行差值/%
$w \leqslant 5.0$	$\leqslant 0.3$
$5.0 < w \leqslant 40.0$	$\leqslant 1.0$
$w > 40.0$	$\leqslant 2.2$

5. 报告

(1)土的状态描述。

(2)土的含水率 w 值。

试验1.2 土的颗粒分析试验(筛分法)(JTG 3430—2020)

1. 目的和适用范围

本试验的目的是获得粗粒土的颗粒级配。本试验适用于分析土粒粒径范围0.075~60 mm的土粒粒组含量和级配组成。

2. 仪器设备

(1)标准筛:粗筛(圆孔)孔径为60 mm、40 mm、20 mm、10 mm、5 mm、2 mm;细筛孔径为2 mm、1.0 mm、0.5 mm、0.25 mm、0.075 mm。

(2)天平:称量5 000 g,感量1 g;称量1 000 g,感量0.01 g。

(3)摇筛机。

(4)其他:烘箱、筛刷、烧杯、木碾、研钵及杵等。

3. 试样

从风干、松散的土样中,用四分法按照下列规定取出具有代表性的试样:

(1)小于2 mm颗粒的土100~300 g。

(2)最大粒径小于 10 mm 的土 300～900 g。

(3)最大粒径小于 20 mm 的土 1 000～2 000 g。

(4)最大粒径小于 40 mm 的土 2 000～4 000 g。

(5)最大粒径大于 40 mm 的土 4 000 g 以上。

4. 试验步骤

(1)对于无黏聚性的土。

1)按规定称取试样,将试样分批过 2 mm 筛。

2)将大于 2 mm 的试样按从大到小的次序,通过大于 2 mm 的各级粗筛,将留在筛上的土分别称量。

3)2 mm 筛下的土如数量过多,可用四分法缩分至 100～800 g。将试样按从大到小的次序通过小于 2 mm 的各级细筛。可用摇筛机进行振摇,振摇时间一般为 10～15 min。

4)由最大孔径的筛开始,依次将各筛取下,在白纸上用手轻叩摇晃,至每分钟筛下数量不大于该级筛余质量的 1%为止。漏下的土粒应全部放入下一级筛内,并将留在各筛上的土样用软毛刷刷净,分别称量。

5)筛后各级留筛和筛下土总质量与筛前试样总质量之差,不应大于筛前试样总质量的 1%。

6)如 2 mm 筛下的土不超过试样总质量的 10%,可省略细筛分析;如 2 mm 筛上的土不超过试样总质量的 10%,可省略粗筛分析。

(2)对于含有黏土粒的砂砾土。

1)将土样放在橡皮板上,用木碾将黏结的土团充分碾散,拌匀、烘干、称量。如土样过多时,用四分法称取代表性土样。

2)将试样置于盛有清水的瓷盆中,浸泡并搅拌,使粗细颗粒分散。

3)将浸润后的混合液过 2 mm 筛,边冲边洗过筛,直至筛上仅留大于 2 mm 以上的土粒为止。然后,将筛上洗净的砂烘干称量。按以上方法进行粗筛分析。

4)通过 2 mm 筛下的混合液存放在盆中,待稍沉淀,将上部悬液过 0.075 mm 洗筛,用带橡皮头的玻璃棒研磨盆内浆液,再加清水,搅拌、研磨、静置、过筛,反复进行,直至盆内悬液澄清。最后,将全部土粒倒在 0.075 mm 筛上,用水冲洗,直到筛上仅留大于 0.075 mm 净砂为止。

5)将大于 0.075 mm 的净砂烘干称量,并进行细筛分析。

6)将大于 2 mm 颗粒及 2～0.075 mm 的颗粒质量从原称量的总质量中减去,即小于 0.075 mm 颗粒质量。

7)如果小于 0.075 mm 颗粒质量超过总土质量的 10%,有必要时,将这部分土烘干、取样,另做密度计或移液管分析。

5. 计算

(1)按式(1-11)计算小于某粒径颗粒质量百分数:

$$X = \frac{A}{B} \times 100 \tag{1-11}$$

式中 X——小于某粒径颗粒的质量百分数,计算至 0.1%;

A——小于某粒径的颗粒质量(g);

B——试样的总质量(g)。

(2)当小于 2 mm 的颗粒如用四分法缩分取样时,按式(1-12)计算试样中小于某粒径的颗粒质量占总土质量的百分数:

$$X = \frac{a}{b} \times p \times 100 \tag{1-12}$$

式中　X——小于某粒径颗粒的质量百分数，计算至 0.1%；

　　　a——通过 2 mm 筛的试样中小于某粒径的颗粒质量(g)；

　　　b——通过 2 mm 筛的土样中所取试样的质量(g)；

　　　p——粒径小于 2 mm 的颗粒质量百分数(%)。

(3)在半对数坐标纸上，以小于某粒径的颗粒质量百分数为纵坐标，以粒径(mm)为横坐标，绘制颗粒大小级配曲线，求出各粒组的颗粒质量百分数，以整数(%)表示。

(4)必要时按式(1-13)计算不均匀系数：

$$C_u = \frac{d_{60}}{d_{10}} \tag{1-13}$$

式中　C_u——不均匀系数，计算至 0.1 且含两位以上有效数字；

　　　d_{60}——限制粒径，即土中小于该粒径的颗粒质量为 60% 的粒径(mm)；

　　　d_{10}——有效粒径，即土中小于该粒径的颗粒质量为 10% 的粒径(mm)。

(5)计算精度和允许差。筛后各级筛上和筛底土总质量与筛前试样总质量之差，不应大于筛前试样总质量的 1%，否则应重做试验。

6. 报告

(1)土的状态描述。

(2)颗粒级配曲线。

(3)不均匀系数 C_u。

试验 1.3　土的密度试验(环刀法)(JTG 3430—2020)

1. 目的和适用范围

本试验适用于细粒土。

2. 仪器设备

(1)环刀：内径 6~8 cm，高 2~5.4 cm，壁厚 1.5~2.2 mm。

(2)天平：感量 0.01 g。

(3)其他：削土刀、钢丝锯、凡士林等。

3. 试验步骤

(1)按工程需要取原状土或制备所需状态的扰动土样，整平两端，环刀内壁涂一薄层凡士林，刀口向下放在土样上。

(2)用削土刀或钢丝锯将土样上部削成略大于环刀直径的土柱，然后将环刀垂直下压，边压边削，至土样伸出环刀上部为止。削去两端余土，使土样与环刀口面齐平，并用剩余土样测定含水率。

(3)擦净环刀外壁，称环刀与土的总质量 m_1，精确至 0.01 g。

4. 结果整理

(1)按式(1-14)或式(1-15)计算湿密度及干密度：

$$\rho = \frac{m_1 - m_2}{V} \tag{1-14}$$

$$\rho_\mathrm{d}=\frac{\rho}{1+0.01\omega} \tag{1-15}$$

式中 ρ——湿密度，计算至 0.01 g/cm³；

m_1——环刀与土的总质量(g)；

m_2——环刀质量(g)；

V——环刀体积(mm³)；

ρ_d——干密度，计算至 0.01 g/cm³；

w——含水率(%)。

(2)本试验应进行二次平行测定，其平行差值不得大于 0.03 g/cm³，否则应重做试验。密度取其算术平均值，精确至 0.01 g/cm³。

5. 报告

(1)土的状态描述。

(2)土的含水率 w(%)。

(3)土的湿密度 ρ(g/cm³)。

(4)土的干密度 ρ_d(g/cm³)

试验 1.4　土的比重试验(比重瓶法)(JTG 3430—2020)

1. 目的和适用范围

本试验适用于粒径小于 5 mm 的土。

2. 仪器设备

(1)比重瓶：容积 100(或 50)mL。

(2)天平：称量 200 g，感量 0.001 g。

(3)恒温水槽：灵敏度±1 ℃。

(4)砂浴。

(5)真空抽气设备。

(6)温度计：刻度为 0 ℃～50 ℃，分度值为 0.5 ℃。

(7)其他：如烘箱、纯水、中性液体(如煤油)、孔径 2 mm 及 5 mm 筛、漏斗、滴管等。

(8)比重瓶校正。

1)将比重瓶洗净、烘干，称比重瓶质量，精确至 0.001 g。

2)将煮沸后冷却的纯水注入比重瓶。对长颈比重瓶注水至刻度处；对短颈比重瓶应注满纯水，塞紧瓶塞，多余水分自瓶塞毛细管中溢出。调节恒温水槽至 5 ℃或 10 ℃，然后将比重瓶放入恒温水槽内，直至瓶内水温稳定。取出比重瓶，擦干外壁，称瓶、水总质量，精确至 0.001 g。

3)以 5 ℃级差，调节恒温水槽的水温，逐级测定不同温度下的比重瓶、水总质量，至达到本地区最高自然气温为止。每个温度时均应进行两次平行测定，两次测定的差值不得大于 0.002 g，取两次测值的平均值。绘制温度与瓶、水总质量的关系曲线。

3. 试验步骤

(1)将比重瓶烘干，将 15 g 烘干土装入 100 mL 比重瓶(若用 50 mL 比重瓶，装烘干土约 12 g)内，称量。

(2)为排除土中的空气，在已装有干土的比重瓶中，注蒸馏水至瓶的一半处，摇动比重瓶，土样浸泡20 h以上,再将瓶在砂浴中煮沸,煮沸时间自悬液沸腾时算起,砂及低液限黏土应不小于30 min,高液限黏土应不小于1 h,使土粒分散。注意沸腾后调节砂浴温度,不使土液溢出瓶外。

(3)如是长颈比重瓶,用滴管调整液面恰至刻度(以弯月面下缘为准),擦干瓶外及瓶内壁刻度以上部分的水,称瓶、水、土总质量。如是短颈比重瓶,则将纯水注满,使多余水分自瓶塞毛细管中溢出,将瓶外水分擦干后,称瓶、水、土总质量,称量后立即测出瓶内水的温度,精确至0.5 ℃。

(4)根据测得的温度,从已绘制的温度与瓶、水总质量关系曲线中查得瓶水总质量。如比重瓶体积事先未经温度校正,则立即倾去悬液,洗净比重瓶,注入事先煮沸过且与试验时同温度的蒸馏水至同一体积刻度处,短颈比重瓶则注水至满,按本试验第(3)步调整液面后,将瓶外水分擦干,称瓶、水总质量。

(5)如是砂土,煮沸时砂粒易跳出,允许用真空抽气法代替煮沸法排除土中空气,其余步骤与本试验(3)(4)相同。

(6)对含有某一定量的可溶盐、不亲性胶体或有机质的土,必须用中性液体(如煤油)测定,并用真空抽气法排除土中气体。真空压力表读数宜为100 kPa,抽气时间1~2 h(直至悬液内无气泡为止),其余步骤同本试验(3)(4)。

(7)本试验称量应精确至0.001 g。

4. 计算

(1)用蒸馏水测定时,按式(1-16)计算比密度:

$$G_s = \frac{m_s}{m_1 + m_s - m_2} \times G_{wt} \tag{1-16}$$

式中　G_s——土的比密度,计算至0.001;
　　　m_s——干土质量(g);
　　　m_1——瓶、水总质量(g);
　　　m_2——瓶、水、土总质量(g);
　　　G_{wt}——t ℃时蒸馏水的比重(水的比重可查物理手册),精确至0.001。

(2)用中性液体测定时,按式(1-17)计算比重:

$$G_s = \frac{m_s}{m_1' + m_s - m_2'} \times G_{kt} \tag{1-17}$$

式中　G_s——土粒比重,计算至0.001;
　　　m_1'——瓶、中性液体总质量(g);
　　　m_2'——瓶、土、中性液体总质量(g);
　　　G_{kt}——t ℃时中性液体比重(应实测),精确至0.001。

5. 精度和允许差

本试验应进行二次平行测定,其平行差值不得大于0.02,否则应重做试验。取其算术平均值,以两位小数表示。

6. 报告

(1)土的状态描述。
(2)土的比重G_s值。

任务1.2　黏性土的界限含水率

含水率对黏性土的工程性质有很大的影响。当土从潮湿的状态逐渐变干时,会表现出几个不同的物理状态，土也就有不同的工程性质。

界限含水率，是指黏性土从一个稠度状态过渡到另外一个稠度状态时的分界含水率，也称稠度界限。由于含水率不同，土体分别处于流动状态、可塑状态、半固体状态、固体状态。流动状态和可塑状态的分界含水率称为土的液限 w_L，可塑状态和半固体状态的分界含水率称为土的塑限 w_P；当土达塑限后继续变干，土的体积随含水率的减少而收缩。当达某一含水率后，土体积不再收缩，这个界限含水率称为缩限 w_s。当土的含水率低于缩限时，土将是不饱和的。

液限和塑限，在国际上称为阿太堡界限(Atterberg Limits)，它们是黏性土的重要物理性质指标。

黏性土的塑性大小，可用土处于塑性状态的含水率变化范围来衡量。这个范围即液限与塑限的差值，称为塑性指数 I_P：

$$I_P = w_L - w_P \tag{1-18}$$

塑性指数一般在习惯上用不带百分数符号的数值表示。塑性指数越大，表示土的可塑性越大。

土的天然含水率可反映土中水量的多少，在一定程度上可说明黏性土的软硬与干湿状况。但仅有天然含水率并不能说明土处于什么物理状态，如果有几个含水率相同的土样，但它们的液限和塑限不同，那么这些土样所处的状态可能不同，因此还需要一个能够表示天然含水率与界限含水率相对关系的指标，即液性指数 I_L：

$$I_L = (w - w_P)/(w_L - w_P) \tag{1-19}$$

式中　w——天然含水率；

w_L——液限；

w_P—塑限。

当 $I_L = 1.0$，即 $w = w_L$ 时，土处于液限；当 $I_L = 0$，即 $w = w_P$ 时，土处于塑限。

试验 1.5　界限含水率试验(液限和塑限联合测定法)(JTG 3430—2020)

液限是黏性土可塑状态与流动状态的界限含水率，塑限是黏性土可塑状态与半固体状态的界限含水率。

1. 目的和适用范围

(1)本试验的目的是联合测定土的液限和塑限，用于划分土类、计算天然稠度和塑性指数，供公路工程设计和施工使用。

(2)本试验适用于粒径不大于0.5 mm、有机质含量不大于试样总质量5%的土。

2. 仪器设备

(1)液塑限联合测定仪，应包括带标尺的圆锥仪、电磁铁、显示屏、控制开关和试验样杯。圆锥质量为100 g或76 g，锥角为30°。

(2)盛土杯：内径50 mm，深度40～50 mm。

(3)天平：感量0.01 g。

(4)其他：筛(孔径0.5 mm)、调土刀、调土皿、称量盒、研钵(附带橡皮头的研杵或橡皮板、木棒)、干燥器、吸管、凡士林等。

3. 试验步骤

(1)取有代表性的天然含水率或风干土样进行试验。如土中含大于 0.5 mm 的土粒或杂物时，应将风干土样用带橡皮头的研杵研碎或用木棒在橡皮板上压碎，过 0.5 mm 的筛。

取 0.5 mm 筛下的代表性土样至少 600 g，分开放入 3 个盛土皿中，加不同数量的纯水，土样的含水率分别控制在液限(a点)、略大于塑限(c点)和两者的中间状态(b点)。用调土刀调匀，盖上湿布，放置 18 h 以上。测定 a 点的锥入深度，对于 100 g 锥应为 20 mm±0.2 mm，对于 76 g 锥应为 17 mm±0.2 mm。测定 c 点的锥入深度，对于 100 g 锥应控制在 5 mm 以下，对于 76 g 锥应控制在 2 mm 以下。对于砂类土，用 100 g 锥测定 c 点的锥入深度可大于 5 mm，用 76 g 锥测定 c 点的锥入深度可大于 2 mm。

(2)将制备的土样充分搅拌均匀，分层装入盛土杯，用力压密，使空气逸出。对于较干的土样，应先充分搓揉，用调土刀反复压实。试杯装满后，刮成与杯边齐平。

(3)当用游标式或百分表式液限塑限联合测定仪试验时，调平仪器，提起锥杆(此时游标或百分表读数为零)，锥头上涂少许凡士林。

(4)将装好土样的试杯放在联合测定仪的升降座上，转动升降旋钮，待锥尖与土样表面刚好接触时停止升降，扭动锥下降按钮，经 5 s 时锥体停止下落，此时游标读数即锥入深度 h_1。

(5)改变锥尖与土接触位置(锥尖两次锥入位置距离不小于 1 cm)，重复步骤(3)和(4)，得锥入深度 h_2。h_1、h_2 允许平行误差为 0.5 mm，否则应重做。取 h_1、h_2 平均值作为该点的锥入深度 h。

(6)去掉锥尖入土处的凡士林，取 10 g 以上的土样两个，分别装入称量盒内，称质量(精确至 0.01 g)，测定其含水率 w_1、w_2(计算到 0.1%)。计算含水率平均值 w。

(7)重复本试验(2)~(6)步骤，对其他两个含水率土样进行试验，测其锥入深度和含水率。

4. 计算

(1)在双对数坐标纸上，以含水率 w 为横坐标，锥入深度 h 为纵坐标，点绘 a、b、c 三点含水率的 h-w 图(图 1-2)。连此 3 点，应呈一条直线。如 3 点不在同一直线上，要通过 a 点与 b、c 两点连成两条直线，根据液限(a 点含水率)在 h_P-w_L 图上查得 h_P，以此 h_P 再在 h-w 图的 ab 及 ac 两条直线上求出相应的两个含水率。当两个含水率的差值小于 2% 时，以该两点含水率的平均值与 a 点连成一直线。当两个含水率的差值不小于 2% 时，应重做试验。

(2)液限的确定方法。

1)若采用 76 g 锥做液限试验，则在 h-w 图上，查得纵坐标入土深度 $h=17$ mm 所对应的横坐标的含水率 w，即该土样的液限 w_L。

2)若采用 100 g 锥做液限试验，则在 h-w 图上查得纵坐标入土深度 $h=20$ mm 所对应的横坐标的含水率 w，即该土样的液限 w_L。

(3)塑限的确定方法。

1)根据上面(2)中 1)求出的液限，通过 76 g 锥入土深度 h 与含水率 w 的关系曲线，查得锥入土深度为 2 mm 所对应的含水率即该土样的塑限 w_P。

2)采用 100 g 锥时，根据上面(2)中 2)求出的液限，通过液限 w_L 与塑限时入土深度 h_P 的关

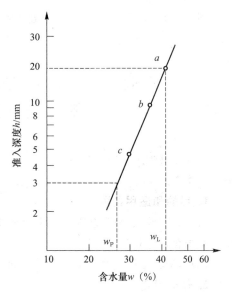

图 1-2　锥入深度与含水率(h-w)关系

系曲线(图1-3),查得h_P,再由图1-2求出入土深度为h_P时所对应的含水率,即该土样的塑限w_P。查h_P-w_L关系图时,须先通过简易鉴别法及筛分法,把砂类土与细粒土区别开来,再按这两种土分别采用相应的h_P-w_L关系曲线;对于细粒土,用双曲线确定h_P值;对于砂类土,则用多项式曲线确定h_P值。

根据上面(2)中2)求出的液限,当a点的锥入深度在20 mm±0.2 mm范围内时,应在ad线上查得入土深度为20 mm处相对应的含水率,此为液限w_L。再用此液限在"h_P-w_L关系曲线"上找出与之相对应的塑限入土深度h'_P,然后到h-w图ad直线上查得h'_P相对应的含水率,此为塑限w_P。

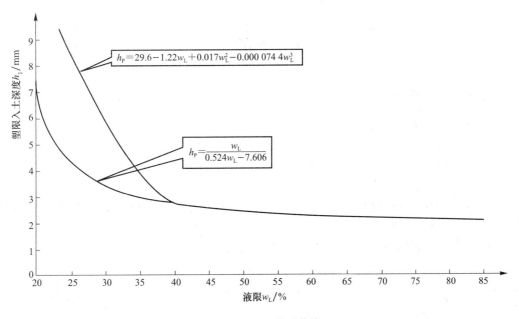

图1-3　h_P-w_L关系曲线

(4)按下式计算塑性指数和液性指数。

$$I_P = w_L - w_P \tag{1-20}$$

$$I_L = \frac{w - w_P}{I_P} \tag{1-21}$$

式中　I_P——塑性指数;

　　　w_L——液限(%);

　　　w_P——塑限(%);

　　　w——天然含水率(%);

　　　I_L——液性指数,计算至0.01。

(5)精度和允许差。本试验应进行两次平行测定,其允许差值为:高液限土≤2%,低液限土≤1%,若不满足要求,则应重新试验。取其算术平均值,保留至小数点后一位。

黏性土软硬状态划分见表1-3。黏性土按塑性指数分类见表1-4。

表1-3　黏性土软硬状态划分

状态	坚硬	硬塑	可塑	软塑	流塑
液性指数	$I_L \leq 0$	$0 < I_L \leq 0.25$	$0.25 < I_L \leq 0.75$	$0.75 < I_L \leq 1.0$	$I_L > 1.0$

表 1-4　黏性土按塑性指数分类

土的名称	粉土	粉质黏土	黏土
塑性指数	$I_P \leqslant 10$	$10 < I_P \leqslant 17$	$I_P > 17$

5. 报告

(1)土的状态描述。

(2)土的液限 w_L、塑限 w_P 和塑性指数 I_P。

任务 1.3　土的工程分类

1.3.1　一般规定

(1)土的分类应依据下列指标：

1)土的颗粒组成特征。

2)土的塑性指标：液限(w_L)、塑限(w_P)和塑性指数(I_P)。

3)土中的有机质含量。

(2)按筛分法确定各粒组的含量；按液限塑限联合测定法确定液限和塑限；有机质含量高于5%的有机质土，按有关规定判别有机质存在情况。

(3)土的颗粒应根据图 1-4 所示粒组范围划分粒组。

图 1-4　粒组划分

(4)一般土可分为巨粒土、粗粒土和细粒土，分类总体系如图 1-5 所示。对于特殊成因和年代的土类应结合其成因和年代特征定名，如图 1-6 所示。

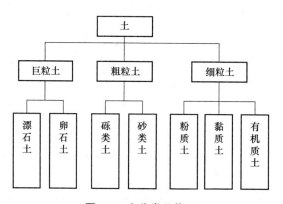

图 1-5　土分类总体系

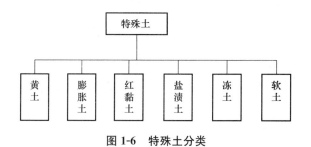

图 1-6 特殊土分类

(5)土颗粒组成特征应以土的级配指标的不均匀系数(C_u)和曲率系数(C_c)表示。

$$C_u = d_{60}/d_{10} \quad (1\text{-}22)$$

$$C_c = (d_{30})^2/(d_{60} \times d_{10}) \quad (1\text{-}23)$$

式中 d_{10}——小于此种粒径的土的质量占总土质量的10%，也称有效粒径；

d_{30}——小于此种粒径的土的质量占总土质量的30%；

d_{60}——小于此种粒径的土的质量占总土质量的60%，也称控制粒径。

不均匀系数是控制粒径与有效粒径的比值，是反映组成土的颗粒均匀程度的一个指标。不均匀系数一般大于1，越接近于1，表明土越均匀。$C_u<5$ 的土称为匀粒土，级配不良；C_u 越大，表示粒组分布越广，$C_u>10$ 的土级配良好，但 C_u 过大，表示可能缺失中间粒径，属不连续级配，故需同时用曲率系数来评价。

曲率系数是反映土的粒径级配累计曲线的斜率是否连续的指标系数，描述了级配曲线分布的整体形态，表示是否有某粒组缺失的情况。同时满足 $C_u>5$、$C_c=1\sim3$ 的土为级配良好的土，反之则级配不良。

(6)细粒土应根据塑性图分类，详见土工试验规程。

(7)土的成分、级配、液限和特殊土等基本代号构成详见土工试验规程。

1.3.2 《公路土工试验规程》(JTG 3430—2020)中土的工程分类

根据土类、土组和土名的次序区分，首先按相应的粒级含量超过50%来划分土类。对于混合土类，其中粒级含量小于5%为不含，5%~15%为微含，15%~50%为含量界限。对于细粒土类，按液限划分为低、中、高、很高4级。对已知土样应在实验室进行分类试验。

用土的颗粒大小分析试验，确定各粒组的含量；用液限、塑限测定仪测定土的液限、塑限，并计算出塑性指数。

对土的野外鉴别，可用眼看、手摸及嗅觉对土进行概略区分，最后将土分类、命名。公路工程土分类体系汇总见表1-5。

表 1-5 公路工程土分类体系汇总表

总体分类	二级分类	土名及颗粒含量
巨粒土	漂石土	漂(卵)石：巨粒含量>75%；漂(卵)石夹土：巨粒含量>50%且≤75%；漂(卵)石质土：巨粒含量>15%且≤50%
	卵石土	
粗粒土	砾类土	砾：$F\leq5\%$；含细粒土砾 $5\%<F\leq15\%$；细粒土质砾 $15\%<F\leq50\%$
	砂类土	砂：$F\leq5\%$；含细粒土砂 $5\%<F\leq15\%$；细粒土质砂 $15\%<F\leq50\%$

续表

总体分类	二级分类	土名及颗粒含量
细粒土	粉质土	高(低)液限粉土：粗粒组≤25%；含砾(砂)高(低)液限粉土：25%＜粗粒组≤50%
	黏质土	高(低)液限黏土：粗粒组≤25%；含砾(砂)高(低)液限黏土：25%＜粗粒组≤50%
	有机质土	A 线或 A 线以上有机质高(低)液限黏土；A 线以下有机质高(低)液限粉土

注：在以塑性指数为纵坐标、以液限为横坐标的塑性图上，A 线的方程为 $I_P=0.73(w_L-20)$，B 线的方程为 $w_L=50\%$。

任务1.4 土的力学性质

1.4.1 土的击实

1. 土的击实性在工程中的意义

在工程建设中，经常遇到填土压实、软弱地基的强夯和换土碾压等问题，需要采用既经济又合理的压实方法，使土变得密实，从而在短期内提高土的强度，以达到改善土的工程性质的目的。

2. 击实试验的原理

击实是指采用人工或机械对土施加夯压能量(如打夯、碾压、振动碾压等方式)，使土颗粒重新排列紧密。其中粗粒土因颗粒的紧密排列，增强了颗粒表面摩擦力和颗粒之间嵌挤形成的咬合力，细粒土则因为颗粒间的靠紧而增强了颗粒间的分子引力，从而使土在短时间内得到新的结构强度。

研究土的压实性常用的方法包括现场填筑试验和室内击实试验两种。前者是在某一工序动工之前，在现场选一试验路段，按设计要求和拟订的施工方法进行填筑，并同时进行有关测试工作，查明填筑条件(如使用土料或其他集合料、堆填方法、碾压方法等)与填筑效果(压实度)之间的关系，从而可确定一些碾压参数。后者则是在室内通过击实仪进行模拟施工现场压实条件件的试验操作。

事实上，当土的含水率接近和大于最佳值时，土内孔隙中的空气越来越多地处于与大气隔离的封闭状态，击实作用已不能将这些气体排出，即击实土不可能达到完全饱和的状态。因此，击实曲线必然位于饱和曲线左下侧。当土的含水率偏干，即 $w<w_0$ 时，土处于疏松状态，此时土中的孔隙大多被与大气连通的气体充满，土中含水较少。压实时，锤击或碾压的功能需要克服土粒间的内摩擦阻力、粘结力以及排除气体，促使颗粒产生相互的位移且靠近。含水率偏小时，气体易于被挤出，故土体的密度容易被击实增大，当含水率增大并接近最佳含水率时，土中所含的水量有利于在击实功能作用下克服摩阻力和粘结力而发生相互位移使土密实。故只有在最佳含水率时，土才能被击实至最大干密度。

3. 影响压实的因素

(1)含水率对整个压实过程的影响。由击实曲线可知，严格地控制最佳含水率是至关重要的。但是，不同的土类其最佳含水率和最大干密度也是不同的。一般粉粒和黏粒含量多，土的塑性指数越大，土的最佳含水率也越大，同时其最大干密度越小。因此，一般砂性土的最佳含水率小于黏性土,而砂性土的最大干密度大于黏性土。

(2)击实功对最佳含水率和最大干密度的影响。对同一种土用不同的击实功进行击实试验的结果表明:击实功越大,土的最大干密度也越大,而土的最佳含水率越小,但是这种增大是有一定限度的,超过这一限度,即使增加击实功,土的干密度的增加也很不明显。

(3)不同压实机械对压实的影响。如光面压路机、羊足碾和振动压路机等,它们的压实效果各不相同,作用于不同土类时,其效果也不同。

(4)土粒级配的影响。路基、路面基层等材料的施工经验表明,粒料的级配对压实的密实度也有明显的影响。均匀颗粒的砂、单一尺寸的砾石和碎石都很难碾压密实,只有级配良好的材料才能达到相关的密实度要求,也才能满足强度和稳定性的要求。

除上述影响压实效果主要因素之外,施工现场的不同条件,都将对压实效果产生一定程度的影响。

1.4.2 土的固结

天然土层可区分为下列三种固结状态。

(1)超固结状态:指的是天然土层在地质历史上受到过的固结压力大于目前的上覆压力的情况。以现地面以下某一深度 Z 处的单元土体而言,当 $P_C > P_Z$ 时(P_C 为土层先期固结压力,P_Z 为土层自重压力)即超固结状态。上覆压力减小,可能是由于地面上升或河流冲刷将其上部的一部分土体剥蚀掉了,或者古冰川下的土层曾经受过冰荷载的压缩后由于气候转暖融化了。

(2)正常固结状态:指的是土层在历史上最大固结压力作用下压缩稳定,沉积后土层厚度无大变化,也没有受到过其他荷载的继续作用。因此,现地面以下 Z 深度处土的自重压力是历史上的最大固结压力,即 $P_C = P_Z$ 的情况。

(3)欠固结状态:指的是土层历史上曾在荷载作用下压缩稳定,固结完成。以后由于某种原因使土层继续沉积或加载,形成目前土的自重压力大于先期固结压力,但因时间不长,荷载作用下的压缩固结还没有完成,还在继续压缩中。因此这种固结状态的土 $P_C < P_Z$,为欠固结。

上述三种固结状态可以统一用超固结比 $OCR = P_C / P_Z$ 的大小来判断。显然,当 $OCR > 1$ 时,土层为超固结状态;当 $OCR = 1$ 时,为正常固结状态;当 $OCR < 1$ 时,为欠固结状态。

试验1.6 土的击实试验(JTG 3430—2020)

击实试验是用锤击使土密度增加,以了解土的压实性的方法。细粒土在一定击实功作用下如果含水率不同,所达到的密度也不同。能使土达到最大密度的含水率称为最佳含水率,相应的干密度称为最大干密度

室内标准击实试验的基本方法是,对于同一种土或无机结合料稳定土,配置成不同含水率的试样(通常不少于5个),试样分层装入标准击实仪的击实筒内,在相同的击实功(击实锤质量、落高、击实次数相同)的作用下击实试样,分别测定每种含水率试样对应的干密度,绘制含水率-干密度关系曲线,在含水率-干密度关系曲线上确定其最佳含水率与最大干密度。

室内标准击实试验根据击实锤质量、落高和击实筒内径大小等分轻型击实和重型击实两种,击实试验的方法见表1-6。

表 1-6　击实试验的方法

试验方法	类别	锤底直径/cm	锤重/kg	落高/cm	试筒尺寸		试样尺寸		层数	每层击数	最大粒径/mm
					内径/cm	高/cm	高度/cm	体积/cm³			
轻型	Ⅰ-1	5	2.5	30	10	12.7	12.7	997	3	27	20
	Ⅰ-2	5	2.5	30	15.2	17	12	2 177	3	59	40
重型	Ⅱ-1	5	4.5	45	10	12.7	12.7	997	5	27	20
	Ⅱ-2	5	4.5	45	15.2	17	12	2 177	3	98	40

1. 目的和适用范围

本试验分轻型击实和重型击实，应根据工程要求和试样最大粒径按表 1-6 选用击实试验方法。当粒径大于 40 mm 的颗粒含量大于 5% 且不大于 30% 时，应对试验结果进行校正；当粒径大于 40 mm 的颗粒含量大于 30% 时，按表面震动压实仪法进行。

2. 仪器设备

(1) 标准击实仪(图 1-7 和图 1-8)。击实试验方法和相应设备的主要参数应符合表 1-6 的规定。
(2) 烘箱及干燥器。
(3) 电子天平：称量 2 000 g，感量 0.01 g；称量 10 kg，感量 1 g。
(4) 圆孔筛：孔径 40 mm、20 mm 和 5 mm 各 1 个。
(5) 拌合工具：400 mm×600 mm、深 70 mm 的金属盘、土铲。
(6) 其他：喷水设备、碾土器、盛土盘、量筒、推土器、铝盒、削土刀、平直尺等。

3. 试样

本试验可分别采用不同的方法准备试样，各方法可按表 1-7 准备试料，击实试验后的试料不宜重复使用。

(1) 干土法。过 40 mm 筛后，按四分法至少准备 5 个试样，分别加入不同水分(按 1%～3% 含水率递增)，将土样拌和均匀，拌匀后闷料一夜备用。

(2) 湿土法。对于高含水率土，可省略过筛步骤，拣除大于 40 mm 的石子。保持天然含水率的第一个土样，可立即用于击实试验。其余几个试样，将土分成小土块，分别风干，使含水率按 2%～4% 递减。

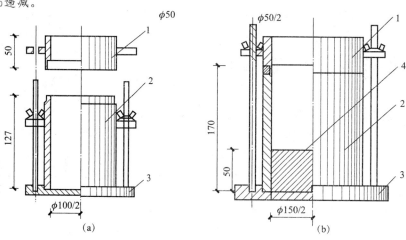

图 1-7　击实筒(尺寸单位：mm)

(a)小击实筒；(b)大击实筒

1—套筒；2—击实筒；3—底板；4—垫块

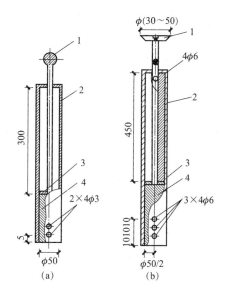

图 1-8 击锤和导杆(尺寸单位:mm)

(a)2.5 kg击锤(落高30 cm);(b)4.5 kg击锤(落高45 cm)

1—提手;2—导筒;3—硬橡皮垫;4—击锤

表 1-7 试料用量

使用方法	试筒内径/cm	最大粒径/mm	试料用量
干土法	10	20	至少5个试样,每个3 kg
	15.2	40	至少5个试样,每个6 kg
湿土法	10	20	至少5个试样,每个3 kg
	15.2	40	至少5个试样,每个6 kg

4. 试验步骤

(1)根据土的性质和工程要求,按表1-6的规定选择轻型或重型试验方法,选用干土法或湿土法。

(2)称取试筒质量 m_1,精确至1 g。将击实筒放在坚硬的地面上,在筒壁上抹一薄层凡士林,并在筒底(小试筒)或垫块(大试筒)上放置蜡纸或塑料薄膜。取制备好的土样分3~5次倒入筒内。小筒按三层法时,每次800~900 g(其量应使击实后的试样等于或略高于筒高的1/3);按五层法时,每次400~500 g(其量应使击实后的土样等于或略高于筒高的1/5)。对于大试筒,先将垫块放入筒内底板上,按三层法,每层需试样1 700 g左右。整平表面,并稍加压紧,然后按规定的击数进行第一层土的击实,击实时击锤应自由垂直落下,锤迹必须均匀分布于土样面,第一层击实完后,将试样层面"拉毛"然后再装入套筒,重复上述方法进行其余各层土的击实。小试筒击实后,试样不应高出筒顶面5 mm;大试筒击实后,试样不应高出筒顶面6 mm。

(3)用削土刀沿套筒内壁削刮,使试样与套筒脱离后,扭动并取下套筒,齐筒顶细心削平试样,拆除底板,擦净筒外壁,称筒与土的总质量 m_2,精确至1 g。

(4)用推土器推出筒内试样,从试样中心处取代表性的土样测其含水率,计算至0.1%。测定含水率用试样的数量应符合表1-8的规定(见含水率试验)。

表 1-8　测定含水率用试样的数量

最大粒径/mm	试样质量/g	个数
<5	约 100	2
约 5	约 200	1
约 20	约 400	1
约 40	约 800	1

5. 计算

(1)按式(1-24)计算击实后各点的干密度。

$$\rho_d = \frac{\rho}{1+0.01w} \tag{1-24}$$

式中　ρ_d——干密度，计算至 0.01 g/cm³；
　　　ρ——湿密度(g/cm³)；
　　　w——含水率(%)。

以干密度为纵坐标、含水率为横坐标，绘制干密度与含水率的关系曲线，曲线上峰值点的纵、横坐标分别为最大干密度和最佳含水率。如曲线不能绘出明显的峰值点，应进行补点或重做。

(2)当试样中有大于 40 mm 颗粒时，应先取出大于 40 mm 的颗粒，并求得其百分率 p，把小于 40 mm 部分做击实试验，按下面公式分别对试验所得的最大干密度和最佳含水率进行校正(适用于粒径大于 40 mm、含量小于 30% 的颗粒)。

最大干密度按下式校正：

$$\rho'_{dmax} = \frac{1}{\dfrac{1-0.01p}{\rho_{dmax}} + \dfrac{0.01p}{\rho_w G'_s}} \tag{1-25}$$

式中　ρ'_{dmax}——校正后的最大干密度，计算至 0.01 g/cm³；
　　　ρ_{dmax}——用粒径小于 40 mm 的土样试验所得的最大干密度(g/cm³)；
　　　p——试料中粒径大于 40 mm 颗粒的百分率(%)；
　　　G'_s——粒径大于 40 mm 颗粒的毛体积比重，计算至 0.01。

最佳含水率按下式校正：

$$w'_0 = w_0(1-0.01p) + 0.01p w_2 \tag{1-26}$$

式中　w'_0——校正后的最佳含水率，计算至 0.1%；
　　　w_0——用粒径小于 40 mm 的土样试验所得的最佳含水率(%)；
　　　w_2——粒径大于 40 mm 颗粒的吸水量(%)。

(3)精度和允许差。最大干密度精确至 0.01 g/cm³，最佳含水率精确至 0.1%。

6. 报告

(1)试样状态描述。
(2)土的最佳含水率 w_0。
(3)土的最大干密度 ρ_{dmax}。

项目 2　石料

学习目标
1. 能够掌握石料的各种技术性质。
2. 能够熟练掌握石料的真密度和毛体积密度的测定。
3. 能正确地操作仪器，独立完成试验并会分析试验结果。

任务描述
准备 4~5 种岩石试样，装在托盘中，让学生观察岩石的性状，采用简易鉴别法确定岩石的分类，并对岩石试样进行描述。

学习引导
本项目沿着以下脉络进行学习：

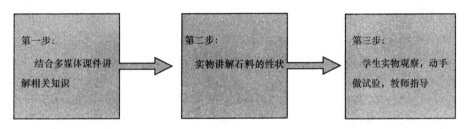

任务 2.1　石料概述

2.1.1　岩石的定义、特点和分类

1. 天然石材的定义

天然石材是指采自地壳，不经过加工或经过机械加工的天然岩石所制得的材料。

2. 天然石材的特点

天然石材具有较高的抗压强度、耐久性、耐磨性，产源分布广，便于就地取材。但天然石材性质较脆、抗拉强度低、表观密度大、硬度较高、开采加工困难。

相关链接

块状石材常用于砌筑基础、桥涵、挡土墙、护坡等，经人工加工成不同粒径的碎石及自然条件作用形成的卵石广泛用作混凝土的集料，并且是生产各种建筑材料的原料，如石灰石、天然石膏等，是生产硅酸盐水泥、石灰、石膏等胶凝材料的原料。

3. 岩石的分类

根据生成条件，岩石可分为三大类。

(1)岩浆岩。岩浆岩又称火成岩，由地壳内的岩浆冷凝而成。在地壳深处生成的称为深成岩，如花岗岩、正长岩等；由岩浆喷出地面后冷凝而成的称为喷出岩，如玄武岩、安山岩等。

(2)沉积岩。沉积岩又称水成岩，由岩浆岩经过风化作用后再经沉积胶结而成。它包括化学沉积，如石膏、石灰岩等；有机沉积，如贝克岩、白垩等；机械沉积，如砂、砾石等。

(3)变质岩。变质岩由岩浆岩、沉积岩经过高温、高压作用变质后形成的岩石。这种岩石比沉积岩更致密，如大理石、石英岩等。

2.1.2 石料的技术性质

由于天然石材生成条件不同，所以石材的组成结构、矿物成分会有所变化，因而同一类岩石，它的性质也可能有很大差别。为了保证工程质量，在使用时必须对石材进行性质检验和鉴定。

天然石料的技术性质可分为物理性质、化学性质与力学性质。

任务 2.2　石料的物理性质

石料的物理性质包括物理常数、与水有关的性质、气候稳定性等。

2.2.1 物理常数

石料的物理常数是石料矿物组成结构状态的反映。石料内部组成结构，主要是由矿质实体(V_s)、闭口孔隙(V_n)和开口孔隙(V_i)三部分组成。图 2-1 所示为各部分的质量与体积的关系。

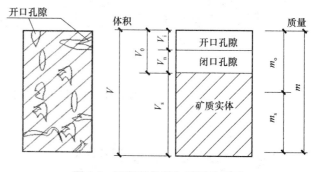

图 2-1　石料的体积与质量的关系

1. 密度

密度是指在规定条件下，烘干石料矿质单位体积(不包括开口与闭口孔隙体积)的质量。由图 2-1 可知，石料的密度如式(2-1)所示：

$$\rho_t = m_s / V_s \tag{2-1}$$

式中　ρ_t——石料的密度(g/cm³)；
　　　m_s——石料矿质实体的质量(g)；
　　　V_s——石料矿质实体的体积(cm³)。

因试验是在空气中称量石料的质量，所以 $m_0 = 0$，$m_s = M$。故式(2-1)可以改写为式(2-2)：

$$\rho_t = m / V_s \tag{2-2}$$

式中　ρ_t，V_s——意义同前；
　　　m——石料试样的质量(g)。

石料密度的测定方法是将石料样品经磨细后，在 105 ℃～110 ℃的烘箱中烘干，用分析天平称取一定质量的石粉试样,置于容量瓶中,在规定的温度条件下,将不含水溶性的石粉以蒸馏水、含水溶性的石粉以高沸点有机溶剂(如煤油)用置换法测定其体积,按式(2-2)计算石料密度。

2. 毛体积密度

毛体积密度是指在规定条件下,烘干石料包括孔隙在内的单位体积固体材料的质量。由图2-1可知,石料包括孔隙在内的单位体积质量按式(2-3)计算:

$$\rho_h = m_s/(V_s + V_i + V_n) = M/V \tag{2-3}$$

式中　ρ_h——石料的毛体积密度(g/cm^3);

　　　V_i——开口孔隙体积(cm^3);

　　　V_n——闭口孔隙体积(cm^3);

　　　M,m_s,V_s——含义同前;

　　　V——石料总体积(cm^3)。

块状石料体积的测定,可以采用两种方法:一种是将石料加工为规则形状的试件,用精密量具测量其几何形状计算体积;另一种是用蜡封法采用静水天平置换法求得体积,本法宜用于遇水崩解、溶解和干缩湿胀性松软石料的密度测定。

试验2.1　石料密度试验(JTG E41—2005)

1. 目的和适用范围

岩石的密度(颗粒密度)是选择建筑材料、研究岩石风化、评价地基基础工程岩体稳定性及确定围岩压力等必需的计算指标。

本法用洁净水做试液时适用于不含水溶性矿物成分的岩石的密度测定,对含水溶性矿物成分的岩石应使用中性液体(如煤油)做试液。

2. 仪器设备

(1)密度瓶:短颈量瓶,容积100 mL。

(2)轧石机、球磨机、瓷研钵、玛瑙研钵、磁铁块和孔径为0.315 mm(0.3 mm)的筛子。

(3)砂浴、恒温水槽(灵敏度±1 ℃)及真空抽气设备。

(4)天平:感量0.001 g。

(5)烘箱:能使温度控制在105 ℃~110 ℃。

(6)干燥器:内装氯化钙或硅胶等干燥剂。

(7)锥形玻璃漏斗、瓷皿、滴管、中骨匙和温度计等。

3. 试样制备

取代表性岩石试样在小型轧石机上初碎(或手工用钢锤捣碎),再置于球磨机中进一步磨碎,然后用研钵研细,使之全部粉碎成能通过0.315 mm筛孔的岩粉。

4. 试验步骤

(1)将制备好的岩粉放在瓷皿中,置于温度为105 ℃~110 ℃的烘箱中烘至恒量,烘干时间一般为6~12 h,然后置于干燥器内冷却至室温(20 ℃±2 ℃)备用。

(2)用四分法取两份岩粉,每份试样从中称取15 g(m_1),精确至0.001 g,用漏斗灌入洗净、烘干的密度瓶中,并注入试液至瓶的一半处,摇动密度瓶使岩粉分散。

(3)当使用洁净水做试液时,可采用沸煮法或真空抽气法排除气体。当使用煤油做试液时,应采用真空抽气法排除气体。采用沸煮法排除气体时,沸煮时间自悬液沸腾时算起不得少于

1 h；采用真空抽气法排除气体时，真空压力表读数宜为 100 kPa，抽气时间维持 1～2 h，直至无气泡逸出为止。

(4)将经过排除气体的密度瓶取出擦干，冷却至室温，再向密度瓶中注入排除气体且同温条件的试液，使接近满瓶，然后置于恒温水槽(20 ℃±2 ℃)。待密度瓶内温度稳定，上部悬液澄清后，塞好瓶塞，使多余试液溢出。从恒温水槽内取出密度瓶，擦干瓶外水分，立即称其质量(m_3)。

(5)倾出悬液，洗净密度瓶，注入经排除气体并与试验同温度的试液至密度瓶，再置于恒温水槽内。待瓶内试液的温度稳定后，塞好瓶塞，将溢出瓶外试液擦干，立即称其质量(m_2)。

5. 计算

按式(2-4)计算岩石的密度值，精确至 0.01 g/cm³：

$$\rho_t = m_1/(m_1+m_2-m_3) \times \rho_{wt} \tag{2-4}$$

式中　ρ_t——石料的密度(g/cm³)；
　　　m_1——岩粉的质量(g)；
　　　m_2——密度瓶与试液的总质量(g)；
　　　m_3——密度瓶、试液与岩粉的总质量(g)；
　　　ρ_{wt}——与试验同温度试液的密度(g/cm³)，洁净水的密度可查表，煤油的密度按式(2-5)计算：

$$\rho_{wt} = (m_5-m_4)/(m_6-m_4) \times \rho_w \tag{2-5}$$

式中　m_4——密度瓶的质量(g)；
　　　m_5——密度瓶与煤油的总质量(g)；
　　　m_6——密度瓶与经排除气体的洁净水的总质量(g)；
　　　ρ_w——经排除气体的洁净水的密度，可查表(g/cm³)。

以两次试验结果的算术平均值作为测定值，当两次试验结果之差大于 0.02 g/cm³ 时，应重新取样进行试验。

试验2.2　毛体积密度试验(JTG E41—2005)

1. 目的和适用范围

岩石的毛体积密度(块体密度)是一个间接反映岩石致密程度、孔隙发育程度的参数，也是评价工程岩体稳定性及确定围岩压力等必需的计算指标。根据岩石含水状态，毛体积密度可分为干密度、饱和密度和天然密度。

岩石毛体积密度试验可分为量积法、水中称量法和蜡封法。此部分只对水中称量法进行试验。

量积法适用于能制备成规则试件的各类岩石；水中称量法适用于除遇水崩解、溶解和干缩湿胀外的其他各类岩石；蜡封法适用于不能用量积法或直接在水中称量进行试验的岩石。

2. 仪器设备

(1)切石机、钻石机、磨石机及小锤等岩石试件加工设备。
(2)天平：感量 0.01 g，称量大于 500 g。
(3)烘箱：能使温度控制在 105 ℃～110 ℃。
(4)石蜡及熔蜡设备。
(5)水中称量装置。

(6)游标卡尺。

3. 试验步骤

(1)测天然密度时,应取有代表性的岩石制备试件并称量;测干密度时,将试件放入烘箱,在 105 ℃~110 ℃下烘至恒重,烘干时间一般为 12~24 h。取出试件置于干燥器内冷却至室温后,称干试件质量。

(2)将干试件浸入水中进行饱和,饱和方法可依岩石性质选用煮沸法或真空抽气法。

(3)取出饱和浸水试件,用湿纱布擦去试件表面水分,立即称其质量。

(4)将试样放在水中称量装置的丝网上,称取试样在水中的质量(丝网在水中质量可事先用砝码平衡)。在称量过程中,称量装置的液面应始终保持同一高度,并记下水温。

(5)本试验称量精确至 0.01 g。

4. 计算

石料毛体积密度的计算公式为

$$\rho_0 = m_0/(m_s - m_w) \times \rho_w \tag{2-6}$$

$$\rho_s = m_s/(m_s - m_w) \times \rho_w \tag{2-7}$$

$$\rho_d = m_d/(m_s - m_w) \times \rho_w \tag{2-8}$$

式中 ρ_0——天然密度(g/m³);

ρ_s——饱和密度(g/m³);

ρ_d——干密度(g/m³);

m_0——试件烘干前的质量(g);

m_s——试件强制饱和后的质量(g);

m_d——试件烘干后的质量(g);

m_w——试件强制饱和后在洁净水中的质量(g);

ρ_w——洁净水的密度(g/m³)。

组织均匀的岩石,毛体积密度应为 3 个试件测得结果的平均值;组织不均匀的岩石,毛体积密度应列出每个试件的试验结果。计算结果精确至 0.01 g/m³。

注:对于规则几何形状的试件,可以用测量试件几何尺寸的方法确定其体积密度。例如立方体试件,用游标卡尺精确测量度件的长、宽、高,在每个面上的上、中、下 3 个部位进行测量,以 3 次测量的算术平均值作为测量结果,精确至 0.1 mm。对于圆柱体试件,从上、中、下 3 个截面沿互相垂直的方向量直径 6 次,再在互相垂直的直径与周围交点处测量高度 4 次,按照以上量得的直径和高度的算术平均值计算圆柱体试件体积,测量结果精确至 0.1 mm。称量烘干后试件的质量再除以其相应体积,即得试件密度。

3. 孔隙率

孔隙率是指石料孔隙体积占石料总体积的百分率。由图 2-1 可知,石料孔隙率可按式(2-9)计算:

$$n = V_0/V = (1 - \rho_d/\rho_t) \times 100(\%) \tag{2-9}$$

式中 n——孔隙率(%);

V_0——石料孔隙(包括开口和闭口孔隙)体积(cm³);

V——意义同前;

ρ_d——石料的毛体积密度(g/cm³);

ρ_t——石料的密度(g/cm³)。

2.2.2 与水有关的性质

📄 相关链接

石料与水作用后，水很快湿润石料的表层并填充了石料的孔隙。因此水对石料破坏作用的大小，主要取决于石料造岩矿物性质及其组成结构状态（孔隙分布情况和孔隙率的大小）等。为了了解水对石料破坏作用情况，在工程上常用吸水率或饱水率、耐水性、抗冻性指标来表示。

1. 吸水率

吸水率是指在室内常温（20 ℃±2 ℃）和常压条件下，石料试件最大的吸水质量占烘干石料试件质量的百分率。按式(2-10)计算：

$$w_x = (m_2 - m_1)/m_1 \times 100\% \tag{2-10}$$

式中　w_x——石料吸水率（%）；
　　　m_1——烘至恒量时的试件质量（g）；
　　　m_2——吸水至恒量时的试件质量（g）。

2. 饱水率

饱水率是指石料在室内常温（20 ℃±2 ℃）和真空抽气（真空度为 20 mm 汞柱）状态下，石料试件最大吸水的质量占石料试件干燥时质量的百分率。

吸水率、饱水率的大小主要取决于石料本身的矿物成分、组织结构、孔隙特征及其孔隙率的大小。石料的吸水率、饱和率的大小直接影响石料的耐水性及其抗冻性。

📄 相关链接

1. 当饱和度 $S_r > 90\%$ 时，抗冻性较差。通常酸性岩石比碱性岩石吸水性较强，致密的石料吸水率小，而细小连通多孔的石料吸水率大。

2. 通常认为在常压下测定的吸水率，此时水分只充填部分孔隙，而当石料开口孔隙内部空气被排空时，水分充满开口孔隙的绝大部分体积，所以饱水率大于吸水率。

3. 耐水性

耐水性是指石料长期在饱水状态下而不破坏，其强度也不显著降低的性质，以软化系数表示。

软化系数是指石料长期在饱水状态下的抗压强度与石料在干燥状态下的抗压强度的比值。按式(2-11)计算：

$$K_{软} = R_{压(饱)}/R_{压(干)} \tag{2-11}$$

式中　$K_{软}$——石料的软化系数；
　　　$R_{压(饱)}$——石料饱水后的抗压强度（MPa）；
　　　$R_{压(干)}$——石料干燥状态下的抗压强度（MPa）。

📄 相关链接

1. 用在严重受水浸蚀或潮湿环境的材料，其软化系数应在 0.85 以上。
2. 软化系数大于 0.8 的材料是耐水材料。
3. 软化系数小于 0.6 的材料不允许用于重要建筑物中。

4. 抗冻性

抗冻性是指石料在饱水状态下，能抵抗多次冻结和融化作用而不破坏的性能。

通常以石料在饱水状态下，能经受冻融循环的次数（质量损失不超过5%，抗压强度降低不超过25%）来表示。根据冻融循环次数，可将石料分为5、10、15、25、50共5个等级[在温度下降至−15℃冻结4 h后，放入(20±5)℃水中融解4 h为冻融循环一次]。如无条件进行冻融试验，也可采用坚固性简易快速测定法，这种方法通过饱和硫酸钠溶液进行多次浸泡与烘干循环后来测定。

相关链接

冰冻破坏机理是由材料孔隙内水结冰所引起的。水在结冰时，体积增大9%左右，对孔壁产生100 MPa的压力，在压力反复作用下使孔壁开裂。所以当石料吸收水分体积占开口孔隙体积90%以下时，石料不会因冻结而产生破坏。

判断岩石抗冻性能好坏有两个指标：

(1)冻融后强度变化：一般要求抗压强度降低不大于25%，按式(2-12)计算：

$$K_{冻} = (R_{压} - R_{压(冻)})/R_{压} \times 100\% \tag{2-12}$$

式中　$K_{冻}$——抗冻性降低系数(%)；
　　　$R_{压}$——未经冻融循环试验的石料试件饱水抗压强度(MPa)；
　　　$R_{压(冻)}$——经若干次冻融循环试验后石料试件饱水抗压强度(MPa)。

(2)质量损失：要求冻融后石料的质量损失不大于5%，按式(2-13)计算：

$$Q_{冻} = (g_1 - g_2)/g_1 \times 100\% \tag{2-13}$$

式中　$Q_{冻}$——抗冻质量损失率(%)；
　　　g_1——试验前烘干试件质量(g)；
　　　g_2——试验后烘干试件质量(g)。

任务2.3　石料的力学性质

公路与桥梁工程结构物中用石料，除了受上述物理性质影响外，还受到外力的作用，所以石料还应具备一定的力学性质。

力学性质主要由强度表示。石料的强度主要取决于石料内部矿料组成与结构，石料内部孔隙及构造不同，其强度也有较大差异。石料密度越小，孔隙率越大，其强度越低。石料的强度值是用石料的标准试件通过试验测定。

石料的力学性质主要包括抗压、抗拉、抗折、磨耗、冲击韧性、硬度及磨光值等。

2.3.1　抗压强度

通常将石料制成标准试件[取边长为(50±0.5)mm的正方体或直径与高均为(50±0.5)mm的圆柱体]，经吸水饱和后，单轴受压，达到极限破坏时，单位承压面积所受的荷载即抗压强度，按式(2-14)计算：

$$R = F/A \tag{2-14}$$

式中　R——石料的抗压强度(MPa)；
　　　F——极限破坏时的荷载(N)；
　　　A——试件的截面面积(mm^2)。

试验2.3 单轴抗压强度试验(JTG E41—2005)

1. 目的和适用范围

单轴抗压强度试验是测定规则形状岩石试件单轴抗压强度的方法,主要用于岩石的强度分级和岩性描述。

本方法采用饱和状态下的岩石立方体(或圆柱体)试件的抗压强度来评价岩石强度(包括碎石或卵石的原始岩石强度)。

在某些情况下,试件含水状态还可以根据需要选择天然状态、烘干状态或冻融循环后状态。试件的含水状态要在试验报告中注明。

2. 仪器设备

(1)压力试验机或万能试验机。
(2)钻石机、切石机、磨石机等岩石试件加工设备。
(3)烘箱、干燥器、游标卡尺、角尺及水池等。

3. 试验步骤

(1)用游标卡尺量取试件尺寸(精确至0.1 mm),对立方体试件在顶面和底面上各量取其边长,以各个面上相互平行的两个边长的算术平均值计算其承压面积;对于圆柱体试件在顶面和底面分别测量两个相互正交的直径,并以其各自的算术平均值分别计算底面和顶面的面积,取其顶面和底面面积的算术平均值作为计算抗压强度所用的截面积。

(2)试件的含水状态可根据需要选择烘干状态、天然状态、饱和状态、冻融循环后状态。试件烘干和饱和状态应符合《公路工程岩石试验规程》(JTG E41—2005)中吸水性试验相关条款的规定,试件冻融循环后状态应符合《公路工程岩石试验规程》(JTG E41—2005)抗冻性试验中相关条款的规定。

(3)按岩石强度性质,选定合适的压力机。将试件置于压力机的承压板中央,对正上、下承压板不得偏心。

(4)以0.5～1.0 MPa/s的速率进行加荷直至破坏,记录破坏荷载及加载过程中出现的现象。抗压试件试验的最大荷载记录以N为单位,精确至1%。

4. 计算

石料饱水抗压强度计算公式:

$$R = P/A \tag{2-15}$$

式中 R——岩石的抗压强度(MPa);

P——试件破坏时的荷载(N);

A——试件的截面面积(mm^2)。

单轴抗压强度试验结果应同时列出每个试件的试验值及同组岩石单轴抗压强度的平均值,有显著层理的岩石,取垂直与平行层理方向的试件强度平均值作为试验结果。计算精确至0.1 MPa。

2.3.2 抗拉强度

石料的抗拉强度是以标准试件在承受纯拉破坏时的极限强度(石料抗拉强度较抗压强度低得多,一般石料抗拉强度为抗压强度的1/50),用劈裂法间接测其抗拉强度。

(1)计算立方体试件的间接抗拉强度(标准试件为边长 50 mm 的正立方体)。
$$\sigma_t = 2P/\pi bh = 0.6366 P/bh \qquad (2\text{-}16)$$

式中　σ_t——试件的间接抗拉强度(MPa)；
　　　P——试件破坏时的极限荷载(N)；
　　　b——试件劈裂面宽度(mm)；
　　　h——试件劈裂面高度(mm)。

(2)按圆柱体试件计算间接抗拉强度(标准试件直径和高度均为 50 mm 的圆柱体)。
$$\sigma_t = 2P/\pi DL = 0.6366 P/DL \qquad (2\text{-}17)$$

式中　σ_t——试件的间接抗拉强度(MPa)；
　　　P——试件破坏时的极限荷载(N)；
　　　D——圆柱体试件直径(mm)；
　　　L——圆柱体试件高度(mm)。

2.3.3　抗折强度

抗折强度是指将石料制成 50 mm×50 mm×250 mm 的梁形试件，在单支点加荷载条件下，折断破坏时的极限强度，并按式(2-18)计算：
$$R_b = 3Pl/2bh^2 \qquad (2\text{-}18)$$

式中　R_b——抗折强度(MPa)；
　　　P——极限荷载(N)；
　　　l——支点的跨距，采用 200 mm；
　　　b——试件断面宽(mm)；
　　　h——试件断面高(mm)。

在桥梁建筑中，石盖板涵必须试验抗折强度。

通常石料抗折强度为抗压强度的 1/5，但也不是一个固定值，抗折强度也随石料矿物成分及其内部组成结构而变化。

2.3.4　磨耗度

磨耗度是指石料抵抗摩擦、撞击、边缘剪切等联合作用的能力，通常用磨耗率表示。

石料磨耗度试验有两种方法：一种是洛杉矶法；另一种是狄法尔法。按规范规定称取一定质量的石料，置于磨耗机中，使石料承受力学的综合作用，以石料通过 1.6 mm(方)、2 mm(圆)筛孔的质量损失来表示磨耗率。

磨耗率按式(2-19)计算：
$$Q_\text{磨} = \frac{m_1 - m_2}{m_1} \times 100 \qquad (2\text{-}19)$$

式中　$Q_\text{磨}$——石料磨耗率(%)；
　　　m_1——装入圆筒中试样质量(g)；
　　　m_2——试验后洗净烘干后试样质量(g)。

磨耗度试验是公路用石料的一个综合指标，也是评定石料等级的依据之一。

任务 2.4　石料的化学性质

根据试验研究按 SiO_2 含量多少将石料划分成酸性、碱性及中性。SiO_2 含量大于 65% 的石料称为酸性石料；SiO_2 含量为 52%～65% 的石料称为中性石料；SiO_2 含量小于 52% 的石料称为碱性石料。

矿质集料在混合料中与结合料起着复杂的物理—化学作用，石料的化学性质将影响混合料的物理—力学性质。根据集料中常见氧化物二氧化硅含量的高低，将集料分为酸性、碱性和中性等不同类型，从而更好地了解和掌握集料与沥青或水泥组成混合物时所产生的不同性能表现。例如，偏碱性的石灰岩集料与沥青之间有更好的黏附效果，这将有助于沥青混合料的水稳性，在沥青混合料中应优先选用碱性石料；而偏酸性的花岗岩集料往往具有更好的力学性能表现。

任务 2.5　石料的技术标准

2.5.1　路用石料的技术分级

石料分级方法首先根据造岩的矿物成分、含量以及组织结构来确定岩石的名称，然后将不同名称的岩石按路用要求划分为四类。各岩类按其石料在饱水状态下的抗压强度和磨耗率将石料划分为四个等级：

一级为抗压强度大，磨耗率低的岩石；
二级为抗压强度较大，磨耗率较低的岩石；
三级为抗压强度较低，磨耗率较大的岩石；
四级为抗压强度低，磨耗率大的岩石。

2.5.2　路用石料的技术标准

路用石料的技术标准见表 2-1。

表 2-1　路用石料的技术标准

岩石类别	主要岩石名称	石料等级	技术标准		
			饱水极限抗压强度/MPa	磨耗率(洛杉矶法)/%	磨耗率(狄法尔法)/%
岩浆岩类	花岗岩	1	>120	<25	<4
	玄武岩	2	100～120	25～30	4～5
	安山岩	3	80～100	30～45	5～7
	辉绿岩	4	—	45～60	7～10
石灰岩类	石灰岩	1	>100	<30	<5
	—	2	80～100	30～35	5～6
	—	3	60～80	35～50	6～12
	白云岩	4	30～60	50～60	12～20
砂岩与片麻岩类	石英岩	1	>100	<30	<5
	砂岩	2	80～100	30～35	5～7
	片麻岩	3	50～80	35～45	7～10
	石英岩麻岩	4	30～50	45～60	10～15
砾岩	—	1		<25	<5
		2		20～30	5～7
		3		30～50	7～12
		4		50～60	12～20

项目 3　集料

学习目标

1. 能够熟练掌握集料的表观密度、视密度、毛体积密度和堆积密度的测定，能计算出空隙率。
2. 能够掌握这些密度之间质量与体积的不同之处，能够比较这几个密度的大小。
3. 能够正确地操作仪器，独立完成试验并会分析试验结果。

任务描述

准备试样，装在托盘中，让学生观察。介绍相关试验仪器。

学习引导

本项目沿着以下脉络进行学习：

任务 3.1　集料概述

3.1.1　集料的概念

集料是指混合料中起骨架或填充作用的粒料，包括岩石天然风化而成的砾石(乱石)和砂，以及由岩石经人工轧制的各种尺寸的碎石、机制砂、石屑等。

在天然风化的矿质混合料中，凡是粒径大于 80 mm 者称为漂石；粒径小于 40 mm 而大于 5 mm 者称为砾石(卵石)；粒径小于 5 mm 者称为砂、石屑。

相关链接

集料可作混合料的填充物，工程上一般将集料分为粗集料和细集料两类。不论是天然还是人工轧制集料，凡是粒径大于 5 mm 者称为粗集料，粒径小于 5 mm 者称为细集料。由于产状与轧制工艺不同，它们之间的粒径界限允许有些交叉。

3.1.2　集料的分类

1. 粗集料

在沥青混合料中，粗集料是指粒径大于 2.36 mm 的碎石、破碎砾石、筛选砾石和矿渣等。
在水泥混凝土中，粗集料是指粒径大于 4.75 mm 的碎石、砾石和破碎砾石等。

2. 细集料

在沥青混合料中，细集料是指粒径小于2.36 mm的天然砂、人工砂（包括机制砂）及石屑。
在水泥混凝土中，细集料是指粒径小于4.75 mm的天然砂、人工砂。

> **相关链接**
>
> 砂按来源可分为天然砂和人工砂两类。
> (1)天然砂：岩石在自然条件下形成的，其粒径在5 mm以下的颗粒为天然砂；按产源不同分为河砂、山砂和海砂。
> (2)人工砂：将岩石轧碎而成，颗粒表面多棱角、较洁净。因为是由人工轧制而成，所以针片状颗粒和石粉含量较多、造价较高。

3.1.3 集料的技术性质

天然集料的技术性质包括物理性质与力学性质。

任务3.2 集料的物理性质

细集料的物理性质包括物理常数、级配（以砂为代表）等。

3.2.1 物理常数

细集料的物理常数不仅要考虑细集料颗粒中的孔隙，还要考虑颗粒间的空隙，如图3-1所示。

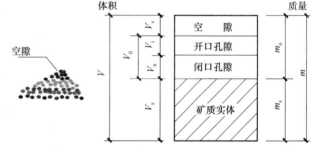

图3-1 集料体积与质量关系

1. 表观密度

表观密度是指在规定条件(105 ℃±5 ℃烘干至恒重)下，单位表观体积(包括集料矿质实体和闭口孔隙的体积)物质颗粒的干质量。由图3-1可知，细集料的表观密度如式(3-1)所示：

$$\rho_t = m_s/(v_s+v_n) \tag{3-1}$$

砂的表观密度大小主要取决于砂的种类和风化程度，一般为2.6～2.7 g/cm³。它是衡量砂质量主要技术指标之一。

试验3.1 细集料表观密度试验(JTG E42—2005)

1. 目的和适用范围

用容量瓶法测定细集料在23 ℃时对水的表观相对密度和表观密度。本法适用于含有少量大于2.36 mm部分的细集料。

2. 仪器设备

(1)天平：称量1 kg，感量不大于1 g。
(2)容量瓶：500 mL。

(3)其他:干燥器、浅盘、铝制料勺、温度计等。
(4)烘箱:能使温度控制在(105±5)℃。
(5)烧杯:500 mL。

3. 试验步骤

(1)称取烘干的试样约300 g(m_0),装入盛有半瓶洁净水的容量瓶中。

(2)摇转容量瓶,使试样在已保温至(23 ℃±1.7 ℃)的水中充分搅动以排除气泡,塞紧瓶塞,在恒温条件下静置24 h左右,然后用滴管添水,使水面与瓶颈刻度线平齐,再塞紧瓶塞,擦干瓶外水分,称其总质量(m_2)。

(3)倒出瓶中的水和试样,将瓶的内外表面洗净,再向瓶内注入同样温度的洁净水(温差不超过2 ℃)至瓶颈刻度线,塞紧瓶塞,擦干瓶外水分,称其总质量(m_1)。

注:在砂的表观密度试验过程中应测量并控制水的温度,试验期间的温差不得超过1 ℃。

4. 计算

细集料的表观密度计算公式:

$$\rho_a = \gamma_a \times \rho_T \text{ 或 } \rho_T = (\gamma_T - \alpha_T) \times \rho_w \tag{3-2}$$

式中 ρ_a——细集料表观密度(g/cm³);

ρ_w——水在4 ℃时的密度(g/cm³);

α_T——试验时的水温对水密度影响的修正系数;

ρ_T——试验温度T时水的密度(g/cm³)。

5. 报告

以两次平行试验结果的算术平均值作为测定值,当两次结果之差大于0.01 g/cm³时,应重新取样进行试验。

6. 试验中注意的问题

(1)缩分后的试样应具有代表性。
(2)试验用水应为纯净水,水的温度应控制在规定范围内。
(3)滴管添水至瓶颈零刻度线应当以弯液面为准。
(4)两次平行试验结果的精度误差应当控制在0.01 g/cm³范围内。

2. 毛体积密度

毛体积密度是指砂的单位体积(含颗粒固体及闭口、开口孔隙体积)的颗粒的干质量,毛体积密度与表观密度很接近,为2.6~2.7 g/cm³。

3. 堆积密度

堆积密度是指单位体积(含颗粒固体及其闭口、开口孔隙及颗粒间空隙体积)物质颗粒质量,有干堆积密度与湿堆积密度之分。

砂的堆积密度一般为1 350~1 650 kg/m³;紧装密度一般为1 600~1 700 kg/m³,其大小通过分层装填颠击后求得。

试验3.2 细集料堆积密度试验(JTG E42—2005)

1. 目的和适用范围

本试验适用于砂自然状态下的堆积密度、紧装密度及空隙率的测定。

2. 仪器设备

(1)台称：称量 5 kg，感量 5 g。
(2)容量筒：金属制，圆筒形，内径 108 mm，净高 109 mm，容积约为 1 L。
(3)标准漏斗：如图 3-2 所示。
(4)烘箱：能使温度控制在 105 ℃±5 ℃。
(5)其他：小勺、直尺、浅盘、玻璃板、ϕ10 mm 钢筋、洁净水(20 ℃±5 ℃)等。

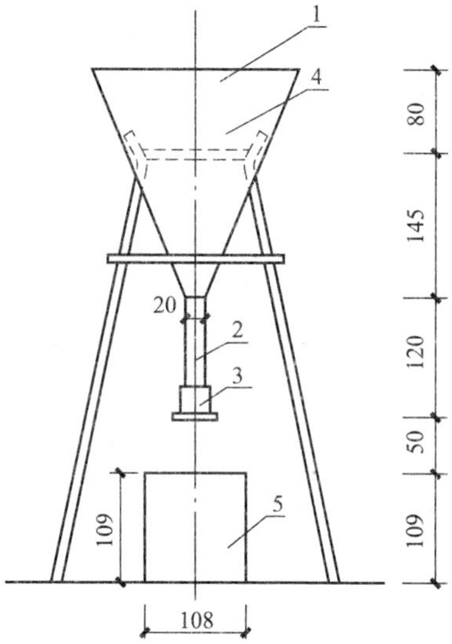

3. 试验准备

(1)试样制备：用浅盘装试样约 5 kg，在温度为 105 ℃±5 ℃的烘箱中烘干至恒量，取出并冷却至室温，分成大致相等的两份备用。试样烘干后如有结块，应在试验前先捏碎。

(2)容量筒容积的标定：先称取容量筒与玻璃板总质量(m'_1)，然后以温度为 20 ℃±5 ℃的洁净水装满容量筒，用玻璃板沿筒口滑移，使其紧贴水面，玻璃板与水面之间不得有空隙。擦干筒外壁水分，称其总质量(m'_2)，用式(3-3)计算筒的容积 V。

$$V = m'_2 - m'_1 \qquad (3-3)$$

式中　V——容量筒的容积(mL)；
　　　m'_1——容量筒和玻璃板的总质量(g)；
　　　m'_2——容量筒、玻璃板和水的总质量(g)。

图 3-2　标准漏斗(尺寸单位：mm)
1—漏斗；2—ϕ20 mm 的管子；
3—活动门；4—筛；5—金属量筒

4. 试验步骤

(1)堆积密度：将试样装入漏斗中，打开底部的活动门，将砂流入容量筒中，也可直接用小勺向容量筒中装试样，但漏斗出料口或料勺距容量筒筒口均应为 50 mm 左右，直至试样装满并超出容量筒筒口，用直尺将多余的试样沿筒口中心线向两个相反方向刮平，称取质量(m_1)。

(2)紧装密度：取试样 1 份，分两层装入容量筒。装完一层后，在筒底垫放一根直径为 10 mm 的钢筋，将筒按住，左右交替颠击地面各 25 下，然后再装入第二层。

第二层装满后用同样方法颠实(但筒底所垫钢筋的方向应与第一层放置方向垂直)。两层装完并颠实后，添加试样超出容量筒筒口，然后用直尺将多余的试样沿筒口中心线向两个相反方向刮平，称取质量(m_2)。

5. 计算

(1)堆积密度及紧装密度分别按式(3-4)和式(3-5)计算，精确至小数点后 3 位。

$$\rho = \frac{m_1 - m_0}{V} \qquad (3-4)$$

$$\rho' = \frac{m_2 - m_0}{V} \qquad (3-5)$$

式中　ρ——砂的堆积密度(g/cm³)；
　　　ρ'——砂的紧装密度(g/cm³)；
　　　m_0——容量筒的质量(g)；
　　　m_1——容量筒和堆积砂的总质量(g)；
　　　m_2——容量筒和紧装砂的总质量(g)；
　　　V——容量筒容积(mL)。

(2)砂的空隙率按式(3-6)计算,精确至0.1%。

$$n=\left(1-\frac{\rho}{\rho_a}\right)\times 100 \tag{3-6}$$

式中　n——砂的空隙率(%);
　　　ρ——砂的堆积或紧装密度(g/cm³);
　　　ρ_a——砂的表观密度(g/cm³)。

以两次平行试验结果的算术平均值作为测定值。

4. 含水率

含水率是指砂中所含水的质量占干砂质量的百分率。

砂从干到湿有四种含水状态(图3-3):干燥状态(烘干状态),它在 105 ℃±5 ℃温度下烘干;气干状态(风干状态);饱和面干状态(表干状态),是在颗粒表面干燥,内部孔隙吸水饱和时的状态;湿润状态(潮湿状态),颗粒内部吸水饱和,表面附有吸水状态。

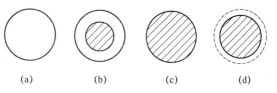

图 3-3　集料含水状态
(a)干燥状态;(b)气干状态;(c)饱和面干状态;(d)湿润状态

相关链接

由于砂的含水状态不同,所以砂的体积及毛体积密度随之改变。通常砂的含水率为5%~8%时外观体积最大,可增加25%~30%,其原因是砂表面吸附一层水膜,使砂粒间距离增大,体积随之增大。当含水率小时,不能形成水膜时则体积不会增大;当含水率过大时,水膜破坏,砂颗粒相互滑动,体积缩小;当含水率达20%~25%时,体积反而比干燥时减小。所以施工时如采用体积计量材料,则应先测出该砂在各种含水率时的体积换算系数,以便计算。在确定混凝土配合比时,砂的含水率以干燥状态为准计算,在含水状态时应进行换算。

5. 饱和面干密度

饱和面干密度是指砂单位体积(含颗粒固体及其闭口、开口孔隙体积)颗粒的饱和面干颗粒质量。

6. 空隙率

空隙率是指砂的颗粒之间空隙的体积占集料总体积的百分率,按式(3-6)计算。

砂的空隙率与其级配和颗粒形状有关,砂的空隙率一般为35%~45%,特细砂可达50%左右。

3.2.2　粗细程度与颗粒级配

1. 粗细程度

粗细程度是指不同粒径砂总体积的粗细程度。

粗细程度与总表面积有关,为了获得比较小的总表面积,应尽量采用较粗的颗粒。在拌制混凝土时,由于过粗的颗粒会使砂的空隙率增大而使混凝土拌合物产生泌水,影响和易性,所以在拌制时,应同时考虑砂的粗细程度和颗粒级配。

2. 颗粒级配

颗粒级配是指砂中大小颗粒相互搭配的比例情况。如图3-4所示,当采用相同粒径砂时,砂的空隙率最大；当两种不同粒径搭配时，空隙率减小；当两种以上粒径搭配时，空隙率更小。这样一级一级不同粒径按一定比例相互搭配填充空隙，使砂的空隙率达到最小。

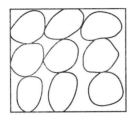 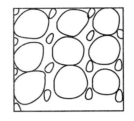 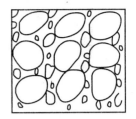

图 3-4 颗粒级配示意图

3. 砂的颗粒级配与粗细程度的确定

砂的粗细程度与颗粒级配可用筛分析试验来测定。通过筛分可计算出 3 个参数，即分计筛余百分率、累计筛余百分率以及通过量百分率。根据参数可以绘制级配曲线及计算细度模数（用细度模数来表示砂的粗细程度）。

筛析法：一套标准筛，根据《公路工程集料试验规程》(JTG E42—2005)，水泥混凝土和沥青混合料中所用粗细集料的筛分都改为方孔筛。

圆孔筛　　方孔筛
5.0 mm——4.75 mm
2.5 mm——2.36 mm
1.25 mm——1.18 mm
0.63 mm——0.6 mm
0.315 mm——0.3 mm
0.16 mm——0.15 mm

试验 3.3　细集料的筛分试验(JTG E42—2005)

1. 目的和适用范围

本试验适用于细集料(天然砂、人工砂、石屑)的颗粒级配及粗细程度的测定。对于水泥混凝土用细集料可采用干筛法筛分，如果需要(含泥量超过5%的细集料)也可采用水洗法筛分；对于沥青混合料及基层用细集料必须采用水筛法筛分。

注：当细集料中含有粗集料时，可参照此方法用水洗法筛分，但需特别注意保护标准筛筛面不遭损坏。

2. 仪器设备

(1)标准筛：4.75 mm、2.36 mm、1.18 mm、0.6 mm、0.3 mm、0.15 mm、0.075 mm 的方孔筛。

(2)天平：称量1 000 g，感量不大于0.5 g。

(3)摇筛机。

(4)烘箱：能使温度控制在 105 ℃±5 ℃。

(5)其他：水槽、浅盘、搅棒、硬、软毛刷等。

3. 试验准备

根据样品中最大粒径的大小，选用适宜的标准筛，通常为9.5 mm筛(水泥混凝土用天然砂)或 4.75 mm 筛(沥青路面及基层用天然砂、石屑、机制砂等)筛除其中的超粒径材料。然后将样品在潮湿状态下充分拌匀,用分料器法或四分法缩分至每份不少于 550 g 的试样两份,在 105 ℃±5 ℃的烘箱中烘干至恒重,冷却至室温后备用。

4. 试验步骤

4.1 干筛法试验步骤

(1)精确称取烘干试样约 500 g(m_1),精确至 0.5 g,置于套筛的最上面一只,即 4.75 mm 筛上,将套筛装入摇筛机,摇筛约 10 min,然后取出套筛,再按筛孔大小顺序,从最大的筛号开始,在清洁的浅盘上逐个进行手筛,直到每分钟的筛出量不超过筛上剩余量的 0.1% 时为止。将筛出通过的颗粒并入下一号筛,和下一号筛中的试样一起过筛,以此顺序进行至各号筛全部筛完为止。

注:①试样如为特细砂时,试样质量可减少到 100 g。

②无摇筛机时,可直接用手筛。

(2)称量各筛筛余试样的质量,精确至 0.5 g。所有各筛的分计筛余量和底盘中剩余量的总量与筛分前的试样总量,相差不得超过后者的 1%。

4.2 水洗法试验步骤

(1)精确称取烘干试样约 500 g(m_1),精确至 0.5 g。

(2)将试样置于一洁净容器中,加入足够数量的洁净水,将集料全部淹没。

(3)用搅棒充分搅动集料,将集料表面洗涤干净,使细粉悬浮在水中,但不得有集料从水中溅出。

(4)用 1.18 mm 筛及 0.075 mm 筛组成套筛,仔细将容器中混有细粉的悬浮液徐徐倒出,经过套筛流入另一容器,但不得将集料倒出。

注:不可直接倒至 0.075 mm 筛上,以免集料掉出损坏筛面。

(5)重复(2)至(4)步骤,直至倒出的水洁净且小于 0.075 mm 的颗粒全部倒出。

(6)将容器中的集料倒入搪瓷盘中,用少量水冲洗,使容器上沾附的集料颗粒全部进入搪瓷盘中。将筛子反扣过来,用少量的水将筛上的集料冲洗入搪瓷盘中。操作过程中不得有集料散失。

(7)将搪瓷盘连同集料一起置于 105 ℃±5 ℃烘箱中烘干至恒重,称取干燥集料试样的总质量(m_2),精确称量至 0.1%。m_1 与 m_2 之差即通过 0.075 mm 筛的部分。

(8)将全部要求筛孔组成套筛(但不需 0.075 mm 筛),将已经洗去小于 0.075 mm 部分的干燥集料置于套筛上(通常为 4.75 mm 筛)。将套筛装入摇筛机,摇筛约 10 min,然后取出套筛,再按筛孔大小顺序,从最大的筛号开始,在清洁的浅盘上逐个进行手筛,直到每分钟的筛出量不超过筛上剩余量的 0.1% 时为止。将筛出通过的颗粒并入下一号筛,和下一号筛中的试样一起过筛,按这样的顺序进行,直至各号筛全部筛完为止。

注:如为含有粗集料的集料混合料,套筛筛孔根据需要选择。

(9)称量各筛筛余试样的质量,精确至 0.5 g。所有各筛的分计筛余量和底盘中剩余量的总质量与筛分前后试样总量 m_2 的差值不得超过后者的 1%。

5. 计算

(1)计算分计筛余百分率。各号筛的分计筛余百分率为各号筛上的筛余量除以试样总量(m_1)的百分率,精确至 0.1%。

$$a_i = \frac{m_i}{m} \times 100 \tag{3-7}$$

式中 a_i——某号筛的分针筛余(%);

m_i——某号筛上筛余量(g);

m——试样总量(g)。

对于沥青路面及基层用细集料(水筛法)而言,0.15 mm 筛下部分即 0.075 mm 的分计筛余,由上面水洗法试验步骤(7)测得的 m_1 与 m_2 之差即小于 0.075 mm 的筛底部分。

(2)计算累计筛余百分率。各号筛的累计筛余百分率为该号筛及大于该号筛的各号筛的分计筛余百分率之和,精确至 0.1%。

$$A_i = a_1 + a_2 + a_3 + \cdots + a_i \tag{3-8}$$

式中 a_i——某号筛的分计筛余百分率(%);

A_i——累计筛余百分率(%)。

(3)计算质量通过百分率。各号筛的质量通过百分率等于 100 减去该号筛的累计筛余百分率,精确至 0.1%。

$$P_i = 100 - A_i \tag{3-9}$$

式中 P_i——通过百分率(%);

A_i——累计筛余百分率(%)。

(4)根据各筛的累计筛余百分率或质量通过百分率,绘制级配曲线。

(5)天然砂的细度模数按下式计算,精确至 0.01。

① 当 4.75 mm 筛上没有筛余量时,即 $a_1 = 0$,$A_1 = 0$,细度模数按式(3-10)计算:

$$M_x = \frac{A_2 + A_3 + A_4 + A_5 + A_6}{100} \tag{3-10}$$

② 当 4.75 mm 筛上有筛余量时,即 $a_1 \neq 0$,$A_1 \neq 0$,细度模数按式(3-11)计算:

$$M_x = \frac{(A_2 + A_3 + A_4 + A_5 + A_6) - 5A_1}{100 - A_1} \tag{3-11}$$

式中 M_x——细度模数;

$A_1, A_2, \cdots, A_6$——4.75 mm、2.36 mm、1.18 mm、0.6 mm、0.3 mm、0.15 mm 各筛的累计筛余百分率(%)。

(6)应进行两次平行试验,以试验结果的算术平均值作为测定值。如两次平行试验所得的细度模数之差大于 0.2,应重新进行试验。

细集料筛分参数的关系见表 3-1。

表 3-1 细集料筛分参数的关系

筛孔尺寸/mm	分计筛余	累计筛余/%	通过/%
4.75	a_1	$A_1 = a_1$	$100 - A_1$
2.36	a_2	$A_2 = a_1 + a_2$	$100 - A_2$
1.18	a_3	$A_3 = a_1 + a_2 + a_3$	$100 - A_3$
0.60	a_4	$A_4 = a_1 + a_2 + a_3 + a_4$	$100 - A_4$
0.30	a_5	$A_5 = a_1 + a_2 + a_3 + a_4 + a_5$	$100 - A_5$
0.15	a_6	$A_6 = a_1 + a_2 + a_3 + a_4 + a_5 + a_6$	$100 - A_6$

【例 3-1】 从工地取回烘干砂样 500 g 做筛分析试验,筛分结果见表 3-2。计算该砂的细度模数,评定砂的粗细。

表 3-2 筛分结果

筛孔尺寸/mm	9.5	4.75	2.36	1.16	0.6	0.3	0.15	底盘
筛余质量/g	0	10	20	45	100	135	155	35
分计筛余/%	0	2	4	9	20	27	31	7
累计筛余/%	0	2	6	15	35	62	93	100

解：

① 计算细度模数：

$$M_x = \frac{(A_{2.36}+A_{1.16}+A_{0.60}+A_{0.30}+A_{0.15})-5 \times A_{4.75}}{100-A_{4.75}}$$

$$= \frac{(6+15+35+62+93)-5 \times 2}{100-2}$$

$$= 2.05$$

② 该砂属于细砂。

3.2.3 粗集料的物理性质

粗集料（碎石、卵石、矿渣）的物理性质，包括表观密度（通常为 2.5～2.7 g/cm³）、毛体积密度、饱和面干密度、堆积密度（干燥状态下为 1 450～1 650 kg/m³）、碎石空隙率（约为 45%）、卵石空隙率（为 35%～45%）、振实密度、空隙率、含水率等。这些性质的具体数值可通过试验测得。

1. 表观密度

粗集料的表观密度测定见试验 3.4。

试验 3.4 粗集料表观密度试验（JTG E42—2005）

1. 目的和适用范围

本试验适用于碎石、砾石等各种粗集料的表观相对密度、表干相对密度、毛体积相对密度、表观密度、表干密度、毛体积密度及粗集料的吸水率的测定。本试验为计算空隙率和混凝土配合比设计提供必要的数据。

2. 仪器设备

(1) 天平或浸水天平：其型号和尺寸应能允许在臂上悬挂试样的吊篮并浸入水中称量所盛物体的水中质量，称量应满足试样数量称量的要求，感量不大于最大称量的 0.05%。

(2) 容量瓶：1 000 mL，也可用磨口的广口玻璃瓶代替，并带玻璃片。

(3) 标准筛：4.75 mm、2.36 mm。

(4) 烘箱：能使温度控制在 105 ℃±5 ℃。

(5) 其他：刷子、毛巾等。

3. 试验准备

将取来样过筛，对水泥混凝土的集料采用 4.75 mm 筛，沥青混合料的集料用 2.36 mm 筛，分别筛去筛孔以下的颗粒。用四分法或分料器法缩分至要求的质量，分两份备用。

将每份集料试样浸泡在水中，仔细洗去附在集料表面的尘土和石粉，经多次漂洗至水清澈为止。清洗过程中不得散失集料颗粒。

4. 试验步骤

(1)取试样一份装入容量瓶中，注入洁净水，水面高出试样，轻轻摇动容量瓶，使附着在石料上的气泡逸出。盖上玻璃片，在室温下浸水 24 h。

(2)向瓶中加水至水面凸出瓶口，然后盖上容量瓶塞，或用玻璃片沿广口瓶瓶口迅速滑行，使其紧贴瓶口水面。玻璃片与水面之间不得有空隙。

(3)确认瓶中没有气泡，擦干瓶外的水分后称取集料试样、水、瓶及玻璃片的总质量(m_2)。

(4)将试样倒入浅搪瓷盘中，稍稍倾斜搪瓷盘，倒掉流动的水，再用毛巾吸干漏出的自由水。需要时可称取带表面水的试样质量(m_4)。

(5)用拧干的湿毛巾轻轻擦干颗粒的表面水，至表面看不到发亮的水迹，即饱和面干状态。当粗集料尺寸较大时，可逐颗擦干。注意拧湿毛巾时不要太用劲，防止拧得太干。擦颗粒的表面水时，既要将表面水擦掉，又不能将颗粒内部的水吸出。整个过程中不得有集料丢失。

(6)立即称取饱和面干集料的表干质量(m_3)。

(7)将集料置于浅盘中，放入(105±5) ℃的烘箱中烘干至恒重。取出浅盘，放入带盖的容器中冷却至室温，称取集料的烘干质量(m_0)。

(8)将瓶洗净，重新装入洁净水，盖上容量瓶塞，或用玻璃片紧贴广口瓶瓶口水面。玻璃片与水面之间不得有空隙。确认瓶中没有气泡，擦干瓶外水分后称取水、瓶及玻璃片的总质量(m_1)。

5. 计算

粗集料表观密度按式(3-12)计算：

$$\rho_a = \gamma_a \times \rho_T \text{ 或 } \rho_a = (\gamma_a - \alpha_T) \times \rho_w \tag{3-12}$$

式中 ρ_a——粗集料的表观密度(g/cm³)；

ρ_T——试验温度 T 时水的密度(g/cm³)；

α_T——试验温度 T 时的水温修正系数；

ρ_w——水在 4 ℃时的密度(1.000 g/cm³)

以两次试验结果的算术平均值作为测定值，计算结果精确至 0.01 g/cm³。误差大于 0.01 g/cm³ 时，应重新取样进行试验。

2. 毛体积密度

毛体积密度的计算公式为

$$\rho_h = \frac{m}{V}$$
$$V = \frac{m_1 - m_2}{\rho_w} \tag{3-13}$$

式中 ρ_h——集料毛体积密度(g/cm³)；

m——烘干至恒重时试样的质量(g)；

V——集料体积(cm³)；

m_1——集料的表干质量(g)；

m_2——集料的水中质量(g)；

ρ_w——水 4 ℃时的密度(1 g/cm³)。

组织均匀的岩石，其密度试验结果应为 3 个试件测得结果的平均值；组织不均匀的岩石，密度应记录最大值与最小值。计算结果精确至 0.01 g/cm³。

3. 吸水率

吸水率的计算公式为

$$w_x = \frac{m_1 - m_0}{m_0} \times 100 \tag{3-14}$$

式中 w_x——集料吸水率(%);

　　　m_0——烘干至恒重时试样的质量(g);

　　　m_1——吸水至恒重时试样的质量(g)。

4. 堆积密度

粗集料堆积密度的测定见试验3.5。

试验3.5　粗集料堆积密度试验(JTG E42—2005)

粗集料的堆积密度是单位体积(包括矿质实体、闭口孔隙和开口孔隙及颗粒间空隙体积)物质颗粒的质量。空隙率是指粗集料颗粒之间空隙体积占粗集料总体积的百分率。

1. 目的和适用范围

测定粗集料的堆积密度,包括自然状态、振实状态、捣实状态下的堆积密度,以及堆积状态下的空隙率。

2. 仪器设备

(1)天平或台秤:感量不大于称量的0.1%。

(2)容量筒:适用于粗集料堆积密度测定的容量筒,应符合表3-3的要求。

表3-3　容量筒的规格要求

粗集料公称最大粒径/mm	容量筒容积/L	容量筒规格/mm			筒壁厚度/mm
		内径	净高	底厚	
≤4.75	3	155±2	160±2	5.0	2.5
9.5~26.5	10	205±2	305±2	5.0	2.5
31.5~37.5	15	255±5	295±5	5.0	3.0
≥53	20	355±5	305±5	5.0	3.0

(3)烘箱:能使温度控制在105 ℃±5 ℃。

(4)振动台:频率每分钟为2 800~3 200次,负荷下的振幅为0.35 mm。

(5)捣棒:直径16 mm、长600 mm、一端为圆头的钢棒。

(6)其他:水温计、平头铁锹、玻璃板。

3. 试验准备

按四分法取样、缩分,质量应满足试验要求,在105 ℃±5 ℃的烘箱中烘干,也可以摊在洁净的地面上风干,拌匀后分成两份备用。

4. 试验步骤

(1)自然堆积密度。取试样1份,置于平整干净的水泥地(或铁板)上,用平头铁锹铲起试样,使石子自由落入容量筒内。此时,从铁锹的齐口至容量筒上口的距离应保持50 mm左右,装满容量筒并除去凸出筒口表面的颗粒,以合适的颗粒填入凹陷空隙,使表面稍凸起部分和凹陷部分的体积大致相等，称取试样和容量筒的总质量(m_2)。

(2)振实密度。按堆积密度试验步骤，将装满试样的容量筒放在振动台上，振动 3 min，或者将试样分三层装入容量筒：装完一层后，在筒底垫放一根直径为 25 mm 的圆钢筋，将筒按住，左右交替颠击地面各 25 下；然后装入第二层，用同样的方法颠实（筒底所放钢筋的方向应与第一层放置的方向垂直）；然后再装入第三层，也用同样的方法颠实。待三层试样装填完毕后，加料填到试样超出容量筒口，用钢筋沿筒口边缘滚转，刮下高出筒口的颗粒，用合适的颗粒填平凹处，使表面稍凸起部分和凹陷部分的体积大致相等，称取试样和容量筒的总质量(m_2)。

(3)捣实密度。根据沥青混合料的类型和公称最大粒径，确定起骨架作用的关键性筛孔（通常为 4.75 mm 或 2.36 mm 等）。将矿料混合料中此筛孔以上的颗粒筛出，作为试样装入符合要求的容器中达 1/3 的高度，由边至中用捣棒均匀捣实 25 次。再向容器中装入 1/3 高度的试样，用捣棒均匀地捣实 25 次，捣实深度约至下层的表面。然后重复上一步骤，加最后一层，捣实 25 次，使集料与容器口齐平。用合适的集料填充表面的大空隙，用直尺大体刮平，目测估计表面凸起部分与凹陷部分的容积大致相等，称取容量筒与试样的总质量(m_2)。

(4)容量筒容积的标定。以温度为 20 ℃±5 ℃ 的洁净水装满容量筒，用玻璃板沿筒口滑移，使其紧贴水面无气泡，并擦干筒外壁的水分，然后称量，用式(3-15)计算筒的容积 V：

$$V=(m_4-m_3)/\rho_T \tag{3-15}$$

式中　V——容量筒容积(L)；

　　　m_3——容量筒和玻璃板的总质量(kg)；

　　　m_4——容量筒、玻璃板和水的总质量(kg)；

　　　ρ_T——试验温度 T 时水的密度(g/cm³)，见表 3-4。

5. 计算

(1)堆积密度按式(3-16)计算，精确至 0.01 t/m³。

$$\rho=\frac{m_2-m_1}{V}\times 100 \tag{3-16}$$

式中　ρ——与各种状态相对应的堆积密度(t/m³)；

　　　m_1——容量筒的质量(kg)；

　　　m_2——容量筒和试样的总质量(kg)；

　　　V——容量筒的容积(L)。

以两次平行试验结果的算术平均值作为测定值。

(2)水泥混凝土用粗集料振实状态下的空隙率按式(3-17)计算：

$$V_0=\left(1-\frac{\rho}{\rho_a}\right)\times 100 \tag{3-17}$$

式中　V_0——水泥混凝土用粗集料的空隙率(%)；

　　　ρ_a——粗集料的表观密度(t/m³)；

　　　ρ——振实法测定的粗集料的堆积密度(t/m³)。

以两次平行试验结果的算术平均值作为测定值。

(3)沥青混合料用粗集料骨架捣实状态下的间隙率按式(3-18)计算：

$$VCA=\left(1-\frac{\rho}{\rho_b}\right)\times 100 \tag{3-18}$$

式中　V_0——捣实状态下粗集料骨架间隙率(%)；

　　　ρ_b——粗集料的毛体积密度(t/m³)；

　　　ρ——捣实法测定的粗集料的堆积密度(t/m³)。

以两次平行试验结果的算术平均值作为测定值。

表 3-4 不同水温时水的密度及水的温度修正系数

水温/℃	15	16	17	18	19	20
水的密度/(g·cm⁻³)	0.999 13	0.998 97	0.998 80	0.998 62	0.998 43	0.998 22
水温修正系数 α_T	0.002	0.003	0.003	0.004	0.004	0.005
水温/℃	21	22	23	24	25	
水的密度/(g·cm⁻³)	0.998 02	0.997 79	0.997 56	0.997 33	0.997 02	
水温修正系数 α_T	0.005	0.006	0.006	0.007	0.007	

5. 空隙率计算

(1) 根据试验求出的粗集料表观密度和堆积密度数值，计算粗集料的空隙率。

(2) 空隙率的计算公式为

$$n = \left(1 - \frac{\rho}{\rho'_t}\right) \times 100 \tag{3-19}$$

式中 n——粗集料的空隙率(%)；

ρ——粗集料的堆积密度(kg/m³)；

ρ'_t——粗集料的表观密度(kg/m³)。

试验 3.6　粗集料及集料混合料的筛分试验(JTG E42—2005)

1. 目的和适用范围

(1) 本试验用于粗集料(碎石、砾石、矿渣等)的颗粒组成的测定。对于水泥混凝土用粗集料可采用干筛法筛分；对于沥青混合料及基层用粗集料必须采用水洗法筛分。

(2) 本方法也适用于同时含有粗集料、细集料、矿粉的集料混合料筛分试验，如未筛碎石、级配碎石、天然砂砾、级配砂砾、无机结合料稳定基层材料、沥青拌和楼的冷料混合料、热料仓材料、沥青混合料经溶剂抽提后的矿料等。

2. 仪器设备

(1) 试验筛：根据需要选用规定的标准筛。

(2) 摇筛机。

(3) 天平或台秤：感量不大于试样质量的 0.1%。

(4) 烘箱：能使温度控制在 105 ℃±5 ℃。

(5) 其他：水槽、搅棒、盘子、铲子、毛刷等。

3. 试验准备

按规定将试样用分料器或四分法缩分至表 3-5 要求的试样所需量，风干后备用。根据需要可按要求的集料最大粒径的筛孔尺寸过筛，除去超粒径部分的颗粒后，再进行筛分。

表 3-5 筛分用的试样质量

公称最大粒径/mm	75	63	37.5	31.5	26.5	19	16	9.5	4.75
试样质量不少于/kg	10	8	5	4	2.5	2	1	1	0.5

4. 试验步骤

4.1 水泥混凝土用粗集料干筛法试验步骤

(1)取试样一份置于 105 ℃±5 ℃烘箱中烘干至恒重，称取干燥集料试样的总质量(m_0)，精确至 0.1%。

(2)用搪瓷盘作筛分容器，按筛孔大小排列顺序逐个将集料过筛。人工筛分时，需使集料在筛面上同时有水平方向及上下方向的不停顿的运动，使小于筛孔的集料通过筛孔，直至 1 min 内通过筛孔的质量小于筛上残余量的 0.1% 为止。当采用摇筛机筛分时，应在摇筛机筛分后再逐个由人工补筛。将筛出通过的颗粒并入下一号筛，和下一号筛中的试样一起过筛，顺序进行，直至各号筛全部筛完为止。应确保 1 min 内通过筛孔的质量确实小于筛上残余量的 0.1%。

注：由于 0.075 mm 的筛干筛几乎不能把沾在粗集料表面的小于 0.075 mm 部分的石粉筛过去，而且对水泥混凝土用粗集料而言，0.075 mm 通过率的意义不大，所以也可以不筛，且把通过 0.15 mm 筛的筛下部分全部作为 0.075 mm 的分计筛余，将粗集料的 0.075 mm 通过率假设为 0。

(3)如果某个筛上的集料过多，影响筛分作业，则可以分两次筛分。当筛余颗粒的粒径大于 19 mm 时，筛分过程中允许用手指轻轻拨动颗粒，但不得逐颗塞过筛孔。

(4)称取每个筛上的筛余量，精确至总质量的 0.1%。各筛分计筛余量及筛底存量的总和与筛分前试样的干燥总质量 m_0 相比，相差不得超过 m_0 的 0.5%。

4.2 沥青混合料及基层用粗集料水洗法试验步骤

(1)取一份试样，将试样置于 105 ℃±5 ℃烘箱中烘干至恒重，称取干燥集料试样的总质量(m_3)，精确至 0.1%。

(2)将试样置于一洁净容器中，加入足够数量的洁净水，将集料全部淹没，但不得使用任何洗涤剂、分散剂或表面活性剂。

(3)用搅棒充分搅动集料，使集料表面洗涤干净，使细粉悬浮在水中，但不得破碎集料或有集料从水中溅出。

(4)根据集料粒径大小选择一组套筛，其底部为 0.075 mm 标准筛，上部为 2.36 mm 或 4.75 mm 筛。仔细将容器中混有细粉的悬浮液倒出，经过套筛流入另一容器中，尽量不将粗集料倒出，以免损坏标准筛筛面。

注：无须将容器中的全部集料都倒出，只倒出悬浮液，且不可直接倒在 0.075 mm 筛上，以免集料掉出损坏筛面。

(5)重复(2)至(4)步骤，直至倒出的水洁净为止，必要时可采用水流缓慢冲洗。

(6)将套筛每个筛子上的集料及容器中的集料全部回收在一个搪瓷盘中，容器上不得沾附集料颗粒。

注：沾在 0.075 mm 筛面上的细粉很难回收扣入搪瓷盘中，此时需将筛子倒扣在搪瓷盘上用少量的水并辅以毛刷将细粉刷落入搪瓷盘中，并注意不要散失。

(7)在确保细粉不散失的前提下，小心泌去搪瓷盘中的积水，将搪瓷盘连同集料一起置于 105 ℃±5 ℃烘箱中烘干至恒重，称取干燥集料试样的总质量(m_4)，精确至 0.1%。以 m_3 与 m_4 之差作为 0.075 mm 的筛下部分。

(8)将回收的干燥集料按干筛方法筛分出 0.075 mm 筛以上各筛的筛余量，此时 0.075 mm 筛下部分应为 0，如果还能筛出，则应将其并入水洗得到的 0.075 mm 的筛下部分，且表示水洗得不干净。

5. 计算

5.1 干筛法筛分结果的计算

(1)计算各筛分计筛余量及筛底存量的总和与筛分前试样的干燥总质量 m_0 之差，作为筛分时的损耗，并计算损耗率，若损耗率大于0.3%，则应重新进行试验。

$$m_5 = m_0 - (\sum m_i + m_d) \tag{3-20}$$

式中　m_5——由于筛分造成的损耗(g)；
　　　m_0——用于干筛的干燥集料总质量(g)；
　　　m_i——各号筛上的分计筛余(g)；
　　　i——依次为0.075 mm、0.15 mm、…至集料最大粒径的排序(g)；
　　　m_d——筛底(0.075 mm以下的部分)集料总质量(g)。

(2)干筛后各号筛上的分计筛余百分率按式(3-21)计算，精确至0.1%。

$$a'_i = \frac{m_i}{m_0 - m_5} \times 100 \tag{3-21}$$

(3)各号筛的累计筛余百分率为该号筛以上各号筛的分计筛余百分率之和，精确至0.1%。

(4)各号筛的质量通过百分率等于100减去该号筛累计筛余百分率，精确至0.1%。

(5)由筛底存量除以扣除损耗后的干燥集料总质量得出，精确至0.1%。

(6)试验结果以两次平行试验的平均值表示，精确至0.1%。当两次平行试验结果$P_{0.075}$的差值超过1%时，试验应重新进行。

5.2　水筛法筛分结果的计算

(1)计算粗集料中0.075 mm筛下部分质量$m_{0.075}$和含量$P_{0.075}$，精确至0.1%。

$$m_{0.075} = m_3 - m_4$$

$$P_{0.075} = \frac{m_{0.075}}{m_3} \times 100 = \frac{m_3 - m_4}{m_3} \times 100 \tag{3-22}$$

式中　$P_{0.075}$——粗集料中小于0.075 mm的含量(%)；
　　　$m_{0.075}$——粗集料中水洗得到的小于0.075 mm部分的质量(g)；
　　　m_3——用于水洗的干燥粗集料总质量(g)；
　　　m_4——水洗后的干燥粗集料总质量(g)。

当两次平行试验结果$P_{0.075}$的差值超过1%时，试验应重新进行。

(2)计算各筛分计筛余量及筛底存量的总和与筛分前试样的干燥总质量m_3之差，作为筛分时的损耗，并计算损耗率，若损耗率大于0.3%，则应重新进行试验。

$$m_5 = m_3 - (\sum m_i + m_d) \tag{3-23}$$

式中　m_5——由于筛分造成的损耗(g)；
　　　m_i——各号筛上的分计筛余(g)；
　　　i——依次为0.075 mm、0.15 mm、…至集料最大粒径的排序(g)。

(3)计算其他各筛的分计筛余百分率、累计筛余百分率、质量通过百分率，计算方法与干筛法相同。当干筛筛分有损耗时，应按干筛法筛分的计算方法从总质量中扣除损耗部分。

(4)试验结果以两次平行试验的平均值表示。

6. 报告

(1)筛分结果以各筛孔的质量通过百分率表示。

(2)对用于沥青混合料、基层材料配合比设计用的集料，宜绘制集料筛分曲线，其横坐标为筛孔尺寸的0.45次方(表3-6)，纵坐标为普通坐标，如图3-5所示。

表 3-6 级配曲线的横坐标(按 $x=d_i^{0.45}$ 计算)

筛孔 d_i/mm	0.075	0.15	0.3	0.6	1.18	2.36	4.75
横坐标 x	0.312	0.426	0.582	0.795	1.077	1.472	2.016
筛孔 d_i/mm	9.5	13.2	16	19	26.5	31.5	37.5
横坐标 x	2.745	3.193	3.482	3.762	4.370	4.723	5.109

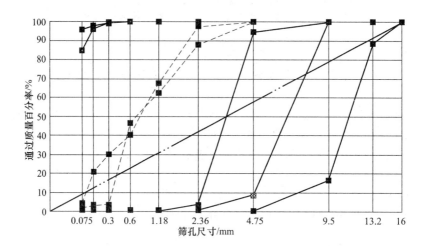

图 3-5 集料筛分曲线与矿料级配设计曲线

(3) 同一种集料至少取两个试样平行试验两次,取平均值作为每号筛上筛余量的试验结果,报告集料级配组成通过百分率及级配曲线。

试验 3.7 水泥混凝土用粗集料针片状颗粒含量试验 (规准仪法)(JTG E42—2005)

1. 目的和适用范围

(1) 本方法适用于水泥混凝土使用的 4.75 mm 以上的粗集料的针状及片状颗粒含量的测定。

(2) 本方法测定的针片状颗粒,是指利用专用的规准仪测定的粗集料颗粒的最小厚度(或直径)方向与最大长度(或宽度)方向的尺寸之比小于一定比例的颗粒。

(3) 本方法测定的粗集料中针片状颗粒的含量可用于评价集料的形状及其在工程中的适用性。

2. 仪器设备

(1) 水泥混凝土集料针状规准仪和片状规准仪如图 3-6 和图 3-7 所示,尺寸应符合表 3-7 的要求。

(2) 天平或台秤:感量不大于称量值的 0.1%。

(3) 标准筛:孔径分别为 4.75 mm、9.5 mm、16 mm、19 mm、26.5 mm、31.5 mm、37.5 mm 的方孔筛,根据需要选用。

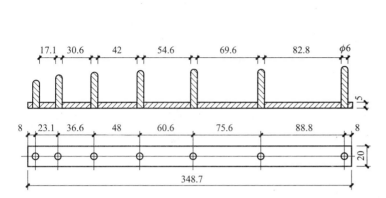

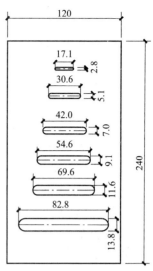

图 3-6 针状规准仪(尺寸单位：mm)

图 3-7 片状规准仪
(尺寸单位：mm)

表 3-7 水泥混凝土集料针片状颗粒试验的粒级划分及其相应的规准仪孔宽或间距　　mm

粒级(方孔筛)	4.75～9.5	9.5～16	16～19	19～26.5	26.5～31.5	31.5～37.5
针状规准仪上相对应的立柱之间的间距宽	17.1 (B_1)	30.6 (B_2)	42.0 (B_3)	54.6 (B_4)	69.6 (B_5)	82.8 (B_6)
片状规准仪上相对应的孔宽	2.8 (A_1)	5.1 (A_2)	7.0 (A_3)	9.1 (A_4)	11.6 (A_5)	13.8 (A_6)

3. 试样准备

将试样在室内风干至表面干燥，并用四分法或分料器法缩分至满足表 3-8 规定的质量，称量(m_0)，然后筛分成表 3-8 所规定的粒级备用。

表 3-8　针片状颗粒试验所需的试样最小质量

公称最大粒径/mm	9.5	16	19	26.5	31.5	37.5
试样最小质量/kg	0.3	1	2	3	5	10

4. 试验步骤

(1)目测挑出接近立方体形状的规则颗粒，将目测有可能属于针片状颗粒的集料按表 3-8 所规定的粒级用规准仪逐粒对试样进行鉴定，挑出颗粒长度大于针状规准仪上相应间距而不能通过者，为针状颗粒；厚度小于片状规准仪上相应孔宽而能通过者，为片状颗粒。

(2)称量由各粒级挑出的针状颗粒和片状颗粒的质量，其总质量为 m_1。

5. 计算

碎石或砾石中针片状颗粒含量按式(3-24)计算，精确至 0.1%。

$$Q_e = \frac{m_1}{m_0} \times 100 \qquad (3-24)$$

式中　Q_e——试样的针片状颗粒含量(%)；

　　　m_1——试样中所含针片状颗粒的总质量(g)；

　　　m_0——试样总质量(g)。

试验 3.8　沥青路面用粗集料针片状颗粒含量试验 (JTG E42—2005)

1. 目的和适用范围

本试验用于测定沥青混合料、各种基层、底层的 4.75 mm 以上的粗集料中针片状颗粒的含量，用于评价集料的形状和抗压碎的能力、评定粗集料在工程上的适用性。

2. 仪器设备

(1)标准筛：方孔筛 4.75 mm。

(2)游标卡尺：精密度为 0.1 mm。

(3)天平：感量不大于 1 g。

3. 试验步骤

(1)按随机取样方法采集试样，用四分法缩分 1 000 g 左右。不同规格的粗集料应按照其公称粒径分别取样检验。

(2)用 4.75 mm 标准筛将试样过筛，取筛上部分供试验用，称取试样的总质量 m_0，精确至 1 g，试样数量不应少于 800 g，并不少于 100 颗。

(3)把试样平摊于桌面上，先用目测挑出接近立方体的符合要求的颗粒，剩下可能属于针状和片状的颗粒。

(4)把欲测量的颗粒放在桌面上形成稳定的状态，然后用游标卡尺逐颗测量石料的长度(l)、宽度(b)及厚度(t)。将 $l/t \geqslant 3$ 的颗粒(即长度与厚度方向的尺寸之比大于 3 的颗粒)分别挑出来作为针片状颗粒，称取针片状颗粒的质量 m_1，精确至 1 g。

4. 计算

粗集料针片状颗粒含量按式(3-25)计算：

$$Q_e = \frac{m_1}{m_0} \times 100 \tag{3-25}$$

式中　Q_e——针片状颗粒含量(%)；

　　　m_0——试验用的试样总质量(g)；

　　　m_1——针片状颗粒的质量(g)。

试验平行测两次，如两次结果之差小于平均值的 20%，取平均值作为试验值；如大于或等于 20%，应追加测定一次，以 3 次结果的平均值作为测定值。

任务 3.3　集料的力学性质

1. 坚固性

选取规定数量的集料，分别装在金属网篮浸入硫酸钠溶液中进行干湿循环试验。经 5 次循环后,测其表面破坏情况,并用质量损失百分率来计算其坚固性。

2. 压碎值

压碎值是指粗集料在连续增加的荷载下抵抗压碎的能力。

试验 3.9 粗集料压碎值试验(JTG E42—2005)

1. 目的和适用范围

集料压碎值用于衡量石料在逐渐增加的荷载下抵抗压碎的能力。它是衡量石料力学性质的指标之一,用以评定其在公路工程中的适用性。

2. 仪器设备

(1)石料压碎值试验仪:由内径 150 mm、两端开口的钢制圆形试筒、压柱和底板组成。试筒内壁、压柱的底面及底板的上表面等与石料接触的表面都应进行热处理,使表面硬化,达到维氏硬度 65°,并保持光滑状态。

(2)金属棒:直径 10 mm,长 450~600 mm,一端加工成半球形。

(3)天平:称量 2~3 kg,感量不大于 1 g。

(4)标准筛:筛孔尺寸 13.2 mm、9.5 mm、2.36 mm 方孔筛各一个。

(5)压力机:500 kN,应能在 10 min 内达到 400 kN。

(6)金属筒:圆柱形,内径为 112.0 mm、高为 179.4 mm、容积为 1 767 cm^3。

3. 试验准备

(1)采用风干石料用 13.2 mm 和 9.5 mm 标准筛过筛,取 9.5~13.2 mm 的试样 3 组各 3 000 g,供试验用。

(2)每次试验的石料数量,应满足按下述方法夯击后石料在试筒内的深度为 100 mm。

在金属筒中确定石料数量的方法是:将石料分 3 次均匀装入金属筒中,每次数量大致相同,并将试样表面整平;每次都用金属棒的半球面端从石料表面上均匀捣击 25 次(约 50 mm 的高度处自由下落);最后用金属棒作为直刮刀将表面仔细整平;称取量筒中的试样质量(m_0)。以相同质量的试样进行压碎值的平行试验。

4. 试验步骤

(1)将试筒安放在底板上。

(2)将要求质量(m_0)的试样分 3 次(每次数量大体相同)均匀装入试模中,每次均将试样表面整平,并用金属棒的半球面端从石料表面上均匀捣击 25 次,最后用金属棒作为直刮刀将表面仔细整平。

(3)将装有试样的试模放到压力机上,同时将压柱放入试筒内石料面上,注意使压柱摆平,勿搋挤试筒侧壁。

(4)开动压力机,均匀地施加荷载,在 10 min 左右的时间内达到总荷载 400 kN,稳压 5 s,然后卸荷。

(5)将试模从压力机上取下,取出试样。

(6)用 2.36 mm 标准筛筛分经压碎的全部试样,可分几次筛分,均需筛到在 1 min 内没有明显筛出物为止。

(7)称取通过 2.36 mm 筛孔的全部细料质量(m_1),精确至 1 g。

5. 计算

$$Q'_a = \frac{m_1}{m_0} \times 100 \tag{3-26}$$

式中 Q'_a——石料压碎值(%)；

m_0——试验前试样的质量(g)；

m_1——试验后通过 2.36 mm 筛孔的细料质量(g)。

以 3 次平行试验结果的算术平均值作为压碎值的测定值。

试验 3.10 粗集料磨耗度试验(JTG E42—2005)

1. 目的和适用范围

通过本试验可测定粗集料抵抗撞击、边缘剪切和摩擦等联合作用的能力。

本方法适用于各种等级规格集料的磨耗试验。

2. 仪器设备

(1)洛杉矶磨耗试验机：圆筒内径 710 mm±5 mm，内侧长 510 mm±5 mm，两端封闭，投料口的钢盖通过紧固螺栓和橡胶垫与钢筒紧闭密封。钢筒的回转速率为 30～33 r/min。

(2)钢球：直径约 46.8 mm，质量为 390～445 g，大小稍有不同，以便按要求组合成符合要求的总质量。

(3)台秤：感量 5 g。

(4)标准筛：符合要求的标准筛系列，以及筛孔为 1.7 mm 的方孔筛一个。

(5)烘箱：能使温度控制在 105 ℃±5 ℃范围内。

(6)容器：搪瓷盘等。

3. 试验步骤

(1)将不同规格的集料用水冲洗干净，置于烘箱中烘干至恒重。

(2)对所使用的集料，根据实际情况按表 3-9 选择最接近的粒级类别，确定相应的试验条件，按规定的粒级组成备料、筛分。其中，水泥混凝土用集料宜采用 A 级粒度；沥青路面及各种基层、底基层的粗集料，表中 16 mm 筛孔也可用 13.2 mm 筛孔代替。对非规格材料，应根据材料的实际粒度，从表 3-9 中选择最接近的粒级类别及试验条件。

表 3-9 粗集料洛杉矶试验条件

粒度类别	粒级组成/mm	试样质量/g	试样总质量/g	钢球数量/个	钢球总质量/g	转动次数/r	适用的粗集料 规格	适用的粗集料 公称粒径/mm
A	26.5～37.5 19.0～26.5 16.0～19.0 9.5～16.0	1 250±25 1 250±25 1 250±10 1 250±10	5 000±10	12	5 000±25	500		
B	19.0～26.5 16.0～19.0	2 500±10 2 500±10	5 000±10	11	4 850±25	500	S6 S7 S8	15～30 10～30 15～25

续表

粒度类别	粒级组成/mm	试样质量/g	试样总质量/g	钢球数量/个	钢球总质量/g	转动次数/r	适用的粗集料	
							规格	公称粒径/mm
C	9.5~16.0 4.75~9.5	2 500±10 2 500±10	5 000±10	8	3 330±20	500	S9 S10 S11 S12	10~20 10~15 5~15 5~10
D	2.36~4.75	5 000±10	5 000±10	6	2 500±15	500	S13 S14	3~10 3~5
E	63~75 53~63 37.5~53	2 500±50 2 500±50 5 000±50	10 000±100	12	5 000±25	1 000	S1 S2	40~75 40~60
F	37.5~53 26.5~37.5	5 000±50 5 000±25	10 000±75	12	5 000±25	1 000	S3 S4	30~60 25~50
C	26.5~37.5 19~26.5	5 000±25 5 000±25	10 000±50	12	5 000±25	1 000	S5	20~40

注：①表中 16 mm 也可用 13.2 mm 代替。
②A 级适用于未筛碎石混合料及水泥混凝土用集料。
③C 级中 S12 可全部采用 4.75~9.5 mm 颗粒，5 000 g；S9 及 S10 可全部采用 9.5~16 mm 颗粒，5 000 g。
④E 级中 S2 中缺 63~75 mm 颗粒可用 53~63 mm 颗粒代替。

(3)分级称量(精确至 5 g)，称取总质量(m_1)，装入磨耗机的圆筒中。

(4)选择钢球，使钢球的数量及总质量符合表 3-9 的规定。将钢球加入钢筒中，盖好筒盖，紧固密封。

(5)将计数器调整到零位，设定要求的回转次数。对水泥混凝土集料，回转次数为 500 r；对沥青混合料集料，回转次数应符合表 3-9 的要求。开动磨耗机，以 30~33 r/min 的转速转动至要求的回转次数为止。

(6)取出钢球，将经过磨耗后的试样从投料口倒入接收容器(搪瓷盘)中。

(7)将试样用 1.7 mm 的方孔筛过筛，筛去试样中被撞击磨碎的细屑。

(8)用水冲干净留在筛上的碎石，置于 105 ℃±5 ℃烘箱中烘干至恒重(通常不少于 4 h)，精确称量(m_2)。

4. 计算

石料磨耗率 $Q_{磨}$ 的计算公式为

$$Q_{磨} = \frac{m_1 - m_2}{m_1} \times 100 \tag{3-27}$$

式中 $Q_磨$——石料磨耗率(%);
m_1——装入圆筒中的试样质量(g);
m_2——试验后在1.7 mm筛上洗净、烘干的试样质量(g)。

石料的磨耗率取两次平行试验结果的算术平均值作为测定值,两次平行试验误差应不大于2%,否则应重新取样再做一次试验。

3. 冲击值

粗集料冲击值是表示集料抵抗冲击的性能,以质量百分率表示。

项目 4　石灰与水泥

学习目标

1. 能够熟练掌握硅酸盐水泥熟料的技术性质，掌握其凝结时间、安定性及细度的检测方法。
2. 能够正确地操作仪器，独立完成试验并会分析试验结果。

任务描述

准备试样，装在托盘中，让学生观察，介绍相关试验内容。

学习引导

本项目沿着以下脉络进行学习：

任务 4.1　胶凝材料概述

4.1.1　胶凝材料的概念

在建筑工程中，能以自身的物理化学作用，从浆体变成坚固的石状体，并能将松散材料（如碎石、砂等）胶结成具有一定强度的整体结构的材料，统称为胶凝材料。

4.1.2　胶凝材料的分类

胶凝材料按其化学成分不同，可分为无机胶凝材料和有机胶凝材料两大类。沥青和各种天然树脂、合成树脂等属于有机胶凝材料，石灰、水泥、石膏等属于无机胶凝材料。

无机胶凝材料根据其硬化条件不同，可分为气硬性胶凝材料和水硬性胶凝材料。气硬性胶凝材料只能在空气中硬化、保持或继续提高强度，如石灰、石膏、镁质胶凝材料和水玻璃等。水硬性胶凝材料则不仅能在空气中硬化，而且能更好地在水中硬化，且可在水中或适宜的环境中保持并继续提高强度。各种水泥都属于水硬性胶凝材料。

任务 4.2　石灰

石灰是由碳酸盐类岩石（石灰石、白云石、白垩石、贝壳等）为原料，经过 900 ℃～1 300 ℃

高温燃烧，分解出二氧化碳（CO_2）后所得到的一种胶凝材料。其主要成分为氧化钙（CaO）和氧化镁（MgO）。

根据成品加工方法的不同，石灰可分为以下几种：

(1) 块状生石灰：由原料煅烧而成的原产品，主要成分为 CaO。

(2) 生石灰粉：由块状生石灰磨细而得到的细粉，其主要成分也为 CaO。

(3) 消石灰：将生石灰用适量的水消化而得的粉末，也称熟石灰，其主要成分为 $Ca(OH)_2$。

(4) 石灰浆：将生石灰加多量的水（为石灰体积的 3～4 倍）消化而得可塑性浆体，称为石灰膏，主要成分为 $Ca(OH)_2$ 和水；如果水分加得更多，则得白色悬浮液，称之为石灰乳。

在道路工程中，随着半刚性基层在高等级路面中的应用，近年来石灰稳定土、石灰粉煤灰稳定土及其稳定碎石等广泛用于路面基层。在桥梁工程中，石灰砂浆、石灰水泥砂浆、石灰粉煤灰砂浆广泛用于圬工砌体。

4.2.1 石灰的生产工艺概述

用于燃烧石灰的原料，主要以富含氧化钙的岩石（如石灰石、白垩石、白蛭石等）为主，也可应用含有氧化钙和部分氧化镁的岩石。

石灰石在燃烧的过程中，碳酸钙的分解需要吸收热量，通常需加热至 900 ℃ 以上，其化学反应式可表示如下：

$$CaCO_3 \xrightarrow{>900\ ℃} CaO + CO_2 \tag{4-1}$$

碳酸钙在分解时，每 100 份质量的 $CaCO_3$，失去 44 份质量的 CO_2，而得到 56 份质量的 CaO。但燃烧后得到的生石灰（CaO）的体积仅比原来石灰石（$CaCO_3$）的体积减小 10%～15%，所以石灰是一种多孔结构材料。

优质的石灰，色质洁白或带灰色，质量较轻，块状石灰堆积密度为 800～1 000 kg/m^3。石灰在烧制过程中，往往由于石灰石原料的尺寸过大或窑中温度不匀等，使得石灰中含有未烧透的内核，这种石灰即称为欠火石灰。欠火石灰的未消化残渣含量高，有效氧化钙和氧化镁含量低，使用时缺乏粘结力。另外，由于烧制的温度过高或时间过长，使得石灰表面出现裂缝或玻璃状的外壳，体积收缩明显，颜色呈灰黑色，块体密度大，消化缓慢，这种石灰称为过火石灰。过火石灰用于建筑结构物中仍能继续消化，以致引起体积膨胀，导致产生裂缝等破坏现象，故危害极大。

4.2.2 石灰的消化和硬化

1. 石灰的消化

烧制成的生石灰为块状的，在使用时必须加水使其消化成为粉末状的消石灰，这一过程也称熟化，故消石灰也称熟石灰。其化学反应式为

$$CaO + H_2O \longrightarrow Ca(OH)_2 + 64.9\ kJ/mol \tag{4-2}$$

消石灰的主要化学成分为氢氧化钙 $Ca(OH)_2$。式（4-2）中理论需水量仅为石灰的 24.32%，但是由于石灰消化是一个放热反应过程，故实际加水量达 70% 以上。在石灰消化时，应注意加水速度。对活泼性大的石灰，如加水过慢，水量不够，则已消化的石灰颗粒生成 $Ca(OH)_2$，包围于未消化颗粒周围，使内部石灰不易消化，这种现象称为"过烧"现象；相反，对于活泼性差的石灰，如加水过快，则发热量少，水温过低，增加了未消化颗粒，这种现象称为过冷现象。石灰消化时，为了消除过火石灰的危害，可在消化后陈伏半个月左右再使用。石灰浆在陈伏期间，在其表面应有一层水分，使之与空气隔绝，以防止碳化。

2. 石灰的硬化

石灰的硬化过程包括干燥硬化和碳化两部分。

(1)石灰浆的干燥硬化。石灰浆体干燥过程，由于水分蒸发形成网状孔隙，这时滞留在孔隙中的自由水由于表面张力的作用而产生毛细管压力，使石灰粒子更加密实，而获得附加强度。

此外，由于水分的蒸发，引起$Ca(OH)_2$溶液过饱和而结晶析出，并产生结晶强度，但从溶液中析出$Ca(OH)_2$数量极少，因此强度增长不显著。其反应式为

$$Ca(OH)_2 + nH_2O \xrightarrow{m_1} Ca(OH)_2 \cdot nH_2O \tag{4-3}$$

(2)硬化石灰浆的碳化。石灰浆体经碳化后获得的最终强度，称为碳化强度。石灰碳化作用只有在有水条件下才能进行。其化学反应式为

$$Ca(OH)_2 + CO_2 + nH_2O \longrightarrow CaCO_3 + (n+1)H_2O \tag{4-4}$$

4.2.3 石灰的技术要求和技术标准

1. 技术要求

用于道路或桥梁工程的石灰，应符合下列技术要求：

(1)有效氧化钙和氧化镁$[(CaO)_{ef} + MgO]$含量。石灰中产生粘结性的有效成分是活性氧化钙和氧化镁，它们的含量是评价石灰质量的主要指标。

(2)生石灰产浆量和未消化残渣含量。产浆量是单位质量(1 kg)的生石灰经消化后，所产石灰浆体的体积(L)。石灰产浆量越高，则表示其质量越好。未消化残渣含量是生石灰消化后，未能消化而存留在 5 mm 圆孔筛上的残渣占试样的百分率。

(3)细度。细度与消石灰的活性有关，消石灰粉越细，石灰的活性越大。消石灰粉中较大的颗粒包括未消化的过烧石灰颗粒、含有大量钙盐的石灰颗粒以及欠火石灰或未燃尽的煤渣等。现行标准以 0.6 mm 和 0.15 mm 筛余百分率控制磨细石灰粉和消石灰粉的细度。

(4)二氧化碳(CO_2)含量。生石灰或生石灰粉中 CO_2 含量指标，是为了控制石灰石在煅烧时欠火造成产品中未分解完成的碳酸盐增多。CO_2 含量越高，即表示未分解完全的碳酸盐含量越高，则$[(CaO)ef + MgO]$含量相对降低，导致影响石灰的胶结性能。

(5)消石灰粉游离水含量。游离水含量是指化学结合水以外的含水量。理论上，$Ca(OH)_2$中结合水占 24.32%，也就是说，氧化钙理论消化水量是氧化钙质量的 24.32%。但是，由于消化是一个放热反应，部分水被蒸发，所以实际消化水量是理论值的 2 倍左右。多加的水残留于氢氧化钙中，残余水分蒸发后，留下的孔隙会加剧消石灰粉碳化现象的产生，因而影响其使用质量。在石灰硬化过程中，这些水分的蒸发将引起体积显著收缩，易出现干缩裂缝，从而影响其使用质量。

2. 技术标准

对高速公路或一级公路的基层，宜采用磨细消石灰。石灰的技术标准见表 4-1。高速公路和一级公路用石灰应不低于表 4-1 规定的Ⅱ级技术要求，二级公路用石灰应不低于Ⅲ级技术要求，二级以下公路宜不低于Ⅲ级技术要求。二级以下公路使用等外石灰时，有效氧化钙含量应在 20%以上，且混合料强度应满足要求。

表 4-1 石灰的技术标准 %

项目 \ 类别指标	钙质生石灰			镁质生石灰			钙质消石灰			镁质消石灰		
	等级											
	Ⅰ	Ⅱ	Ⅲ	Ⅰ	Ⅱ	Ⅲ	Ⅰ	Ⅱ	Ⅲ	Ⅰ	Ⅱ	Ⅲ
有效氧化钙加氧化镁含量	≥85	≥80	≥70	≥80	≥75	≥65	≥65	≥60	≥55	≥60	≥55	≥50

续表

项目	类别指标	钙质生石灰			镁质生石灰			钙质消石灰			镁质消石灰		
		等级											
		Ⅰ	Ⅱ	Ⅲ	Ⅰ	Ⅱ	Ⅲ	Ⅰ	Ⅱ	Ⅲ	Ⅰ	Ⅱ	Ⅲ
未消化残渣含量（5 mm 圆孔筛的筛余）		≤7	≤11	≤17	≤10	≤14	≤20						
含水量								≤4	≤4	≤4	≤4	≤4	≤4
细度	0.6 mm 方孔筛的筛余							0	≤1	≤1	0	≤1	≤1
	0.15 mm 方孔筛的累计筛余							≤13	≤20	—	≤13	≤20	—
钙镁石灰的分类界限，氧化镁含量		≤5			>5			≤4			>4		

注：①硅、铝、镁氧化物含量之和大于5%的生石灰，有效钙加氧化镁含量指标，Ⅰ级≥75%，Ⅱ级≥70%，Ⅲ级≥60%；
②未消化残渣含量指标与镁质生石灰指标相同。

任务 4.3 水泥

水泥是一种多组分的人造矿物粉料，它与水拌和后成为塑性胶体，既能在空气中硬化，又能在水中硬化，并能将砂石等材料胶结成具有一定强度的整体，所以水泥是一种水硬性胶凝材料。

在道路与桥梁工程中通常应用的水泥有硅酸盐水泥、普通硅酸盐水泥、矿渣硅酸盐水泥、火山灰质硅酸盐水泥和粉煤灰硅酸盐水泥。由于道路路面工程对水泥的特殊要求，近年来已生产了道路水泥。此外，在某些特殊工程中，还使用高铝水泥、膨胀水泥、快硬水泥等。水泥品种繁多，随着水泥科学的发展，还会有许多新品种水泥涌现。而硅酸盐水泥是最重要的一种水泥，因此本章主要对硅酸盐水泥做较详细的阐述，其他水泥仅做一般介绍。

凡由硅酸盐水泥熟料、0%～5%石灰石或粒化高炉矿渣、适量石膏磨细制成的水硬性胶凝材料，均称为硅酸盐水泥［国外通称的波特兰水泥（Portland Cement）］。

硅酸盐水泥分为两种类型，不掺加混合材料的称Ⅰ型硅酸盐水泥，代号为P·Ⅰ；在硅酸盐水泥熟料粉磨时掺加不超过质量5%石灰石或粒化高炉矿渣混合材料的称Ⅱ型硅酸盐水泥，代号为P·Ⅱ。

硅酸盐水泥按用途和性能分为用于一般土木建筑工程的通用水泥、专门用途的专用水泥和某些性能比较突出的特性水泥。

4.3.1 硅酸盐水泥生产原料与生产工艺

1. 硅酸盐水泥生产原料

生产硅酸盐水泥的原料主要是石灰质原料和黏土质原料两类。石灰质原料（如石灰石、白蛭、石灰质凝灰岩等）主要提供 CaO，黏土质原料（如黏土、黏土质页岩、黄土等）主要提供 SiO_2、Al_2O_3 及 Fe_2O_3。有时两种原料化学组成不能满足要求，还要加入少量校正原料（如黄铁矿渣）等进行调整。

2. 硅酸盐水泥生产工艺

各种原料按一定的化学成分比例配制，并经磨碎到一定的细度，均匀混合，制备成生料。生料的制备方法有干法和湿法两种。

制备好的生料可以在立窑或回转窑中进行燃烧，生料中的 CaO-SiO_2-Al_2O_3-Fe_2O_3 经过复杂的化学反应，一直燃烧至 1 450 ℃左右而生成以硅酸钙为主要成分的硅酸盐熟料。

为调节水泥的凝结速度，在烧成的熟料中加入质量3%左右的石膏（$CaSO_4 \cdot 2H_2O$）共同磨细，即硅酸盐水泥。

硅酸盐水泥的生产工艺，概括起来如下：

(1) 生料的配制和磨细；
(2) 将生料煅烧，使之部分熔融形成熟料；
(3) 将熟料与适量石膏共同磨细成为硅酸盐水泥。

国家标准规定：硅酸盐水泥分为 42.5、42.5R、52.5、52.5R、62.5、62.5R 六个强度等级；普通硅酸盐水泥和复合硅酸盐水泥分为 42.5、42.5R、52.5、52.5R 四个强度等级；矿渣硅酸盐水泥、火山灰质硅酸盐水泥、粉煤灰硅酸盐水泥分为 32.5、32.5R、42.5、42.5R、52.5、52.5R 六个强度等级。其中有代号 R 者为早强型水泥。各强度等级的六大常用水泥的 3 d、28 d 强度均不得低于表 4-2 中的规定值。

表 4-2 常用水泥技术性质标准

项目		硅酸盐水泥		普通硅酸盐水泥	矿渣硅酸盐水泥 火山灰质硅酸盐水泥 粉煤灰硅酸盐水泥	复合硅酸盐水泥
		P·Ⅰ	P·Ⅱ			
细度		比表面积 ≥300 m²/kg			80 μm 方孔筛筛余量≤10% 或 45 μm 方孔筛筛余量≤30%	
凝结时间	初凝	≥45 min				
	终凝	≤6.5 h			≤600 min	
体积安定性	安定性	沸煮法必须合格（若试饼法和雷氏夹法两者有争议，以雷氏夹法为准）				
	MgO	含量≥6.0%（硅酸盐水泥中含量≥5.0%）				
	SO_3	含量≥3.5%（矿渣水泥中含量≥4.0%）				
强度等级	龄期	抗压强度/MPa	抗折强度/MPa	抗压强度/MPa	抗折强度/MPa	抗压强度/MPa	抗折强度/MPa	抗压强度/MPa	抗折强度/MPa
32.5	3 d 28 d	— —	— —	— —	— —	10.0 32.5	2.5 5.5	10.0 32.5	2.5 5.5
32.5R	3 d 28 d	— —	— —	— —	— —	15.0 32.5	3.5 5.5	15.0 32.5	3.5 5.5
42.5	3 d 28 d	17.0 42.5	3.5 6.5	17.0 42.5	3.5 6.5	15.0 42.5	3.5 6.5	15.0 42.5	3.5 6.5
42.5R	3 d 28 d	22.0 42.5	4.0 6.5	22.0 42.5	4.0 6.5	19.0 42.5	4.0 6.5	19.0 42.5	4.0 6.5
52.5	3 d 28 d	23.0 52.5	4.0 7.0	23.0 52.5	4.0 7.0	21.0 52.5	4.0 7.0	21.0 52.5	4.0 7.0
52.5R	3 d 28 d	27.0 52.5	5.0 7.0	27.0 52.5	5.0 7.0	23.0 52.5	4.5 7.0	23.0 52.5	4.5 7.0

续表

强度等级	龄期	抗压强度/MPa	抗折强度/MPa	抗压强度/MPa	抗折强度/MPa	抗压强度/MPa	抗折强度/MPa	抗压强度/MPa	抗折强度/MPa
62.5	3 d 28 d	28.0 62.5	5.0 8.0	— 	— 	— 	— 	— 	—
62.5R	3 d 28 d	32.0 62.5	5.5 8.0	— 	— 	— 	— 	— 	—
碱含量		用户要求低碱水泥时,按 $Na_2O+0.658K_2O$ 计算的碱含应不大于 0.60%或由供需双方商定							

碱含量是指水泥中 Na_2O 和 K_2O 的含量。若水泥中碱含量过高,遇到有活性的集料,易产生碱-集料反应,造成工程危害。硅酸盐水泥原材料化学成分见表 4-3。

表 4-3 硅酸盐水泥原材料化学成分

氧化物名称	化学成分	常用缩写	大致含量/%	氧化物名称	化学成分	常用缩写	大致含量/%
氧化钙	CaO	C	62~67	氧化铝	Al_2O_3	A	4~7
氧化硅	SiO_2	S	19~24	氧化铁	Fe_2O_3	F	2~5

硅酸盐水泥的生产流程如图 4-1 所示。

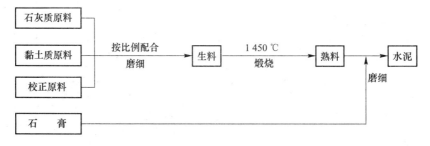

图 4-1 硅酸盐水泥的生产流程

4.3.2 硅酸盐水泥的化学成分和矿物组成

1. 硅酸盐水泥的化学成分

硅酸盐水泥的主要化学成分包括由石灰质原料来的氧化钙(CaO)、由黏土质原料(或校正原料)来的氧化硅(SiO_2)、氧化铝(Al_2O_3)和氧化铁(Fe_2O_3)。经过高温煅烧后,CaO、SiO_2、Al_2O_3、Fe_2O_3 四种成分化合为熟料中的主要矿物组成:硅酸三钙($3CaO \cdot SiO_2$,简式 C_3S)、硅酸二钙($2CaO \cdot SiO_2$,简式 C_2S)、铝酸三钙($3CaO \cdot Al_2O_3$,简式 C_3A)和铁铝酸四钙($4CaO \cdot Al_2O_3 \cdot Fe_2O_3$,简式 C_4AF)。水泥原料的各化学成分及其经煅烧后水泥熟料的矿物组成可归纳为下式:

$$\begin{matrix}[原料] & [主要成分] & & [矿物组成] \\ 石灰质材料 & CaO & & 3CaO \cdot SiO_2 \\ & SiO_2 & \xrightarrow{\Delta} & 2CaO \cdot SiO_2 \\ 黏土质材料\begin{cases} & Al_2O_3 & 煅烧 & 3CaO \cdot Al_2O_3 \\ & Fe_2O_3 & & 4CaO \cdot Al_2O_3 \cdot Fe_2O_3 \end{cases}\end{matrix}$$ (4-5)

2. 硅酸盐水泥熟料主要矿物组成的性质

硅酸盐水泥熟料矿物组成见表4-4。

表4-4 硅酸盐水泥熟料矿物组成

氧化物组成	化学组成	常用缩写	大致含量/%	矿物组成	化学组成	常用缩写	大致含量/%
硅酸三钙	$3CaO \cdot SiO_2$	C_3S	35~65	铝酸三钙	$3CaO \cdot Al_2O_3$	C_3A	0~15
硅酸二钙	$2CaO \cdot SiO_2$	C_2S	10~40	铁铝酸四钙	$4CaO \cdot Al_2O_3 \cdot Fe_2O_3$	C_4AF	5~15

(1)硅酸三钙。硅酸三钙是硅酸盐水泥中最主要的矿物组分,其含量通常在50%左右,它对硅酸盐水泥性质有重要的影响。硅酸三钙遇水反应速度较快,水化热高,水化产物对水泥早期强度和后期强度起主要作用。

(2)硅酸二钙。硅酸二钙在硅酸盐水泥中的含量为10%~40%,也为主要矿物组分,遇水时对水反应速度较慢,水化热很低,它的水化产物对水泥早期强度贡献较小,但对水泥后期强度起重要作用,使水泥耐化学侵蚀性和干缩性较好。

(3)铝酸三钙。铝酸三钙在硅酸盐水泥中含量通常在15%以下。它是四种组分中遇水反应速度最快、水化热最高的组分。铝酸三钙的含量决定水泥的凝结速度和释热量。通常为调节水泥凝结速度需掺加石膏、硅酸三钙与石膏形成的水化产物,对水泥早期强度起一定作用,使水泥耐化学侵蚀性差,干缩性大。

(4)铁铝酸四钙。铁铝酸四钙在硅酸盐水泥中,通常含量为5%~15%。遇水反应较快,水化热较高。其强度较低,但对水泥抗折强度起重要作用,使水泥耐化学侵蚀性好,干缩性小。

3. 硅酸盐水泥组成矿物性能的比较

硅酸盐水泥熟料中四种矿物组成的主要特性如下:

(1)反应速度。以铝酸三钙(C_3A)最快,硅酸三钙(C_3S)较快,铁铝酸四钙(C_4AF)也较快,硅酸二钙(C_2S)最慢。

(2)释热量。C_3A最大,C_3S较大,C_4AF居中,C_2S最小。

(3)强度。C_3S最高,C_2S早期低,但后期增长率较大。故C_3S和C_2S为水泥强度主要来源;C_3A强度不高,C_4AF含量对抗折强度有利。

(4)耐化学侵蚀性。C_4AF最优,其次为C_2S、C_3S,C_3A最差。

(5)干缩性。C_4AF和C_2S最小,C_3S居中,C_3A最大。

硅酸盐水泥熟料的主要矿物组成及特性归纳见表4-5。

表4-5 硅酸盐水泥熟料的主要矿物组成及特性

矿物组成		硅酸三钙(C_3S)	硅酸二钙(C_2S)	铝酸三钙(C_3A)	铁铝酸四钙(C_4AF)
与水反应速度		中	慢	快	中
水化热		中	低	高	中
对强度的作用	早期	良	差	良	良
	后期	良	优	中	良
耐化学侵蚀性		中	良	差	优
干缩性		中	小	大	小

水泥中各种单矿物成分在水化后,其抗压强度和释热量随龄期而增长,如图4-2所示。

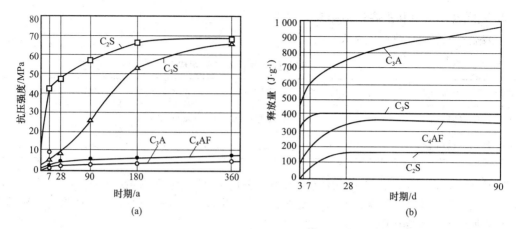

图 4-2 水泥熟料矿物在硬化时的抗压强度和热量

(a)水泥熟料矿物在硬化时的抗压强度;(b)热量

4. 矿物组成对水泥性能的影响

以上是以单矿物组分来讨论其个别性能,水泥是由多种矿物组分组成的,改变各矿物组分的含量比例以及它们之间的匹配,则可生产各种性能特异的水泥。例如,提高 C_3S 的含量可制得高强度水泥;降低 C_3S、C_3A 的含量,增加 C_2S 的含量,则可制得低热大坝水泥;提高 C_4AF 和 C_2S 的含量,则可制得高抗折强度的道路水泥。

4.3.3 硅酸盐水泥的水化、凝结和硬化

硅酸盐水泥是由多种化合物组成的,这些化合物与水作用后,最终将导致水泥的凝结、硬化,因此在研究硅酸盐水泥凝结、硬化以前,先要研究硅酸盐水泥的水化。

1. 硅酸盐水泥的水化

硅酸盐水泥熟料矿物的水化如下:

(1)硅酸三钙的水化。在常温下,硅酸三钙的水化可大致用下式表示:

$$3CaO \cdot SiO_2 + nH_2O \longrightarrow \underset{(\text{水化硅酸钙})}{xCaO \cdot SiO_2 \cdot yH_2O} + (3-x)\underset{(\text{氢氧化钙})}{Ca(OH)_2} \quad (4-6)$$

式(4-6)定性地表明 C_3S 的水化反应产物为水化硅酸钙(C-S-H)和氢氧化钙(CH)。

(2)硅酸二钙的水化。C_2S 的水化过程和 C_3S 极为相似。其水化过程可以表示如下:

$$2CaO \cdot SiO_2 + mH_2O \longrightarrow \underset{(\text{水化硅酸钙})}{xCaO \cdot SiO_2 \cdot yH_2O} + (2-x)\underset{(\text{氢氧化钙})}{Ca(OH)_2} \quad (4-7)$$

式(4-7)定性地表明 C_2S 的水化反应产物也为水化硅酸钙(C-S-H)和氢氧化钙(CH)。

(3)铝酸三钙的水化。C_3A 在纯水中反应可生成 C_4AH_{19}、C_4AH_{13} 和 C_2AH_8 等水化铝酸钙,但这些水化产物都是不稳定的,不是最后的生成物。在硅酸盐水泥浆体中,熟料中 C_3A 实际上是在有石膏存在的情况下反应的,其水化反应为

$$\underset{(\text{铝酸三钙})}{3CaO \cdot Al_2O_3} + \underset{(\text{石膏})}{3CaSO_4 \cdot 2H_2O} + 26H_2O \longrightarrow \underset{(\text{钙矾石})}{3CaO \cdot Al_2O_3 \cdot 3CaSO_4 \cdot 32H_2O} \quad (4-8)$$

式(4-8)反应生成产物 $3CaO \cdot Al_2O_3 \cdot 3CaSO_4 \cdot 32H_2O$ 称为三硫型水化铝酸钙或称钙矾石(AF$_t$)。

当石膏消耗完毕后,水泥中尚未水化的 C_3A 与钙矾石(AFt)生成的单硫型水化铝酸钙(AFm)如下:

$$\underset{(\text{钙矾石})}{3CaO \cdot Al_2O_3 \cdot 3CaSO_4 \cdot 32H_2O} + 2[3CaO \cdot Al_2O_3] + 4H_2O \longrightarrow$$

$$3[3CaO \cdot Al_2O_3 \cdot CaSO_4 \cdot 12H_2O] \quad (4-9)$$
(单硫型水化铝酸钙)

(4)铁铝酸四钙的水化。C_4AF水化与C_3A相似，在有石膏存在时，其反应与式(4-8)和式(4-9)相似，生成三硫型水化铁铝酸钙$[3CaO(Al_2O_3，Fe_2O_3) \cdot 3CaSO_4 \cdot 32H_2O]$和单硫型水化铁铝酸钙$[3CaO(Al_2O_3，Fe_2O_3) \cdot 3CaSO_4 \cdot 12H_2O]$。

从以上各化学反应方程式可以看出，硅酸盐水泥水化后主要有表4-6所列几种水化产物。

充分水化的水泥浆体中，主要水化产物为C-S-H凝胶约占70%，CH结晶约占20%，AFt和AFm约占7%，其余是未水化的水泥和次要组分。

表4-6 硅酸盐水泥的水化产物的化学组成

序号	水化产物名称	化学组成	常用缩写
1	水化硅酸钙	$xCaO \cdot SiO_2 \cdot yH_2O$	C-S-H
2	氢氧化钙	$Ca(OH)_2$	CH
3	三硫型水化铝酸钙(钙矾石)	$3CaO \cdot Al_2O_3 \cdot 3CaSO_4 \cdot 32H_2O$	$C_3A_3CS \cdot H_{32}$(或 AFt)
4	单硫型水化铝酸钙(单硫盐)	$3CaO \cdot Al_2O_3 \cdot CaSO_4 \cdot 12H_2O$	$C_3ACS \cdot H_{12}$(或 AFm)
5	三硫型水化铁铝酸钙	$3CaO(Al_2O_3，Fe_2O_3) \cdot 3CaSO_4 \cdot 32H_2O$	$C_2(A, F)_3CSH_{32}$
6	单硫型水化铁铝酸钙	$3CaO(Al_2O_3，Fe_2O_3) \cdot 3CaSO_4 \cdot 12H_2O$	$C_3(A, F)_3CSH_{12}$

2. 硅酸盐水泥的凝结和硬化

水泥与水拌和后，熟料矿物发生水化反应，生成各种水化生成物，随着时间的推延，具有塑性的水泥浆体经过凝结、硬化逐渐成为具有一定强度的石状体。这种研究塑性水泥浆体如何转变和形成坚硬水泥石结构的理论，称为水泥凝结硬化理论。在历史上曾有三种著名的理论：

(1)H.吕·查德里的"结晶理论"，认为水泥水化后，由于水化物过饱和结晶析出，而使水泥石产生强度。

(2)W.米哈埃利斯的"胶体理论"，认为水泥水化后，由于水化硅酸钙凝胶填充水泥颗粒间的孔隙，不断致密而提高了强度。

(3)A.久巴依可夫的"溶解、结晶和胶化"三阶段硬化理论，以及后来N.A.列宾捷尔的三维空间"凝聚-结晶"网状结构学说。

这些经典理论，使人们对水泥的凝结、硬化过程有了一定的科学认识。随着近代科学的发展，扫描电子显微镜等新技术在这一理论研究上的应用，近年来，一些研究者又做出了许多新的贡献，但是仍然存在许多问题有待深入研究。现将水泥凝结硬化的认识简介如下：

(1)凝结硬化过程的物态变化。水泥浆体由可塑态逐渐失去塑性，进而硬化产生强度，这样状态变化可以分为三个阶段(潜化期、凝结期和硬化期)来描述。这是一个物理、化学变化过程。

1)潜化期。水泥与水接触以后，很快就发生化学反应(已如前述)，但在表观上无法察觉到，水泥浆体仍然在相当一段时间内保持可塑态，实际上是潜在化学的活动状态阶段，所以称为潜化期(或称诱导期)。

2)凝结期。经过一段时间(大约1h后)，水泥浆体开始失去塑性，例如用稠度仪的标准针刺入，不能刺到底，表明水泥浆体开始凝结。再经过一段时间(6～8 h)，水泥浆体完全失去塑性，用标准针不能刺入浆体(即使能刺入，也不能超过1 mm)，表示水泥浆体凝结终了。这段时间称为凝结期。

3)硬化期。凝结期的终了，也就是硬化期的开始，水泥浆体逐渐硬化，成为刚性的固体，强度随时间不断增长，这段时间称为硬化期。硬化期可以延续至很长时间，但 28 d 基本表现出大部分强度。

凝结、硬化过程的物态变化，给予人们工程实用的凝结和硬化概念，但尚未能解释水泥水化的机理。

水泥的硬化过程如图 4-3 所示。

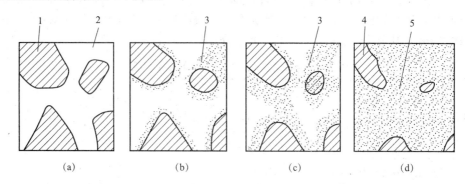

图 4-3 水泥的硬化过程
(a)分散在水中未水化的水泥颗粒；(b)在水泥颗粒表面形成水化物膜层；
(c)膜层长大并互相连接(凝结)；(d)水化物进一步发展，填充毛细孔(硬化)
1—水泥颗粒；2—水分；3—凝胶；4—水泥颗粒的未水化内核；5—毛细孔

(2)凝结、硬化过程的释热量的变化。按照水泥水化释热量随时间而变化的关系，可以把水泥水化过程分为四个阶段：

1)诱导前期。水泥加水后，立即发生急剧放热反应，放热量剧增，可达最大值，然而几分钟后又降至很低，这个阶段称为诱导前期。在此期间出现第一释热峰，一般认为是由钙矾石(AFt)的形成所产生的。

2)诱导期。在诱导前期后，由于 Ca^{2+} 浓度的提高，在相当一段时间(2~4 h)里，反应速率极其缓慢，放热量也很低。这一阶段反应几乎休止，故称为潜伏期或称诱导期。(有些研究者将诱导前期和诱导期合并称为诱导期，故凝结、硬化四阶段成为三阶段)

3)凝结期。诱导期的结束，实质上就是凝结期的开始。由于诱导期的潜化作用，这时反应又重新加速，所以放热量也很快增加，出现了第二释热峰。一般认为，这是与硅酸三钙水化后形成水化硅酸钙(C-S-H)和氢氧化钙(CH)的原因。这一阶段中由于 C-S-H 和 AFt 形成网状结构，水泥浆失去塑性，开始凝结，故称为凝结期。

4)硬化期。在终凝以后，又出现第三释热峰，一般认为这是由于石膏耗尽后，钙矾石(AFt)转变为单硫盐(AFm)所产生的。在这一阶段各种水化产物的数量增加，孔隙减少，强度增加，逐渐硬化，故称为硬化期。

水泥水化放热曲线的研究，将放热峰与水泥水化产物的形成联系起来，为水泥的凝结、硬化奠立了研究的基础。但对水泥凝结、硬化机理还未能做出完善的解释，有待进一步研究。

4.3.4 硅酸盐水泥的技术性质和技术标准

1. 硅酸盐水泥的技术性质

按照《通用硅酸盐水泥》(GB 175—2007)的规定，硅酸盐水泥的技术性质包括下列项目：
(1)化学性质。为了保证水泥的使用质量，水泥的化学指标主要是控制水泥中有害的化学成分，要求其不超过规定量。若超过最大允许限量，即意味着对水泥性能和质量可能产生有害或潜在的影响。

1)氧化镁含量。在水泥熟料中，常含有少量未与其他矿物结合的游离氧化镁，这种多余的氧化镁是高温时形成的方镁石，它水化为氢氧化镁的速度很慢，常在水泥硬化以后才开始水化，在水化时产生体积膨胀，可导致水泥石结构产生裂缝甚至破坏，因此它是引起水泥安定性不良的原因之一。

我国现行国家标准规定，水泥中氧化镁含量不得超过5%。若水泥中氧化镁经压蒸安定性试验合格，则水泥中氧化镁含量允许放宽到6%。

2)三氧化硫含量。水泥中的三氧化硫主要是在生产时为调节凝结时间加入石膏而来的，也可能是燃烧熟料时加入石膏矿化剂而带入熟料的。适量石膏虽能改善水泥的性能(如提高水泥强度、降低收缩性、改善抗冻、耐蚀和抗渗性等)，但石膏超过一定限量后水泥的性能会变坏，甚至引起硬化后水泥石体积膨胀，导致结构物破坏。因此，水泥中三氧化硫最大允许含量，必须加以限制。

3)烧失量。水泥煅烧不佳或受潮后，均会导致烧失量增加。烧失量是以水泥试样在950 ℃~1 000 ℃下烧灼1 520 min冷至室温称量。

4)不溶物。水泥中不溶物是用盐酸溶解滤去不溶残渣，经碳酸钠处理再用盐酸中和，高温灼烧后称量。

(2)物理性质。水泥的物理性质技术要求包括细度、凝结时间、安定性和强度。

1)细度。细度是指水泥颗粒粗细的程度。细度越细，水泥与水起反应的面积越大，水化越充分，水化速度越快。所以相同矿物组成的水泥，细度越大，早期强度越高，凝结速度越快，析水量减少。已有研究认为，水泥颗粒粒径在45 μm以下才能充分水化，在75 μm以上，水化不完全。实践表明，细度提高，可使水泥混凝土的强度提高，工作性得到改善。但是，水泥细度提高，在空气中的硬化收缩较大，使混凝土发生裂缝的可能性也增加。此外，细度提高会导致粉磨能耗增加、成本提高。为充分发挥水泥熟料的活性，改善水泥性能，同时考虑能耗的合理分配，因此，对水泥细度必须予以合理控制。细度对水泥的凝结时间、强度、需水量和安定性有较大影响，是鉴定水泥品质的主要项目之一。水泥细度可用下列方法表示：

①筛析法。以80 μm方孔筛上的筛余百分率表示。我国现行国家标准规定，筛析法有负压筛法和水筛法两种，有争议时，以负压筛法为准。

②比表面积法。以每千克水泥总表面积(m^2)表示。我国现行国家标准规定，比表面积测定采用勃压透气法测定。通常水泥的比表面积不小于300 m^2/kg。

试验4.1　水泥细度检验方法(JTG E30—2005)

4.1.1　负压筛法

1. 目的和适用范围

水泥的细度影响水泥的技术性质。相同矿物成分的熟料，水泥越细，强度越高(特别是早期强度)，凝结时间越快，安定性越好；但水泥过细，则会提高生产成本费，而且储运过程易受潮。

本方法规定用80 μm筛检验水泥细度的检测方法。

本方法适用于硅酸盐水泥、普通硅酸盐水泥、矿渣硅酸盐水泥、粉煤灰硅酸盐水泥、火山灰硅酸盐水泥、复合硅酸盐水泥、道路硅酸盐水泥及指定采用本方法的其他品种水泥的检验。

2. 仪器设备

(1)负压筛。

①负压筛由圆形筛框和筛网组成,筛网为金属丝编织的方孔筛,方孔边长为 0.080 mm 的负压筛应附有透明筛盖,筛盖与筛上口应有良好的密封性。

②筛网应紧绷在筛框上,筛网和筛框接触处,应用防水胶密封,防止水泥嵌入。

(2)负压筛析仪。

①负压筛析仪由筛座、负压筛、负压源及收尘器组成,其中筛座由转速为(30±2) r/min 的喷气嘴、负压表、控制板、微电机及壳体等部分构成。

②负压筛析仪可调范围为 4 000～6 000 Pa。

③负压源和收尘器,由功率为 600 W 的工业吸尘器和小型旋风收尘筒或由其他具有相当功能的设备组成。

(3)天平,最小分度值不大于 0.05 g。

3. 试验步骤

(1)水泥样品应充分拌匀,通过 0.9 mm 方孔筛,记录筛余物情况,要防止过筛时混进其他水泥。

(2)试验前所用负压筛应保持清洁干燥。试验时称取试样 25 g。

(3)筛析试验前应把负压筛放在筛座上,盖上筛盖,接通电源,检查控制系统,调节负压至 4 000～6 000 Pa。

(4)称取试样精确至 0.01 g,置于洁净的负压筛中,放在筛座上,盖上筛盖,开动负压筛析仪连续筛析 2 min,在此期间如有试样附着在筛盖上,则可轻轻地敲击筛盖使试样落下。筛毕,用天平称量全部筛余物。

4. 计算

水泥试样筛余百分率按式(4-10)计算:

$$A=\frac{\omega_0}{m}\times 100\% \tag{4-10}$$

式中　ω_0——水泥筛余物的质量(g);

　　　m——水泥试样的质量(g)。

计算结果精确至 0.1%。

4.1.2　水筛法

1. 仪器设备

(1)标准筛:采用方孔边长为 0.080 mm 的金属丝网筛布,筛框有效直径为 125 mm、高为 80 mm,筛布应紧绷在筛框上,接缝处应用防水胶密封。

(2)水筛架:用于支撑筛子,并带动筛子转动,转速约为 50 r/min。

(3)喷水:直径为 55 mm,面上均匀分布 90 个孔,孔径为 0.5～0.7 mm,安装高度离筛布 50 mm 为宜。

(4)天平:最大称量为 100 g,分度值不大于 0.05 g。

2. 试验步骤

(1)筛析试验前,应检查水中有无泥、砂,调整好水压及水筛架的位置,使其能正常运转,喷头底面和筛网之间的距离为 35～75 mm。

(2)称取试样 25 g 置于洁净的水筛中,立即用淡水冲洗,至大部分细粉通过后,放在水筛架上,用水压为 0.05 MPa±0.02 MPa 的喷头连续冲洗 3 min。筛毕,用少量水把筛余物冲至蒸发皿中,等水泥颗粒全部沉淀后小心倒出清水,烘干并用天平称量筛余物。

3. 试验筛的清洗

试验筛必须保持洁净、筛孔通畅,使用 10 次后要进行清洗。金属框、铜丝网筛洗时应用专门的清洗剂,不可用弱酸浸泡。

负压筛法与水筛法测定的结果有争议时,以负压筛法为准。

2)水泥净浆标准稠度。为使水泥凝结时间和安定性的测定结果具有可比性,在此两项测定时必须采用标准稠度的水泥净浆。水泥净浆稠度可采用稠度仪测定,以试锥沉入深度为(28±2) mm 时的净浆作为标准稠度,此时的用水量为标准用水量,此方法为试锥法(代用法),现标准方法为试杆法,两种方法在试验 4.2 里都有详细介绍。

3)凝结时间。凝结时间是水泥从加水开始,到水泥浆失去可塑性所需的时间。凝结时间分为初凝时间和终凝时间。初凝时间是从水泥加水到水泥浆开始失去塑性的时间;终凝时间是从水泥加水到水泥浆完全失去塑性的时间。

我国国家标准规定采用凝结时间测定仪测定凝结时间。方法是将标准稠度用水量制成的水泥净浆装在试模中,在凝结时间测定仪上以标准针测试。从加水时起,至试针沉入净浆中,距底板为 2~3 mm 时所需的时间为初凝时间;从加水拌和起,至试针沉入净浆不超过 0.5~1 mm 时所经历的时间为终凝时间。

水泥的凝结时间对水泥混凝土的施工有重要的意义。初凝时间太短,将影响混凝土拌合料的运输和浇灌;终凝时间过长,则影响混凝土工程的施工进度。我国现行国家标准规定,硅酸盐水泥初凝时间不得早于 45 min、终凝时间不得迟于 390 min。普通硅酸盐水泥初凝时间不得早于 45 min、终凝时间不得迟于 10 h。

试验 4.2　水泥标准稠度用水量与凝结时间检验方法
(JTG E30—2005)

1. 目的和适用范围

检验水泥的凝结时间与体积安定性时,水泥浆和稠度影响试验结果,为便于比较,规定用标准稠度的水泥净浆试验。所以,测定凝结时间与安定性之前先要测定水泥标准稠度用水量。

水泥凝结时间的长短与施工关系密切,初凝过早,给施工、运输和浇筑混凝土造成困难;终凝时间太迟,将影响施工进度。国家标准对初、终凝时间都有规定,因此必须了解水泥的凝结时间。

本方法规定了水泥标准稠度用水量和凝结时间的检测方法。

本方法适用于硅酸盐水泥、普通硅酸盐水泥、矿渣硅酸盐水泥、粉煤灰硅酸盐水泥、火山灰硅酸盐水泥、复合硅酸盐水泥、道路硅酸盐水泥及指定采用本方法的其他品种水泥的检验。

2. 仪器设备

(1)标准法维卡仪(图 4-4):该仪器由铁座与可以自由滑动的金属圆棒构成,用松紧丝调整金属圆棒的高低。金属圆棒上附有指针,利用量程为 0~75 mm 的标尺指示金属圆棒下降距离。

测定标准稠度时,试锥法(代用法)金属圆棒下装一金属空心试锥,锥底直径为 40 mm、高为 50 mm,装净浆用的锥模,上口内径为 60 mm,锥高为 75 mm。

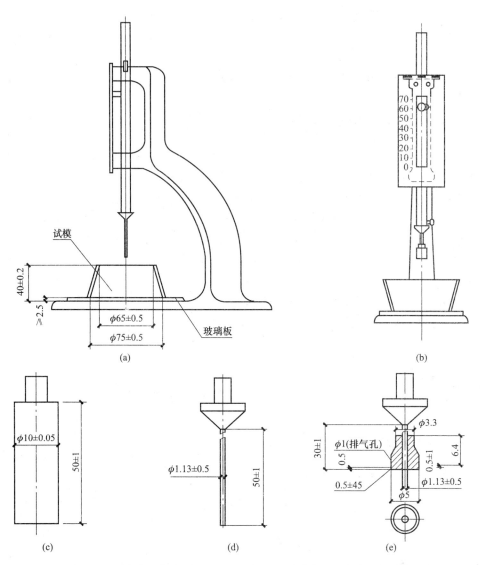

图 4-4 测定水泥标准稠度和凝结时间用的维卡仪(尺寸单位:mm)
(a)初凝时间测定用立式试模侧视图;(b)终凝时间测定用反转试模前视图;
(c)标准稠度试杆;(d)初凝用试针;(e)终凝用试针

标准稠度测定用试杆的有效长度为 50 mm±1 mm,由直径为 $\phi(10±0.05)$ mm 的圆柱形耐腐蚀金属制成。测定凝结时间时取下试杆,用试针代替试杆。试针由钢制成,其有效长度初凝针为 50 mm±1 mm、终凝针为 30 mm±1 mm、直径为 $\phi(1.13±0.05)$ mm 的圆柱体。滑动部分的总质量为 300 g±1 g。与试杆、试针联结的滑动杆表面应光滑,能靠重力自由下落,不得有紧涩和旷动现象。

盛装水泥净浆的试模应由耐腐蚀的、有足够硬度的金属制成。试模为深 40 mm±0.2 mm、顶内径 $\phi(65±0.5)$ mm、底内径 $\phi(75±0.5)$ mm 的截顶圆锥体,每只试模应配备一个大于试模、厚度≥2.5 mm 的平板玻璃底板。

(2)净浆搅拌机。

(3)天平:最大称量不小于 1 000 g,分度值不大于 1 g。

(4)量筒或滴定管：精度±0.5 mL。

(5)秒表：分度值1 s。

(6)湿气养护箱：温度为20 ℃±1 ℃，相对湿度不低于90%。

(7)其他：小刀、玻璃板等。

3. 试验步骤

(1)标准稠度用水量的测定(标准法)。

1)测定前准备工作。检查维卡仪的金属棒能否自由滑动，调整至试杆接触玻璃板时指针对准零点；搅拌机运行正常。

2)水泥净浆的拌制。用水泥净浆搅拌机搅拌，搅拌锅和搅拌叶片先用湿布擦过，将拌和水倒入搅拌锅内，然后在5～10 s内小心将称好的500 g水泥加入水中，防止水和水泥溅出；拌和时，先将锅放在搅拌机的锅座上，升至搅拌位置，启动搅拌机，低速搅拌120 s，停15 s，同时将叶片和锅壁上的水泥浆刮入锅中间，接着高速搅拌120 s停机。

3)标准稠度用水量的测定。拌和结束后，立即将拌制好的水泥净浆装入已置于玻璃板上的试模中，用小刀插捣，轻轻振动数次，刮去多余的净浆；抹平后迅速将试模和底板移动至维卡仪上，并将其中心定在试杆上，降低试杆直至与水泥净浆表面接触，拧紧螺钉1～2 s后，突然放松，使试杆垂直自由沉入水泥净浆中。在试杆停止沉入或释放试杆30 s时记录试杆距底板的距离，拔起试杆后立即擦净。整个操作应在搅拌后1.5 min内完成。以试杆沉入净浆并距底板6 mm±1 mm的水泥净浆为标准稠度净浆，其拌合水量为该水泥的标准稠度用水量(P)，按水泥质量的百分比计。

(2)凝结时间的测定。

1)测定前准备工作。调整凝结时间测定仪的试针接触玻璃板时的指针对准零点。

2)试件的制备。以标准稠度净浆一次装满试模，振动数次刮平，立即放入湿气养护箱中。记录水泥全部加入水中的时间作为凝结时间的起始时间。

3)初凝时间的测定。试件在湿气养护箱中养护至加水后30 min时进行第一次测定，测定时，从湿气养护箱中取出试模放到试针下，降低试针与水泥净浆表面接触。拧紧螺钉1～2 s，突然放松，试针垂直自由地沉入水泥净浆中。观察试针停止下沉或释放试针30 s时指针的读数。临近初凝时，每隔5 min测定一次。当试针沉至距底板40 mm±1 mm时，为水泥达到初凝状态；由水泥全部加入水中至初凝状态的时间为水泥的初凝时间，用"min"表示。

4)终凝时间的测定。为了精确观测试针沉入的状况，在终凝针上安装了一个环形附件，在完成初凝时间测定后，立即将试模连同浆体以平移的方式从玻璃板取出，翻转180°，直径大端向上、小端向下放在玻璃板上，再放入湿气养护箱中继续养护，临近终凝时间每隔15 min测定一次，当试针沉入试体0.5 mm时，即环形附件开始不能在试体上留下痕迹时，为水泥达到终凝状态；由水泥全部加入水中至终凝状态的时间为水泥终凝时间，用"min"表示。

5)测定时应注意，在最初测定的操作时应轻轻扶持金属柱，使其徐徐下降，以防试针撞弯，但结果以自由下落为准；在整个测试过程中试针沉入的位置至少要距试模内壁10 mm，临近初凝时每隔5 min测定一次，临近终凝时每隔15 min测定一次，到达初凝或终凝时立即重复测一次，当两次结论相同时才能定为到达初凝或终凝状态。每次测定不能让试针落下原针孔，每次测试完毕须将试针擦净并将试模放入湿气养护箱内，整个测试过程要防止试模受振。

注：可以使用能得出与标准规定方法相同结果的凝结时间自动测定仪，使用时不必翻转试体。

(3)标准稠度用水量的测定(代用法)。

1)试验前的准备工作。检查维卡仪的金属棒能否自由滑动调整至试锥杆接触玻璃板时指针对准零点；搅拌机运行正常。

2)水泥净浆的拌制与标准法相同。

3)标准稠度的测定：

①采用代用法测定水泥标准稠度用水量可用调整水量和不变水量两种方法的任一种测定。采用调整水量方法时，拌合水量按经验找水；采用不变水量方法时，拌和水量用142.5 mL，水量精确到0.5 mL。

②拌和结束后，立即将拌制好的水泥净浆装入锥模中，用小刀插捣，轻轻振动数次，刮去多余的净浆，抹平后迅速放到试锥下面固定的位置上。将试锥降至净浆表面处，拧紧螺钉1～2 s后，突然放松，让试锥垂直自由沉入水泥净浆中。到试锥停止下沉或释放试锥30 s时记录试锥下沉深度。整个操作应在搅拌后1.5 min内完成。

③用调整水量法测定时，以试锥下沉深度28 mm±2 mm时的净浆为标准稠度净浆。其拌和水量为该水泥的标准稠度用水量(P)，按水泥质量的百分比计。如下沉深度超出范围需另称试样，调整水量，重新试验，直至达到28 mm±2 mm为止。

④用不变水量法测定时，根据测得的试锥下沉深度S(mm)按下式(或仪器上对应标尺)计算得到标准稠度用水量$P(\%)$：

$$P=33.4-0.185S \tag{4-11}$$

当试锥下沉深度小于13 mm时，应改用调整水量法测定。

4)体积安定性。水泥与水拌制成的水泥浆体，在凝结硬化过程中，一般都会发生体积变化。如果这种体积变化是在凝结硬化过程中，则对建筑物的质量并没有什么影响。但是如果混凝土硬化后，由于水泥中某些有害成分的作用，在水泥石内部产生了剧烈的、不均匀的体积变化时，则会在建筑物内部产生破坏应力，导致建筑物的强度降低。若破坏应力发展到超过建筑物的强度，则会引起建筑物的开裂、崩塌等严重质量事故。表征水泥硬化后体积变化均匀性的物理性能指标，称为水泥的体积安定性。

影响水泥的体积安定性的因素主要是熟料中氧化镁含量和水泥中三氧化硫含量。

试验4.3 水泥安定性检测方法(JTG E30—2005)

4.3.1 水泥安定性检测(标准法)

1. 目的和适用范围

由于水泥成分中含有游离氧化钙、氧化镁及三氧化硫等，这些成分在水泥硬化过程中熟化缓慢。当混凝土产生强度后，仍继续熟化，引起混凝土膨胀而使建筑物开裂。本试验可鉴定由于游离氧化钙而引起水泥体积变化，以表示水泥体积安定性是否合格。

安定性的测定方法可以用试饼法，也可以用雷氏法，有争议时以雷氏法为准。试饼法是观察水泥净浆试饼沸煮后的外形变化来检验水泥的体积安定性；雷氏法是测定水泥净浆在雷氏夹中沸煮后的膨胀值。

本方法规定了水泥安定性的检测方法。

本方法适用于硅酸盐水泥、普通硅酸盐水泥、矿渣硅酸盐水泥、粉煤灰硅酸盐水泥、火山灰硅酸盐水泥、复合硅酸盐水泥、道路硅酸盐水泥及指定采用本方法的其他品种水泥的检验。

2. 仪器设备

(1)沸煮箱。有效容积约为410 mm×240 mm×310 mm，箅板结构应不影响试验结果，箅板与加热器之间的距离应大于 50 mm。箱的内层由不易锈蚀的金属材料制成,能在 30 min±5 min 内将箱内的试验用水由室温升至沸腾并可以保持沸腾状态 3 h 以上,整个试验过程中不需补充水量。

(2)雷氏夹膨胀仪:由铜质材料制成,当一根指针的根部先悬挂在一根金属丝或尼龙丝上,另一根针的根部再挂上 300 g 质量的砝码时,两根指针的针尖距离增加应在(17.5±2.5)mm 范围之内,当去掉砝码后针尖的距离能恢复至挂砝码前的状态。

(3)雷氏夹膨胀值测定仪:标尺最小刻度为 0.5 mm。

(4)玻璃板、抹刀、直尺。

(5)其他仪器设备与标准稠度用水量相同。

3. 试验步骤

(1)采用雷氏夹测定时,每个雷氏夹需配备质量 75～80 g 的玻璃板两块;若采用试饼法测定,则需准备两块约 100 mm×100 mm 的玻璃板。凡与水泥净浆接触的玻璃板和雷氏夹表面都要稍涂上一层油。

(2)按标准稠度用水量加水,按水泥净浆的拌制方法制备标准稠度净浆。将预先准备好的雷氏夹放在已稍擦油的玻璃板上,并将已制好的标准稠度净浆装满雷氏夹。装浆时一只手轻轻扶持雷氏夹,另一只手用宽约 10 mm 的小刀插捣数次然后抹平,盖上稍涂油的玻璃板,接着立刻将雷氏夹移至湿气养护箱内养护 24 h±2 h。

(3)调整好沸煮箱内的水位,使之在整个沸煮过程中都能没过试件,不需要中途加水,同时应保证在 3 min±5 min。

(4)脱去玻璃板取下试件,先测量雷氏夹指针尖端间的距离 A,精确至 0.5 mm,接着将试件放入水中篦板上,指针朝上,试件之间相互不交叉,然后在 30 min±5 min 内加热水至沸腾,并恒沸 3 h±5 min。

(5)沸煮结束后,即放掉箱中的热水,打开箱盖,等箱体冷却到室温,取出试件进行判别。

(6)测量雷氏夹指针尖端间的距离 C,精确至 0.5 mm,当两个试件煮后增加距离(C−A)的平均值不大于 5 mm 时,即认为该水泥安定性合格;当两个试件的(C−A)值相差超过 4 mm 时,应用同一样品立即重做一次试验。再如此,则认为该水泥安定性不合格。

4.3.2 水泥安定性检测(代用法)

(1)采用试饼法测定时,将制好的净浆取出一部分分成两等份,使之呈球形,放在预先准备好的玻璃板上,轻轻振动玻璃板并用湿布擦净的小刀由边缘向中央抹动,做成直径为 70～80 mm、中心厚约 10 mm、边缘渐薄、表面光滑的试饼,接着将试饼放在湿气养护箱内养护 24 h±2 h。

(2)调整好沸煮箱内的水位,使之在整个沸煮过程中都能没过试件,无须中途添补试验用水,同时保证水在 30 min±5 min 内加热至沸腾。

(3)沸煮结束后,放掉箱中的热水,打开箱盖,等箱体冷却至室温,取出试件进行判别。目测试饼未发现裂缝,用钢直尺检查也没有弯曲的试饼为安定性合格;反之为不合格。当两个试饼判别结果有矛盾时,该水泥安定性为不合格。

5)强度。强度是水泥技术要求中最基本的指标,它直接反映了水泥的质量水平和使用价值。水泥强度测定时可以将水泥制成水泥净浆、水泥砂浆或水泥混凝土。净浆法只能反映水泥浆的内聚力,未能反映出水泥浆对砂石材料的胶结力,与水泥在混凝土中的实际使用情况有差距,因此通常不采用此方法。混凝土法虽可较好地反映水泥在使用中的实际情况,但砂石材料条件很难统一,并且会增加检验工作的复杂性。目前只有个别国家采用混凝土法作为砂浆法的参比检验。砂浆法不仅可避免净浆法的缺点,还可以克服混凝土法条件统一的困难,所以国际上都采用砂浆法作为水泥强度的标准检验方法。我国也采用水泥胶砂来评定水泥的强度。

水泥的强度除了与水泥本身的性质(如熟料的矿物组成、细度等)有关外,还与水胶比、试件制作方法、养护条件和时间等有关。行业标准《公路工程水泥及水泥混凝土试验规程》(JTG E30—2005)规定,水泥强度是以1∶3的水泥和标准砂,规定的水胶比0.5,用标准制作方法制成40 mm×40 mm×160 mm的标准试件,在标准养护条件下,达到规定龄期(3 d、28 d)时,测定其抗折强度和抗压强度,按国家标准规定的最低强度值来评定其所属强度等级。

①水泥强度等级。按规定龄期的抗压强度和抗折强度来划分。在规定各龄期的抗压和抗折强度均符合某一强度等级的最低强度值的要求时,以28 d抗压强度值(MPa)作为强度等级,硅酸盐水泥强度等级分为42.5、42.5R、52.5、52.5R、62.5、62.5R。

②水泥型号。为提高水泥早期强度,我国现行标准将水泥分为普通型和早强型(或称R型)两个型号。早强型水泥的3 d抗压强度较同强度等级的普通型水泥强度提高10%~24%;早强型水泥的3 d抗压强度可达28 d抗压强度的50%。水泥混凝土路面用水泥,在供应条件允许的情况下,应尽量优先使用早强型水泥,以缩短混凝土养护时间,提早通车。

为了确保水泥在工程中的施工质量,生产厂在控制出厂水泥28 d的抗压强度时,均留有一定的富余强度。在设计混凝土强度时,可采用水泥实际强度。通常富余强度系数为1.00~1.13。

我国现行国家标准规定:凡氧化镁、三氧化硫、初凝时间、安定性中的任一项不符合标准规定,均为废品;凡细度、终凝时间、不溶物和烧失量中的任一项不符合标准规定,或混合材料掺加量超过最大限量,或强度低于商品强度等级规定的指标,称为不合格品。废品水泥在工程中严禁使用。

试验4.4 水泥胶砂强度检验方法(JTG E30—2005)

4.4.1 目的和适用范围

本方法规定水泥胶砂强度检验基准方法的仪器、材料、胶砂组成、试验条件、操作步骤和计算结果。

本方法适用于硅酸盐水泥、普通硅酸盐水泥、矿渣硅酸盐水泥、粉煤灰硅酸盐水泥、复合硅酸盐水泥、道路硅酸盐水泥及石灰石硅酸盐水泥的抗折与抗压强度的检验。

4.4.2 仪器设备

(1)水泥胶砂搅拌机:应符合《行星式水泥胶砂搅拌机》(JC/T 681—2005)的要求;

(2)试模:可装卸三联试模,40 mm×40 mm×160 mm;

(3)振实台:应符合《水泥胶砂试体成型振实台》(JC/T 682—2005)的要求;

(4)抗折强度试验机;

(5)抗压强度试验机:200~300 kN为宜;

(6)抗压夹具:面积为40 mm×40 mm;

(7)天平:感量为1 g。

4.4.3 试验步骤

1. 每锅材料数量

每锅材料数量见表4-7。

表4-7 每锅材料数量

材料数量 水泥品种	水泥/g	标准砂/g	水/mL
硅酸盐水泥	450±2	1 350±5	225±1
普通硅酸盐水泥			
矿渣硅酸盐水泥			
粉煤灰硅酸盐水泥			
复合硅酸盐水泥			
石灰石硅酸盐水泥			

2. 搅拌

每锅胶砂用搅拌机进行机械搅拌，先使搅拌机处于待工作状态，然后按以下的程序操作：

(1)把水加入锅里，再加入水泥，把锅放在固定架上，上升至固定位置。

(2)开动机器，低速搅拌30 s后，在第二个30 s开始的同时均匀地将砂子加入，把机器转至高速再拌30 s。

(3)停拌90 s，在第一个15 s内用胶皮刮具将叶片和锅壁上的胶砂刮入锅中间，再在高速下继续搅拌60 s。各个搅拌阶段时间误差控制在±1 s以内。

3. 用振实台成型

(1)胶砂制备后立即进行成型，将空试模和模套固定在振实台上，用适当的勺子直接从搅拌锅里将胶砂分为两层装入试模中。装第一层时，每个槽里约放300 g砂浆，用大播料器垂直架在模套顶部，沿每个模槽来回一次将料层播平，接着振实60次。再装入第二层胶砂，用小播料器播平，再振实60次，移走模套，从振实台上取下试模，并用刮尺以90°架在试模顶的一端，沿试模长度方向以横向锯割动作慢慢向另一端移动，一次将超过试模部分的胶砂刮去，并用同一直尺以近乎水平的状态将试体表面抹平。

(2)在试模上做标记或加字条标明试件编号和试件相对于振实台的位置。两个龄期以上的试件，编号时应将同一试模中的3个试件分在2个以上的龄期内。

4. 脱模

对于24 h龄期的，应在破型试验前20 min内脱模；对于24 h以上龄期的，应在成型后20～24 h脱模。

5. 养护

将做好标记的试件立即水平或竖直放在(20±1)℃水中养护，水平放置时刮平面应朝上。试件放在不易腐烂的箅板上，并彼此间保持一定距离，以让水与试件的6个面接触，养护期间试件之间间隔或试体上表面的水深不得小于5 mm。

6. 强度试验

(1)抗折强度试验。

1)将试件一个侧面放在试验机支撑圆柱上,以 50 N/s±10 N/s 的速度均匀地将荷载垂直地加在棱柱体相对侧面上,直至折断。

2)保持两个半截棱柱体处于潮湿状态直至抗压试验。

3)抗折强度按式(4-12)计算:

$$R_f = 1.5F_f L/b^3 \tag{4-12}$$

式中　R_f——抗折强度(MPa);

　　　F_f——折断时施加于棱柱体中部的荷载(N);

　　　L——支撑圆柱之间的距离(mm);

　　　b——棱柱体正方形截面的边长(mm)。

4)抗折强度的评定:以一组 3 个棱柱体抗折强度结果的平均值作为试验结果。当 3 个强度值中有超出平均值±10%时,应剔除后再取平均值作为抗折强度试验结果。

(2)抗压强度试验。

1)抗折试验后的 2 个断块应立即进行抗压试验,抗压试验必须用抗压夹具进行,试验体受压面为 40 mm×40 mm。试验时以半截棱柱体的侧面作为受压面,试体的底面靠近夹具定位销,并使夹具对准压力机压板中心。

2)压力机加荷速度应控制在 2 400 N/s±200 N/s,均匀地加荷直至破坏。

3)抗压强度按式(4-13)计算:

$$R_c = F_c/A \tag{4-13}$$

式中　R_c——抗压强度(MPa);

　　　F_c——破坏时的最大荷载(N);

　　　A——受压部分面积(mm²)。

4)抗压强度的评定:以一组 3 个棱柱体上得到的 6 个抗压强度测定值的算术平均值作为试验结果。如 6 个测定值中有 1 个超过平均值的±10%,应剔除后以剩下 5 个的算术平均值作为结果。如果 5 个测定值中再有超过平均值±10%的,则此组结果作废。

4.4.4　注意事项

(1)试件龄期是从水泥加水搅拌开始算起,一般只检测 3 d 与 28 d 强度。

(2)每个养护池只养护同类型的水泥试件。最初用自来水装满养护池,随后随时加水,保持适当的恒定水位,不允许在养护期间全部换水。

(3)试件从水中取出后,在强度试验前应用湿布覆盖。

2. 硅酸盐水泥的技术标准

硅酸盐水泥的技术标准,按我国现行国家标准《通用硅酸盐水泥》(GB 175—2007)的有关规定执行。

4.3.5　硅酸盐水泥石的腐蚀和防止

4.3.5.1　水泥石的腐蚀

硅酸盐水泥用于配制成各种道路与桥隧结构物的混凝土,在正常环境条件下,水泥石将继续硬化,强度不断增长。但是在某些环境条件(如受到某些侵蚀性液体或气体的作用)下,也能引起水泥石强度的降低,严重的甚至引起混凝土的破坏,这种现象称为水泥石的腐蚀。现将道路与桥隧构筑物中可能遇到的几种腐蚀因素介绍如下。

1. 溶析性侵蚀

溶析性侵蚀又称淡水侵蚀或溶出侵蚀，就是硬化后混凝土中的水泥水化产物被淡水溶解而带走的一种侵蚀现象。

水泥石中的各种水化物与水作用时，$Ca(OH)_2$ 溶解度最大，首先被溶出。在水量不多或静水和无压的情况下，由于周围的水迅速被溶出的 $Ca(OH)_2$ 饱和，溶出作用很快就中止。但在大量或流动的水中，由于 $Ca(OH)_2$ 不断被溶析，不仅混凝土的密度和强度降低，而且水泥石液相中 $Ca(OH)_2$ 的浓度降低，将导致水化硅酸钙(C-S-H)和水化铝酸钙的不断分解，形成低碱性水化物的混凝土，水泥石内部不断受到破坏，强度不断降低，最终引起整个结构物的破坏。

2. 硫盐酸的侵蚀

通过海湾、沼泽或跨越污染河流的线路，沿线桥涵墩台有时会受到海水、沼泽水、工业污水的侵蚀，这时如果水中含有碱性硫酸盐(如 Na_2SO_4、K_2SO_4 等)，当溶液中 SO_4^{2-} 大于 1 400 mg/L 时，碱性硫酸盐就能与水泥石中的氢氧化钙作用产生硫酸钙。硫酸钙($CaSO_4 \cdot 2H_2O$)能结晶析出。

当 SO_4^{2-} 浓度低时，硫酸钙也能与水泥石中的固态水化铝酸钙作用，生成水化硫铝酸钙晶体。因为水化铝酸钙与硫酸钙作用生成水化硫铝酸钙的反应是在固相中进行的，水化硫铝酸钙结合着大量结晶水，其体积约为原来的水化铝酸钙体积的 2.5 倍，因此水泥石产生很大的内应力，使混凝土结构的强度降低和造成破坏。

3. 镁盐侵蚀

在海水、地下水或矿泉水中，常含有较多的镁盐，它们主要以氯化镁和硫酸镁的形态存在。镁盐与水泥石中的氢氧化钙起置换作用，生成溶解度小且强度不高的氢氧化镁，使液相中氢氧化钙浓度降低，从而引起水泥石中氢氧化钙、水化硅酸钙、水化铝酸钙等强度组分的分解，导致水泥石的破坏。此外，氯化钙易溶于水，二水石膏能引起硫酸盐的破坏作用。

4. 碳酸侵蚀

在工业污水或地下水中常溶解有较多的二氧化碳(CO_2)，这种水对水泥石有侵蚀作用。二氧化碳与水泥石中的氢氧化钙作用可生成碳酸钙，碳酸钙再与水中的碳酸作用生成重碳酸钙。当水中含有较多碳酸，并超过平衡浓度时，水泥石中的氢氧化钙转变为可溶的碳酸氢钙，而使水泥石的强度下降。

4.3.5.2 水泥石腐蚀的防止

为防止、减轻水泥石的腐蚀作用，通常可采用下列措施。

1. 根据腐蚀环境特点，合理选用水泥品种

选用硅酸二钙含量低的水泥，使水化产物中 $Ca(OH)_2$ 含量减少，以提高耐软水溶析的作用。选用 C_3A 含量低的水泥，则可降低硅酸盐类的腐蚀作用。又如选用掺混合材水泥可提高水泥的抗腐蚀能力。

2. 提高水泥石的紧密度

因为水泥水化所需含水量仅为水泥质量的 10%～15%，而实际用水量(由于施工等因素的要求)则高达水泥质量的 40%～70%，多余的水分蒸发后形成连通的孔隙，腐蚀介质就容易渗入水泥石内部，还可能在水泥石的孔隙间产生结晶膨胀，从而加速了对水泥的腐蚀。因此，在施工中应采取合理选择水泥混凝土的配合比、降低水胶比、改善集料级配、掺加外加剂等措施提高其密实度。此外，可在混凝土表面进行碳化处理，使表面进一步密实，也可减少侵蚀介质渗入内部。

3. 敷设耐腐蚀性保护层

当腐蚀作用较强时，可在混凝土表面敷设一层耐腐蚀性强且不透水的保护层（通常可采用耐酸石料、耐酸陶瓷、玻璃、塑料或沥青等）。

4.3.6 掺混合材水泥和其他品种水泥

4.3.6.1 掺混合材水泥

为了改善硅酸盐水泥的某些性能，同时达到增加产量和降低成本的目的，在硅酸盐水泥熟料中掺加适量的各种混合材料与石膏共同磨细的水硬性胶凝材料，称为掺混合材水泥。

混合材料按其在混合水泥中的作用，可分为活性材料和非活性材料两类，近年来也采用兼具活性和非活性的窑灰。

(1) 活性混合材料。活性混合材料是一种矿物材料，磨成细粉，与石灰（或石灰和石膏）拌和在一起，加水后在常温下能生成具有胶凝性的水化产物，并能在水中硬化。活性混合材料主要包括粒化高炉矿渣、火山灰质混合材料和粉煤灰。

(2) 非活性混合材料。将磨细的石英砂、石灰石、黏土、慢冷矿渣及炉渣等掺入水泥，与水泥不起或起微弱的化学作用（无或有微弱的化学活性），仅起提高产量、降低强度等级、降低水化热和改善新拌混凝土和易性等作用，因此这些材料也称为填充性混合材料。

(3) 窑灰。窑灰是从水泥回转窑窑尾废气中收集下的粉尘。窑灰的性能介于非活性混合材料和活性混合材料之间。窑灰的主要组成物质是碳酸钙、脱水黏土、玻璃态物质、氧化钙，另有少量熟料矿物、碱金属硫酸盐和石膏等。

4.3.6.2 普通硅酸盐水泥

凡由硅酸盐水泥熟料与6%～15%混合材料、适量石膏磨细制成的水硬性胶凝材料，称为普通硅酸盐水泥，简称普通水泥，代号为P·O。

掺活性混合材料时，最大掺量不得超过15%，其中允许用不超过水泥质量5%的窑灰或不超过水泥质量10%的非活性混合材料来代替。

掺非活性混合材料时，最大掺量不得超过水泥质量10%。

普通水泥由于掺加混合材料的数量少，故性质与不掺混合材料的硅酸水泥相近。实际上其不应属于掺混合材料硅酸盐水泥。

普通硅酸盐水泥分为42.5、42.5R、52.5、52.5R四个强度等级。

4.3.6.3 矿渣硅酸盐水泥

凡由硅酸盐水泥和粒化高炉矿渣、适量石膏磨细制成的水硬性胶凝材料均称为矿渣硅酸盐水泥，简称矿渣水泥，代号为P·S。水泥中粒化高炉矿渣掺加量按质量百分比计为20%～70%。允许用石灰、窑灰、粉煤灰和火山灰质混合材料中的一种材料代替矿渣，代替数量不得超过水泥质量的8%，代替后水泥中的粒化高炉矿渣不得少于20%。

矿渣水泥的密度一般为2.8～3.1 g/cm^3，堆积密度为1 000～1 200 kg/m^3，较硅酸盐水泥略小，且颜色较淡。

矿渣水泥的水化，首先是水泥熟料矿物的水化，然后矿渣才能参加反应。同时，在矿渣水泥中，水泥熟料矿物的含量比硅酸盐水泥少得多。因它凝结稍慢，早期（3 d、7 d）强度较低，但在硬化后期，28 d以后的强度发展将超过硅酸盐水泥。一般矿渣掺入量越多，早期强度越低，但后期强度增长率越大。另外，矿渣水泥需要较长时间的潮湿养护，外界温度对硬化速度的影响也比硅酸盐水泥敏感。在低温时，其硬化很慢，显著降低其早期强度，而采用蒸汽养护等湿热处理，对于加快硬化速度极为有效，并且在处理完毕后强度仍能很好地增长。

矿渣水泥的干缩性较大，如养护不当，在未充分水化之前干燥，就易产生裂缝。同时，矿渣水泥的保水性差，泌水性较大，拌制混凝土时容易析出多余水分，形成毛细管通路。矿渣水泥具有较好的化学稳定性，对硫酸盐或氯盐溶液有较强的抵抗能力。对于淡水所引起的溶出性侵蚀，也具有较好的抵抗能力。同时，矿渣水泥中的水化硅酸钙凝胶结构较为紧密，对于阻止侵蚀性介质的扩散也有一定的帮助。但矿渣水泥并不是对常见类型的侵蚀都有较好的抗蚀性，如对酸性水和镁盐的侵蚀，矿渣水泥因为能起缓冲作用的 $Ca(OH)_2$ 较少，故其抵抗能力较普通水泥差，而且抗冻性和抗干湿交替循环等性能也不如普通水泥。

此外，矿渣水泥由于相对降低了 C_3S 和 C_3A 的含量，水化和硬化过程较慢，因此水化热比普通水泥小得多。矿渣水泥的粘结力较好，能防止钢筋的锈蚀。又因为硬化 $Ca(OH)_2$ 含量低，所以矿渣水泥还具有耐热性较强的特点。

4.3.6.4 复合硅酸盐水泥

凡由硅酸盐水泥、两种或两种以上规定的混合材料、适量石膏磨细制成的水硬性胶凝材料，均称为复合硅酸盐水泥(简称复合水泥)。

按我国现行国家标准《通用硅酸盐水泥》(GB 175—2007)的规定，对复合水泥的技术要求是：氧化镁、三氧化硫、细度、安定性等指标与其他硅酸盐水泥相同。

4.3.6.5 道路硅酸盐水泥

随着我国高等级道路的发展，水泥混凝土路面已成为主要路面类型之一。对专供公路、城市道路和机场道面用的道路水泥，我国已制定了国家标准。现根据我国现行国家标准《道路硅酸盐水泥》(GB/T 13693—2017)就有关技术要求和技术标准介绍如下。

1. 定义

以适当成分的生料烧至部分熔融，所得以硅酸钙为主要成分和较多量的铁铝酸钙的硅酸盐熟料，称为道路硅酸盐水泥熟料。由道路硅酸盐水泥熟料 0%~10% 活性混合材料和适量石膏磨细制成的水硬性胶凝材料，称为道路硅酸盐水泥(简称道路水泥)。

2. 技术要求

(1)化学组成。道路水泥或熟料应符合下列要求：

1)氧化镁含量。道路水泥中氧化镁含量不大于 5.0%。

2)三氧化硫含量。道路水泥中三氧化硫含量不大于 3.5%。

3)烧失量。烧失量不得大于 3.0%。

4)游离氧化钙含量。道路水泥熟料中游离氧化钙含量，旋窑生产者不得大于 1.0%，立窑生产者不得大于 1.8%。

5)碱含量。如用户提出要求时，由供需双方商定。但《水泥混凝土路面施工及验收规范》(GBJ 97—1987)规定：碱含量不得大于 0.6%。

(2)矿物组成。

1)铝酸三钙含量。道路水泥熟料中铝酸三钙含量不得大于 5.0%。

2)铁铝酸四钙含量。道路水泥熟料中铁铝酸四钙含量不得小于 16.0%。

(3)工程应用。道路水泥是一种强度高，特别是抗折强度高、耐磨性好、干缩性小、抗冲击性好、抗冻性和抗硫酸性较好的专用水泥。它适用于道路路面、机场跑道道面、城市广场等工程。由于道路水泥具有干缩性小、耐磨、抗冲击等特性，可减少水泥混凝土路面的裂缝和磨耗等病害,减少维修,延长路面使用年限,因而可获得显著的社会效益和经济效益。

4.3.6.6 快硬硅酸盐水泥

凡以硅酸盐水泥熟料和适量石膏磨细制成的,以3d抗压强度表示强度等级的水硬性胶凝材料,称为快硬硅酸盐水泥(简称快硬水泥)。

快硬水泥具有早期强度增进率高的特点,其3d抗压强度可达到强度等级所要求的强度,后期强度仍有一定增长,因此适用于紧急抢修工程、冬期施工工程。用于制造预应力钢筋混凝土或混凝土预制构件,可提高早期强度,缩短养护期,加快周转。不宜用于大体积工程。快硬水泥的缺点在于收缩率较大,容易吸湿降低自身温度,贮停期超过一个月,须重新检验。

4.3.6.7 膨胀水泥

膨胀水泥是硬化过程中不产生收缩,而具有一定膨胀性能的水泥。

(1)按胶结材料不同分类。

1)硅酸盐型膨胀水泥。用硅酸盐熟料、铝酸盐水泥和二水石膏按适当比例共同粉磨或分别研磨再混合均匀,可制得硅酸盐型膨胀水泥。由于其水化后生成钙矾石、水化氢氧化钙等水化产物,而这些水化生成物的体积均大于原反应物的体积,因而造成硬化水泥浆体的体积膨胀。

2)铝酸盐型膨胀水泥。用高铝水泥熟料和二水石膏按适当比例,再加助磨剂经磨细,制成铝酸盐型膨胀水泥。

3)硫铝酸盐型膨胀水泥。用中、低品位的矾土、石灰和石膏为原料,适当配合磨细后经燃烧得到的硫铝酸钙、硅酸二钙为主要矿物的熟料,再配以二水石膏磨细制得的具有膨胀性的水硬性胶凝材料,称为硫铝酸盐型膨胀水泥。

(2)按膨胀值不同分类。

1)收缩补偿水泥。这种水泥膨胀性能较弱,膨胀时所产生的压应力大致能抵消干缩所引起的应力,可防止混凝土产生干缩裂缝。

2)自应力水泥。这种水泥具有较强的膨胀性能,当用于钢筋混凝土时,由于它的膨胀性能,使钢筋受到较大的拉应力,而混凝土受到相应的压应力。当外界因素使混凝土结构产生拉应力时,就可被预先具有的压应力抵消或降低。这种靠水泥自身水化产生膨胀来张拉钢筋达到的预应力称为自应力。混凝土中所产生的压应力数值即自应力值。

在道桥工程中,膨胀水泥常用于水泥混凝土路面、机场道面或桥梁修补混凝土。

项目 5 钢材

学习目标

1. 理解钢筋的概念。
2. 通过试验,了解钢筋的特性。
3. 会做低碳钢拉伸试验。
4. 会做低碳钢冷弯试验。

任务描述

准备4~5种钢筋试样,装在托盘中,让学生观察,并对钢筋试样进行描述。

学习引导

本项目沿着以下脉络进行学习:

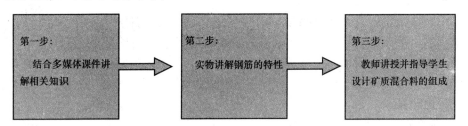

任务 5.1 钢材概述

钢材是重要的建筑材料,具有较高的强度和硬度,有一定的塑性和韧性,并能进行焊接、铆接和切割等工艺,因而广泛应用于建筑工程中。

建筑钢材的形状有各种型钢(工字钢、角钢、槽钢、钢板等)、钢筋和钢丝等。

钢桥和钢筋混凝土桥是现代桥梁的主要桥型。在钢结构和钢筋混凝土结构中,都要应用钢材。在学习钢桥设计和钢筋混凝土桥设计之前,必须掌握常用钢材的规格、性能和应用等材料方面的基础知识。

5.1.1 钢材的分类

钢材的分类方法有很多,较常用的有下列几种。

1. 按冶炼方法分类

(1)按生产的炉型分类。根据冶炼用炉的不同,钢可分为平炉钢、转炉钢、电炉钢等,又可分为酸性钢和碱性钢。

建筑用钢多为平炉钢、空气转炉钢和顶吹氧气转炉钢。

(2)按脱氧程度分类。根据脱氧程度的不同,钢材可分为沸腾钢和镇静钢。

1)沸腾钢。沸腾钢是脱氧不充分的钢,在浇铸及钢液冷却时,有大量的一氧化碳气体排出,钢液呈激烈沸腾状。

2)镇静钢。镇静钢脱氧充分,钢水较纯净,浇铸钢锭时钢水平静。镇静钢材质致密均匀,质量高于沸腾钢。

2. 按化学成分分类

钢按化学成分的不同可分为以下几类:

(1)碳素钢,也称"碳钢"。含碳量低于2.0%的铁碳合金。除铁、碳外,常含有如锰、硅、硫、磷、氧、氮等杂质。碳素钢按含碳量可分为以下三种:

1)低碳钢。含碳量小于0.25%。

2)中碳钢。含碳量为0.30%~0.55%。

3)高碳钢。含碳量大于0.6%。

(2)合金钢。为改善钢的性能,在钢中特意加入某些合金元素(如锰、硅、钒等),使钢材具有特殊的力学性能。合金钢按合金元素含量可分为以下三种:

1)低合金钢。合金元素总含量小于5%。

2)中合金钢。合金元素总含量为5%~10%。

3)高合金钢。合金元素总含量大于10%。

3. 按有害杂质的含量分类

碳素钢按供应的钢材化学成分中有害杂质的含量不同,又可划分为以下两种:

(1)普通钢。钢中磷含量不大于0.045%,硫含量不大于0.055%。

(2)优质钢。所含杂质元素较普通钢低,磷含量不大于0.035%~0.040%,硫含量不大于0.040%。

4. 按用途分类

钢材按用途的不同可分为以下几种:

(1)结构钢。用于建筑结构、机械制造等,一般为低、中碳钢。

(2)工具钢。用于各种工具,一般为高碳钢。

(3)特殊钢。具有各种特殊物理化学性能的钢材,如不锈钢等。

5.1.2 建筑钢材的分类

由于桥梁结构需要承受车辆等荷载的作用,同时需要经受各种大气因素的考验,对于桥梁用钢材,要求具有高的强度及良好的塑性、韧性和可焊性。因此,桥梁建筑用钢材、钢筋混凝土用钢筋就其用途分类来说,均属于结构钢;就其质量分类来说,都属于普通钢;按其含碳量分类来说,均属于低碳钢。所以,桥梁结构用钢和混凝土用钢筋属于碳素结构钢或低合金结构钢。

1. 结构钢

根据化学成分不同,建筑钢材可分为碳素结构钢和合金结构钢。

(1)碳素结构钢。碳素结构钢可分为普通碳素结构钢(又称碳素结构钢)和优质碳素结构钢两类。

1)普通碳素结构钢最高含碳量不超过0.38%,是建筑工程方面的基本钢种。其产品有圆、方、扁、角、槽、工字钢及钢筋、钢板等。

2)优质碳素结构钢比普通碳素结构钢杂质含量少,具有较好的综合性能,广泛用于机械制造、工具和弹簧等中。

(2)合金结构钢。合金结构钢可分为普通低合金结构钢、合金渗碳钢、合金调质钢、合金弹簧钢和滚动轴承钢五类。

1)普通低合金结构钢也称低合金结构钢,是在普通碳素钢的基础上加入少量合金元素而成,具有高强度、高韧性和可焊性,是工程中大量使用的结构钢种。其主要用于桥梁和建筑钢筋等方面。

2)合金渗碳钢是指经过渗碳热处理后使用的低碳合金结构钢,具有外硬内韧的性能,主要用于承受冲击的耐磨件,如汽车、拖拉机中的变速齿轮等。

3)合金调质钢是指经过调质处理(淬火+高温回火)后使用的中碳合金结构钢,主要用于制造在多种载荷(如扭转、弯曲、冲击等)下工作,受力比较复杂,要求具有良好综合力学性能的重要零件,如汽车、拖拉机、机床等上的齿轮、轴类件、连杆、高强度螺栓等。

4)合金弹簧钢是用于制造弹簧或者其他弹性零件的钢种。合金弹簧钢必须具有较高的屈服点和屈强比、弹性极限、抗疲劳性能,以保证弹簧有足够的弹性变形能力,并能承受较大的载荷。另外,合金弹簧钢还要求具有一定的塑性与韧性,一定的淬透性,不易脱碳及不易过热。

5)滚动轴承钢是用于制造各类滚动轴承套圈和滚动体的钢种。其除要求具有较高的抗压强度、接触疲劳强度和耐磨性外,还要有一定的韧性、耐蚀性、良好的尺寸稳定性和工艺性。

2. 工具钢

根据化学成分不同,工具钢可分为碳素工具钢、合金工具钢和高速工具钢,用于制造各种刃具、模具和量具等。

3. 特殊性能钢

特殊性能钢多为高合金钢,主要有不锈钢和耐热钢等。

4. 专门用途钢

专门用途钢可分为碳素钢和合金钢两种,主要有钢筋钢、桥梁钢、钢轨钢等。

另外,根据钢中所含有害杂质(硫、磷)的多少,又可将钢分为普通钢和优质钢。普通碳素钢、普通低合金结构钢等属于普通钢;优质碳素结构钢、合金结构钢、碳素工具钢及合金工具钢等属于优质钢。

常用的普通低合金结构钢按所加元素和含量的不同,有多种钢号。

任务5.2 钢材的技术性质、应用与保护

5.2.1 钢材的主要技术性质

5.2.1.1 钢材的机械性能

桥梁建筑用钢和钢筋混凝土用钢筋的基本技术性能包括抗拉性能、塑性、冷弯性能和冲击韧性等。抗拉性能在材料力学中已讲述过,本书仅介绍与材料有关的性能。

1. 抗拉性能

将钢材制成标准形状和尺寸的拉伸试件,在拉伸试验机上加载直至拉断为止。这样,便可绘制出拉伸图(应力-应变图)。低碳钢的拉伸图如图5-1所示。

图中的曲线可明显地划分为弹性阶段($O \to A$)、屈服阶段($B_上 \to B_下$)、强化阶段($B_下 \to C$)和颈缩阶段($C \to D$)四个阶段。

OA 是一条直线,在 OA 范围内如卸去荷载,试件变形能恢复原状,即呈弹性变形。A 点对应的应力称为弹性极限,用 σ_e 表示。

A 点以后,应力与应变不再成正比关系。这时如卸去外力,试件变形不能完全消失,表明已出现塑性变形。拉力继续增加则达到屈服阶段,在屈服阶段,锯齿形的最高点 $B_上$ 所对应的应力称为屈服上限(σ_{sv}),锯齿形的最低点 $B_下$ 所对应的应力称为屈服下限(σ_{sl}),屈服强度 σ_s 以 MPa 表示,按式(5-1)计算:

$$\sigma_s = \frac{F_s}{A_0} \quad (5\text{-}1)$$

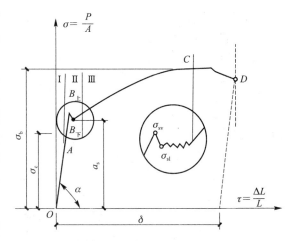

图 5-1 低碳钢受拉的应力-应变图

屈服点对钢材使用有重要的意义,一方面,当构件的实际应力超过屈服点时,将产生不可恢复的永久变形;另一方面,当应力超过屈服点时,受力高的部分应力不再提高,即自动将荷载重新分配给某些应力较小的部分。因此,设计中一般以屈服点作为强度取值的基础。

中碳钢和高碳钢没有明显的屈服点,通常以标距部分残余变形为原标距长度的 0.2% 的应力作为屈服强度,表示为 $\sigma_{0.2}$,按式(5-2)计算:

$$\sigma_{0.2} = \frac{F_{0.2}}{A_0} \quad (5\text{-}2)$$

式中 $F_{0.2}$——相当于所求应力对应的荷载(N);

A_0——试件的原横截面面积(mm^2)。

试样在屈服阶段以后,其抵抗塑性变形的能力重新提高,故称为强化阶段。C 点的应力称为抗拉强度,用 σ_b 表示。因此,抗拉强度是试样在拉断以前所承受的最大负荷所对应的应力,它表示材料在拉力作用下抵抗破坏的最大能力。

抗拉强度在设计中虽不能直接利用,但是屈服点与抗拉强度之比(屈强比)对使用有较大的意义。屈强比小,说明在钢材受力超过屈服点工作时的可靠性越大,结构越安全,即延缓结构损坏过程的潜力越大。屈强比太小,表示钢材强度的利用率偏低,不够经济。所以,屈服强度和抗拉强度是钢材力学性能的主要检验指标。

2. 塑性

钢材在受力破坏前可以经受永久变形的性能,称为塑性。钢材的塑性指标用伸长率和断面收缩率表示。

(1)伸长率。伸长率又称延伸率,是指试样拉断后,其标距部分所增加的长度与原标距长度的百分比。伸长率按式(5-3)计算:

$$\delta_n = \frac{L_1 - L_0}{L_0} \times 100\% \quad (5\text{-}3)$$

式中 L_1——试样拉断后标距部分的长度(mm);

L_0——试样的原标距长度(mm);

δ_n——长或短试样的伸长率。

钢材的伸长率越大,表示塑性越好。

(2)断面收缩率。断面收缩率是指拉断后缩颈处横截面面积的最大缩减量与原横截面面积的百分比。断面收缩率按式(5-4)计算:

$$\psi = \frac{A_0 - A_1}{A_0} \times 100\% \tag{5-4}$$

式中 A_0——试样的原横截面面积(mm^2);

A_1——试样拉断(缩颈)处的横截面面积(mm^2)。

3. 冷弯性能

冷弯性能是指钢材在常温条件下承受弯曲变形的能力,它是钢材的重要工艺性能之一。钢材在使用之前,有时需要进行一定形式的加工,如钢筋常需弯起一定的角度。冷弯性能良好的钢材,可以保证钢材进行冷加工后无损于制成品的质量。冷弯与伸长率一样,都是表明钢材在静荷载作用下的塑性。冷弯试验能揭示钢材是否存在内部组织不均匀、内应力与夹杂物等缺陷。这些缺陷常因塑性变形导致应力重分布而得不到充分反映。钢材的冷弯试验是试样在常温下,按规定的弯心直径弯曲至规定角度。冷弯后弯曲处无裂纹、断裂和起层等现象即认为合格。

4. 冲击韧性

冲击韧性是指钢材对突然施加的动荷载的抵抗能力。冲击韧性用冲击韧性值(也称冲击值)表示。它的测定是在冲击试验机上进行。

5. 硬度

钢材的硬度是指其抵抗其他硬物体压入的能力,通常与抗拉强度有着一定的联系。根据试验方法和适用范围的不同,硬度可分为布氏硬度、洛氏硬度、维氏硬度及肖氏硬度等。

钢材的强度、塑性、韧性和硬度是钢材的最基本力学性质。常用的指标是强度和塑性。建筑用钢材主要进行钢材的拉伸及冷弯试验。

5.2.1.2 钢材的化学成分对性能的影响

1. 碳

碳是决定钢性能的主要元素。随着含碳量的增加,钢的强度和硬度相应提高,而塑性和韧性则相应降低。但含碳量过高会增加钢的冷脆性和时效敏感性,降低抗大气腐蚀性和可焊性。

2. 硅

硅的含量很少时(小于0.15%),对钢的性能无显著影响。随着硅的含量增高,钢的强度、弹性及硬度都将提高,而塑性、韧性及锻造和焊接性却降低。

3. 锰

钢中含锰量增加,钢的强度、硬度和耐磨性都将提高,但塑性及冲击韧性降低。

4. 硫

硫是在炼钢时由矿石与燃料带到钢中的杂质。硫的存在,使钢的热加工性能和可焊性变差,降低了钢的冲击韧性、疲劳强度和抗腐蚀性。因此,硫是钢中的有害元素。

5. 磷

磷也是由矿石带到钢中的。磷能使钢的屈服点和抗拉强度提高,塑性和韧性下降,特别是在低温下冲击韧性降低显著。

5.2.2 钢材的冷加工

为提高钢材的强度和节约钢材或改善钢材的某些性能,通常采用冷加工和热处理等加工工艺。

钢材在常温下进行加工处理称为冷加工。钢筋的冷加工有冷拉、冷拔和冷轧三种。其中,钢筋的冷拉和冷拔是目前常用的加工工艺。

(1)冷拉。冷拉是钢筋在常温下经外力拉伸超过屈服点后卸去荷载以提高钢筋的强度和硬度、降低塑性和韧性的一种加工工艺。

(2)冷拔。冷拔是将钢筋在冷拔机上通过模孔抽引成一定断面尺寸且表面光洁的制品。这种方法比冷拉效果好。冷拔低碳钢丝是用直径 6.5~8 mm 的普通碳素钢盘条经冷拔制成的。

在拉伸试验中，试样在屈服点之后极限点之前卸载并立即重新加载的应力-应变关系，如图 5-2 所示。试样拉伸至屈服点 B 和极限点 D 之间任一点 K 卸载时，应力和应变沿 KO_1 线变化（斜率同 OB）。但试件重新加载时，应力-应变线不沿原加载路线 OBK 进行，而按直线 O_1K 变化，到了 K 点后，恢复到正常的曲线。由此可见，钢材的弹性变形阶段延长了，屈服点提高了，伸长率则有所降低，这种现象称为钢筋的冷作硬化。

冷拉后的钢筋放置一段时间后，其屈服点、强度极限和硬度逐渐提高，而塑性和韧性逐渐降低，这种现象称为冷拉时效。

图 5-3 表示钢材经过冷拉和时效后的应力-应变关系。钢筋未经冷拉与时效处理的应力-应变曲线为 $OBKCD$。将钢筋冷拉至超过屈服点以后的任意一点 K，然后卸载，如立即更新拉伸，经冷拉以后的应力-应变曲线为 O_1KCD；若冷拉以后的钢材不立即重新拉伸，而是将试样进行时效，然后拉伸，则屈服点将升高至 K_1 点，继续拉伸，曲线将沿 $O_1K_1C_1D_1$ 发展。

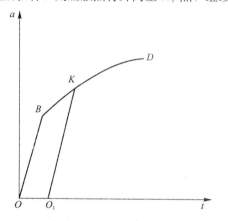 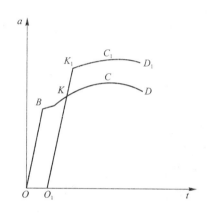

图 5-2　钢的加工硬化应力-应变图　　图 5-3　钢筋冷拉与时效后应力-应变曲线

时效可分为人工时效和自然时效。将冷拉钢筋在常温下存放 15~20 d 而达到时效的目的，称为自然时效。人工时效应按钢筋级别通过试验来确定所需温度与时间，若放在 100 ℃ 热水中，则 2 h 左右便可完成，也可用电热法将经过冷加工的钢筋加热到 100 ℃~200 ℃，则仅需 20 min~2 h 即可完成。

经过冷加工的钢材，若再受到高温作用(如 300 ℃~700 ℃ 的温度)，则将使冷加工后的机械性能复原，即冷作硬化效果消失。因此，使用冷加工钢材时，须先焊接，后冷拉。

5.2.3　钢筋混凝土结构用钢材

常用于钢筋混凝土的钢材有热轧钢筋、热处理钢筋、冷拉钢筋、预应力混凝土钢丝、钢绞线和冷拔低碳钢丝等。

1. 钢筋混凝土结构用热轧钢筋

热轧钢筋按外形可分为光圆钢筋和带肋钢筋。带肋钢筋根据外形又可分为月牙肋和等高肋。热轧钢筋按机械性能(强度等级也就是牌号)可分为 HPB300 级、HPB335 级、HPB400 级、HPB500 级四个等级。钢筋混凝土结构用钢筋根据轧制钢筋所用的钢种不同，可分为普通碳素钢筋和普通低合金钢钢筋两类。HPB300 级钢筋用普通碳素结构钢轧制，其他各级钢筋用普通低合金钢轧制。

按照国家标准《钢筋混凝土用钢 第1部分：热轧光圆钢筋》(GB/T 1499.1—2017)的规定，光圆钢筋是指经热轧成型，横截面通常为圆形，表面光滑的成品钢筋。热轧光圆钢筋成品有直条钢筋和圆盘条钢筋，钢筋的公称直径为 6~22 mm，推荐的钢筋公称直径为 6 mm、8 mm、10 mm、12 mm、16 mm、20 mm。其强度等级代号为 HPB300，属于低碳钢，其强度较低，但塑性和可焊接性能较好，广泛用于钢筋混凝土中(表 5-1)。

表 5-1 热轧光圆钢筋的牌号

产品名称	牌号	牌号构成	英文字母含义
热轧光圆钢筋	HPB300	由 HPB+屈服强度特征值构成	HPB——热轧光圆钢筋的英文(Hot-rolled Plain Bars)缩写

热轧带肋钢筋是指横截面通常为圆形，且表面带肋的混凝土结构用钢材。按照国家标准《钢筋混凝土用钢 第2部分：热轧带肋钢筋》(GB/T 1499.2—2018)的规定，热轧带肋钢筋按屈服强度特征值可分为 400 级、500 级、600 级，有普通热轧钢筋和细晶粒热轧钢筋两种类别(表 5-2)。

表 5-2 热轧带肋钢筋的牌号

类别	牌号	牌号构成	英文字母含义
普通热轧钢筋	HPB400	HRB+屈服强度特征值构成	HRB——热轧带肋钢筋的英文(Hot rolled Ribbed Bars)缩写。
	HPB500		
	HPB600		
	HPB400E	HRB+屈服强度特征值+E 构成	E——"地震"的英文(Earthquake)首位字母
	HPB500E		
细晶粒热轧钢筋	HPBF400	HRBF+屈服强度特征值构成	HRBF——在热轧带肋钢筋的英文缩写后加"细"的英文(Fine)首位字母。
	HPBF500		
	HPBF400E	HRBF+屈服强度特征值+E 构成	E——"地震"的英文(Earthquake)首位字母
	HPBF500E		

热轧带肋钢筋公称直径为 6~50 mm，强度、塑性和可焊性等综合性能都较好，钢筋表面带肋与混凝土粘结性能也较好。

HPB300 级、HRB335 级钢筋一般用作非预应力筋，冷拉 HRB335 级至 HRB500 级钢筋用作预应力筋。预应力筋应优先选用高强度钢筋，但 HRB500 级钢筋因含碳量及合金元素含量较高，虽机械强度高，但塑性和韧性较低，故选用时要注意脆断问题。

冷拉钢筋的力学性能应符合表 5-3 的规定。

表 5-3 冷拉钢筋的力学性能

冷拉钢筋级别	钢筋直径/mm	屈服点 σ_a/MPa	抗拉强度 σ_b/MPa	伸长率 δ_{10}/%	冷弯要求 d——弯心直径 a——钢筋直径
冷拉 HRB300 级	6~12	280	380	11	180° $d=3a$
冷拉 HRB305 级	8~25	450	520	10	90° $d=3a$
	28~40	430	500		90° $d=4a$
冷拉 HRB400 级	8~40	500	580	8	90° $d=5a$
冷拉 HRB500 级	10~28	700	850	6	90° $d=5a$
注：直径大于 25 mm 的冷拉 HRB400 级、HRB500 级钢筋，冷弯弯曲直径应增加 a。					

预应力混凝土也可用热处理钢筋。热处理钢筋是横截面为圆形,且表面带有螺纹,热轧后经热处理的成品钢筋,按螺纹外形,可分为纵肋和无纵肋两种。供应方式:一般卷成盘,每盘由一根钢筋组成。热处理钢筋适用于预应力混凝土,不适用于须焊接和点焊的钢筋。热处理钢筋的力学性能应符合表5-4的规定。

表5-4 热处理钢筋的力学性能

公称直径 d/mm	牌号	屈服点 $\sigma_{1.2}$	抗拉强度/MPa	伸长率 δ_{t0}/%
		不小于		
6	40Si2Mn			
8.2	48Si2Mn	1 325	1 470	6
10	45Si2Cr			

2. 钢筋混凝土用冷拔低碳钢丝

冷拔低碳钢丝是用普通碳素钢 Q235 光面盘条钢筋,经拔丝模引拔,钢筋拉长并径向压缩而成的圆钢丝。

冷拔低碳钢丝分为甲、乙两级。甲级钢丝强度和伸长率较高,主要用于中、小预应力混凝土构件的主预应力筋。乙级钢丝强度和伸长率较低,主要用于焊接钢丝网、焊接骨架、箍筋和构造筋。对预应力混凝土结构用冷拔低碳钢丝的机械性能的要求见表5-5。

表5-5 冷拉低碳钢丝的力学性能

钢丝级别	直径/mm	抗拉强度 σ/MPa		伸长率 δ_{14}/%	180°反复弯曲/次
		Ⅰ组	Ⅱ组		
		不小于			
甲级	4	700	650	2.5	4
	5	650	600	3	
乙级	3~5	550	—	2	4

冷拔低碳钢丝一般不要求屈服强度,若有要求,则屈服强度 $\sigma_{0.2}$ 应不低于抗拉强度的 80%。

3. 预应力混凝土结构用钢丝及钢绞线

预应力混凝土结构用钢丝是横截面为圆形的高强度钢丝,按交货状态可分为冷拉和矫直回火两种;按外形可分为光面和刻痕两种。预应力混凝土结构用钢丝具有强度高、柔性好及避免接头等优点,适用于曲线配筋的预应力混凝土结构。

预应力混凝土结构用钢绞线由 7 根圆形断面钢丝捻成。预应力钢绞线按应力松弛性能分为 Ⅰ 级松弛的预应力钢绞线和 Ⅱ 级松弛的预应力钢绞线。钢绞线的捻向通常为左 S 捻。捻制后,Ⅰ 级松弛的预应力钢绞线应进行消除应力的热处理,Ⅱ 级松弛预应力钢绞线应进行能保证低松弛性能的相应热处理。钢绞线的捻距为钢绞线公称直径的 12~16 倍。钢绞线内不应有折断、横裂和相互交叉的钢丝。

钢绞线具有强度高、柔性好、质量稳定、成盘供应无须接头等优点,主要用于大跨度、大承载量的后张法预应力结构。

钢丝的力学性能见表5-6,预应力钢绞线的力学性能见表5-7。

表 5-6 钢丝的力学性能

钢丝种类	公称直径/mm	抗拉强度 σ_a/MPa(不小于)	屈服强度 $\sigma_{0.2}$/MPa(不小于)	伸长率 δ/%(L_9=100 mm, 不小于)	弯曲次数 次数(不小于)	弯曲次数 弯曲半径 R/mm	松弛 初始应力相当于公称强度的百分数/%	松弛 1 000 h应力损失/%(不大于) Ⅰ级松弛	松弛 1 000 h应力损失/%(不大于) Ⅱ级松弛
矫直回头钢丝	3.0	1 470	1 254	4	3	7.5	70	8	2.5
		1 570	1 330		3	7.5			
	4.0	1 670	1 410		3	10			
	5.0	1 470	1 255		4	15			
		1 570	1 330		4	15			
		1 670	1 410		4	15			
冷拉钢丝	3.0	1 470	1 100	2	4	7.5			
		1 570	1 180	2	4	7.5			
	4.0	1 670	1 225	3	4	10			
	5.0	1 470	1 100	3	5	15			
		1 570	1 180	3	5	15			
		1 670	1 225	3	5	15			
划痕钢丝	5.0	1 180	1 000	4	4	15	70	8	2.5
		1 470	1 255	4	4	15			

表 5-7 预应力钢绞线的力学性能

钢绞线公称直径 D/mm	抗拉强度 σ_a/MPa	整根钢绞线的破断负荷/kN	超负荷/kN	伸长率 d/%	1 000 h松弛值/%不大于 Ⅰ级松弛 初始负荷 70%破断负荷	Ⅰ级松弛 初始负荷 80%破断负荷	Ⅱ级松弛 初始负荷 70%破断负荷	Ⅱ级松弛 初始负荷 80%破断负荷
				不小于				
9.0	1 670	83.89	71.30	3.5	8.0	12	2.5	4.5
	1 770	88.79	75.46	3.5				
12.0	1 570	140.24	119.17	3.5				
	1 670	149.06	126.71	3.5				
15.0	1 470	205.80	174.93	3.5				
	1 570	219.52	186.59	3.5				

5.2.4 钢材的腐蚀与防护

1. 钢材的腐蚀

根据钢材表面与周围物质作用的不同，钢材的腐蚀可分为化学腐蚀和电化学腐蚀。化学腐蚀是钢铁与非电解质溶液或各种干燥气体(如 O_2、CO_2、SO_2、Cl_2 与 H_2S 等)引起反应而产生的一种纯化学性质的腐蚀。这种腐蚀多数是氧化作用，在钢铁表面形成疏松的氧化物而引起的锈蚀。在干燥环境中，锈蚀进行很缓慢，但当钢铁处于潮湿环境时锈蚀进展很快。电化学腐蚀是钢材与电解质溶液相接触而产生电流，形成原电池作用发生的腐蚀(凝结在钢铁上的水分溶入 CO_2 和硫化物，成了有效的电解质溶液)。由于钢材中除铁外，还有渗碳体(Fe_3C)游离碳等其他成分，这些成分活泼性不同，便会形成铁为阳极、渗碳体为阴极的原电池。阳极的铁素体不断失去电子形成 Fe^{2+} 进入溶液，电子流向阴极，在酸性电解质中与 H^+ 结合形成氢而逸出：$H^+ + e \rightarrow H$，$H+H \rightarrow H_2 \uparrow$。在中性介质(水、大气、土壤)中，由于氧气的还原作用使介质变成 OH^-：$O_2 + 2H_2O + 4e \rightarrow 4OH^-$。这是钢筋混凝土中钢筋受到腐蚀的最基本原因。以后 Fe^{2+} 与 OH^- 结合为 $Fe(OH)_2$，并被空气中的氧气氧化为 $Fe(OH)_3$，$Fe(OH)_3$ 及其脱水产物 Fe_2O_3 是红褐色铁锈的主要成分。

2. 钢材的防护

防止钢材锈蚀的方法主要有保护膜法、电化学保护法及合金化等方法。

(1)保护膜法是利用保护膜使金属与周围介质隔离从而避免或减缓外界腐蚀性介质对钢材的破坏作用。如在钢材表面喷涂涂料，或以金属镀层作为保护膜，如镀锌、锡等。这是常用的防腐蚀办法。

(2)电化学保护法可分为阴极保护法和阳极保护法两种。

(3)合金化即制成合金钢，在钢中加入能提高抗腐蚀能力的合金元素，这样可以显著提高抗锈能力。

试验 5.1　低碳钢的拉伸试验(GB/T 228.1—2010)

1. 目的和适用范围

(1)测定低碳钢的屈服极限、强度极限、延伸率和截面收缩率；测定铸铁的强度极限。

(2)观察上述两种材料的拉伸和破坏现象，绘制拉伸时的曲线。

2. 仪器设备

(1)万能试验机。

(2)千分尺(螺旋测微计)和游标卡尺。

(3)低碳钢和铸铁圆形截面试件。为了比较试验结果，应按国家相关标准中的有关规定进行试验，试验材料要按上述标准做成比例试件，即圆形截面试件：

$$\frac{L_0}{d_0} = 10 \text{(长试件)} \tag{5-5}$$

$$\frac{L_0}{d_0} = 5 \text{(短试件)} \tag{5-6}$$

矩形截面试件：

$$\frac{L_0}{\sqrt{A_0}} = 11.3 \text{(长试件)}$$

$$\frac{L_0}{\sqrt{A_0}} = 5.65 \text{(短试件)} \tag{5-7}$$

式中 L_0——试件的初始计算长度(即试件的标距);
A_0——试件初始截面面积。

试件两端的夹紧部分,因试验夹具类型而不同,圆形截面试件端部可做成圆柱形、阶梯形或螺纹形,如图 5-4 所示。

3. 试验原理

塑性材料在拉伸过程中所显示的力学性能和脆性材料相比有明显的差异。图 5-5(a)表示低碳钢静拉伸试验的 P-ΔL(σ-ε)曲线;图 5-5(b)表示铸铁试件的拉伸曲线,铸铁试件在变形很小的情况下即呈脆性断裂。

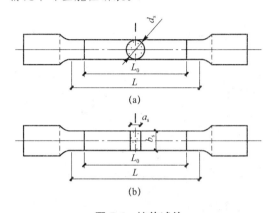

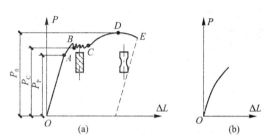

图 5-4 拉伸试件

图 5-5 拉伸曲线

(a)圆形拉伸试件;(b)矩形拉伸试件

(a)低碳钢静拉伸试验曲线;(b)铸铁试件的拉伸曲线

试验中要测定的强度指标为屈服极限 σ_s 和强度极限 σ_b,低碳钢屈服时曲线上出现平台或波动,国标规定首次下降的最小荷载值 P_s 与试件初始截面面积 A_0 之比 σ_s 为材料的屈服极限;曲线上的最大荷载值 P_b 与初始截面面积 A_0 之比 σ_b 为材料的强度极限。即

$$\sigma_s = \frac{P_s}{A_0}, \quad \sigma_b = \frac{P_b}{A_0}$$

衡量材料塑性大小的两个指标为延伸率和截面收缩率,分别为

$$\delta = \frac{L_1 - L_0}{L_0} \times 100, \quad \psi = \frac{A_0 - A_1}{A_0} \times 100$$

式中 L_0,A_0——试验前的标距和截面面积;
L_1,A_1——试验后的标距和截面面积。

若断口不在标距长度中央区段内,则需要采用断口移中法,以度量试件拉断后的标距。设两标点 c 至 c_1 之间共划分 n 格(图 5-6),拉伸前各格间距相等。在断裂试件的较长的右段上,从邻近断口的一个刻线 d 起,向右取格,标记为 a,作为标距的起点,这就相当于把断口摆在中央;再看 a 点到标点 c_1 有多少格,就由 a 点向左取相同的格数,标以记号 b,令 L' 表示 c 至 b 的长度,则 $L_1 = L' + 2L''$ 的长度中包含的格数等于标距内的格数 n,故

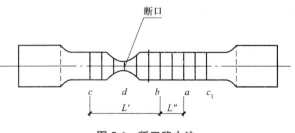

图 5-6 断口移中法

$$L_1 = L' + 2L''$$

当断口非常接近试件两端,而与其头部的距离等于或小于直径的两倍时,需重做试验。

4. 方法和步骤

(1)在低碳钢试件的标距长度($L_0=100$ mm)内,用划线机每隔10 mm刻划一圆周线(或由试验室人员划好),以便观察变形分布和计算延伸率。

(2)在标距中央和两端分别沿互相垂直的两个方向各量一次直径,并分别计算这三处直径的平均值,取其中最小者作为试件直径d_0,同时测量标距L_0。

(3)估计拉伸试验所需的最大荷载P_b,P_b在测力度盘40%~85%范围内较宜(或由试验室人员选定,但试验前要弄清所选用的测力度盘,以免读错)。调整测力指针对准零点,并检查好自动描图装置。

(4)按照操作规程安装试件,做好描图准备,开动机器进行试验。

(5)在试验过程中,要注意观察试件变形、拉伸图各阶段的变化和测力指针的走动情况,并及时记录有关数据。对于低碳钢,测力指针停止转动后出现的恒定荷载或第一次回转的最小值就是屈服荷载P_s,记录并注意观察是否出现滑移线。屈服后在强化阶段任一点处停止加载,然后卸载,再重新加载,以观察冷作硬化现象。注意观察颈缩的出现,并记录最大荷载P_b。

铸铁试验只记录最大荷载及绘制出拉伸图。

(6)测量低碳钢试件断裂后的标距长度L_1,并在颈缩阶段的最小截面处沿互相垂直的两个方向各量一次直径,取其平均值作为d_1。

5. 预习要求

(1)预习讲课中有关材料拉伸时力学性能的内容;阅读本次试验内容和试验设备介绍中万能试验机的构造原理、操作方法、注意事项,以及有关千分尺和游标卡尺的使用方法。

(2)预习时思考下列问题:本次试验的内容和目的是什么?低碳钢在拉伸过程中可分为哪几个阶段,各阶段有何特征?试验前、试验中、试验后需要测量和记录哪些数据?使用液压式万能试验机有哪些注意事项?

试验5.2 金属冷弯试验(GB 232—2010)

1. 目的和适用范围

本方法用以检验金属承受规定弯曲程度的弯曲变形性能,并显示其缺陷。但不适用于金属管材和金属焊接接头的弯曲试验。

2. 试验准备

(1)试验使用圆形、方形、矩形或多边形横截面的试样。样坯的切取位置应按照相关产品标准的要求进行。试样应通过机器加工去除由于剪切或火焰切割等影响材料性能的部分。

(2)试样表面不得有划痕和损伤。方形、矩形和多边形横截面试样的棱边应倒圆,倒圆半径不超过试样厚度的1/10。棱边倒圆时不应形成影响试验结果的横向毛刺、伤痕或划痕。

(3)试样宽度应按相关产品标准的要求,如未具体规定,应按以下要求:

1)当产品宽度不大于20 mm时,试样宽度为原产品宽度;

2)当产品宽度大于20 mm、厚度小于3 mm时,试样宽度为20 mm±5 mm;厚度不小于3 mm时,试样宽度为20~50 mm。

(4)试样厚度或直径应按相关产品标准的要求,如未具体规定,应按以下要求:

1)对于板材、带材和型材,产品厚度不大于 25 mm 时,试样厚度应为原产品的厚度;产品厚度大于 25 mm 时,试样厚度可以机械加工减薄至不小于 25 mm,应保留一侧原表面。

2)弯曲试验时试样保留的原表面应位于受拉变形一侧。

(5)直径或多边形横截面内切圆直径不大于 50 mm 的产品,其试样横截面应为产品的横截面。钢筋类产品均以其全截面进行试验。

(6)试样长度应根据试样厚度和所使用的试验设备确定。采用支辊式弯曲装置和翻板式弯曲装置时的方法,可以按照式(5-8)确定:

$$L=0.5\pi(d+a)+140 \text{ mm} \tag{5-8}$$

式中 L——试样长度(mm);

π——圆周率,取 3.1;

d——弯曲压头或弯心直径(mm);

a——试样厚度(或直径)或多边形横截面内切圆直径(mm)。

3. 仪器设备

应在配备下列弯曲装置之一的试验机或压力机上完成试验。

(1)支辊式弯曲装置:支辊应具有足够的硬度,支辊间距离应按式(5-9)确定:

$$L=(d+3a)\pm 0.5a \tag{5-9}$$

(2)V 形模具式弯曲装置:模具的 V 形槽角度应为(180°—α),弯曲压头的圆角半径为 $d/2$,其中 α 为弯曲角度(°)。

(3)虎钳式弯曲装置:装置由虎钳配备足够硬度的弯心组成,可以配置加力杠杆。

(4)翻板式弯曲装置:翻板带有楔形滑块,滑块应具有足够的硬度。翻板固定在耳轴上,试验时能绕耳轴轴线转动。耳轴连接弯曲角度指示器,指示弯曲角度。翻板间的距离按式(5-10)确定:

$$L=(d+2a)+e \tag{5-10}$$

式中,e 可取值 2~6。

4. 试验步骤

(1)试验一般在 10 ℃~35 ℃ 的室温下进行。对温度严格的试验,试验温度应为(23±5) ℃。

(2)试样弯曲至规定弯曲角度的试验,应将试样放于两支辊或 V 形模具,试样轴线应与弯曲压头轴线垂直,弯曲压头在两支座之间的中点处对试样连续施加力使其弯曲,直至达到规定的弯曲角度。如不能直接达到规定的弯曲角度,则应将试样置于两平行压板之间,连续施加压力使其两端进一步弯曲,直至达到规定的弯曲角度。

(3)试样弯曲 180°至两臂相距为规定距离且相互平行的试验,如采用支辊式弯曲装置,应首先对试样进行初步弯曲(弯曲角度尽可能大),然后将试样置于两平行压板之间连续施加压力使其两端进一步弯曲,直至两臂平行。试验时可以加或不加垫块。采用翻板式弯曲装置时,在不改变作用力方向的条件下,弯曲直至达到 180°。

(4)弯曲试验时,应缓慢施加弯曲力。

5. 结果整理

(1)按相关标准的要求评定弯曲试验结果。如未规定具体要求,弯曲试验后,试样弯曲外表面无可见裂纹,应评定为合格。

(2)相关标准规定的弯曲角度应作为最小值,规定的弯曲半径应作为最大值。

复习思考题

一、判断题

1. 在水泥混凝土中,细集料是指粒径小于 2.36 mm 的天然砂、人工砂。(   )
2. 当集料中二氧化硅含量大于 52% 时,属于酸性集料。(   )
3. 在生产水泥时掺入适量石膏是为了延缓水泥凝结时间。(   )
4. 对于水泥混凝土,针片状颗粒是经游标卡尺判定得出的集料颗粒。(   )
5. 水泥体积安定性不合格,应降低等级使用。(   )
6. 水泥的细度越大,水化反应和凝结速度就越快,水泥的早期强度就越高。(   )
7. 在生产水泥时掺入适量石膏是为了加快水泥凝结时间。(   )
8. 石料饱水系数越大,抗冻性越差。(   )
9. 土的含水率越高,土的液塑限越大。(   )
10. 液性指数可以判断黏性土的类别。(   )

二、选择题

1. 下列不宜采用环刀法测定密度的土是(   )。
    A. 黏质土   B. 细粒土   C. 粗粒土   D. 粉质土
2. 烘干法作为土的含水率标准测定方法,烘箱烘干温度应为(   )。
    A. 100 ℃～105 ℃   B. 105 ℃～110 ℃   C. 100 ℃～110 ℃   D. 105 ℃
3. 土作为三相体,当受到外荷载作用时,(   )相承担的力为有效应力。
    A. 水   B. 气体   C. 土颗粒   D. 土颗粒+气体
4. 粗集料各项试验所需要的最小质量与(   )有关。
    A. 最大粒径   B. 公称最大粒径   C. 4.75 mm 粒径   D. 2.36 mm 粒径
5. 采用浸水天平测粗集料的表观密度,要求试验温度应为(   )。
    A. 10 ℃～25 ℃   B. 15 ℃～25 ℃   C. 20 ℃～25 ℃   D. 20 ℃±2 ℃
6. 细度模数是用细集料的(   )参数计算的。
    A. 筛余质量   B. 分计筛余   C. 累计筛余   D. 通过率
7. 粗集料洛杉矶磨耗试验,通常要求磨耗机以 30～33 r/min 的转速转动(   )转后停止。
    A. 350   B. 400   C. 450   D. 500
8. 以水泥检测报告为验收依据时,水泥封存样应密封保管的时间为(   )个月。
    A. 1   B. 2   C. 3   D. 4
9. 采用维卡仪测定水泥的初凝时间,试针下沉至距底板 4 mm±1 mm 时所需的时间,即(   )。
    A. 初凝时间   B. 终凝时间   C. 初凝状态   D. 终凝状态

三、计算题

1. 取 500 g 干砂做筛分试验,结果见表 5-8,试计算并画图确定该砂的规格和类别。

表 5-8 筛分结果

筛孔尺寸/mm	4.75	2.36	1.18	0.6	0.3	0.15	筛底
筛余量/g	5	45	115	132	93	76	64

2. 某砂筛分试验结果见表 5-9,试计算其分计筛余、累计筛余、通过量及细度模数,判定

砂的类别并画出筛分曲线。

表5-9 筛分结果

筛孔尺寸/mm	10	4.75	2.36	1.18	0.6	0.3	0.15	筛底
筛余量/g	0	10	20	45	100	135	155	35

3. 有一份残缺的砂筛分记录见表5-10，根据现有的材料补全并确定砂的筛分参数。

表5-10 筛分结果

筛孔尺寸/mm	4.75	2.36	1.18	0.60	0.30	0.15	<0.15
分计筛余/%				20		20	
累计筛余/%	5	19					
通过百分率/%				45	22	2	

粗砂：$M_x=3.7\sim3.1$，中砂：$M_x=3.0\sim2.3$，细砂：$M_x=2.2\sim1.6$。

4. 有五种水泥强度测定结果见表5-11，试评定其强度等级。

表5-11 水泥强度测定结果　　　　　　　　　　　　　　　MPa

水泥品种	抗压强度		抗折强度	
	3 d	28 d	3 d	28 d
普通水泥	22	52	4.0	6.8
普通水泥	13	38.6	2.6	6.0
矿渣水泥	—	28	—	5.1
火山灰质水泥	—	29	—	5.2
火山灰质水泥	20	49	4.3	6.8

四、简答题

1. 土的分类方法有哪些？
2. 土的三相是什么？
3. 土的含水率试验有几种检测方法？分别是什么？哪种是标准方法？
4. 土的液塑限测定有几种方法？请写出LP-100数显联合测定仪测定液塑限的检测步骤。
5. 土的击实试验的目的是什么？
6. 土的物理指标中有哪几个是可以通过试验直接测定的？其他指标都是如何推导出来的？
7. 试述测定石料密度试验检测步骤。
8. 写出石料孔隙率的计算公式。
9. 石料等级的划分，用什么指标控制？
10. 砂的颗粒级配通过什么方法测定？如何测定？
11. 何谓连续级配？何谓间断级配？怎样评定集料级配是否优良？
12. 碎石的压碎性指标主要和什么有关？
13. 什么是材料的真实密度、孔隙率、空隙率？真实密度和孔隙率有何关系？
14. 气硬性与水硬性胶凝材料有何区别？
15. 生石灰与熟石灰有什么不同？生石灰在使用、运输和贮存时要注意什么？为什么？
16. 硅酸盐水泥熟料进行磨细时，为什么要加入石膏？加入石膏过度会引起什么结果？为什么？

17. 简述硅酸盐水泥的主要矿物成分及特性。
18. 简述硅酸盐水泥的凝结及硬化过程。
19. 硅酸盐水泥硬化速度的因素有哪些?
20. 水泥的凝结时间分为初凝及终凝时间,它对施工有什么意义?
21. 何谓水泥的体积安全性?影响水泥安定性的原因是什么?
22. 如何测定水泥的强度等级?
23. 水泥的安定性对工程结构有何影响?
24. 掺混合材料的硅酸水泥为什么早期强度较低?
25. 钢有哪些分类方法?各分几种?
26. 评价建筑用钢的技术性质主要有哪些指标?
27. 硬钢在拉伸过程中的机械性能有什么特点?怎样表示硬钢的屈服点?试作图说明。
28. 什么叫作钢筋的屈强比?它对于结构安全度有什么影响?

学习情境2　路基、桥梁施工阶段常用材料及试验

核心技能

1. 能对矿质混合料、无机结合料、水泥混凝土、砂浆的组成进行设计。
2. 会测试新拌水泥混凝土、砂浆拌合物的工作性。
3. 会按规范要求制作砂浆试件、水泥混凝土标准试件；熟悉压力机的使用方法，会用压力试验机测试砂浆、水泥混凝土的强度指标并评定其强度等级。
4. 会制作无机结合料稳定土试件并使用路面强度仪测试无机结合料稳定土的强度。

项目6　矿质混合料的组成设计

学习目标

1. 理解集料的级配概念、级配类型和级配理论。
2. 通过颗粒分析，能将几种不同规格的集料进行级配设计，以组成满足工程需要符合级配要求的矿质混合料。

任务描述

准备几种规格集料，让学生观察集料的颗粒大小和形状，学生根据观察的结果回答下面的问题：

1. 不同规格集料有何特点？
2. 如何将这些砂石材料进行搭配，以组成一定的级配形式而满足实际工程的需要。

学习引导

本项目沿着以下脉络进行学习：

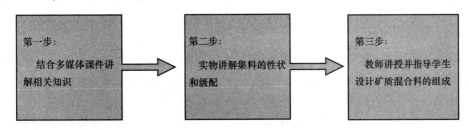

任务 6.1 集料的级配

散状的砂石材料在路桥工程中的应用，多以矿质混合料的形式与各种结合料（如水泥、沥青等）组成混合料使用。此时的砂石材料需采用一定的级配形式，以保证混合料满足实际工程的要求。而天然或人工轧制的某一规格的集料往往集中在有限的几个粒径范围内，无法直接满足工程实际对砂石材料的级配要求，因此，需要将几种不同规格的集料按一定的方法进行设计，以组成符合级配要求的矿质混合料（简称矿料），如图 6-1 所示。

图 6-1 矿质混合料

欲使水泥混凝土和沥青混合料具备优良的路用性能，除各种矿质集料的技术性质须符合技术要求外，矿质混合料还必须满足最小空隙率和最大摩擦力的基本要求。

(1) 最小空隙率：不同粒径的各级矿质集料按一定的比例搭配后，组成一种具有最大密实度的矿质混合料。

(2) 最大摩擦力：各级矿质集料在进行比例搭配时，应使各级集料排列紧密，形成一个多级空间骨架结构，且具有最大的摩擦力。为达到上述要求，必须对矿质混合料进行组成设计。其内容包括级配理论和级配范围的确定、基本组成的设计方法。

6.1.1 矿质混合料级配类型

粒径粗细不同的集料按照一定的比例组合搭配在一起，以达到较高的密实度。根据搭配组成的结果，可得到以下几种不同的搭配形式：

(1) 连续级配。某一矿质混合料在标准筛孔配成的套筛中进行筛析时，矿料的颗粒由大到小连续分布，每一级都占有适当的比例，这种由大到小逐级粒径均有，并按比例互相搭配组成的矿质混合料，称为连续级配。

(2) 间断级配。在矿料颗粒分布的整个区间里，从中间剔出一个或连续几个粒级，形成一种不连续的级配，称为间断级配。

(3) 连续开级配。整个矿料颗粒分布范围较窄，从最大粒径到最小粒径仅在数个粒级上以连续的形式出现，形成所谓的连续开级配。

6.1.2 级配曲线

为了直观形象地表示矿料各粒径的颗粒分布状况，常常采用级配曲线的方式来描述矿料级配。作法是以通过量的百分率为纵坐标、筛孔尺寸为横坐标，将各筛上的通过量绘制在坐标图中，然后用曲线将各点连接起来，成为所谓的级配曲线（图 6-2）。

由于标准套筛的筛孔分布是按 1/2 递减的方式设置，在描绘横坐标的筛孔位置时，造成前疏后密的问题，以致到小孔径时无法清楚地将其位置确定。所以，在绘制级配曲线的横坐标时，采用对数坐标（而相应纵坐标上的通过量采用常数坐标），以方便级配曲线的绘制。

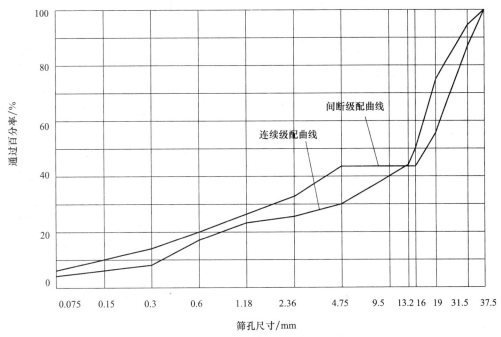

图 6-2 不同级配类型的级配曲线

6.1.3 级配理论

1. 富勒理论

富勒根据试验提出一种理想级配,他认为:"级配曲线越接近抛物线时,其密度越大"。因此,当级配曲线为抛物线时即最大密度曲线,如图 6-3 所示。最大密度曲线方程可表示为

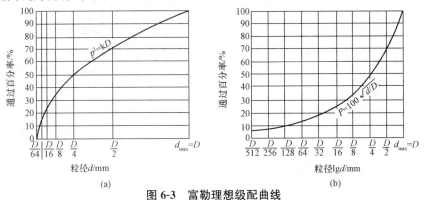

图 6-3 富勒理想级配曲线

(a)常坐标;(b)半对数坐标

$$p^2 = kd \tag{6-1}$$

当粒径 d 等于最大粒径 D 时,矿质混合料的通过百分率等于100%,将此关系代入式(6-1),则对任意一级粒径 d 的通过率 P 可按式(6-2)求得

$$P = 100\sqrt{\frac{d}{D}} \tag{6-2}$$

式中 P——与计算的某级粒径 d 的矿料通过百分率(%);

D——矿质混合料的最大粒径(mm);

d——欲计算的某级矿质混合料的粒径(mm)。

2. 泰波理论

泰波认为富勒曲线是一种理想曲线，实际矿料的级配应允许有一定的波动范围，故将富勒最大密度曲线改为 n 次幂的通式，即

$$P=100\left(\frac{d}{D}\right)^n \quad (6-3)$$

式中　n——试验指数；

P、d、D——意义同前。

根据试验认为 $n=0.3\sim0.6$ 时，矿质混合料具有较好的密实度，级配曲线范围如图 6-4 所示。

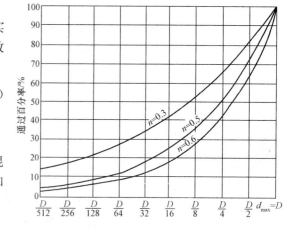

图 6-4　泰波级配曲线范围

任务 6.2　级配曲线的绘制

矿质混合料按级配理论公式计算出各粒级的通过百分率，以粒径(mm)为横坐标、通过百分率为纵坐标，绘制理论级配曲线。但由于矿料在轧制过程中的不均匀性，以及混合料配制时的误差等因素的影响，使所配制的混合料往往不可能与理论级配完全相符，因此，必须允许所配制混合料的级配在一定的合适范围内波动，即级配范围。

图 6-3(a)所示为常坐标，级配曲线明显造成前密后疏，不便绘制和查阅；图 6-3(b)所示为半对数坐标，即横坐标采用筛孔尺寸的对数坐标，纵坐标采用通过百分率的常数坐标，这样所绘制的级配曲线便消除了常数坐标的缺点。

采用半对数坐标绘制级配曲线的范围，首先要按对数计算出各种颗粒粒径（或筛孔尺寸）在横坐标轴上的位置，而表示通过百分率的纵坐标则按普通算术坐标绘制。绘制好横、纵坐标后，将计算所得的各颗粒粒径（d_i）的通过百分率（P_i）绘制在坐标图上，再将确定的各点连接为光滑的曲线。现以 $n_1=0.3$、$n_2=0.7$ 示例，如图 6-5 所示，在两个指数（n_1 和 n_2）之间所包括的范围即级配范围（通常用阴影部分表示）。

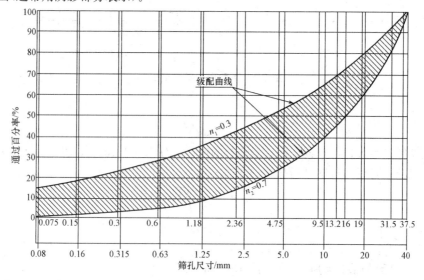

图 6-5　级配曲线

任务 6.3 矿质混合料的组成设计方法

矿料级配设计的内容就是通过一定的方法,确定混合料中各规格集料的用量比例,来满足某一级配要求。级配设计常用的方法有试算法和图解法两类。

6.3.1 试算法

1. 基本原理

试算法适用于2~3种矿料组成的混合料,是最简单的一种方法。此方法的基本原理是将几种已知级配的集料配制成满足目标级配要求的矿质混合料时,先假定混合料中某种粒径的颗粒是由某一种对该粒径占优势的集料所组成,其他各种集料不含这种粒径。如此根据各个主要粒径去试算各种集料在混合料中的大致比例。如果比例不合适,则稍加调整,这样循序渐进,最终达到符合混合料级配要求的各集料配合。

2. 计算步骤

(1)基本计算方程的建立。设有 A、B、C 三种集料,在某一筛孔 i 上的分计筛余百分率分别为 $a_{A(i)}$、$a_{B(i)}$、$a_{C(i)}$,配制成矿质混合料 M,混合料 M 在相应筛孔上的分计筛余百分率为 $a_{M(i)}$;设 A、B、C 三种集料在混合料中的用量比例为 X、Y、Z,则

$$X+Y+Z=100 \tag{6-4}$$

$$a_{A(i)}X+a_{B(i)}Y+a_{C(i)}Z=a_{M(i)} \tag{6-5}$$

(2)基本假定。在矿质混合料中,假定某一粒径的颗粒是由这三种集料中的一种提供的,在其他集料中不含这一粒径的颗粒。此时这两种集料相应分级的筛余百分率为0%。如设在 i 粒级上仅 A 集料在此粒级上存在分级筛余,其他两个集料 B 和 C 的分级筛余全部是 0,从而简化计算过程。

(3)计算。根据上述假设,式(6-5)成为 $a_{A(i)}X=a_{M(i)}$,则 A 集料在混合料中所占的比例为

$$X=\frac{a_{M(i)}}{a_{A(i)}}\times 100 \tag{6-6}$$

同理,按此假设可计算 C 集料在混合料中的比例。设在 j 粒级上其他两个集料 A 和 B 在该粒径上的分计筛余百分率也是0%,则有 $a_{C(j)}Z=a_{M(j)}$,则 C 集料在混合料中比例为

$$Z=\frac{a_{M(j)}}{a_{C(j)}}\times 100 \tag{6-7}$$

最后得到 B 集料在混合料中的比例

$$Y=100-X-Z \tag{6-8}$$

(4)校核调整。对以上计算得到的各集料比例即配合比要进行验算,如得到的合成级配不在所要求的级配范围内,则应调整初步配合比重新验算,直到满足级配要求为止。如经数次调整后仍不能达到要求,则可掺加单粒级集料或调换其他集料。

【例 6-1】 采用试算法计算某矿质混合料的配合比。

现有碎石、砂和矿粉三种集料,经筛分试验各集料的分计筛余百分率列于表6-1中,欲用现有的三种集料设计出符合某沥青混合料级配要求的矿质混合料,试求碎石、砂和矿粉三种集料在要求级配混合料中的用量比例。

表 6-1　原有集料的分计筛余和混合料要求的级配范围

筛孔尺寸 d_i /mm	碎石分计筛余 $a_{A(i)}$/%	砂分计筛余 $a_{B(i)}$/%	矿粉分计筛余 $a_{C(i)}$/%	矿质混合料要求的级配范围通过百分率/%
9.5	0.8	—	—	100
4.75	60.0	—	—	63～78
2.36	23.5	10.5	—	40～63
1.18	14.4	22.1	—	30～53
0.6	1.3	19.4	4.0	22～45
0.3	—	36.0	4.0	15～35
0.15	—	7.0	5.5	12～30
0.075	—	3.0	3.2	10～25
0.075	—	2.0	83.3	—

解： ① 将矿质混合料要求级配范围的通过百分率换算为分计筛余百分率，计算结果列入表 6-2 中，并设碎石、砂、矿粉的配合比为 X、Y、Z。

② 由表 6-2 可知，碎石中 4.75 mm 粒径颗粒含量占优势，假设混合料中 4.75 mm 的粒径全部由碎石提供，则 $a_{B(4.75)} = a_{C(4.75)} = 0$，由式(6-6)可得碎石在矿质混合料中的用量比例。

$$X = \frac{a_{M(4.75)}}{a_{A(4.75)}} \times 100 = \frac{29.5}{60} \times 100\% = 49\%$$

表 6-2　原有集料和要求级配范围的分计筛余百分率

筛孔尺寸 d_i/mm	碎石分计筛余 $a_{A(i)}$/%	砂分计筛余 $a_{B(i)}$/%	矿粉分计筛余 $a_{C(i)}$/%	要求级配范围通过率的中值 $P_{(i)}$/%	要求级配范围累计筛余中值 $A_{(i)}$/%	要求级配范围分计筛余中值 $a_{M(i)}$/%
9.5	0.8	—	—	100	—	—
4.75	60.0	—	—	70.5	29.5	29.5
2.36	23.5	10.5	—	51.5	48.5	19.0
1.18	14.4	22.1	—	41.5	58.5	10.0
0.6	1.3	19.4	4.0	33.5	66.5	8.0
0.3	—	36.0	4.0	25.0	75.0	8.5
0.15	—	7.0	5.5	21.0	79.0	4.0
0.075	—	3.0	3.2	17.5	82.5	3.5
0.075	—	2.0	83.3	—	100.0	17.5

③ 由表 6-2 可知，矿粉中小于 0.075 mm 粒径颗粒含量占优势，忽略碎石和砂中此粒径颗粒的含量，即 $a_{A(0.075)} = a_{B(0.075)} = 0$，则由式(6-7)可得矿粉在矿质混合料中的用量比例。

$$Z = \frac{a_{M(<0.075)}}{a_{C(<0.075)}} \times 100 = \frac{17.5}{83.3} \times 100\% = 21\%$$

④ 由式(6-8)可得砂在矿质混合料中的用量比例。

$$Y = [100 - (49 + 21)] = 30\%$$

⑤ 校核。试算所得配合比 $X = 49\%$、$Y = 30\%$、$Z = 21\%$，列入表 6-3 中进行校核。

表 6-3 矿质混合料配合组成计算校核

筛孔尺寸 d_i/mm	碎石 原来级配分计筛余 $a_{A(i)}$/%	碎石 用量比例 X/%	碎石 占混合料百分率 $a_{A(i)}X$/%	砂 原来级配分计筛余 $a_{B(i)}$/%	砂 用量比例 Y/%	砂 占混合料百分率 $a_{B(i)}Y$/%	矿粉 原来级配分计筛余 $a_{C(i)}$/%	矿粉 用量比例 Z/%	矿粉 占混合料百分率 $a_{C(i)}Z$/%	矿质混合料 分计筛余 $a_{(i)}$/%	矿质混合料 累计筛余 $A_{(i)}$/%	矿质混合料 通过率 $P_{(i)}$/%	级配范围通过率/%
9.5	0.8		0.4	—		—	—		—	0.4	0.4	99.6	100
4.75	60		29.4	—		—	—		—	29.4	29.8	70.2	63~78
2.36	23.5		11.5	10.5		3.2	—		—	14.7	44.5	55.5	40~63
1.18	14.4	49	7.1	22.1	30	6.6	—	21	—	13.7	58.2	41.8	30~53
0.6	1.3		0.6	19.4		5.8	4.0		0.8	7.2	65.4	34.6	22~45
0.3	—		—	36.0		10.8	4.0		0.8	11.6	77.0	23.0	15~35
0.15	—		—	7.0		2.1	5.5		1.2	3.3	80.3	19.7	12~30
0.075	—		—	3.0		3.2			0.7	1.6	81.9	18.1	10~25
<0.075	—		—	2.0		0.6	83.3		17.5	18.1	100	—	—
校核	$\sum=100$		$\sum=49$	$\sum=100$		$\sum=30$	$\sum=100$		$\sum=21$	$\sum=100$			

根据校核结果符合级配范围要求。如经计算确实不能符合级配要求,则应调整或增加集料的品种。

6.3.2 图解法

我国现行规范推荐采用的图解法为修正平衡面积法。由三种以上的多种集料进行组配时,采用此方法进行设计十分方便。

1. 准备工作

对所使用的各集料进行筛分,并计算出各自的通过量百分率。明确设计级配要求的级配范围,并计算出该要求级配范围的中值。

2. 绘制框图

按比例(通常纵横边各为 100 mm 和 150 mm)绘制一矩形框图,从左下向右上引对角线 OO'(图 6-6)作为合成级配的中值。纵坐标表示通过量,按常数标尺在纵坐标上标出通过百分率刻度;横坐标则表示筛孔尺寸,而各个筛孔具体位置则根据合成级配要求的某筛孔通过百分率中值,在纵坐标上找出该中值的位置,然后从纵坐标引水平线与对角线相交,再从交点处向下作垂线,垂线与横坐标的相交点即筛孔相应位置。依次类推,找出全部筛孔在横坐标上具体的位置。

3. 确定各集料用量

从级配曲线上最粗集料开始,依次分析两种相邻集料的级配曲线,直至最细集料。在分析过程中,两相邻集料的级配曲线可能出现的情况有图 6-7 所示的三种情况。

(1)两相邻级配曲线重叠。两相邻级配曲线相互重叠,在图 6-7 中表现为集料 A 的级配曲线下部与集料 B 的级配曲线上部搭接。此时,在两级配曲线之间引一根垂线 AA',使其与集料 A、B 的级配曲线截距相等,即 $a=a'$。垂线 AA' 与对角线 OO' 交于点 M,通过 M 作一水平线与纵坐标交于 P 点,OP 即集料 A 的用量。

（2）两相邻级配曲线相接。两相邻级配曲线相接，在图 6-7 中表现为集料 B 的级配曲线末端与集料 C 的级配曲线首端正好在同一垂直线上。对于这种情况仅需将集料 B 的级配曲线末端与集料 C 的级配曲线首端直接相连，得垂线 BB'。BB' 与对角线 OO' 交于点 N，过点 N 作一水平线与纵坐标交于 Q 点，PQ 即集料 B 的用量。

（3）两相邻级配曲线相离。两条相邻级配曲线相离，在图 6-7 中表现为集料 C 的级配曲线末端与集料 D 的级配曲线首端在水平方向彼此分离。此时，作一条垂线 CC' 平分这段水平距离，使 $b=b'$，得垂线 CC'。CC' 与对角线 OO' 交于点 R，通过 R 作一水平线与纵坐标交于 S 点，QS 即集料 C 的用量。剩余 ST 即集料 D 的用量。

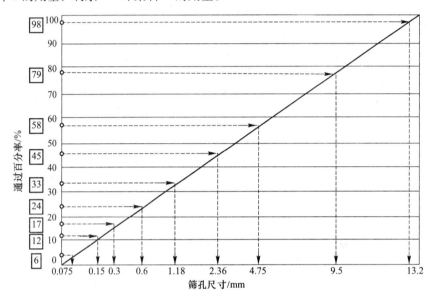

图 6-6 设计级配范围中值曲线

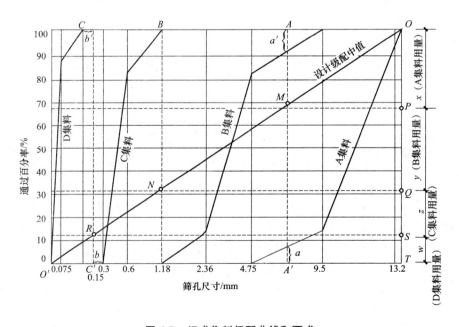

图 6-7 组成集料级配曲线和要求

4. 合成级配的计算与校核

与试算法相同，在图解法求解过程中，各种集料用量比例也是根据部分筛孔确定的，所以需要对矿料的合成级配进行校核，当超出级配范围时，应调整各集料的比例，直至符合要求为止。

【**例 6-2**】 现有碎石、石屑、砂和矿粉四种矿料，筛析试验各筛孔通过百分率列于表 6-4 中。细粒式沥青混凝土混合料（AC-13C）要求的矿质混合料的级配组成见表 6-5，试用图解法设计四种集料的配合比。

表 6-4 矿质集料筛析试验结果

材料名称 \ 筛孔尺寸/mm \ 通过百分率/%	16.0	13.2	9.5	4.75	2.36	1.18	0.6	0.3	0.15	0.075
碎石	100	93	17	0	—	—	—	—	—	—
石屑	100	100	100	84	14	8	4	0	—	—
砂	100	100	100	100	92	82	42	21	11	4
矿粉	100	100	100	100	100	100	100	100	96	87

表 6-5 矿质混合料要求的级配范围和中值

级配组成 \ 筛孔尺寸/mm \ 通过百分率/%		16.0	13.2	9.5	4.75	2.36	1.18	0.6	0.3	0.15	0.075
细粒式（AC-13C）	级配范围	100	90～100	68～85	38～68	24～50	15～38	10～28	7～20	5～15	4～8
	级配中值	100	95	77	53	37	27	19	14	10	6

解： ① 绘制级配曲线，如图 6-8 所示。

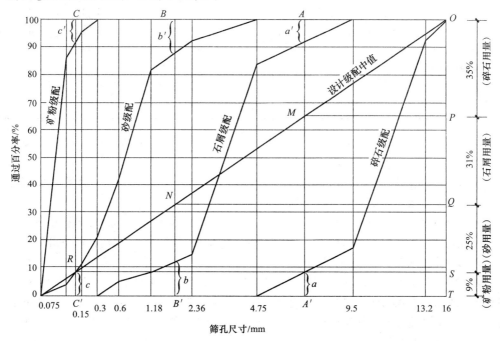

图 6-8 各组成材料和要求混合料级配图

②在碎石和石屑级配曲线相重叠部分作一垂线 AA'，使垂线截取两级配曲线的纵坐标值相等（即 $a=a'$）。自垂线 AA' 与对角线交点 M 引一水平线，与纵坐标交于 P 点，OP 的长度 $X=35\%$，即碎石的用量。

同理，求出石屑的用量 $Y=31\%$、砂的用量 $Z=25\%$，则矿粉用量 $W=9\%$。

③根据图解法求得的各集料用量百分率，列表进行校核计算，见表6-6。

表6-6 矿质混合料组合计算

材料名称	筛孔尺寸/mm 通过百分率/%	16.0	13.2	9.5	4.75	2.36	1.18	0.6	0.3	0.15	0.075
原材料级配	碎石100%	100	93	17	0						
	石屑100%	100	100	100	84	14	8	4	0		
	砂100%	100	100	100	100	92	82	42	21	11	4
	矿粉100%	100	100	100	100	100	100	100	100	96	87
各种矿料在混合料中的级配	碎石35%(35%)	35.0(35.0)	32.6(32.6)	6.0(6.0)	0(0)	—	—	—	—	—	—
	石屑31%(31%)	31.0(31.0)	31.0(31.0)	31.0(31.0)	26.0(26.0)	4.3(4.3)	2.5(2.5)	1.2(1.2)	0(0)		
	砂25%(28%)	25.0(28.0)	25.0(28.0)	25.0(28.0)	25.0(28.0)	23.0(25.8)	20.5(23.0)	10.5(11.8)	5.3(5.9)	2.8(3.1)	1.0(1.1)
	矿粉9%(6%)	9.0(6.0)	9.0(6.0)	9.0(6.0)	9.0(6.0)	9.0(6.0)	9.0(6.0)	9.0(6.0)	9.0(6.0)	8.6(5.8)	7.8(5.2)
合成级配		100(100)	97.6(97.6)	71.0(71.0)	60.0(60.0)	36.3(36.1)	32.0(31.5)	20.7(19.0)	14.3(11.9)	11.4(8.9)	8.8(6.3)
《公路沥青路面施工技术规范》(JTG F40—2004)要求AC-13C的级配范围		100	90~100	68~85	38~68	24~50	15~38	10~28	7~20	5~15	4~8

从表6-6中可以看出，按碎石∶石屑∶砂∶矿粉=35%∶31%∶25%∶9%计算结果合成级配中筛孔0.075 mm的通过量偏高，因此，必须进行调整。

由于图解法的各种材料用量比例是根据部分筛孔确定的，所以不能控制所有筛孔。通常需要调整修正，才能达到满意的结果。

④通过试算现采用增加碎石和石屑的用量和减小砂与矿粉用量的方法来调整配合比。经调整后的配合比：碎石用量 $X=35\%$，石屑用量 $Y=31\%$，砂的用量 $Z=28\%$，矿粉用量 $W=6\%$。按此配合比计算，见表6-6中括号内数值。

⑤将表6-6中计算得到的合成级配通过百分率，绘于规范要求级配曲线中，如图6-9所示。从图中可以看出，合成级配曲线完全在规范要求的级配范围之内，并且接近中值，呈一光滑平顺的曲线。确定矿质混合料配合比为碎石∶石屑∶砂∶矿粉=35∶31∶28∶6。

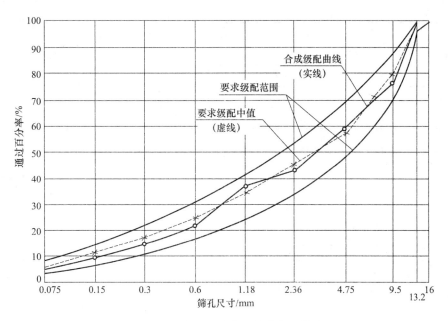

图 6-9 要求级配曲线和合成级配曲线

复习思考题

1. 什么是集料的级配？如何确定集料的级配？用哪几项参数表示集料的级配？
2. 为什么研究集料的级配？连续级配类型与间断级配类型有何差别？
3. 简述最大密度级配范围计算公式的意义。
4. 常用矿质混合料配合比设计方法有哪几种？简述设计过程的主要步骤。
5. 某路面工程，选用的碎石、石屑和矿粉的筛分试验结果见表 6-7。用试算法确定碎石、石屑和矿粉在混合料中的用量；计算出混合料的合成级配，并校核该合成级配是否在要求的级配范围中，若有超出，则应进行调整。

表 6-7 筛分试验结果

筛孔尺寸 /mm	通过百分率/%			设计级配范围 通过百分率/%
	碎石	石屑	矿粉	
26.5	100	100	100	100
19.0	97	100	100	95~100
16.0	61.5	100	100	75~90
13.2	34.5	100	100	62~80
9.5	19.8	93.8	100	52~72
4.75	4.6	77.9	100	38~58
2.36	—	58.7	100	28~46
1.18	—	36.0	100	20~34
0.6	—	23.0	97	15~27

续表

筛孔尺寸/mm	通过百分率/%			设计级配范围通过百分率/%
	碎石	石屑	矿粉	
0.3	—	11.0	94	10~20
0.15	—	—	92	6~14
0.075	—	—	70.5	4~8

6. 设计资料同上题，试用图解法确定矿质混合料的配合比。

项目7 无机结合料稳定材料

学习目标

1. 掌握无机结合料稳定材料的组成、类型、性质及应用。
2. 了解无机结合料稳定材料的配合比设计方法。

任务描述

准备无机结合料稳定材料试件,让学生观察材料的大小、形状和状态,并对其进行描述。

学习引导

本项目沿着以下脉络进行学习:

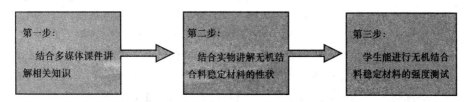

任务7.1 概述

无机结合料稳定材料是在松散的土(包括各种粗、中、细粒土)中,掺入足量的石灰、水泥或粉煤灰等结合料和水,经拌和形成的混合材料。以此修筑的路面结构层称为无机结合料稳定材料结构层。这类结构层具有稳定性好、结构本身自成板体、抗冻性能较好等特点,但其易产生干缩和温缩裂缝,耐磨性差,因此被广泛用于路面结构的基层或底基层。

无机结合料稳定材料结构层的刚度与强度介于刚性水泥混凝土和柔性粒料之间,且强度和刚度有随时间增长的特征,因此也称为半刚性材料。

1. 按无机结合料的种类分类

(1)水泥稳定类材料。在集料或粉碎的(或原来松散的)土中,掺入足量的水泥和水,经拌和、摊铺、压实及养护后得到的混合料,当其抗压强度符合规定的要求时,称为水泥稳定类材料。

用水泥稳定级配碎石、未筛分碎石所得到的混合料称为水泥稳定碎石(简称水泥碎石),用水泥稳定级配砂砾、天然砂砾所得到的混合料称为水泥稳定砂砾(简称水泥砂砾),用水泥稳定粗粒土所得到的混合料称为水泥碎石土,用水泥稳定中粒土所得到的混合料称为水泥砾石土,用水泥稳定细粒土所得到的混合料称为水泥土。

(2)石灰稳定类材料。在集料或粉碎的(或原来松散的)土中,掺入适量的石灰和水,经拌和、摊铺、压实及养护后得到的混合料,当其抗压强度符合规定的要求时,称为石灰稳定类材料。

石灰稳定类材料包括石灰稳定碎石土(简称石灰碎石土)、石灰稳定砾石土(简称石灰砾石土)、石灰稳定细粒土(简称石灰土)、石灰土稳定碎石(简称石灰土碎石)等。

(3)石灰粉煤灰稳定类材料。目前常用的工业废渣主要是粉煤灰。一定数量的石灰和粉煤灰与其他集料(或土)相结合,加入适量的水(通常为最佳含水量),经拌和、摊铺、压实及养护后得到的混合料,当其抗压强度符合规定要求时,称为石灰粉煤灰稳定类材料,简称二灰稳定类材料。

用二灰稳定级配碎石、未筛分碎石所得到的混合料称为二灰稳定碎石(简称二灰碎石),用二灰稳定级配砂砾、天然砂砾所得到的混合料称为二灰稳定砂砾(简称二灰砂砾),用二灰稳定粗粒土所得到的混合料称为二灰碎石土,用二灰稳定中粒土所得到的混合料称为二灰砾石土,用二灰稳定细粒土所得到的混合料称为二灰土。

(4)综合稳定类材料。用水泥、石灰或水泥、粉煤灰或水泥、石灰、粉煤灰作胶结材料稳定形成的混合料称为综合稳定类材料,如综合稳定土、综合稳定砂砾等。

2. 按所稳定的材料类型分类

无机结合料按所稳定的材料类型不同可分为无机结合料稳定细粒土、无机结合料稳定中粒土和无机结合料稳定粗粒土。

(1)无机结合料稳定细粒土是指颗粒最大粒径不大于 4.75 mm、公称最大粒径不大于 2.36 mm 的土,包括各种黏质土、粉质土、砂和石屑等。

(2)无机结合料稳定中粒土是指颗粒最大粒径不大于 26.5 mm、公称最大粒径大于 2.36 mm 且不大于19 mm 的土或集料,包括砂砾土、碎石土、级配砂砾、级配碎石等。

(3)无机结合料稳定粗粒土是指颗粒的最大粒径不大于 53 mm、公称最大粒径大于 19 mm 且不大于37.5 mm 的土或集料,包括砂砾土、碎石土、级配砂砾、级配碎石等。

无机结合料稳定材料种类较多,其物理、力学性质各有特点,使用时应根据结构要求、掺加结合料剂量和原材料的供应情况及施工条件进行经济比较后选定。

任务 7.2 无机结合料稳定材料的组成及其技术要求

7.2.1 无机结合料

1. 水泥

无机结合料中的水泥宜采用强度等级为 32.5 或 42.5 的水泥,普通硅酸盐水泥、矿渣硅酸盐水泥和火山灰质硅酸盐水泥都可用于稳定土。所用水泥初凝时间应大于 3 h、终凝时间宜大于 6 h 且小于 10 h。

2. 石灰

对高速公路或一级公路的基层,宜采用磨细消石灰作无机结合料。生石灰的技术标准见表 7-1,消石灰的技术标准见表 7-2。

表 7-1 生石灰的技术标准　　　　　　　　　　　　　　　%

类别指标 项目	钙质生石灰			镁质生石灰		
	Ⅰ	Ⅱ	Ⅲ	Ⅰ	Ⅱ	Ⅲ
有效钙+氧化镁含量	≥85	≥80	≥70	≥80	≥75	≥65
未消化残渣含量 (5 mm 圆孔筛的筛余)	≤7	≤11	≤17	≤10	≤14	≤20
钙镁石灰的分类界限, 氧化镁含量	≤5			>5		

表 7-2 消石灰的技术标准　　　　　　　　　　　　　　　　　　　　　　　　　　　　　　　％

项目	类别指标	钙质消石灰			镁质消石灰		
		Ⅰ	Ⅱ	Ⅲ	Ⅰ	Ⅱ	Ⅲ
有效钙+氧化镁含量		≥65	≥60	≥55	≥60	≥55	≥50
含水率		≤4	≤4	≤4	≤4	≤4	≤4
细度	0.6 mm方孔筛的筛余	0	≤1	≤1	0	≤1	≤1
	0.15 mm方孔筛的累计筛余	≤13	≤20	—	≤13	≤20	—
钙镁石灰的分类界限，氧化镁含量		≤4			>4		

高速公路和一级公路用石灰应不低于表 7-1 和表 7-2 规定的 Ⅱ 级技术要求，二级公路用石灰应不低于 Ⅲ 级技术要求，二级以下公路宜不低于 Ⅲ 级技术要求。二级以下公路使用等外石灰时，有效氧化钙含量应在 20% 以上，且混合料强度应满足要求。

3. 粉煤灰

粉煤灰是火力发电厂排出的废渣，属硅质或硅铝质材料，其本身很少或没有粘结性，但它以细分散状态与水和消石灰或水泥混合，可以发生反应形成具有粘结性的化合物。所以，石灰粉煤灰可用来稳定各种粒料和土，又称二灰土。

粉煤灰加入土中既能起填充作用，与石灰反应的产物也能起胶结作用，由此而达到改善稳定土的水稳定性、提高强度与密实度的目的。粉煤灰的技术要求见表 7-3。

表 7-3 粉煤灰的技术要求

检测项目	技术要求
SiO_2、Al_2O_3 和 Fe_2O_3 总含量/%	>70
烧失量/%	≤20
比表面积/$(cm^2 \cdot g^{-1})$	>2 500
0.3 mm 筛孔通过率/%	≥90
0.075 mm 筛孔通过率/%	≥70
湿粉煤灰含水率/%	≤35

7.2.2 被稳定材料

1. 细集料

(1)细集料应洁净、干燥、无风化、无杂质，并有适当的颗粒级配。
(2)高速公路和一级公路用细集料技术要求应符合表 7-4 的规定。

表 7-4 细集料的技术要求

项目	水泥稳定	石灰稳定	石灰粉煤灰综合稳定	水泥粉煤灰综合稳定
颗粒分析	满足级配要求			
塑性指数	≤17	适宜范围 15～20	适宜范围 12～20	—
有机质含量/%	<2	≤10	≤10	<2
硫酸盐含量/%	≤0.25	≤0.8	—	≤0.25
注：①水泥稳定包括水泥石灰综合稳定；②应测定 0.075 mm 以下材料的塑性指数。				

(3)细集料的规格要求见表7-5。

表7-5 细集料的规格要求

规格名称	工程粒径/mm	通过下列筛孔(mm)的质量百分率/%							公称粒径/mm
		9.5	4.75	2.36	1.18	0.6	0.3	0.15	0.075	
XG1	3～5	100	90～100	0～15	0～5	—	—	—	—	2.36～4.75
XG2	0～3	—	100	90～100	—	—	—	—	0～15	0～2.36
XG3	0～5	100	90～100	—	—	—	—	—	0～20	0～4.75

(4)对0～3 mm和0～5 mm的细集料应分别严格控制大于2.36 mm和4.75 mm的颗粒含量。对3～5 mm的细集料应严格控制小于2.36 mm的颗粒含量。

(5)高速公路和一级公路,细集料中小于0.075 mm的颗粒含量应不大于15%;二级及二级以下公路,细集料中小于0.075 mm的颗粒含量应不大于20%。

(6)天然砾石或粗砂作为细集料时,其颗粒尺寸应满足工程需要,且级配稳定,超尺寸颗粒含量超过要求或实际工程的规定时,应筛除。

2. 粗集料

(1)技术要求。用作被稳定材料的粗集料宜采用各种硬质岩石或砾石加工成的碎石,也可直接采用天然砾石。粗集料应符合表7-6中的Ⅰ类规定,用作级配碎石的粗集料应符合表7-6中的Ⅱ类规定。

表7-6 粗集料的技术要求   %

指标	层位	高速公路和一级公路				二级及二级以下公路	
		极重、特重交通		重、中、轻交通			
		Ⅰ类	Ⅱ类	Ⅰ类	Ⅱ类	Ⅰ类	Ⅱ类
压碎值	基层	≤22	≤22	≤26	≤26	≤35	≤30
	底基层	≤30	≤26	≤30	≤26	≤40	≤35
针片状颗粒含量	基层	≤18	≤18	≤22	≤18	—	≤20
	底基层	—	≤20	—	≤20	—	≤20
软石含量	基层	≤3	≤3	≤5	≤5	—	—
	底基层	—	—	—	—	—	—

(2)规格要求。基层、底基层的粗集料规格要求宜符合《公路路面基层施工技术细则》(JTG/T F20—2015)的规定。

(3)高速公路和一级公路极重、特重交通荷载等级基层的4.75 mm以上粗集料应采用单一粒径的规格料。

(4)作为高速公路、一级公路底基层和二级及二级以下公路基层、底基层被稳定材料的天然砾石材料宜满足表7-6的要求,并应级配稳定、塑性指数不大于9。

7.2.3 水

水是无机结合料稳定材料的重要组成部分。水分用以满足无机结合料稳定材料形成强度的需要,同时使无机结合料稳定材料在压实时具有一定的塑性,以达到所需要的压实度。水分还可使无机结合料稳定材料在养生时具有一定的湿度。只要符合《生活饮用水卫生标准》(GB 5749—2006)的饮用水均可直接作为基层、底基层材料拌和与养护用水。拌和使用的非饮用水应进行水质检验。养护用水可不检验不溶物含量,其他指标同拌和使用的非饮用水。

7.2.4 添加剂

在水泥稳定材料中掺加缓凝剂或早强剂时,应对混合料进行试验验证。

任务 7.3 无机结合料稳定材料的技术性质

7.3.1 强度

在土中掺入适量的石灰或水泥,并在最佳含水率下拌匀压实,可使无机结合料与土发生一系列的物理、化学作用而逐渐形成强度。

在沥青路面结构中,由于路面面层厚度较薄,传递给基层的荷载应力较大,而基层和底基层是承受车辆荷载作用的主要结构(一般称为承重层),这就要求无机结合料稳定材料具有足够的强度。

若面层材料为水泥混凝土,则由于刚性板块传递给基层的应力已经很小,基层虽不起主要承重作用,但是基层是保证路面整体强度、防止水泥混凝土板产生开裂等损坏的重要支撑基础,对延长路面使用寿命有明显作用。因此要求基层材料具有适当的强度,而最重要的是材料强度均匀、整体性好、表面密实平整、透水性小。

无机结合料稳定材料的强度主要评价其抗压强度,目前,抗压强度采用 7 d 龄期的标准试件在饱水状态下的无侧限抗压强度表示。对于用作沥青路面基层和底基层的无机结合料稳定材料,还应评价其抗拉强度,通常采用间接抗拉强度——劈裂强度表示。

1. 无机结合料稳定材料强度测定方法

无机结合料稳定材料强度采用 7 d 龄期的无侧限抗压强度指标表示,方法是:按最佳含水率和工地要求达到的压实度计算出干密度及材料用量,将试件制成高径比为 1∶1 的圆柱体(图 7-1),在标准养护条件(温度为 20 ℃±2 ℃,相对湿度在 95% 以上)下养护 6 d,浸水 1 d,进行无侧限抗压强度的测定(图 7-2)。

图 7-1 无侧限抗压强度试件

图 7-2 路面强度试验仪

2. 影响无机结合料稳定材料强度的因素

(1)土质。对于石灰稳定材料,塑性指数为 15~20 的黏性土较适宜,稳定效果显著,强度高。塑性指数过大的重黏土，难以粉碎和拌和，用石灰稳定易产生收缩裂缝，用水泥稳定则水泥用量过高，不经济。

对于水泥稳定材料，可采用各种碎石、砂砾、粉质土和黏质土，但级配良好的碎石和砂砾用水泥稳定效果最好。

(2)结合料品种及用量。当采用石灰作结合料时，必须测定石灰的有效氧化钙和氧化镁含量，活性成分越多，稳定效果越好。在相同剂量下，石灰细度越大，石灰与土粒作用越充分，反应进行越快，稳定效果也越好。

随着石灰剂量的增加，土的塑性、膨胀、吸水量减少，强度也随之提高；但当剂量超过一定值时，强度反而下降。因此，石灰稳定材料中的石灰存在一个最佳石灰剂量。

用水泥稳定材料时，通常硅酸盐水泥要比铝酸盐水泥效果好一些，且随着水泥分散度的增加，其活性程度和硬化能力有所增大，从而水泥稳定材料的强度也大大提高。水泥稳定材料的强度随水泥剂量的增加而增加，但若水泥用量过多，虽强度得到增加但不经济，效果也不显著，且易开裂。

在二灰稳定材料中，粉煤灰的品质、用量决定其强度。粉煤灰用量越多，初期强度越低，但后期强度增长幅度较大。若需提高二灰稳定材料的早期强度，则可掺入少量水泥或早强剂。

(3)含水量。一般情况下，在最佳含水率下压实的干密度较大的试件强度也高，因此，实际施工中尽可能达到最佳水率，并注意养护中水分的蒸发，以保证被稳定材料中水泥的充分水化。

(4)密实度。密实度越大，材料有效受荷面积越大，强度越高，受水影响的可能性减少。密实度应通过选材和合适的施工工艺综合控制。施工时可通过改善土的级配和合适的施工工艺，严格控制混合料的压实度，以确保其密实度。

(5)施工时间。施工时间长短的影响主要针对水泥稳定材料而言，水泥稳定材料从开始加水拌和到完全压实的时间要尽可能短，一般不要超过6 h，若碾压或湿拌的时间拖长，则水泥就会产生部分硬化，影响水泥稳定材料的压实度，导致水泥稳定材料强度损失。

(6)养护条件。无机结合料的强度发展需要适当的温度、湿度，必须在潮湿的条件下养护，否则其强度将显著下降。同时，养护温度越高，强度增长越快。

7.3.2 变形性能

1. 缩裂特性

(1)干缩。随着无机结合料稳定材料强度的不断形成，水分逐渐消耗及蒸发，体积发生收缩，收缩变形受到约束时，逐渐产生裂缝，称为干缩裂缝。试验表明，以最佳含水率状态下各种无机结合料稳定材料的干缩系数的大小排序是：石灰土＞石灰砂砾＞二灰土＞二灰砂砾＞水泥砂砾。无机结合料稳定材料干缩裂缝的产生与结合料的种类与用量、含细粒土的多少及养护条件有关。石灰稳定材料比水泥稳定材料更容易产生干缩裂缝。含细粒土较多的无机结合料稳定材料，常以干缩为主，故应加强初期养护，保证无机结合料表面潮湿，减轻其干缩裂缝。

(2)温缩。随着气温的降低，无机结合料稳定材料会产生冷却收缩变形，收缩变形受到约束时，逐渐形成裂缝，称为温缩裂缝。试验表明，若以最佳含水率状态下各种无机结合料稳定材料的温缩系数大小排序是：石灰土＞石灰砂砾＞二灰土＞水泥砂砾＞二灰砂砾。其温缩裂缝的产生与结合料的种类与用量、土的粗细程度与成分及养护条件有关。石灰稳定材料比水泥稳定材料的温缩大，细粒土比粗粒土的温缩大。掺入一定数量的粉煤灰可以降低温缩系数。早期养生良好的无机结合料稳定材料易于成型，早期强度高，可以减少裂缝的产生。

2. 裂缝防治措施

(1)改善土质。无机结合料稳定材料用土越黏,则缩裂越严重,所以需采用黏性较小的土或在黏性土中掺入砂土、粉煤灰等,以降低土的塑性指数。

(2)控制压实时的含水率及压实度。无机结合料稳定材料因含水率过大产生的干缩裂缝较显著,压实度低时产生的干缩比压实度高时严重。因此,无机结合料稳定材料压实时含水率比最佳含水率略小为好,并尽可能达到最佳压实效果。

(3)掺加粗粒料。掺入一定数量(掺入量60%~70%)的粗粒料,如砂、碎石、砾石等,使混合料满足最佳组成要求,可以提高其强度和稳定性,减少裂缝产生,同时可以节约结合料和改善碾压时的拥挤现象。

(4)加强初期养护。无机结合料稳定土在成型初期,干缩比较大,故初期养护应保证稳定土表面潮湿,严禁干晒。

(5)设置联结层或碎石上基层。为防止稳定土基层的缩裂反射到沥青路面的面层,可设置沥青碎石或沥青灌入式联结层或设置碎石上基层。

7.3.3 疲劳特性

在重复荷载的作用下,材料的强度与其静力极限强度相比则有所下降。重复荷载作用的次数越多,强度下降越大,即疲劳强度越小。材料从开始至出现疲劳破坏的荷载作用次数称为材料的疲劳寿命。通过试验表明,石灰粉煤灰稳定材料的抗疲劳性能优于水泥砂砾。

由于在一定的应力条件下,疲劳寿命取决于材料的强度,故在多数情况下,凡有利于水泥(石灰)类材料强度的因素,均对提高疲劳寿命有利。

7.3.4 水稳定性和冰冻稳定性

稳定类基层材料除具有适当的强度、能承受设计荷载外,还应具备一定的水稳定性和冰冻稳定性,否则,稳定类基层由于面层开裂,渗水或者两侧路肩渗水将使无机结合料稳定材料含水率增加、强度降低,从而使路面过早破坏。在冰冻地区,冰将加剧这种破坏。评价水稳定性与冰冻稳定性可用浸水强度试验和冻融循环试验。影响水稳定性及冰冻稳定性的主要因素如下:

(1)土类。细土含量多、塑性指数大的土,水稳定性、抗冰冻能力差。

(2)稳定剂的种类及剂量。石灰粉煤灰粒料和水泥粒料的水稳性最好,石灰稳定土的水稳定性不好。当稳定剂剂量不足时,胶结作用弱,透水性大,强度达不到要求,其稳定性也差。

(3)密实度。密实度大时,透水能力降低,水稳定性增强。

(4)龄期。由于某些稳定剂如水泥、石灰或二灰的强度形成需要一定的时间,因此这类无机结合料稳定材料的水稳定性随龄期的增长而增大。

任务7.4 无机结合料稳定材料的组成设计

无机结合料稳定材料的组成设计(也称混合料组成设计)是根据规范对某种稳定类材料规定的技术要求,选择合适的原材料、掺配用料,确定混合料的最佳含水率、最大干密度及结合料的种类和剂量。无机结合料稳定材料的组成设计包括原材料检验、混合料的目标配合比设计、混合料的生产配合比设计和施工参数确定四个部分。

7.4.1 设计依据和原材料选择

1. 混合料组成设计的依据

混合料组成设计的主要依据是结构设计要求的 7 d 龄期无侧限抗压强度,具体要求见表7-7,必要时可增加劈裂强度指标。

不同的交通等级、稳定剂类型和路面结构层次,对无机结合料稳定材料的抗压强度要求也不相同,7 d 无侧限抗压强度代表值应符合表7-7 的规定。

表7-7 无机结合料稳定材料的 7 d 期无侧限抗压强度标准　　　　　　MPa

公路等级	结构层	水泥稳定材料			石灰稳定材料	石灰粉煤灰稳定材料		
		极重、特重交通	重交通	中、轻交通		极重、特重交通	重交通	中、轻交通
二级和二级以下公路	底基层	2.5~4.5	2.0~4.0	1.0~3.0	0.5~0.7	≥0.7	≥0.6	≥0.5
	基层	4.0~6.0	3.0~5.0	2.0~4.0	≥0.8	≥0.9	≥0.8	≥0.7
高速公路、一级公路	底基层	3.0~5.0	2.5~4.5	2.0~4.0	≥0.8	≥0.8	≥0.7	≥0.6
	基层	5.0~7.0	4.0~6.0	3.0~5.0	—	≥1.1	≥1.0	≥0.9

2. 原材料选择

根据土或集料料场分布情况和结合料(水泥、石灰、粉煤灰)供应情况,结合当地的工程实践经验,选择合适的土或集料料场及结合料供应厂家,采集原材料样品进行技术性质指标试验。按照《公路路面基层施工技术细则》(JTG/T F20—2015)的有关规定确定选用原材料。

7.4.2 组成设计步骤

下面重点介绍水泥稳定材料的组成设计。

(1)原材料试验。

1)土:包括含水率、颗粒分析、液限和塑性指数、击实试验、有机质和硫酸盐含量等。

2)碎石或砾石:包括含水率、级配、压碎值、针片状颗粒含量、软石含量、毛体积相对密度和吸水率等。

3)细集料:包括含水率、级配、毛体积相对密度、吸水率、有机质和硫酸盐含量等。

4)石灰:检验有效氧化钙和氧化镁含量、含水率、残渣含量等。

5)水泥:检验强度等级和初、终凝时间。

6)粉煤灰:检验其化学成分、含水率、细度、烧失量、二氧化硅等氧化物的含量。

(2)制备同一种土或集料试样、不同水泥剂量(水泥剂量是指水泥质量占全部被稳定材料干燥质量的百分率)的混合料。

一般参照表7-8 进行水泥剂量的配制。

表7-8 水泥稳定材料配合比试验推荐水泥试验剂量

被稳定材料	条件		推荐试验剂量/%
有级配的碎石或砾石	基层	R_d≥5.0 MPa	5、6、7、8、9
		R_d<5.0 MPa	3、4、5、6、7
土、砂、石屑等		塑性指数<12	5、7、9、11、13
		塑性指数≥12	8、10、12、14、16

续表

被稳定材料	条件		推荐试验剂量/%
有级配的碎石或砾石	底基层	—	3、4、5、6、7
土、砂、石屑等		塑性指数<12	4、5、6、7、8
		塑性指数≥12	6、8、10、12、14
碾压贫混凝土	基层	—	7、8.5、10、11.5、13

(3)确定各种混合料的最佳含水率和最大干密度。至少应做三个不同剂量混合料的击实试验,即最小剂量、中间剂量和最大剂量。其他两个剂量混合料的最佳含水率和最大干密度用内插法确定。

(4)确定试件的干密度。按规定的压实度,分别计算不同水泥剂量的试件应有的干密度。

(5)按最佳含水率和计算得到的干密度制备试件。进行抗压强度试验时,作为平行试验的最少试件数量应不少于表7-9中的规定。如试验结果的偏差系数大于表中规定的值,则应重做试验,并找出原因,加以解决。如不能降低偏差系数,则应增加试验数量。

表7-9 最少试件数量

稳定土类型	偏差系数		
	<10%	10%~15%	15%~20%
细粒材料	6	9	—
中粒材料	6	9	13
粗粒材料	—	9	13

(6)试件在规定温度下保湿养生6 d,浸水24 h后,进行无侧限抗压强度试验。

(7)计算试验结果的平均值和偏差系数。

(8)根据表7-7中的强度标准,选定合适的水泥剂量。

合适的水泥剂量试件室内试验结果的平均抗压强度$\bar{R}$应符合式(7-1)的要求:

$$\bar{R} \cdot (1-Z_a C_v) \geqslant R_d \tag{7-1}$$

式中 $\bar{R}$——抗压强度标的平均值(MPa);

R_d——设计抗压强度(MPa);

Z_a——标准正态分布表中随保证率(或置信度α)而变的系数,高速公路和一级公路应取保证率95%,即$Z_a=1.645$;其他公路应取保证率90%,即$Z_a=1.282$。

C_v——抗压强度试验结果的偏差系数,以小数计:

$$C_v = \frac{S}{\bar{R}} \tag{7-2}$$

式中 S——抗压强度试验结果的标准差(MPa)。

$$S = \sqrt{\frac{\sum(\bar{R}-R_i)^2}{n-1}} \tag{7-3}$$

式中 R_i——每个试件的抗压强度(MPa);

n——试件数量。

(9)确定工地上实际采用的水泥剂量。工地上实际采用的水泥剂量应比室内试验确定的剂量多0.5%~1.0%。采用集中厂拌法施工时,可只增加0.5%;采用路拌法施工时,宜增加1%。水泥的最小剂量应符合表7-10的规定。

表 7-10 水泥最小剂量　　　　　　　　　　　　　　　　　　　　　　　　　　　　　　%

土类＼拌和方法	路拌法	集中厂拌法
中粒土和粗粒土	4	3
细粒土	5	4

【例 7-1】 某山区一级公路，路面底基层采用水泥稳定砂砾，试按所提供的设计资料进行水泥稳定砂砾混合料组成设计。

【设计资料】

(1)路线所经地区属暖温带气候区，路面底基层为厚度 20 cm 的水泥稳定砂砾，7 d 无侧限饱水抗压强度设计值 2.0 MPa。

(2)水泥要求终凝时间宜在 6 h 以上；当地有天然砂砾，要求砂砾的压碎值不大于 30%、塑性指数小于 9，砂砾级配要求见表 7-11。

表 7-11　砂砾级配要求范围

筛孔/mm	37.5	31.5	19.0	9.5	4.75	2.36	0.60	0.075
通过量/%	100	93～98	74～89	49～69	29～52	18～38	8～22	0～7

(3)施工时混合料采用集中厂拌法，现场用平地机整平，20 cm 厚摊铺碾压成型，碾压时压实度按 96% 控制。

【设计步骤】

1. 原材料检验

(1)水泥。选用当地的 42.5 级慢凝普通硅酸盐水泥，慢凝普通硅酸盐水泥的检验结果见表 7-12，由表 7-12 可以看出，各项主要技术指标均符合要求。

表 7-12　水泥材料试验结果

检验项目		规定值	检验结果
细度/%		<10.0	9.4
安定性(沸煮法)		合格	合格
初凝时间		>45 min	192 min
终凝时间		<10 h	209 min
抗压强度/MPa	3 d	16.0	20.8
	28 d	42.5	47.0
抗折强度/MPa	3 d	3.5	4.0
	28 d	6.5	6.8

(2)砂砾。当地天然砂砾样品筛分试验结果见表 7-13，压碎值检验结果为 19.8%，0.6 mm 以下细料的液限为 25.3%，塑性指数检验结果为 6.1，砂砾材料天然含水率为 2.0%。技术指标符合要求，可以使用。

表 7-13　砂砾材料筛分试验结果

筛孔/mm	37.5	31.5	19.0	9.5	4.75	2.36	0.6	0.075	底
分计筛余/%	0	3.68	18.86	25.90	19.45	7.90	4.30	16.86	3.05
累计筛余/%	0	3.68	22.54	48.44	67.89	75.79	80.09	96.95	100
通过量/%	100	96.32	77.46	51.56	32.11	24.21	19.91	3.05	—
规定范围/%	100	93～98	74～89	49～69	29～52	18～38	8～22	0～7	—

2. 选择水泥剂量的掺配范围

对水泥稳定粗粒材料,混合料中的水泥剂量按3%、4%、5%、6%和7%五种比例配制,即水泥:砂砾为3:100、4:100、5:100、6:100、7:100。

3. 确定最佳含水率和最大干密度

对五种不同水泥剂量的混合料用重型击实试验法做标准击实试验,按规定的试验方法确定水泥稳定砂砾混合料的最大干密度和最佳含水量,试验结果见表7-14。

表7-14 标准击实试验结果

水泥剂量/%	3	4	5	6	7
最佳含水率/%	5.7	5.7	5.8	5.9	6.0
最大干密度/(g·cm^{-3})	2.280	2.290	2.300	2.320	2.330

4. 测定7 d无侧限饱水抗压强度

(1)制作试件。制备水泥稳定砂砾强度试件,按规定采用 ϕ150 mm×150 mm的圆柱体试件,每个试件的体积为2 651 cm³。试件数量按13个制备,工地压实度按96%控制。

每个试件需要的混合料的干质量按式(7-4)计算:

$$m_d = V \times \rho_{max} \times \gamma \tag{7-4}$$

式中 m_d——试件的干质量(g);

V——试件的体积(cm³);

ρ_{max}——混合料的最大干密度(g/cm³);

γ——混合料压实度标准(%)。

由于每个试件都是在混合料为最佳含水率下制成的,因此,每个试件需要的湿混合料的质量按式(7-5)计算:

$$m = m_d(1 + w_{opt}) \tag{7-5}$$

式中 m——试件的湿质量(g);

w_{opt}——混合料的最佳含水率(%)。

1)制备一个试件需要的湿混合料的数量。现将水泥剂量为3%的湿混合料试件制作时所需的基本参数计算如下:

$$2.280 \times 2\,651 \times (1+5.7\%) \times 0.96 = 6\,133(g)$$

2)配制一个试件所需的各种材料的数量。在选定制作一个试件所需的干土或干集料的质量后,按下列方法计算一个试件所需的结合料(水泥或石灰)和水的质量。

$$m_{Ld} = m_{sd} \times C_L \tag{7-6}$$

$$m_{Lw} = m_{Ld} \times (1 + w_L) \tag{7-7}$$

式中 m_{Ld}——干结合料(水泥或石灰)的质量(g);

m_{sd}——干土或干集料的质量(g);

C_L——结合料(水泥或石灰)剂量,以小数计;

m_{Lw}——含水结合料(水泥或石灰)的质量(g);

w_L——结合料(水泥或石灰)的含水率,以小数计。

每种混合料中应加水的质量 m_w 用式(7-8)计算:

$$m_w = (m_{sd} + m_{Ld}) \times w_{opt} \tag{7-8}$$

式中 w_{opt}——混合料的最佳含水率(%)。

考虑到试验过程的可操作性和配料计算的简便性,配制一个试件的干混合料质量按6 500 g

计算，其中砂砾材料的天然含水率为2.0%，水泥材料的含水量取0计算。水泥剂量为3%的各种材料数量为

水泥：6 500×3/(100+3)=189.3(g)；

砂砾：6 500×100/(100+3)=6 310.7(g)；

湿质量：6 310.7×(1+2.0%)=6 436.9(g)；

需加水量：(189.3+6 310.7)×5.7%=370.5(g)；

应加水量：370.5-6 310.7×2.0%=244.3(g)。

配制一个3%水泥剂量的试件所需的各种原材料数量为：水泥189.3 g，砂砾6 436.9 g，需加水量244.3 g。

3) 用同样的方法对水泥剂量4%、5%、6%、7%混合料的各种原材料数量进行计算，计算结果列入表7-15中。

表7-15 混合料制件所需的各种原材料数量计算结果

水泥剂量/%		3	4	5	6	7
试件干密度/(g·cm^{-3})		2.190	2.200	2.210	2.230	2.240
一个试件湿混合料数量/g		6 133	6 160	6 193	6 253	6 286
一个试件所需材料数量/g	水泥	189	250	310	368	425
	砂砾	6 437	6 375	6 314	6 255	6 196
	水	244	246	253	261	269

根据表7-15的计算结果制备各种不同水泥剂量的混合料试件，将制备好的试件进行称量，将实测密度与预定密度相差±0.03 g/cm³以内的试件进行标准养护。

(2) 测定无侧限饱水抗压强度。5组试件经6 d标准养护、1 d浸水，按规定方法测得的无侧限饱水抗压强度结果见表7-16。

表7-16 抗压强度试验结果汇总

水泥剂量/%	3	4	5	6	7
强度平均值$\bar{R}$/MPa	1.91	2.36	3.15	4.93	6.27
强度标准差/MPa	0.375	0.302	0.415	0.611	0.593
强度偏差系数C_v/%	19.6	12.8	13.2	12.4	11.9
$\bar{R}\cdot(1-Z_aC_v)$/MPa	1.29	1.86	2.47	3.92	5.04
是否满足公式 $\bar{R}\cdot(1-Z_aC_v)\geqslant R_d$	否	否	是	是	是

5. 确定试验室最佳水泥剂量(目标配合比)

通过以下方法确定最佳水泥剂量：

(1) 比较强度平均值和强度设计值，根据试验结果，水泥剂量取4%、5%、6%、7%时，试件强度平均值均满足不低于2.0 MPa设计值要求。

(2) 考虑到试验数据的偏差和施工中的保证率，对水泥剂量4%、5%、6%、7%时的强度数据通过公式$\bar{R}\cdot(1-Z_aC_v)\geqslant R_d$验算。对一级公路，取95%的保证率，则系数$Z_a=1.645$。通过计算，水泥剂量取5%、6%、7%时强度均能满足公式要求。

(3) 从工程经济性考虑，5%的水泥剂量为满足强度要求的最小水泥剂量，即最佳水泥剂量。

则试验室配合比为：水泥∶砂砾＝5∶100，混合料的最佳含水率为 5.8％，最大干密度为 2.300 g/cm³，施工时压实度为 96％。

6. 确定生产用水泥剂量（生产配合比）

根据施工现场情况，对试验室确定的配合比进行调整，对集中厂拌法施工，水泥剂量要增加 0.5％，对粗粒土，混合料含水率要较最佳含水率大 0.5％～1.0％，所以经调整后得到的生产配合比为：水泥∶砂砾＝5.5∶100，混合料的含水率为 6.5％，最大干密度为 2.310 g/cm³，施工时压实度为 96％。

在施工时，可根据工地材料含水率对上述生产配合比进行调整，得出最终的施工配合比。

试验 7.1　无机结合料稳定材料的无侧限抗压强度试验（JTG E51—2009）

1. 目的和适用范围

为路面施工中无机结合料细粒土、中粒土和粗粒土配合比设计提供数据，同时可用此方法检验路面结构强度是否满足要求。

2. 仪器设备

(1) 方孔筛：孔径 53 mm、37.5 mm、31.5 mm、26.5 mm、4.75 mm 和 2.36 mm 的筛各一个。

(2) 试模（图 7-3）：细粒土，试模的直径×高＝ϕ50 mm×50 mm；
　　　　　　　　　中粒土，试模的直径×高＝ϕ100 mm×100 mm；
　　　　　　　　　粗粒土，试模的直径×高＝ϕ150 mm×150 mm。

(3) 脱模器（图 7-4）。

图 7-3　试模　　　　图 7-4　脱模器

(4) 反力框架：规格为 400 kN 以上。
(5) 液压千斤顶：200～1 000 kN。
(6) 水槽：深度应大于试件高度 50 mm。
(7) 材料强度试验仪或其他合适的压力机（不大于 200 kN）。

(8)天平：感量 0.01 g。

(9)台秤：称量 10 kg，感量 5 g。

(10)其他：量筒、拌和工具、搪瓷盘、漏斗、大小铝盒、烘箱、游标卡尺等。

3. 试验准备

(1)将具有代表性的风干土试料(必要时，也可在 50 ℃烘箱内烘干)，用木槌捣碎或用木碾碾碎，但应避免破碎粒料的原粒径。按照公称最大粒径的大一级筛，将土过筛并进行分类。

(2)在预定做试验的前一天，取有代表性的试料测定其风干含水率。对于细粒土，试样应不少于 100 g；对于中粒土，试样应不少于 1 000 g；对于粗粒土，试样应不少于 2 000 g。

(3)用击实试验法确定无机结合料稳定材料的最佳含水率和最大干密度。

4. 试验步骤

(1)试件制作。

1)称取一定质量的风干土，其质量随试件大小而变。对于 ϕ50 mm×50 mm 试件，1 个试件需干土 180～210 g；对于 ϕ100 mm×100 mm 试件，1 个试件需干土 1 700～1 900 g；对于 ϕ150 mm×150 mm 试件，1 个试件需干土 5 700～6 000 g。

对于细粒土，一次可称取 6 个试件的土；对于中粒土，一次宜称取 1 个试件的土；对于粗粒土，一次只称取 1 个试件的土。将准备好的试料分别装入塑料袋中备用。

2)将称好的土放在长方盘(400 mm×600 mm×70 mm)内，向土中加水拌料、闷料。石灰稳定材料、水泥和石灰综合稳定材料、石灰粉煤灰综合稳定材料、水泥粉煤灰综合稳定材料，可将石灰或粉煤灰和土一起拌和，将拌和均匀后的试料放在密闭容器或塑料袋(封口)内浸润备用。对于细粒土(特别是黏性土)，浸润时的含水率应比最佳含水率小 3%；对于中粒土或粗粒土，可按最佳含水率加水；对于水泥稳定类材料，加水量应比最佳含水率小 1%～2%。加水量可按式(7-9)估算：

$$m_w = \left(\frac{m_n}{1+0.01w_n} + \frac{m_c}{1+0.01w_c}\right) \times 0.01w - \frac{m_n}{1+0.01w_n} \times 0.01w_n - \frac{m_c}{1+0.01w_c} \times 0.01w_c \quad (7\text{-}9)$$

式中 m_w——混合料中加入的水量(g)；

m_n——混合料中素土(或集料)的质量(g)，其含水率为 w_n(风干含水率)(%)；

m_c——混合料中水泥(或石灰)的质量(g)，其原始含水率为 w_c(%)(水泥的 w_c 通常很小，也可以忽略不计)；

w——要求达到的混合料的含水率(%)。

浸润时间：黏质土 12～24 h；粉质土 6～8 h；砂类土、砂砾土、红土砂砾、级配砂砾等可以缩短到 4 h 左右；含土很少的未筛分碎石、砂砾及砂可以缩短到 2 h。浸润时间一般不超过 24 h。

3)在试件成型前 1 h 内，加入预定数量的水泥并拌和均匀。在拌和过程中，应将预留的水(对于细粒土为 3%，对于水泥稳定类为 1%～2%)加入土中，使混合料的含水率达到最佳含水率。拌和均匀的混合料应在 1 h 内制成试件，超过 1 h 的混合料应作废。其他结合料稳定材料，混合料虽不受限制，但也应尽快制成试件。

4)按预定的干密度制备试件。制备一个预定干密度的试件，需要的无机结合料混合料数量 m_1：

$$m_1 = \rho_d V(1+W) \quad (7\text{-}10)$$

式中 V——试模的体积；

W——混合料的含水率(%)；

ρ_d——试件的干密度(g/cm³)。

本试验方法采用反力架和液压千斤顶制作试件。

将试模配套的下垫块放入试模的底部,但外露 2 cm 左右;将称量的规定数量 $m_2(g)$ 的稳定材料混合料分 2~3 次灌入试模中,每次灌入后用夯棒轻轻均匀插实。如制取 φ50 mm× 50 mm 的小试件,则可以将混合料一次倒入试模中。然后将与试模配套的上垫块放入试模中,也应使其外露 2 cm 左右(上下垫块露出试模外的部分应该相等)。

将整个试模(连同上下垫块)放到反力架内的千斤顶(千斤顶下应放一扁球座)或压力机上,以 1 mm/min 的加载速率加压,直到上下压柱都压入试模为止,维持压力 2 min。解除压力后,取下试模,并放到脱模器上将试件顶出。用水泥稳定有粘结性的材料(如黏质土)时,制件后可以立即脱模;用水泥稳定无粘结性细料土时,最好 2~4 h 再脱模;对于中、粗粒土的无机结合料稳定材料,也最好 2~6 h 脱模。

在脱模器上取试件时,应用双手抱住试件侧面的中下部,然后沿水平方向轻轻旋转,等感觉到试件移动后,再将试件轻轻捧起,放置在试验台上。切勿直接将试件向上捧起。

称试件的质量 m_2,小试件精确至 0.01 g,中试件精确到 0.01 g,大试件精确到 0.1 g。然后用游标卡尺量试件的高度 h,精确到 0.1 mm。检查试件的高度和质量,不满足标准的试件应予作废。

试件称量后应立即放在塑料袋中封闭,并用潮湿的毛巾覆盖,移放至养护室中。

5)养护。试件从试模内脱出并量高度和称质量后,中试件和大试件应装入塑料袋中。将袋内的空气排除干净,扎紧袋口,将包好的试件放入养护室中。

标准养护的温度为 20 ℃±2 ℃,标准养护的湿度为≥95%。试件应放在铁架或木架上,间距至少 10 mm。试件表面应保持一层水膜,并避免用水直接冲淋。

对于无侧限抗压强度试验,标准养护龄期为 7 d,最后一天浸水(在养护期的最后一天,将试件取出,观察试件的角有无磨损和缺块,并量高度和称质量。将试件浸泡于 20 ℃±2 ℃水中,应使水面在试件顶上约 2.5 cm)。

在养护期间,试件如有明显的边角缺损,试件应予作废。质量的损失(是指含水率的降低,不包括由于各种不同原因从试件上掉下的混合料)应符合下列规定:小试件不超过 1 g;中试件不超过 4 g;大试件不超过 20 g。质量损失超过此规定的试件,应予作废。

(2)无侧限抗压强度试验。

1)将已浸水一昼夜的试件从水中取出,用软的旧布吸去试件表面的可见自由水,并称试件的质量 m_4。

2)用游标卡尺量试件的高度,精确到 0.1 mm。

3)将试件放在路面材料强度试验仪的升降台上(台上先放一扁球座),进行抗压试验。试验过程中,应使试件的形变等速增加,并保持形变速率约为 1 mm/min。记录试件破坏时的最大压力 $P_1(N)$。

4)从试件内部取有代表性的样品(经过打破),测定其含水率 w_1。

5. 计算

试件的无侧限抗压强度按式(7-11)计算:

$$R_c = \frac{P}{A} \tag{7-11}$$

式中 R_c——试件的无侧限抗压强度(MPa);

P——试件破坏时的最大压力(N);

A——试件的截面面积(mm²),$A=\frac{1}{4}\pi D^2$。

6. 结果整理

(1)抗压强度保留一位小数。

(2)同一组试件试验中,采用3倍均方差方法剔除异常值,小试件可以允许有1个异常值、中试件1~2个异常值、大试件2~3个异常值。异常值数量超过规定的试验重做。

(3)同一组试验的变异系数 C_v(%)符合下列规定的试验,方为有效试验:

小试件:$C_v \leqslant 6\%$;中试件:$C_v \leqslant 10\%$;大试件:$C_v \leqslant 15\%$。如不能保证试验结果的变异系数小于规定的值,则应按允许误差10%和90%概率重新计算所需的试件数量,增加试件数量并另做新试验。新试验结果与老试验结果一并重新进行统计评定,直到变异系数满足上述规定为止。

7. 报告内容

(1)材料的颗粒组成。

(2)水泥的种类和强度等级或石灰的等级。

(3)确定最佳含水率时的结合料用量以及最佳含水率(%)和最大干密度(g/cm³)。

(4)石灰或水泥剂量(%)或石灰(或水泥)、粉煤灰和集料的比例。

(5)试件的干密度(精确到 0.01 g/cm³)或压实度。

(6)吸水量以及测抗压强度时的含水率(%)。

(7)若干个试验结果的最大值和最小值、平均值 R_c、标准差 S、变异系数 C_v 和95%的概率值 $R_{c0.95}$ ($R_{c0.95} = R_c - 1.645S$)。

▶ 复习思考题

1. 什么是无机结合料稳定材料?它具有什么特点?
2. 对组成无机结合料稳定材料的材料有什么要求?
3. 石灰质量评价的主要指标是什么?
4. 粉煤灰质量评价的主要指标是什么?
5. 简述水泥稳定材料、石灰稳定材料强度的形成机理,并分析影响强度的主要因素。
6. 水泥稳定土与水泥混凝土在组成材料、技术性质及用途等方面有何不同?
7. 什么是水泥剂量?什么是石灰剂量?
8. 稳定类材料中集料的最大粒径对其技术性质和施工性质有何影响?为什么要限制集料的最大粒径?
9. 无机结合料稳定细粒土(如石灰土、二灰土)为什么不宜用作高等级道路的基层?
10. 土和稳定类混合料击实试验的目的是什么?
11. 简述无机结合料稳定类混合料配合比设计的步骤。

项目 8 水泥混凝土

学习目标

1. 掌握水泥混凝土的组成及技术性质。
2. 了解水泥混凝土配合比设计思路、步骤和基本方法。
3. 熟练地使用坍落度仪和压力试验机，测试新拌水泥混凝土的和易性和混凝土立方体抗压强度。

任务描述

某工程结构需拌制水泥混凝土，已知水泥混凝土的强度等级和坍落度及结构所处的环境，如何确定水泥混凝土的材料组成、比例、原材料？质量有何要求？采用一定材料比例拌和、摊铺、成型、碾压、养护后的水泥混凝土工程质量是否合格？若想完成上述任务，学生首先应解决以下问题：

(1) 为什么要确定水泥混凝土的组成材料？水泥混凝土的组成材料有哪些？质量有何要求？
(2) 如何确定各组成材料的比例？水泥混凝土配合比设计的流程是什么？
(3) 水泥混凝土的技术性质有哪些？如何通过试验确定水泥混凝土的质量是否满足要求？

学习引导

本项目沿着以下脉络进行学习：

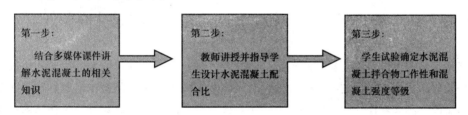

水泥混凝土是由水泥、粗细集料和水按适当比例配合（必要时掺加适宜的外加剂、掺合料或其他改性材料）拌制成拌合物，经一定时间硬化而成的人造石材（图8-1）。

水泥混凝土用途广泛，是各种建筑物、构造物中用量最大的材料之一。其具有以下特点：

(1) 工艺简单，适用性强，可按工程结构要求浇筑成不同形状的整体结构或预制构件。

(2) 混凝土与钢筋有着良好的握裹力，与钢材有着基本相同的线膨胀系数，可制作钢筋混凝土、预应力钢筋土构件或整体结构。

(3) 抗压强度高，耐久性好。

(4) 改变组成材料品种和比例可以制得具有不同物理力学性质的混凝土，以满足不同过程的要求。

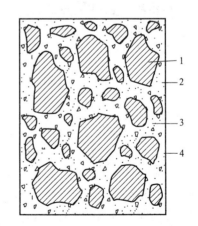

图 8-1 水泥混凝土的组成
1—石子；2—砂子；3—水泥浆；4—气孔

水泥混凝土铺筑的路面结构具有强度高、刚度大、使用寿命长的特点，能够承受重型车辆的作用。

水泥混凝土的主要缺点如下：
(1)自重大，抗拉强度低，韧性低，抗冲击能力差，易开裂。
(2)施工周期长，且受季节气候影响。

水泥混凝土可按其组成、特性和功能等从不同角度进行分类。

1. 按表观密度分类

(1)普通混凝土。一般干表观密度约为 2 400 kg/m³(通常波动在 2 350～2 500 kg/m³ 范围)，以天然砂、碎石或卵石和水泥等配制而成，是道路路面和桥梁结构中最常用的混凝土。

(2)轻混凝土。通常干表观密度可以轻达 1 900 kg/m³。现代大跨径钢筋混凝土桥梁为减轻结构自重，往往采用各种轻集料配制成轻集料结构混凝土，达到轻质高强，以增大桥梁的跨度。

(3)重混凝土。干表观密度可达 3 200 kg/m³，常由重晶石和铁矿石等高密度材料配制而成，是为了屏蔽各种射线的辐射而配制的混凝土。

2. 按抗压强度分类

(1)低强度混凝土：抗压强度小于 30 MPa。
(2)中强度混凝土：抗压强度为 30～60 MPa。
(3)高强度混凝土：抗压强度大于 60 MPa。

3. 按使用功能和特性分类

水泥混凝土按使用功能和特性分类，可分为结构混凝土、道路混凝土、防水混凝土、泵送混凝土、碾压混凝土、补偿收缩混凝土、纤维混凝土、聚合物混凝土、生态混凝土等。

任务8.1　普通水泥混凝土的组成材料

普通水泥混凝土由水泥、粗集料(碎石或卵石)、细集料(砂)和水配制而成。其中砂、石在混凝土中起骨架作用，并抑制水泥的收缩；水泥和水形成水泥浆，包裹在粗细集料表面并填充集料间的空隙。水泥浆体在硬化前起润滑作用，使混凝土拌合物具有良好的工作性能，硬化后将集料胶结在一起，形成坚固的整体。

另外，常在混凝土中加入各种外加剂和矿物掺合料以改善混凝土的性能。外加剂用量一般只占水泥用量的1%～2%，最多不超过5%。

8.1.1　水泥

水泥是混凝土的胶结材料。混凝土的性能在很大程度上取决于水泥的质量和数量，在保证混凝土性能的前提下，应尽量节约水泥，降低工程造价。首先应根据工程特点、气候与环境条件，正确选择水泥品种及强度等级。配制普通水泥混凝土，一般可采用硅酸盐水泥、普通硅酸盐水泥、矿渣硅酸盐水泥、火山灰质硅酸盐水泥或粉煤灰硅酸盐水泥，有特殊需要时可采用快硬水泥、抗硫酸盐水泥、大坝水泥或其他水泥。选用水泥时，应注意其特性对混凝土结构强度和使用条件是否有不利影响，选用水泥的强度等级应与要求配制的混凝土强度等级相适应。如果水泥强度等级选用过高，则混凝土中水泥用量过低，影响混凝土的和易性和耐久性；反之，如果水泥强度等级选用过低，则混凝土中水泥用量太多，不但不经济，而且降低混凝土的某些技术品质(如收缩率增大等)。通常，配制一般混凝土时，水泥强度为混凝土抗压强度的1.5～2.0倍；配制高强度混凝土时，为混凝土抗压强度的0.9～1.5倍。

8.1.2 细集料

混凝土用细集料一般应采用粒径小于 4.75 mm 的级配良好、质地坚硬、颗粒洁净的河砂。当河砂不易得到时,可采用符合规定的其他天然砂或人工砂。细集料不宜采用海砂,不得不用时,应经冲洗处理。

对细集料的技术要求包括颗粒级配和细度、含泥量与泥块含量、有害物质含量及坚固性等。在国家标准《建设用砂》(GB/T 14684—2011)中,按砂的技术要求将其分为Ⅰ类、Ⅱ类、Ⅲ类。Ⅰ类砂宜用于强度等级大于 C60 的混凝土,Ⅱ类砂宜用于强度等级为 C30~C60 及抗冻、抗渗或其他要求的混凝土,Ⅲ类砂宜用于强度等级小于 C30 的混凝土和建筑砂浆。

1. 砂的颗粒级配和细度模数

砂的粗细程度和颗粒级配与水泥混凝土的强度、密实度和水泥用量关系密切。

砂的粗细程度和颗粒级配应使所配制的混凝土达到设计强度等级和节约水泥的目的。砂的粗细程度是指不同粒径的砂粒,混合在一起后的总体的粗细程度。在相同质量条件下,粗砂的表面积较小,细砂的表面积较大。在混凝土中,砂的表面需由水泥浆包裹,砂的表面积越小,则需要包裹砂粒表面的水泥浆越少,从而在保证混凝土质量的前提下节省水泥,因此,配制混凝土用粗砂比用细砂节约水泥。

砂的颗粒级配,表示砂的大小颗粒搭配的情况。在混凝土中砂粒之间的空隙是由水泥浆填充,为了达到节约水泥和提高强度的目的,应当尽量减小砂粒之间的空隙。从图 8-2 中可以看到,如果是同样粗细的砂,空隙最大,如图 8-2(a)所示;两种粒径的砂搭配起来,空隙减小,如图 8-2(b)所示;三种粒径的砂搭配,空隙就更小了,如图 8-2(c)所示。因此,要想减小砂粒间的空隙,必须有大小不同粒径的颗粒搭配。控制砂的粗细程度和颗粒级配有很大的技术经济意义,因而它是评定砂质量的重要指标。

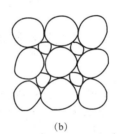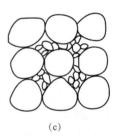

(a) (b) (c)

图 8-2 集料的颗粒级配

(a)同样粒径;(b)两种粒径;(c)三种粒径

混凝土用砂的级配应根据《建设用砂》(GB/T 14684—2011)的规定划分为三个级配区,砂的级配应符合表 8-1 或图 8-3 中任何一个级配区所规定的级配范围。

表 8-1 砂的级配范围

级配分区		Ⅰ区	Ⅱ区	Ⅲ区
在各筛孔(mm)上的累计筛余/%	4.75②	10~0	10~0	10~0
	2.36	35~5	25~0	15~0
	1.18	65~35	50~10	25~0
	0.60②	85~71	70~41	40~16
	0.30	95~80	92~70	85~55
	0.15	100~90 (97~85)①	100~90 (94~80)①	100~90 (94~75)①

①括号中数据为人工砂可放宽的范围;
②砂的实际颗粒级配除在 4.75 mm 和 0.60 mm 筛档外,其余各筛档可以略有超出表中所列的数据,但超出总量应不大于 5%。

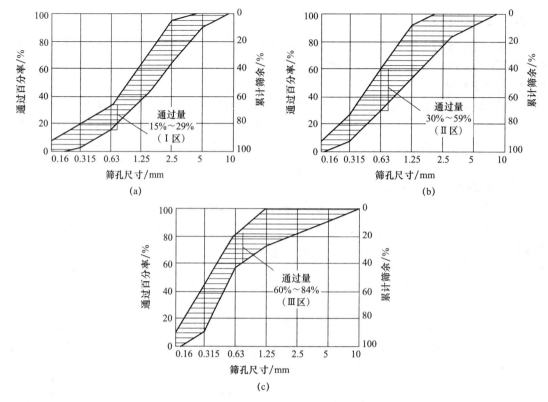

图 8-3 水泥混凝土用砂级配范围曲线
(a) Ⅰ区砂；(b) Ⅱ区砂；(c) Ⅲ区砂

Ⅰ区砂属于粗砂范畴，用Ⅰ区砂配制混凝土时应较Ⅱ区砂采用较大的砂率，否则，新拌混凝土的内摩擦阻力较大、保水差、不易捣实成型。Ⅱ区砂是由中砂和一部分偏粗的细砂组成。Ⅲ区砂是由细砂和一部分偏细的中砂组成。当应用Ⅲ区砂拌制混凝土时，应较Ⅱ区砂采用较小的砂率，因为Ⅲ区砂配制成的新拌混凝土黏性略大，比较细软，易振捣成型，而且由于Ⅲ区砂的级配细、比表面积大，所以对新拌混凝土的工作性影响比较敏感。

2. 有害杂质含量

集料中含有妨碍水泥水化或能降低集料与水泥石的黏附性，以及能与水泥水化产物产生不良化学反应的各种物质，称为有害杂质。砂中常含有的有害杂质主要有泥土和泥块、云母、轻物质、硫酸盐和硫化物及有机物质等。其中有害物质的限量规定见表 8-2。

表 8-2 砂的有害物质含量限值

项目	指标		
	Ⅰ类	Ⅱ类	Ⅲ类
云母(按质量计)/%	≤1.0	≤2.0	≤2.0
轻物质(按质量计)/%	≤1.0	≤1.0	≤1.0
有机物质(比色法)	合格	合格	合格
硫化物及硫酸盐(按 SO_3 质量计)/%	≤0.5	≤0.5	≤0.5
氯化物(以氯离子质量计)/%	≤0.01	≤0.02	≤0.06
贝壳(按质量计)/%	≤3.0	≤5.0	≤8.0

(1) 云母含量。某些砂中含有云母。云母呈薄片状,表面光滑,且极易沿节理裂开,因此,它与水泥石的黏附性极差。砂中含有云母,对混凝土拌合物的和易性与硬化后混凝土的抗冻性和抗渗性都有不利影响。

(2) 轻物质含量。砂中的轻物质是指相对密度小于 2.0 的颗粒(如煤和褐煤)。

(3) 有机物质含量。天然砂中有时混杂有有机物质(如动植物的腐殖质、腐殖土等)。这类有机物质将延缓水泥的硬化过程,并降低混凝土的强度,特别是早期强度。为了消除砂中有机物质的影响,可采用石灰水淘洗,或在拌和混凝土时加入少量消石灰。另外,可将砂在露天摊成薄层,经接触空气和阳光照射后也可消除有机物质的不良影响。

(4) 硫化物及硫酸盐含量。在天然砂中,常掺杂硫铁矿(FeS_2)或石膏($CaSO_4 \cdot 2H_2O$)的碎屑,如含量过多,将在已硬化的混凝土中与水化铝酸钙发生反应,生产水化硫铝酸钙晶体,体积膨胀,在混凝土内产生破坏作用。

3. 含泥量、石粉含量和泥块含量

含泥量是指天然砂中粒径小于 0.075 mm 的颗粒含量;石粉含量是指人工砂中粒径小于 0.075 mm 的颗粒含量;泥块含量是指原颗粒粒径大于 1.18 mm,经水洗、手捏后可破碎成小于 0.6 mm 的颗粒含量。这些颗粒在集料表面形成包裹层,妨碍集料与水泥石的黏附,或者以松散的颗粒存在,增加集料的表面积,增大需水量,特别是黏土颗粒,体积不稳定,干燥时收缩,潮湿时膨胀,对混凝土有很大的破坏作用,影响混凝土的强度和耐久性。

天然砂的含泥量和泥块含量应符合表 8-3 的规定,人工砂的石粉含量和泥块含量应符合表 8-4 的规定。

表 8-3　天然砂的含泥量和泥块含量限值　　　　　　　　　　　　　　　　　　　　%

项目	指标		
	Ⅰ类	Ⅱ类	Ⅲ类
含泥量(按质量计)	≤1.0	≤3.0	≤5.0
泥块含量(按质量数计)	0	≤1.0	≤2.0

表 8-4　人工砂的石粉含量和泥块含量限值　　　　　　　　　　　　　　　　　　　　%

	项目		指标		
			Ⅰ类	Ⅱ类	Ⅲ类
1	亚甲蓝试验	MB≤1.40 或合格	石粉含量(按质量计) ≤10.0	≤10.0	≤10.0
2			泥块含量(按质量计) 0	≤1.0	≤2.0
3		MB>1.40 或不合格	石粉含量(按质量计) ≤1.0	≤3.0	≤5.0
4			泥块含量(按质量计) 0	≤1.0	≤2.0

4. 坚固性

天然砂的坚固性采用硫酸钠溶液法进行试验检测,砂样经 5 次循环后,其质量损失应符合表 8-5 的规定;人工砂采用压碎值指标法进行试验检测,压碎指标值应符合表 8-5 的规定。

表 8-5　坚固性指标　　　　　　　　　　　　　　　　　　　　　　　　　　　　　　%

项目	指标		
	Ⅰ类	Ⅱ类	Ⅲ类
坚固性	≤8	≤8	≤10
压碎指标	≤20	≤25	≤30

5. 颗粒形状及表面特征

细集料的颗粒形状及表面特征会影响其与水泥的粘结和拌合物的流动性,如为河砂、海砂,因其颗粒多为圆球形,表面光滑,故用此种细集料拌制的混凝土拌合物流动性较好,但与水泥的粘结较差;反之用山砂,因其颗粒多具有棱角且表面粗糙,故用此种细集料拌制的混凝土拌合物流动性较差,但与水泥粘结较好,进而混凝土强度较高。

6. 表观密度、堆积密度、空隙率

砂的表观密度、堆积密度、空隙率是砂的三项重要指标,应符合表观密度大于 2 500 kg/m³、松散堆积密度大于 1 400 kg/m³、空隙率小于 44% 的规定。

7. 碱-集料反应

经碱-集料反应试验后,试件应无裂缝、酥裂、胶体外溢等现象,在规定的试验龄期膨胀率应小于 0.1%。

8.1.3 粗集料

普通混凝土常用的粗集料是指粒径大于 4.75 mm 的卵石和碎石。卵石是由自然风化、水流搬运和分选、堆积形成的,按其产源不同可分为河卵石、海卵石、山卵石等。碎石是天然岩石或大卵石经机械破碎、筛分而得的,表面粗糙且带棱角,与水泥石的粘结比较牢固。

卵石、碎石按技术要求可分为Ⅰ、Ⅱ、Ⅲ类。Ⅰ类宜用于强度等级高于 C60 的混凝土;Ⅱ类宜用于强度等级为 C30~C60 及抗冻、抗渗或其他要求的混凝土;Ⅲ类宜用于强度等级低于 C30 的混凝土。

根据国家标准《建设用卵石、碎石》(GB/T 14685—2011)的规定,对粗集料的主要技术要求包括强度、坚固性、颗粒级配、针片状颗粒含量、有害杂质含量、密度、空隙率和碱-集料反应等。

1. 强度与坚固性

(1)强度。为保证混凝土的强度要求,粗集料必须具有足够的强度。对于碎石或卵石的强度,可用岩石立方体强度和压碎指标两种方法检验。

1)岩石立方体强度。轧制水泥混凝土用的碎石所选用的岩石,在饱水状态下测其抗压强度,火成岩不宜小于 80 MPa,变质岩不宜小于 60 MPa,水成岩不宜小于 30 MPa。

2)压碎指标。在测定岩石强度有困难时,也可用压碎值指标来表示岩石的强度。

(2)坚固性。为保证混凝土的耐久性,用作混凝土的粗集料应具有足够的坚固性,以抵抗冻融和自然因素的风化作用。《建设用卵石、碎石》(GB/T 14685—2011)规定:用硫酸钠溶液进行坚固性试验,经 5 次循环后测其质量损失。碎石或卵石压碎值及坚固性的要求见表 8-6。

表 8-6 碎石或卵石压碎值及坚固性指标 %

项目	指标		
	Ⅰ类	Ⅱ类	Ⅲ类
碎石压碎值	≤10	≤20	≤30
卵石压碎值	≤12	≤14	≤16
坚固性(质量损失)	≤5	≤8	≤12

2. 最大粒径及颗粒级配

(1)最大粒径。粗集料中公称粒级的上限称为该粒级的最大粒径。集料的粒径增大,其表面积减少，因此，所需的水泥浆量相应减少，在一定的和易性和水泥用量条件下，则能减少用水量而提高混凝土强度。所以，粗集料的最大粒径在条件允许的情况下尽量选择大些为好，但受到工程结构及施工条件的限制，故规范规定：粗集料的最大粒径不得超过结构物最小尺寸的1/4和钢筋最小净距的3/4；对于混凝土实心板，允许采用最大粒径为1/2板厚的颗粒级配，但最大粒径不得超过50 mm。

（2）颗粒级配。粗集料应具有良好的颗粒级配，以减少空隙率，增强密实性，从而可以节约水泥，保证混凝土拌合物的和易性及混凝土的强度。特别是配制高强度混凝土，粗集料级配尤为重要。

粗集料的颗粒级配，可采用连续级配或连续粒级与单粒级配合使用。在特殊情况下，通过试验证明混凝土无离析现象时，也可采用单粒级。粗集料的级配范围应符合表8-7的要求。连续级配矿质集料的要求级配范围，可按级配理论计算，也可参考表8-7规定的连续粒级的矿质混合料。当连续粒级不能配合成满意的混合料时，可掺加单粒级集料配合。

表8-7 碎石或卵石的颗粒级配范围

公称粒级/mm		累计筛余/%										
		筛孔尺寸/mm										
		2.36	4.75	9.5	16.0	19.0	26.5	31.5	37.5	53.0	63.0	75.0	90.0
连续粒级	5~16	95~100	85~100	30~60	0~10	0							
	5~20	95~100	90~100	40~80	—	0~10	0						
	5~25	95~100	90~100	—	30~70	—	0~5	0					
	5~31.5	95~100	90~100	70~90	—	15~45	—	0~5	0				
	5~40	—	95~100	70~90	—	30~65	—	—	0~5	0			
单粒级	5~10	95~100	80~100	0~15	0								
	10~16		95~100	80~100	0~15								
	10~20		95~100	85~100	—	0~15	0						
	16~25			95~100	55~70	25~40	0~10						
	16~31.5		95~100		85~100			0~10	0				
	20~40			95~100		80~100			0~10	0			
	40~80					95~100			70~100		30~60	0~10	0

3. 颗粒形状及表面特征

粗集料的颗粒形状大致可以分为蛋圆形、棱角形、针状及片状。一般来说，比较理想的颗粒形状是接近正立方体形，而针片状颗粒不宜较多。针状颗粒是指长度大于其平均粒径的2.4倍；片状颗粒是指其厚度小于其平均粒径的4%。当针片状颗粒含量超过一定界限时，集料空隙增加，不仅使混凝土拌合物和易性变差，而且会使混凝土的强度降低。所以，混凝土粗集料中针片状颗粒含量应当限制。水泥混凝土用粗集料的针片状颗粒含量应符合表8-8的规定。

表8-8 粗集料的针片状颗粒含量

类别	Ⅰ类	Ⅱ类	Ⅲ类
针片状颗粒含量（按质量计）/%	≤5	≤10	≤15

集料表面特征主要是指集料表面的粗糙程度及孔隙特征等。集料表面特征主要影响集料与水泥石之间的粘结性能，从而影响混凝土的强度，尤其是抗弯强度，这对高强度混凝土更为明显。一般情况下，碎石表面粗糙并且具有吸收水泥浆的孔隙特征，所以，它与水泥石的粘结能力较强；卵石表面圆润光滑，因此与水泥石的粘结能力较差，但混凝土拌合物的和易性较好。在混凝土的水泥用量与用水量相同的情况下，一般来说，碎石混凝土比卵石混凝土的强度高10%左右。

4. 有害杂质含量

粗集料中含有的妨碍水泥水化或降低集料与水泥石黏附性，以及能与水泥水化物产生不良化学反应的各种物质，称为有害杂质。粗集料中常含有一些有害物质，如黏土和泥块、云母、硫酸盐、硫化物和有机物质，其含量不能超过表8-9的要求。

表8-9 粗集料的有害杂质含量限值

项目	指标		
	Ⅰ类	Ⅱ类	Ⅲ类
含泥量(按质量计)/%	≤0.5	≤1.0	≤1.5
泥块含量(按质量计)/%	0	≤0.2	≤0.5
有机物质	合格	合格	合格
硫化物及硫酸盐(按SO_3质量计)/%	≤0.5	≤1.0	≤1.0

5. 碱-集料反应

当集料中含有活性氧化硅(SiO_2)，而水泥中又含有较多的碱性氧化物(Na_2O和K_2O)时，就可能发生碱-集料反应。碱-集料反应是水泥中碱性氧化物水解后的氢氧化钠和氢氧化钾与集料中的活性二氧化硅发生化学反应，在集料表面生成复杂的碱-硅酸凝胶，这种凝胶吸水体积膨胀，使集料与水泥石界面胀裂，粘结强度下降，引起水泥混凝土结构破坏。另外，可能发生其他类型的碱-集料反应，如含有黏土的白云石或石灰石会与水泥中的碱性成分发生碳酸盐反应。因此，应采用含碱量小于0.6%(按质量计)的水泥，不宜采用含有活性二氧化硅和碳酸盐的石料，同时，在粗集料中严禁混入煅烧过的白云石或石灰石块。

经碱-集料反应试验后，由碎石、卵石制备的试件无裂缝、酥裂、胶体外溢等现象，在规定的试验龄期膨胀率应小于0.10%。

6. 表观密度、连续级配松散堆积空隙率

表观密度、连续级配松散堆积空隙率应符合规定：表观密度不小于2 600 kg/m³；连续级配松散堆积空隙率：Ⅰ类不大于43%，Ⅱ类不大于45%，Ⅲ类不大于47%。

7. 吸水率

卵石、碎石的吸水率应符合规定：Ⅰ类不大于1%，Ⅱ类和Ⅲ类均不大于2%。

8.1.4 矿物掺合料

混凝土掺合料是为了改善混凝土性能、节约用水、调节混凝土强度等级，在混凝土拌和时掺入的粉状矿物质。活性掺合料能增加新拌混凝土的流动性、黏聚性、保水性，改善混凝土的可泵性，并能提高硬化混凝土的强度和耐久性。常用的混凝土掺合料有粉煤灰、粒化高炉矿渣、硅灰、火山灰类等。混凝土用粉煤灰的质量应满足《用于水泥和混凝土中的粉煤灰》(GB/T 1596—2017)的要求，见表8-10。

表 8-10 混凝土用粉煤灰性能要求

项目		性能要求		
		Ⅰ级	Ⅱ级	Ⅲ级
细度(45 μm 方孔筛筛余)/%	F 类粉煤灰	≤12.0	≤30.0	≤45.0
	C 类粉煤灰			
需水量比/%	F 类粉煤灰	≤95	≤105	≤115
	C 类粉煤灰			
烧失量/%	F 类粉煤灰	≤5.0	≤8.0	≤10.0
	C 类粉煤灰			
含水量/%	F 类粉煤灰	≤1.0		
	C 类粉煤灰			
三氧化硫质量分数/%	F 类粉煤灰	≤3.0		
	C 类粉煤灰			
游离氧化钙质量分数/%	F 类粉煤灰	≤1.0		
	C 类粉煤灰	≤4.0		
二氧化硅、三氧化二铝和三氧化二铁总质量分数/%	F 类粉煤灰	≥70.0		
	C 类粉煤灰	≥50.0		
密度/(g·cm^{-3})	F 类粉煤灰	≤2.6		
	C 类粉煤灰			
安定性(雷氏法)/mm	C 类粉煤灰	≤5.0		
强度活性指数/%	F 类粉煤灰	≥70.0		
	C 类粉煤灰			

8.1.5 混凝土拌和用水

水是混凝土的主要组成材料之一,拌和用水的水质不纯,可能产生多种有害作用,最常见的有:影响混凝土的凝结;有损于混凝土强度发展;降低混凝土的耐久性、加快钢筋的腐蚀和导致预应力钢筋的脆断;使混凝土表面出现污斑等。为保证混凝土的质量和耐久性,必须使用合格的水拌制混凝土。

混凝土拌和用水水源,可分为饮用水、地下水、海水及经适当处理或处置后的工业废水。符合国家标准的生活用水可以用来拌制混凝土,无须再进行检验。地表水或地下水,首次使用必须进行适用性检验,合格后才能使用。海水只允许用来拌制素混凝土,但不得用于拌制钢筋混凝土和预应力混凝土。

在对水质有疑问时,可用待检验水配制水泥砂浆或混凝土,并测定其 28 d 抗压强度(若其早期强度要求时,需增做 7 d 抗压强度),其强度值不应低于蒸馏水(或符合钢筋标准的生活用水)拌制的相应砂浆或混凝土抗压强度的 90%,则该水可用于拌制混凝土。对混凝土拌和用水的要求见表 8-11。

表 8-11 水泥混凝土拌和用水质量要求

项目	素混凝土	钢筋混凝土	预应力混凝土
pH 值	≥4.5	≥4.5	≥4.5
不溶物/(mg·L^{-1})	≤5 000	≤2 000	≤2 000
可溶物/(mg·L^{-1})	≤10 000	≤5 000	≤2 000
氯化物(以 Cl$^-$ 计)/(mg·L^{-1})	≤3 500	≤1 000	≤500[①]

续表

项目	素混凝土	钢筋混凝土	预应力混凝土
硫酸盐(以 SO_4^{2-} 计)/(mg·L^{-1})	≤2 700	≤2 000	≤600
碱含量/(mg·L^{-1})	≤1 500	≤1 500	≤1 500
注：使用钢丝或热处理钢筋的预应力混凝土中氯化物含量不超过 350 mg/L。			

任务 8.2　水泥混凝土的技术性质

水泥混凝土的技术性质包括新拌混凝土的和易性、硬化后混凝土的力学性质。

8.2.1　新拌混凝土的工作性(和易性)

混凝土各组成材料按一定比例搅拌后尚未凝结硬化的材料称为混凝土拌合物。

1. 工作性的含义

工作性又称和易性，是指混凝土拌合物易于施工操作(拌和、运输、浇筑、振捣)且成型后质量均匀、密实的性能。和易性是一项综合技术指标，包括流动性(稠度)、黏聚性和保水性三个主要方面的含义。

(1)流动性。流动性是指拌合物在自重或施工机械振捣作用下，能产生流动并均匀密实地填充整个模型的性能。流动性好的混凝土拌合物操作方便、易于捣实和成型。

(2)黏聚性。黏聚性是指拌合物在施工过程中，各组成材料互相之间有一定的黏聚力，不出现分层离析，保持整体均匀的性能。

(3)保水性。保水性是指拌合物保持水分，不致产生严重泌水的性质。

混凝土拌合物的流动性、黏聚性和保水性三者既互相联系又互相矛盾。施工时应兼顾三者，使拌合物既满足要求的流动性，又保证良好的黏聚性和保水性。

2. 新拌混凝土工作性的测定方法

目前国际上还没有一种能够全面表示新拌混凝土工作性的测定方法，通常是测定混凝土拌合物的流动性，辅以其他方法或直观经验综合评定混凝土拌合物的工作性。根据我国国家标准的规定，测定流动性的方法有坍落度试验和维勃稠度试验两种方法。

(1)坍落度试验。将新拌混凝土分 3 层按规定方法装入标准坍落度筒(图 8-4)，每层装料高度为筒高的 1/3，每层用捣棒均匀插捣 25 次，装满刮平表面后，立即垂直向上提起坍落度筒。新拌拌合物因自重而坍落，经测量所得的坍落的值(mm)，即该拌合物的坍落度(图 8-5)。坍落度为流动性指标。标准坍落度筒由钢板制成，上口直径为 100 mm，下底直径为 200 mm，高为 300 mm。做坍落度试验时，需测定棍度、含砂情况、黏聚性、保水性，以评定新拌混凝土的工作性。

图 8-4　坍落度筒实物图

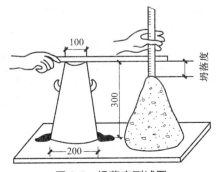

图 8-5　坍落度测试图

坍落度试验适用于集料公称最大粒径不大于31.5 mm，坍落度大于10 mm的新拌混凝土。

(2)维勃稠度试验。对于坍落度值小于10 mm的新拌混凝土，可用维勃稠度仪(图8-6)测定其工作性。测定方法是将坍落度筒放在直径为240 mm、高为200 mm的圆筒中，圆筒安装在专用的振动台上，按坍落度试验方法将新拌混凝土装于坍落度筒中，小心垂直提起坍落度筒，在新拌混凝土顶上放置一个透明圆盘，开动振动台并记录时间，从开始振动至透明圆盘底面被水泥浆布满的瞬间止所经历的时间，即新拌混凝土的维勃稠度值，以 s 计。

该方法适用于集料公称最大粒径不超过 31.5 mm，维勃稠度在 5～30 s 之间的干硬性混凝土的稠度测定。维勃稠度值越大，说明混凝土拌合物越干硬。

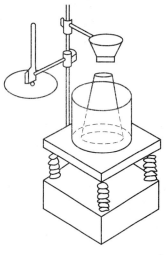

图 8-6　维勃稠度仪

3. 新拌混凝土工作性的选择

新拌混凝土的坍落度应根据结构物的构件断面尺寸、钢筋疏密和振捣方式来确定。当构件断面尺寸较小、钢筋较密或人工振捣时，应选择大的坍落度，易于浇捣密实，以保证施工质量；反之，当构件断面尺寸较大、钢筋配置稀疏、采用机械振捣时，应尽可能选用较小的坍落度，以节约水泥。

(1)公路桥涵用混凝土拌合物的工作性选择。公路桥涵用混凝土拌合物的工作性应根据《公路桥涵施工技术规范》(JTG/T 3650—2020)的有关规定选择，表 8-12 可供工程施工中选用参考。

表 8-12　公路桥涵用水泥混凝土拌合物的坍落度

项次	结构种类	坍落度/mm
1	桥涵基础、墩台、挡土墙及大型制块等便于灌注捣实的结构	0～20
2	项次 1 中桥涵墩台等工程中较不便施工处	10～30
3	普通配筋的钢筋混凝土结构，如钢筋混凝土板、梁、柱等	30～50
4	钢筋较密、断面较小的钢筋混凝土结构(梁、柱、墙等)	50～70
5	钢筋配置特密、断面高而狭小，极不便灌注捣实的特殊结构部位	70～90

注：①使用高频振捣器时，其混凝土坍落度可适当减小。
②本表是指采用机械捣器的坍落度，采用人工捣器时可适当放大。
③曲面或斜面结构的混凝土，其坍落度应根据实际需要另行选定。
④需要配置大坍落度的混凝土时，应掺用外加剂。
⑤轻集料混凝土的坍落度，应比表中数值减少 10～20 mm。

(2)道路混凝土拌合物的工作性选择。水泥混凝土路面所用道路混凝土拌合物的工作性，应符合《公路水泥混凝土路面施工技术细则》(JTG/T F30—2014)的规定，对于滑模摊铺机施工的碎石混凝土，最佳工作坍落度为 10～30 mm，对于卵石混凝土，最佳工作坍落度为 5～20 mm。

4. 影响混凝土和易性的主要因素

(1)水泥浆的数量。混凝土拌合物中的水泥浆，除填充集料间的空隙外，还包裹在集料表面并略有富余，使拌合物有一定的流动性。在水胶比不变的条件下，增加混凝土单位体积中的水泥浆数量，能使集料周围有足够的水泥浆包裹，改善集料之间的润滑性能，从而使混凝土拌合物的流动性提高。但水泥浆数量不宜过多，否则会出现流浆现象，黏聚性变差，浪费水泥，同时影响混凝土的强度。

(2)水泥浆的稠度。水泥浆的稠度主要取决于水胶比,即混凝土中水与水泥用量的比值大小。水胶比过大,水泥浆太稀,流动性增大,易产生离析及泌水现象,且严重影响混凝土的强度;水胶比过小,水泥浆变稠,流动性差,施工难度加大,因此应尽量选用小的水胶比。

(3)砂率(β_s)。砂率是指混凝土内砂的质量占砂、石总量的百分比。砂率反映了粗、细集料的相对比例,它会影响混凝土集料的空隙和总表面积。在水泥浆量一定时,砂率大,集料的总表面积及空隙率随之增大,需较多水泥浆填充和包裹集料,使起润滑作用的水泥浆减少,新拌混凝土拌合物的流动性减少。砂率过小,集料的空隙率显著增加,不能保证在粗集料之间有足够的砂浆层,也会降低新拌混凝土的流动性,并会严重影响黏聚性和保水性,容易造成离析、流浆等现象。选择的砂率应该在用水量及水泥用量一定的条件下,使混凝土拌合物获得最大的流动性,并保持良好的黏聚性和保水性;或在保证良好和易性的同时,使水泥用量最少。此时的砂率值称为合理砂率(图 8-7、图 8-8)。

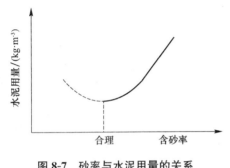

图 8-7 砂率与水泥用量的关系

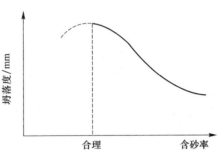

图 8-8 砂率与坍落度的关系

(4)组成材料的性质。

1)水泥。水泥对新拌混凝土和易性的影响主要在水泥的需水量和泌水量。需水量大的水泥拌制的新拌混凝土流动性较小,但一般黏聚性和保水性较好。泌水量大的水泥拌制的新拌混凝土的保水性差。在其他条件相同时,硅酸盐水泥与普通水泥较矿渣水泥和火山灰水泥拌制的混凝土拌合物的和易性好。

2)集料。集料对新拌混凝土和易性的影响主要在集料的级配、颗粒形状、表面特征及最大粒径。一般来说,级配好的集料拌制的新拌混凝土的流动性较大,黏聚性和保水性较好。集料中针片状颗粒较多时,新拌混凝土的流动性减少,易产生离析现象。表面光滑的集料(如河砂、卵石)拌制的新拌混凝土的流动性较好。集料的最大粒径增大,总表面积减少,新拌混凝土的流动性较大。

3)外加剂和掺合料。在新拌混凝土中,加入少量减水剂,能大幅度增加流动性;加入引气剂,能增加流动性,改善黏聚性,降低泌水性;加入增稠剂,能加大流动性混凝土的黏聚性,减少泌水性。

在混凝土中掺入掺合料,能增加新拌混凝土的黏聚性,减少离析和泌水现象。当同时加入优质的粉煤灰、硅灰等超细微粒掺合料和减水剂时,超细微粒掺合料还能增加新拌混凝土的流动性。

(5)其他因素。混凝土拌合物的流动性随温度的升高而降低,温度升高 10 ℃,坍落度减小 20～40 mm,暑期施工必须注意这一点。另外,搅拌时间的长短,也会影响混凝土拌合物的工作性。若搅拌时间不足,拌合物的工作性就差,质量也不均匀。根据规范的规定,最小搅拌时间为 1～3 min。

5. 改善新拌混凝土工作性的主要措施

改善新拌混凝土的工作性可采取以下必要的技术措施：

(1)调节混凝土的材料组成。在保证混凝土强度、耐久性和经济性的前提下，适当调整混凝土组成配合比，以提高工作性。

(2)掺加各种外加剂(如减水剂、流化剂等)。掺加各种外加剂(如减水剂、流化剂等)，可提高混凝土拌合物的工作性，同时提高其强度和耐久性。

(3)提高振捣机械的效能。由于振捣效能的提高，可降低施工条件对混凝土拌合物工作性的要求，因而保持原有的工作性也能达到捣实的效果。

8.2.2 硬化后混凝土的力学性质

硬化后混凝土的力学性质，主要包括强度和变形两个方面。

1. 强度

硬化后的水泥混凝土在路面结构、桥梁构件及建筑结构中，将受到复杂的应力作用，因此，要求水泥混凝土材料必须具备各种力学强度，如立方体抗压强度、棱柱体抗压强度、劈裂抗拉强度、抗剪强度、抗折强度等。

(1)立方体抗压强度。

1)混凝土立方体抗压强度(f_{cc})。《混凝土物理力学性能试验方法标准》(GB/T 50081—2019)规定，制作150 mm×150 mm×150 mm的标准立方体试件，在标准条件[温度为(20±2)℃，相对湿度为95%以上]下或在温度为(20±2)℃的不流动的$Ca(OH)_2$饱和溶液中养护到28 d，所测得的抗压强度值为混凝土立方体抗压强度，以f_{cc}表示。

$$f_{cc}=\frac{F}{A} \tag{8-1}$$

式中　F——试件破坏荷载(N)；

　　　A——试件受压面积(mm^2)。

2)立方体抗压强度标准值($f_{cc,k}$)。按照标准方法制作和养护的边长为150 mm的立方体试件，在28 d龄期，用标准试验方法测定的抗压强度总体分布中的一个值(单位以N/mm^2即MPa计)，强度低于该值的百分率不超过5%(具有95%保证率的抗压强度)，将该值作为立方体抗压强度标准值，以$f_{cc,k}$表示。

从以上定义可知，立方体抗压强度只是一组混凝土试件抗压强度的算术平均值，并未涉及数理统计、保证率的概念。而立方体抗压强度标准值是按数理统计方法确定，具有不低于95%保证率的抗压强度。立方体抗压强度标准值是划分水泥混凝土强度等级的依据。

3)水泥混凝土强度等级。水泥混凝土强度等级是根据立方体抗压强度标准值来确定的。强度等级用符号"C"和"立方体抗压强度标准值"两项内容来表示，如C35即表示水泥混凝土立方体抗压强度标准值为35 MPa。《混凝土结构设计规范(2015年版)》(GB 50010—2010)规定，普通混凝土按立方体抗压强度标准值划分为C15、C20、C25、C30、C35、C40、C45、C50、C55、C60、C65、C70、C75、C80 14个等级。

(2)抗折强度(f_f)。公路和机场跑道所用的水泥混凝土路面，在重复荷载作用下，主要承受弯曲拉应力，因此，水泥混凝土路面设计和施工中抗折强度(或称抗弯拉强度)为主要强度指标，抗压强度为参考强度指标。

道路水泥混凝土抗折强度是以标准制作方法制备150 mm×150 mm×550 mm梁形试件，在标准养护条件下，经养护28 d，按三分点加载方式测定其抗折强度(图8-9)，以MPa计。

$$f_t = \frac{FL}{bh^2} \tag{8-2}$$

式中　　F——试件破坏荷载(N);

　　　　L——支座间距(mm);

　　　　b——试件宽度(mm);

　　　　h——试件高度(mm)。

(3)轴心抗压强度(f_{cp})。确定混凝土强度等级是采用立方体试件,但实际上钢筋混凝土的结构形式极少是立方体的,大部分是棱柱体或圆柱体。为使测得的混凝土强度接近混凝土结构的实际情况,在钢筋混凝土结构中计算轴心受压构件时,都是采用混凝土的轴心抗压强度(f_{cp})作为依据。我国现行标准《混凝土物理力学性能试验方法标准》(GB/T 50081—2019)规定,采用 150 mm×150 mm×300 mm 的棱柱体作为标准试件,测得的抗压强度为轴心抗压强度(f_{cp})。

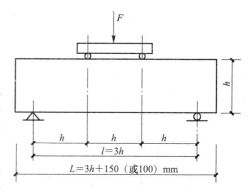

图 8-9　混凝土抗弯拉强度试验

混凝土的轴心抗压强度(f_{cp})与立方体抗压强度(f_{cc})之间具有一定的关系,大量试验表明:在立方体抗压强度 f_{cc} 为 10～55 MPa 的范围内,$f_{cp} = (0.7～0.8)f_{cc}$。

$$f_{cp} = \frac{F}{A} \tag{8-3}$$

式中　　F——试件破坏荷载(N);

　　　　A——试件承压面积(mm²)。

(4)立方体劈裂抗拉强度(f_{ts})。与抗压强度相比,混凝土的抗拉强度比较低。当混凝土直接受拉时,很小的变形也会开裂,它在断裂前没有残余变形,是一种脆性破坏,混凝土的抗拉强度只有抗压强度的 1/20～1/10,且随着混凝土强度等级的提高,比值有所降低。因此,混凝土在工作时一般不依靠其抗拉强度,但抗拉强度对于开裂现象有重要的意义。在结构设计中抗拉强度是确定混凝土抗裂度的重要指标。

我国现行标准《混凝土物理力学性能试验方法标准》(GB/T 50081—2019)采用 150 mm×150 mm×150 mm 立方体试件作为标准试件,在立方体试件中心面内用圆弧为垫条施加两个方向相反、均匀分布的压应力(图 8-10)。当压力增大至一定程度时,试件就沿此平面劈裂破坏,这样测得的强度称为劈裂抗拉强度,简称劈拉强度(f_{ts}),以 MPa 计。

$$f_{ts} = \frac{2F}{\pi A} = \frac{0.637F}{A} \tag{8-4}$$

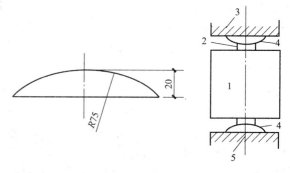

图 8-10　混凝土劈拉强度试验(尺寸单位:mm)

1—试件;2—垫层;3—上压板;4—垫条;5—下压板

式中　　F——试件破坏荷载(N);

　　　　A——试件劈裂面面积(mm²)。

(5)影响混凝土强度的主要因素。影响混凝土强度的因素有很多,主要是组成原材料,包括原材料的特征和各材料之间的组成比例等内因,以及养护条件和试验检测条件等外因。

混凝土强度主要取决于水泥石强度及其与集料表面的粘结强度,而水泥石强度及其与集料的粘结强度又与水泥强度等级、水胶比及集料的性质有密切关系。同时,龄期及养护条件等因素对混凝土强度也有较大的影响。

1)材料组成。

①水泥强度等级和水胶比。水泥石是混凝土强度的主要来源,而水泥石的质量取决于水泥的特性和水胶比。在配合比相同的条件下,水泥强度等级越高,制成的混凝土强度也越高。当采用同一种水泥(品种及强度等级相同)时,混凝土强度主要取决于水胶比的大小。因为水泥水化时所需的结合水一般只占水泥质量的10%~25%,但在拌制混凝土拌合物时,为了获得必要的流动性,常需要较多的水(占水泥质量的40%~70%),即采用较大的水胶比。当混凝土硬化后,多余的水分就残留在混凝土中形成水泡,水分蒸发后形成气孔,使混凝土的密实度和强度降低,因此,在水泥强度等级相同的情况下,水胶比越小,水泥混凝土强度越高。

根据各国大量工程实践及我国大量实践资料统计结果,胶水比、水泥的实际强度与水泥混凝土28 d立方体抗压强度的关系用公式表示为

$$f_{cu,28} = \alpha_a \times f_{ce} \left(\frac{B}{W} - \alpha_b \right) \tag{8-5}$$

式中 $f_{cu,28}$——水泥混凝土28 d立方体抗压强度(MPa);

f_{ce}——水泥的实际强度(MPa);

B——1 m³混凝土中胶凝材料用量(kg);

W——1 m³混凝土中水的用量(kg);

$\frac{B}{W}$——胶水比;

α_a、α_b——粗集料回归系数,按《普通混凝土配合比设计规程》(JGJ 55—2011)的规定,α_a、α_b可按表8-13选用。

表8-13 回归系数 α_a、α_b

系数	石料品种	
	碎石	卵石
α_a	0.53	0.49
α_b	0.20	0.13

该经验公式一般只适用于流动性混凝土及低流动性混凝土,对于干硬性混凝土则不适用。

②集料。集料的表面状况影响水泥石与集料的粘结,从而影响混凝土强度。碎石表面粗糙,粘结力较大;卵石表面光滑,粘结力较小。因此,在配合比相同的条件下,碎石混凝土强度比卵石混凝土强度高,特别是在水胶比较低时,差异更明显。

集料的最大粒径对混凝土强度也有影响,集料的最大粒径越大,混凝土强度越小,特别是对水胶比较低的中强度和高强度混凝土,集料的最大粒径对混凝土强度的影响十分明显。

③浆集比。混凝土中水泥浆的体积和集料的体积之比值,即浆集化对混凝土强度也有一定的影响。特别是对高强度混凝土的影响更为明显,在水胶比相同的条件下,在达到最优浆集比后,混凝土强度随着浆集比的增加而降低。

④外加剂和掺合料。在混凝土中掺入外加剂,可使混凝土获得早强和高强性能。在混凝土中掺入早强剂可显著提高早期强度、掺入减水剂可大幅度减少拌和用水量,在较低的水胶比下,混凝土仍能较好地成型密实,获得很高的28 d强度。

在混凝土中加入掺合料,可提高水泥石的密实度,改善水泥石与集料的粘结强度,提高混凝土的长期强度。因此,在混凝土中掺入高效掺合料是制备高强度和高性能混凝土必需的技术

措施。

2)养护温度和湿度。混凝土拌合物浇捣完毕后,必须保持适当的温度和湿度,使水泥充分水化,以保证混凝土强度不断提高。

一般情况下,水泥的水化和混凝土的强度发展的速度是随环境温度的高低而增减的,如图 8-11 所示。当温度降至 0 ℃时,混凝土中的水分大部分结冰,水泥几乎不再发生水化反应,混凝土强度停止增长,严重时由于孔隙内水分结冰而引起膨胀,产生相当大的膨胀压力,特别是当水化初期,混凝土的强度较低时,遭遇严寒会引起混凝土崩溃。

混凝土浇筑后,必须有较长时间在潮湿环境中养护,当湿度适当时,水泥水化得以顺利进行,使混凝土强度得到充分发展;如果湿度不够,混凝土会失水干燥,影响水泥水化的正常进行,甚至停止水化。这不仅严重降低混凝土强度,而且因水泥水化作用未能完成,使混凝土的结构疏松,渗水性增大,或形成干缩裂缝,从而影响混凝土的耐久性。

3)龄期。混凝土在正常养护条件下(保证一定温度和湿度),强度随龄期的增长而提高,初期增长较快,后期增长较缓慢,但在空气中养护时,其强度后期有所下降。

在标准养护条件下,混凝土强度与其龄期的对数大致成正比(图 8-12)。工程中常常利用这一关系,根据混凝土早期强度估算其后期强度,用式(8-6)表达。

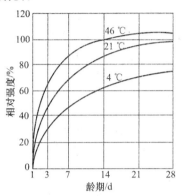

图 8-11 养护温度条件对混凝土强度的影响

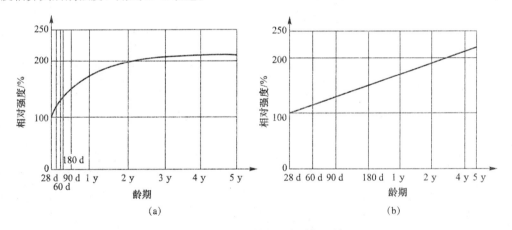

图 8-12 水泥混凝土强度增长规律

(a)龄期为常数坐标;(b)龄期为对数坐标

$$f_{cu,n} = f_{cu,a} \frac{\lg n}{\lg a} \tag{8-6}$$

式中 $f_{cu,n}$——n 天龄期的混凝土抗压强度(MPa);

$f_{cu,a}$——a 天龄期的混凝土抗压强度(MPa)。

4)试验条件。相同材料组成、制备条件和养护条件制成的混凝土试件,其力学强度取决于试验条件。影响混凝土力学强度的试验条件主要有试件尺寸与形状、试件湿度、试件温度、支承条件和加载方式等。

①试件尺寸与形状。形状相同的试件,试件的尺寸越小,试验测得的强度越高;反之亦然。混凝土的强度与试件尺寸有关的现象称为尺寸效应。混凝土试件的尺寸大时,内部缺陷出现的

概率大，易引起应力集中，导致强度降低。我国标准规定采用 150 mm×150 mm×150 mm 的立方体试件作为标准试件。当采用非标准的其他试件时，如果混凝土强度等级小于 C60，所测得的抗压强度应乘以表 8-14 中所列的尺寸换算系数；如果混凝土的强度等级为 C60 及以上，其强度的尺寸换算系数可通过试验确定。

表 8-14 混凝土试件尺寸及强度的尺寸换算系数

试件尺寸/(mm×mm×mm)	集料最大粒径/mm	强度换算系数
100×100×100	31.5	0.95
150×150×150	37.5	1.00
200×200×200	63.0	1.05

混凝土的抗压强度还与试件的形状有关：棱柱体（或圆柱体）试件的抗压强度低于立方体试件的抗压强度；棱柱体（或圆柱体）试件的强度与高宽（径）比有关，高宽（径）比越大，抗压强度越小。

②表面状况。混凝土试件承压面的状况也是影响混凝土强度测试结果的重要因素之一。当试件承压面上有油脂类润滑剂时，"环箍效应"大大减小，试件将出现直裂破坏，测得的强度值较低。

③加载速度。混凝土的抗压强度与加荷速度有关。加载速度越快，测得的强度值越高，当加载速度超过 1 MPa/s 时，这种趋势较为明显。

(6) 提高混凝土强度的措施。

1) 采用高强度水泥和早强型水泥。为了提高混凝土强度，可采用强度等级高的水泥；对于紧急抢修工程、桥梁拼装接头、严寒下的冬期施工，以及其他要求早期强度高的结构物，可优先选用早强型水泥配制混凝土。

2) 增加混凝土密实度。降低水胶比，增加混凝土的密实度，则混凝土强度明显提高，提高混凝土密实度的措施是采用加压(0.07 MPa)脱水成型法或超声波振动法，以排除混凝土中的气泡，使混凝土更加密实。

3) 采用蒸汽或蒸压养护。蒸汽养护是将混凝土放在温度低于 100 ℃ 的常压蒸汽中养护，一般混凝土经过 16~20 h 蒸汽养护后，其强度可达正常养护条件下养护 28 d 强度的 70%~80%。蒸汽养护最适宜的温度随水泥的品种不同而不同，用普通水泥时，最适宜的养护温度为 80 ℃ 左右，而用矿渣水泥和火山灰质水泥时，则为 90 ℃ 左右。蒸汽养护方法主要是用来提高混凝土的早期强度。

4) 采用机械搅拌和振捣。水泥混凝土拌合物在强力搅拌和振捣的作用下，水泥浆的凝聚结构暂时受到破坏，从而降低了水泥浆的黏度及集料间的摩擦阻力，使拌合物能更好地充满模型并均匀密实，使水泥混凝土强度得到提高。

5) 掺加外加剂。在混凝土中掺加外加剂，可改善混凝土的技术性质。掺加早强剂，可提高混凝土的早期强度；掺加减水剂，在不改变流动性的条件下可减少水胶比，从而提高混凝土的强度。

2. 变形

硬化后水泥混凝土的变形，包括非荷载作用下的化学变形、干湿变形和温度变形，以及荷载作用下的弹-塑性变形和徐变。

(1) 非荷载作用下的变形。

1) 化学变形。混凝土拌合物由于水泥水化产物的体积比反应前物质的总体积要小，因而产生收缩,这种收缩称为化学收缩。这种收缩随龄期的增长而增加,以后渐趋稳定,化学收缩是不能恢复的,一般对结构没有什么影响。

2)干湿变形。这种变形主要表现为湿胀干缩。混凝土在干燥中空气中硬化时,随着水分的逐渐蒸发,体积也逐渐发生收缩,如在水中或潮湿条件下养护,混凝土的干缩将随之减少或略产生膨胀。混凝土的收缩值较膨胀值大,混凝土的干缩往往是表面较大,常在表面产生细微裂缝,当干缩变形受到约束时,常会引起构件的翘曲或开裂,从而影响混凝土构件的耐久性。因此,应通过调节集料级配、增大粗集料粒径、减少水泥浆用量、适当选择水泥品种,以及采用振动捣实、早期养护等措施来减小混凝土的干缩。

3)温度变形。混凝土具有热胀冷缩的性质。温度变形引起的热胀冷缩对大体积及大面积混凝土工程极为不利,因为混凝土是不良导体,水泥水化初期放出大量热量难以散发,浇筑后大体积混凝土的内部温度远较外部高,有时可达 50 ℃~70 ℃,这将使内部混凝土产生显著的体积膨胀,而外部混凝土随气温降低而冷却收缩。内部膨胀和外部收缩互相制约,将产生很多应力,当外部混凝土所受拉应力超过混凝土当时的极限抗拉强度时,就产生裂缝。因此,对于大体积混凝土工程,应设法降低混凝土的发热量,如采用低热水泥、减少水泥用量、采用人工降温等措施。对于纵长的钢筋混凝土结构物,应每隔一段长度设置伸缩缝,在结构物内配置温度钢筋。

(2)荷载作用下的变形。

混凝土是一种弹-塑性体,在持续荷载作用下会产生可恢复的弹性变形(ε_t)和不可恢复的塑性变形(ε_s),其应力与应变关系如图 8-13 所示。

在桥梁工程中,以应力为棱柱体极限抗压强度 40% 时的割线弹性模量作为混凝土的弹性模量。

在道路路面及机场跑道工程中,水泥混凝土应测定其抗折时的平均弹性模量作为设计时的设计参数,取抗折强度 50% 时的加荷割线模量。

在路面工程中混凝土要求有高的抗折强度,而且要有较低的抗折弹性模量以适应混凝土路面受荷载后具有较大的变形能力。

(3)徐变。混凝土在持续荷载作用下,随时间增加的变形称为徐变,也称蠕变。徐变是由于硬化后混凝土中存在凝胶体,在作用荷载不变时,凝胶体发生缓慢迁移,使混凝土变形增加。这种在恒定荷载作用下随着时间的增长而产生的变形是不可恢复的,徐变初期增长较快,以后逐渐变慢,到一定时期后,一般 2~3 年可以稳定下来。

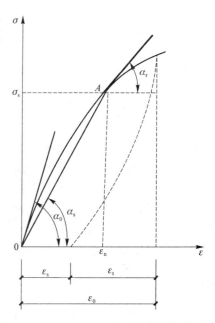

图 8-13 混凝土应力与应变曲线

混凝土徐变与许多因素有关。混凝土水胶比大,龄期短,徐变大;荷载作用时大气湿度小,徐变大;荷载应力大,徐变大;混凝土水泥用量多时,徐变大。另外,混凝土弹性模量小,徐变大。

混凝土无论是受压、受拉还是受弯时,均有徐变现象。在预应力钢筋混凝土桥梁构件中,混凝土徐变可使钢筋的预加应力受到损失,但是,徐变也能消除钢筋混凝土的部分应力集中,使应力均匀地分布,对于大体积混凝土,徐变能消除一部分由于温度变形所产生的破坏应力。混凝土变形与荷载作用时间的关系曲线如图 8-14 所示。

3. 耐久性

耐久性是指混凝土在实际使用条件下抵抗各种破坏因素作用,长期保持强度和外观完整性的能力，包括混凝土的抗冻性、抗渗性、抗蚀性及抗碳化能力等。道路与桥梁用水泥混凝土耐久性要求首先为抗冻性。其次是路面混凝土要具有一定的耐磨性；桥梁墩台混凝土要具有对海水、污水的耐蚀性；隧道混凝土要具有对气体的耐蚀性。另外，近年来，碱-集料反应导致高速公路及桥梁结构的破坏，也引起了人们的关注。

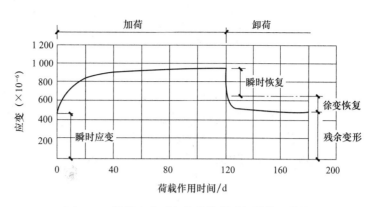

图 8-14 混凝土变形与荷载作用时间的关系曲线

(1)抗冻性。抗冻性是指混凝土在饱水作用状态下，能经受多次冻融循环而不破坏，也不严重降低强度的性能，一般以抗冻等级表示。混凝土的抗冻等级是以 100 mm×100 mm×400 mm 棱柱体混凝土试件在吸水饱和后，于－17 ℃和 5 ℃条件下快速冻结和融化循环，每 25 次融化循环，对试件进行一次横向基频的测试并称重。当冻融至 300 次，或相对动弹性模量下降至 60%以下，或试件的质量损失率达 5%时，即可停止试验，此时的循环次数即混凝土的抗冻等级。混凝土的抗冻等级分为 D10、D15、D25、D50、D100、D150、D200、D250、D300 9 个等级。

影响混凝土抗冻性的因素有很多，主要是材料本身的性质以及混凝土的密实度、强度等。提高混凝土的抗冻性应合理选择水泥品种，选用良好的砂石材料，改善集料的级配，采用减水剂或加气剂，改善混凝土的施工操作方法，提高混凝土的密实度。

(2)抗渗性。抗渗性是指混凝土抵抗水、油等液体渗透的能力。抗渗性的好坏用抗渗等级来表示。抗渗等级分为 P4、P6、P8、P10、P125 5 个等级。

混凝土水胶比对抗渗性起决定性作用。提高混凝土抗渗性的根本措施在于增强混凝土的密实度。

(3)抗侵蚀性。腐蚀的类型通常有淡水腐蚀、硫酸盐腐蚀、溶解性化学腐蚀、强碱腐蚀等。混凝土的抗侵蚀性与密实度有关。同时，水泥品种、混凝土内部孔隙特征对抗侵蚀性也有较大影响。

(4)耐磨性。耐磨性是路面和桥梁用混凝土的重要性能之一。作为高级路面的水泥混凝土，必须具有抵抗车辆轮胎磨耗和磨光的性能。作为大型桥梁的墩台用水泥混凝土也需要具有抵抗湍流空蚀的能力。混凝土耐磨性评价，按现行试验法是以 150 mm×150 mm×150 mm 立方体试件，养护至 27 d 龄期，在 60 ℃烘干至恒重，然后在带有花轮磨头的混凝土磨耗试验机上，在 200 N 负荷下磨削 50 转，计算单位面积磨损量。

(5)碱-集料反应。水泥混凝土中水泥的碱与某些碱活性集料发生化学反应，可引起混凝土膨胀、开裂、甚至破坏，这种化学反应称为碱-集料反应。碱-集料反应会导致高速公路路面或大型桥梁墩台开裂和破坏，并且这种破坏会继续发展，难以补救，因此，引起世界各国的普遍关注。

碱-集料反应具有以下三个条件：

1)混凝土中的集料具有活性；
2)混凝土中含有一定量的可溶性碱；
3)有一定湿度。

为防止碱-集料反应的危害，按现行规范的规定，应使用含碱量小于 0.6%的水泥或采用抑制碱-集料反应的掺合料；当使用含钾、钠离子的混凝土外加剂时，必须专门试验。

提高混凝土耐久性的措施如下：
(1)根据工程所处环境及要求，合理选择水泥品种。
(2)控制水胶比及保证足够的水泥用量。
(3)改善粗、细集料的颗粒级配。
(4)掺加外加剂，以改善抗冻、抗渗性能。
(5)加强浇捣和养护，以提高混凝土强度及密实度，避免出现裂缝、蜂窝等现象。
(6)采用浸渍处理或用有机材料做防护涂层。

我国《混凝土结构工程施工质量验收规范》(GB 50204—2015)规定：对水泥混凝土耐久性的控制，主要从"最大水胶比"和"最小水泥用量"两项来进行限制。

任务8.3 外加剂

混凝土外加剂是在拌制混凝土过程中掺入，用以改善混凝土性能的物质。其掺量应以占胶凝材料总量的百分率表示。

混凝土外加剂按外加剂的主要功能可分为以下几类(表8-15)：
(1)改善混凝土拌合物流变性能的外加剂，包括各种减水剂、引气剂和泵送剂等。
(2)调节混凝土凝结时间、硬化性能的外加剂，包括缓凝剂、早强剂和速凝剂等。
(3)改善混凝土耐久性的外加剂，包括引气剂、防水剂和阻锈剂等。
(4)改善混凝土其他性能的外加剂，包括加气剂、膨胀剂、防冻剂、着色剂、防水剂和泵送剂等。

表8-15 混凝土外加剂分类

类别		使用效果
减水剂	普通减水剂	减水、提高强度或改善和易性
	高效减水剂(流动化剂或称超塑剂)	配制流动混凝土或早强、高强度混凝土
	引气剂	增加含气量，改善和易性，提高抗冻性
调凝剂	缓凝剂	延续凝结时间，降低水化热
	早强剂(促凝剂)	提高混凝土早期强度
	速凝剂	速凝、提高早期强度
	防冻剂	使混凝土在负温下水化，达到预期强度
	防水剂	提高混凝土抗渗性，防止潮气渗透
	膨胀剂	减少干缩

1. 减水剂

减水剂是在混凝土坍落度基本相同的条件下，能减少拌和用水的外加剂。目前，常用的减水剂主要有木质素系、萘磺酸盐系和树脂系及糖蜜系和腐殖酸等。

(1)减水剂的作用机理。减水剂是在不改变混凝土工作性能的条件下，具有减水及增强作用的外加剂。大多数减水剂均为表面活性剂，表面活性剂分子由亲水基团和憎水基团组成。在水泥浆中，亲水基团吸附水分子，而憎水基团指向水泥颗粒表面，并做定向排列，形成吸附水膜层，降低了水与水泥颗粒之间的界面张力，并使水泥颗粒表面均带上相同的电荷，加大了水颗粒的静电斥力,使水泥颗粒互相分散,絮凝结构中的水被释放出来,如图 8-15 所示。同时,大部分减水剂均为有机化合物,在拌制过程中易带入一些气泡,对混凝土拌合物的流动性也有益。因此,在减水剂的分散和引气作用下,混凝土拌合物在不增加用水量的情况下,大幅度地增加了流动性。

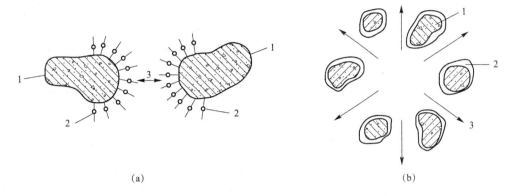

图 8-15 减水剂对水泥颗粒的分散作用
(a)水泥颗粒间减水剂定向排列产生电性斥力;
(b)减水剂的定向排列电性斥力与水缔合作用,使絮凝结构中的游离水释放出来
1—水泥颗粒;2—减水剂;3—电性斥力

(2)减水剂的经济效果。

1)混凝土配合比不变时,可不同程度地增大坍落度,且不影响混凝土的强度。

2)如果保持流动性和水泥用量不变,则可减少拌和用水量10%～20%,使水胶比降低、混凝土强度提高15%～20%,同时提高了耐久性。

3)如果保持混凝土的强度和流动性不变,则可节约水泥用量10%～15%。

2. 早强剂

能提高混凝土的早期强度,并对后期强度无显著影响的外加剂,称为早强剂。早强剂对水泥中的硅酸三钙和硅酸二钙等矿物成分的水化有催化作用,能加速水泥的水化和硬化,具有早强作用。常用的早强剂按化学成分可分为有机盐类、无机盐类和有机复合的复合早强剂类。常用的早强剂有氯化物系早强剂、硫酸盐系早强剂、三乙醇胺系早强剂。

混凝土中掺入早强剂,可缩短混凝土的凝结时间、提高早期强度。早强剂常用于混凝土的快速低温施工。但掺加了氯化钙早强剂,会加速钢筋的锈蚀,因此对氯化钙的掺加量应加以限制,通常配筋混凝土掺量不得超过1%,无筋混凝土掺量也不宜超过3%。为防止氯化钙对钢筋的锈蚀作用,氯化钙早强剂一般与阻锈剂复合使用。

3. 缓凝剂

缓凝剂的作用是延缓水泥的凝结时间。常用的缓凝剂有酒石酸钠、柠檬酸、糖蜜、含氧有机酸、多元醇等,其掺量一般为水泥质量的0.01%～0.02%。

由于缓凝剂在水泥颗粒表面形成了不溶性物质,使水泥悬浮体的稳定程度提高并抑制水泥颗粒凝聚,因此延缓水泥的水化和凝聚。

4. 速凝剂

速凝剂是促使水泥迅速凝结的外加剂。在水化初期,石膏与速凝剂中的反应生成物 NaOH 作用生成 Na_2SO_4,使液相的 SO_4^{2-} 浓度明显降低,此时铝酸钙就迅速水化析出水化铝酸钙,使石膏的缓凝作用失效,从而导致水泥浆速凝。速凝剂可用于路桥隧道的修补、抢修等工程。

5. 引气剂

掺入混凝土中经搅拌能引入大量分布均匀的微小气泡，以改善混凝土拌合物的和易性，并在硬化后仍能保留微小气泡以改善混凝土抗冻性的外加剂，称为引气剂。常用的引气剂有松香热聚物、松香皂等。

引气剂为憎水表面活性物质，由于它能降低水泥水-空气的界面能，同时，由于它的定向排列，形成单分子吸附膜，提高泡膜的强度，并使气泡排开水分而吸附于固相粒子表面，因而能使搅拌过程混进的空气形成微小而稳定的气泡，均匀分布于混凝土中。对于新拌混凝土，由于这些气泡的存在，可改善工作性，减少泌水和离析现象发生。硬化后的混凝土，由于气泡存在使水分不易渗入，又可缓冲其水分结冰膨胀的作用，因而提高了混凝土的抗冻性、抗渗性和抗蚀性。但是，由于气泡的存在，混凝土强度会有所降低。

引气剂的掺量极微，为 0.005%～0.01%；引气量为 3%～6%。

6. 防水剂

混凝土防水剂是一种能减少孔隙和堵塞毛细通道，用以降低混凝土在静水压力下透水性的外加剂。防水剂分为无机防水剂，如三氯化铁、水玻璃等，以及有机防水剂，如有机硅、沥青、橡胶液和树脂乳液等。

掺入防水剂后，混凝土的抗渗性大大增强。但有些防水剂中含有 Cl^-，使用时应适当控制。对于水工结构、地下室、隧道等混凝土工程，由于抗渗和防水要求均较高，因此可选用适宜的防水剂或防水复合外加剂。

任务 8.4　普通水泥混凝土的组成设计

8.4.1　混凝土配合比

混凝土中各组成材料用量之比即混凝土配合比。混凝土配合比设计就是根据原材料的性能和对混凝土的技术要求，通过计算和试配调整，确定出满足工程技术经济指标的混凝土各组成材料的用量。本节介绍水泥、水、细集料、粗集料、矿物掺合料、外加剂的组成设计。

1. 混凝土配合比表示方法

水泥混凝土配合比表示方法有下列两种：

(1)单位用量表示法。以 1 m³ 混凝土中各种材料的用量表示。例如水泥∶矿物掺合料∶水∶细集料∶粗集料＝335 kg∶84 kg∶156 kg∶709 kg∶1 260 kg。

(2)相对用量表示法。以水泥的质量为 1，并按水泥∶矿物掺合料∶细集料∶粗集料，水胶比的顺序排列表示。如 1∶0.25∶2.12∶3.76，$W/C=0.47$。

2. 混凝土配合比设计的基本要求

混凝土配合比设计应满足下列四项基本要求：

(1)满足结构物设计强度要求。无论是混凝土路面还是桥梁，在设计时都会对不同的结构部位提出不同的设计强度要求。为了保证结构物的可靠性，在进行混凝土配合比设计时，必须考虑结构物的重要性、施工单位的施工水平等因素，采用一个比设计强度高的配制强度，才能满足设计强度要求。

(2)满足施工工作性要求。按照结构物断面尺寸和形状、配筋的疏密，以及施工方法和设备来确定工作性(坍落度或维勃稠度)。

(3)满足环境耐久性要求。根据结构物所处的环境条件,如严寒地区的路面或桥梁、桥梁墩台在水位升降范围等,为保证结构的耐久性,在设计混凝土配合比时应考虑允许的"最大水胶比"和"最小水泥用量"。

(4)满足经济性要求。在保证工程质量的前提下,尽量节约水泥,合理使用材料,以降低成本。

3. 混凝土配合比设计的三个参数

在混凝土配合比中,水胶比、单位用水量及砂率值直接影响混凝土的技术性质和经济效益,是混凝土配合比的三个重要参数。

4. 混凝土配合比设计的步骤

(1)计算初步配合比。根据原始资料,按我国现行的配合比设计方法,计算初步配合比。

(2)提出基准配合比。根据初步配合比,采用施工实际材料,进行试拌,测定混凝土拌合物的工作性(坍落度或维勃稠度),调整材料用量,提出一个满足工作性要求的基准配合比。

(3)确定试验室配合比。以基准配合比为基础,增加和减少水胶比,拟订几组(通常为三组)适合工作性要求的配合比,通过制备试块、测定强度,确定既符合强度和工作性要求,又较经济的试验室配合比。

(4)换算工地配合比。根据工地现场材料的实际含水率,将试验室配合比换算为工地配合比。

8.4.2 普通混凝土配合比设计方法

普通混凝土配合比设计方法(以抗压强度为指标的计算方法),依据《普通混凝土配合比设计规程》(JGJ 55—2011)制定。

8.4.2.1 初步配合比的计算

1. 确定混凝土的配制强度($f_{cu,0}$)

(1)当混凝土的设计强度等级小于C60时,配制强度应按式(8-7)计算:

$$f_{cu,0} \geq f_{cu,k} + 1.645\sigma \tag{8-7}$$

式中 $f_{cu,0}$——混凝土配制强度(MPa);

$f_{cu,k}$——混凝土立方体抗压强度标准值,这里取混凝土的设计强度等级值(MPa);

σ——混凝土强度标准差(MPa)。

(2)当混凝土的设计强度等级不小于C60时,配制强度应按式(8-8)计算:

$$f_{cu,0} \geq 1.15 f_{cu,k} \tag{8-8}$$

水泥混凝土立方体试件抗压强度标准差应按照下列规定确定:

1)当具有近1~3个月的同一品种、同一强度等级混凝土强度资料,且试件组数不小于30时,其混凝土强度标准差 σ 应按式(8-9)计算:

$$\sigma = \sqrt{\frac{\sum_{i=1}^{n} f_{cu,i}^2 - n m_{fcu}^2}{n-1}} \tag{8-9}$$

式中 σ——混凝土强度标准差;

$f_{cu,i}$——第 i 组的试件强度(MPa);

m_{fcu}——n 组试件的强度平均值(MPa);

n——试件组数。

对于强度等级不大于C30的混凝土,当 σ 计算值不小于3.0 MPa时,应按式(8-9)计算的结果取值;当 σ 计算值小于3.0 MPa时,应取3.0 MPa。

对于强度等级大于 C30 且小于 C60 的混凝土,当 σ 计算值不小于 4.0 MPa 时,应按式(8-9)计算的结果取值;当 σ 计算值小于 4.0 MPa 时,应取 4.0 MPa。

2)当没有近期的同一品种、同一强度等级混凝土强度资料时,其强度标准差 σ 可按表 8-16 取值。

表 8-16 强度标准差 σ 值

强度等级	≤C20	C25~C45	C50~C55
标准差 σ/MPa	4.0	5.0	6.0

2. 初步确定水胶比(W/B)

(1)按强度要求初步确定水胶比。

1)当混凝土强度等级小于 C60 时,混凝土水胶比应按式(8-10)计算:

$$\frac{W}{B}=\frac{\alpha_a f_b}{f_{cu,0}+\alpha_a \alpha_b f_b} \tag{8-10}$$

式中 α_a、α_b——回归系数,根据工程所使用的原材料,通过试验建立的水胶比与混凝土强度关系式来确定;当不具备上述试验统计资料时,可按表 8-17 采用;

f_b——胶凝材料 28 d 胶砂抗压强度(MPa)。

表 8-17 回归系数 α_a、α_b

系数	石料品种	
	碎石	卵石
α_a	0.53	0.49
α_b	0.20	0.13

2)当胶凝材料 28 d 胶砂抗压强度值无实测值时,可按式(8-11)计算:

$$f_b = \gamma_f \gamma_s f_{ce} \tag{8-11}$$

式中 γ_f,γ_s——粉煤灰影响系数和粒化高炉矿渣粉影响系数,可按表 8-18 选用;

f_{ce}——水泥 28 d 胶砂抗压强度(MPa),可实测,也可按式(8-12)选用。

表 8-18 粉煤灰影响系数(γ_f)和粒化高炉矿渣粉影响系数(γ_s)

掺量/%	种类 粉煤灰影响系数	粒化高炉矿渣粉影响系数
0	1.00	1.00
10	0.90~0.95	1.00
20	0.80~0.85	0.95~1.00
30	0.70~0.75	0.90~1.00
40	0.60~0.65	0.80~0.90
50	—	0.70~0.85

注:①采用Ⅰ级、Ⅱ级粉煤灰宜取上限值;
②采用 S75 级粒化高炉矿渣粉宜取下限值,采用 S95 级粒化高炉矿渣粉宜取上限值,采用 S105 级粒化高炉矿渣粉可取上限值加 0.05。
③当超出表中的掺量时,粉煤灰影响系数和粒化高炉矿渣粉影响系数应经试验确定。

3)当水泥 28 d 胶砂抗压强度无实测值时,可按式(8-12)计算:

$$f_{ce} = \gamma_c \cdot f_{ce,g} \tag{8-12}$$

式中 $f_{ce,g}$——水泥强度等级值（MPa）；

γ_c——水泥强度等级值的富余系数，可按实际统计资料确定；当缺乏实际统计资料时，也可按表 8-19 选用。

表 8-19 水泥强度等级值的富余系数（γ_c）

水泥强度等级值	32.5	42.5	52.5
富余系数	1.12	1.16	1.10

4）矿物掺合料在混凝土中的掺量应通过试验确定。采用硅酸盐水泥或普通硅酸盐水泥时，钢筋混凝土中矿物掺合料最大掺量宜符合表 8-20 的规定。预应力混凝土中矿物掺合料最大掺量宜符合表 8-21 的规定。

表 8-20 钢筋混凝土中矿物掺合料最大掺量

| 矿物掺合料种类 | 水胶比 | 最大掺量/% | |
		采用硅酸盐水泥时	采用普通硅酸盐水泥时
粉煤灰	≤0.40	45	35
	>0.40	40	30
粒化高炉矿渣粉	≤0.40	65	55
	>0.40	55	45
钢渣粉	—	30	20
磷渣粉	—	30	20
硅灰	—	10	10
复合掺合料	≤0.40	65	55
	>0.40	55	45

注：①采用其他通用硅酸盐水泥时，宜将水泥混合材料掺量 20% 以上的混合材量计入矿物掺合料；
②复合掺合料各组分的掺量不宜超过单掺时的最大掺量；
③在混合使用两种或两种以上矿物掺合料时，矿物掺合料总掺量应符合表中复合掺合料的规定。

表 8-21 预应力混凝土中矿物掺合料最大掺量

| 矿物掺合料种类 | 水胶比 | 最大掺量/% | |
		采用硅酸盐水泥时	采用普通硅酸盐水泥时
粉煤灰	≤0.40	35	30
	>0.40	25	20
粒化高炉矿渣粉	≤0.40	55	45
	>0.40	45	35
钢渣粉	—	20	10
磷渣粉	—	20	10
硅灰	—	10	10
复合掺合料	≤0.40	55	45
	>0.40	45	35

注：①采用其他通用硅酸盐水泥时，宜将水泥混合材料掺量 20% 以上的混合材量计入矿物掺合料；
②复合掺合料各组分的掺量不宜超过单掺时的最大掺量；
③在混合使用两种或两种以上矿物掺合料时，矿物掺合料总掺量应符合表中复合掺合料的规定。

(2)按耐久性要求初步确定水胶比。在确定采用的水胶比时，还应考虑混凝土所处的环境条件，根据相应的规范所要求的最大水胶比进行校核。

《混凝土结构设计规范（2015年版）》（GB 50010—2010）中耐久性要求的最大水胶比见表8-22。

表8-22 普通混凝土的最大水胶比

环境类别	条件	最大水胶比
一	室内干燥环境； 无侵蚀性静水浸没环境	0.60
二 a	室内潮湿环境； 非严寒和非寒冷地区的露天环境； 非严寒和非寒冷地区与无侵蚀性的水或土壤直接接触的环境； 严寒和寒冷地区的冰冻线以下与无侵蚀性的水或土壤直接接触的环境	0.55
二 b	干湿交替环境； 水位频繁变动环境； 严寒和寒冷地区的露天环境； 严寒和寒冷地区冰冻线以上与无侵蚀性的水或土壤直接接触的环境	0.50(0.55)
三 a	严寒和寒冷地区冬季水位变动区环境； 受除冰盐影响环境； 海风环境	0.45(0.50)
三 b	盐渍土环境； 受除冰盐作用环境； 海岸环境	0.40
四	海水环境	
五	受人为或自然的侵蚀性物质影响的环境	

注：①室内潮湿环境是指构件表面经常处于结露或湿润状态的环境；
②严寒和寒冷地区的划分应符合现行国家标准《民用建筑热工设计规范》（GB 50176—2016）的有关规定；
③海岸环境和海风环境宜根据当地情况，考虑主导风向及结构所处迎风、背风部位等因素的影响，由调查研究和工程经验确定；
④受除冰盐影响环境是指受到除冰盐盐雾影响的环境；受除冰盐作用环境是指被除冰盐溶液溅射的环境以及使用除冰盐地区的洗车房、停车楼等建筑；
⑤暴露的环境是指混凝土结构表面所处的环境；
⑥素混凝土构件的水胶比的要求可适当放松；
⑦处于严寒和寒冷地区二 b、三 a 类环境中的混凝土应使用引气剂，并可采用括号中的有关参数。

水胶比按上述方法确定后应取两种方法中的较小值。

3. 确定单位用水量（m_{w0}）

(1)干硬性混凝土用水量的确定。当水胶比为 0.40～0.80 时，根据粗集料的品种、最大粒径及施工要求的混凝土拌合物稠度，其单位用水量可按表8-23、表8-24选取。对于水胶比小于0.40 的混凝土，其用水量通过试验确定。

表 8-23　干硬性混凝土的用水量　　　　　　　　　　　　　　　　　　　　　　　　　　kg/m³

拌合物稠度		卵石最大公称粒径/mm			碎石最大粒径/mm		
项目	指标	10.0	20.0	40.0	16.0	20.0	40.0
维勃稠度/s	16~20	175	160	145	180	170	155
	11~15	180	165	150	185	175	160
	5~10	185	170	155	190	180	165

表 8-24　塑性混凝土的用水量　　　　　　　　　　　　　　　　　　　　　　　　　　kg/m³

拌合物稠度		卵石最大粒径/mm				碎石最大粒径/mm			
项目	指标	10.0	20.0	31.5	40.0	16.0	20.0	31.5	40.0
坍落度/mm	10~30	190	170	160	150	200	185	175	165
	35~50	200	180	170	160	210	195	185	175
	55~70	210	190	180	170	220	205	195	185
	75~90	215	195	185	175	230	215	205	195

注：①用水量是采用中砂时的平均值。采用细砂时，每立方米混凝土用水量可增加 5~10 kg；采用粗砂时，则可减少 5~10 kg。
②掺用外加剂和矿物掺合料时，用水量应相应调整。

(2)塑性和流动性混凝土用水量的确定。以表 8-24 中坍落度为 90 mm 的用水量为基础，按坍落度每增大 20 mm 用水量增加 5 kg 计算未掺外加剂时的混凝土用水量。

掺外加剂时的混凝土用水量可按式(8-13)计算：

$$m_{w0} = m'_{w0}(1-\beta) \tag{8-13}$$

式中　m_{w0}——掺外加剂的混凝土每立方米的混凝土用水量(kg/m³)；
　　　m'_{w0}——未掺外加剂的混凝土每立方米的混凝土用水量(kg/m³)；
　　　β——外加剂的减水率(%)。

4. 计算单位胶凝材料用量(m_{b0})

(1)按水胶比、单位用水量计算单位胶凝材料用量。

$$m_{b0} = \frac{m_{w0}}{W/B} \tag{8-14}$$

1)每立方米混凝土的矿物掺合料用量(m_{f0})应按式(8-15)计算：

$$m_{f0} = m_{b0}\beta_f \tag{8-15}$$

式中　m_{f0}——计算配合比每立方米混凝土中矿物掺合料用量(kg/m³)；
　　　β_f——矿物掺合料掺量(%)。

2)每立方米混凝土的水泥用量(m_{c0})应按式(8-16)计算：

$$m_{c0} = m_{b0} - m_{f0} \tag{8-16}$$

式中　m_{c0}——计算配合比每立方米混凝土的水泥用量(kg/m³)。

(2)按混凝土耐久性要求校核单位胶凝材料用量。根据混凝土耐久性要求，普通混凝土的最小胶凝材料用量应符合表 8-25 的规定。

表 8-25　普通混凝土的最小胶凝材料用量

最大水胶比	最小胶凝材料用量/(kg·m⁻³)		
	素混凝土	钢筋混凝土	预应力混凝土
0.60	250	280	300
0.55	280	300	300
0.50	320		
≤0.45	330		

5. 选定砂率(β_s)

砂率应根据集料的技术指标、混凝土拌合物性能和施工要求，参考既有的历史资料确定。当无历史资料可参考时，混凝土砂率应符合下列规定：

(1)坍落度为 10~60 mm 的混凝土，其砂率可根据粗集料品种、最大公称粒径及水胶比按表 8-26 选取。

表 8-26 混凝土的砂率 %

水胶比	卵石最大公称粒径/mm			碎石最大粒径/mm		
	10.0	20.0	40.0	16.0	20.0	40.0
0.40	26~32	25~31	24~30	30~35	29~34	27~32
0.50	30~35	29~34	28~33	33~38	32~37	30~35
0.60	33~38	32~37	31~36	36~41	35~40	33~38
0.70	36~41	35~40	34~39	39~44	38~43	36~41

注：a. 本表数值是中砂的选用砂率，对细砂或粗砂，可相应地减少或增大砂率；
　　b. 只用一个单粒级粗集料配制混凝土时，砂率应适当增大；
　　c. 采用人工砂配制混凝土时，砂率可适当增大。

(2)坍落度大于 60 mm 的混凝土，其砂率可经试验确定，也可在表 8-26 的基础上，按坍落度每增大 20 mm 砂率增大 1% 的幅度予以调整。

(3)坍落度小于 10 mm 的混凝土，其砂率应经试验确定。

6. 计算粗集料(m_{g0})、细集料(m_{s0})单位用量

(1)质量法。当砂率值确定后，粗集料、细集料的单位用量可由式(8-17)和砂率计算公式建立的方程组求得：

$$\left.\begin{array}{r} m_{f0}+m_{c0}+m_{g0}+m_{s0}+m_{w0}=m_{cp} \\ \beta_s=\dfrac{m_{s0}}{m_{g0}+m_{s0}}\times 100 \end{array}\right\} \quad (8\text{-}17)$$

式中　m_{f0}、m_{c0}、m_{w0}、m_{s0}、m_{g0}——每立方米混凝土拌合物中矿物掺合料、水泥、水、细集料和粗集料的用量(kg)；

　　　　m_{cp}——每立方米混凝土拌合物的假定质量(kg)，可取 2 350~2 450 kg/m³。

(2)体积法。粗集料、细集料的单位用量可由式(8-18)和砂率计算公式建立的方程组求得：

$$\left.\begin{array}{r} \dfrac{m_{c0}}{\rho_c}+\dfrac{m_{f0}}{\rho_f}+\dfrac{m_{g0}}{\rho_g}+\dfrac{m_{s0}}{\rho_s}+\dfrac{m_{w0}}{\rho_w}+0.01\alpha=1 \\ \beta_s=\dfrac{m_{s0}}{m_{g0}+m_{s0}}\times 100 \end{array}\right\} \quad (8\text{-}18)$$

通过以上 6 个步骤计算，可将水泥、粉煤灰、水、粗集料、细集料的用量全部求出，得到初步配合比($m_{c0}:m_{f0}:m_{w0}:m_{s0}:m_{g0}$)，而以上各项计算得数利用经验公式或经验资料获得，因此按初步配合比设计所制得的混凝土不一定符合实际要求，应对初步配合比进行试配、检验和调整。

8.4.2.2 试拌调整，提出基准配合比

1. 试配

(1)试配的原材料。水泥混凝土配合比设计所用的各种原材料，应与实际工程使用的材料相同，粗集料、细集料的称量均以干燥状态为基准，细集料含水率应小于 0.5%，粗集料含水率应小于 0.2%。

(2)搅拌方法与拌合物数量。水泥混凝土的搅拌方法，应尽量与生产时使用的方法相同。试拌时，每盘水泥混凝土试配的最小搅拌量应符合表 8-27 的规定，并不应小于搅拌机公称容量的 1/4 且不应大于搅拌机公称容量。

表 8-27 混凝土试配的最小搅拌量

粗集料最大公称粒径/mm	最小搅拌的拌合物量/L
≤31.5	20
40.0	25

2. 校核工作性、调整配合比

按初步配合比计算出试配所需的材料用量，配制水泥混凝土拌合物。通过试验测定混凝土拌合物的坍落度，同时，观察混凝土拌合物的黏聚性和保水性。

当不符合要求时，应进行调整。调整的基本原则如下：若流动性太大，则可在砂率不变的条件下适当增加砂、石的用量；若流动性太小，应在保持水胶比不变的情况下适当增加水和胶凝材料用量；若黏聚性和保水性不良，实质上是混凝土拌合物中砂浆不足或砂浆过多，则可适当增大砂率或适当降低砂率。

调整工作性满足要求时得到的配合比，即是可供混凝土强度试验用的基准配合比 $m_{c1} : m_{f1} : m_{w1} : m_{s1} : m_{g1}$。当试拌调整工作完成后，应测出混凝土拌合物的实际表观密度。

8.4.2.3 检验强度，确定试验室配合比

1. 制作试件、检验强度

经过工作性调整试验得出的水泥混凝土基准配合比，其水胶比不一定选用恰当，混凝土的强度不一定符合要求，所以应对混凝土强度进行复核。在进行混凝土强度试验时至少采用 3 个不同的配合比，其中一个是基准配合比，另外两个的水胶比则分别增加及减少 0.05，用水量应与基准配合比相同，砂率可分别增加 1% 和减少 1%。

每种配合比制作一组(3 块)试件，在制作混凝土抗压强度试件时，应检验混凝土拌合物的坍落度(或维勃稠度)、黏聚性、保水性及拌合物的表观密度，并以此结果作为代表相应配合比的混凝土拌合物的性能。按标准条件养护 28 d，根据试验得出的混凝土强度绘制强度和胶水比的线性关系图或插值法确定略大于配制强度的对应的胶水比。

2. 重新计算配合比

根据检验强度后确定的水胶比和砂率，重新计算混凝土的配合比 $m'_{c2} : m'_{f2} : m'_{w2} : m'_{s2} : m'_{g2}$。

3. 根据实测拌合物表观密度修正配合比

由强度复核之后的配合比，以及根据实测的混凝土拌合物的表观密度做校正，以确定 1 m³ 混凝土拌合物中各种材料的用量，由此得到的配合比 $m_{c2} : m_{f2} : m_{w2} : m_{s2} : m_{g2}$ 称为试验室配合比。

校正系数的确定步骤如下：

(1)计算混凝土拌合物表观密度：

$$\rho_{cc} = m'_{c2} + m'_{f2} + m'_{s2} + m'_{s2} + m'_{w2} \tag{8-19}$$

(2)混凝土配合比校正系数 δ：

$$\delta = \rho_{c,t} / \rho_{c,c} \tag{8-20}$$

式中 $\rho_{c,c}$——混凝土拌合物表观密度计算值(kg/m³)；

$\rho_{c,t}$——混凝土拌合物表观密度实测值(kg/m³)。

当混凝土表观密度计算值与实测值之差的绝对值不超过计算值的 2% 时，按强度与水胶比调整的配合比可维持不变；当两者之差超过 2% 时，应将配合比中每项材料用量均乘以校正系数 δ，即确定的试验室配合比。

8.4.2.4 施工配合比

试验室最后确定的配合比，是按干燥状态集料计算的，而施工现场的砂、碎石材料为露天堆放，都含有一定的水分，因此，施工现场应根据现场砂、碎石实际含水率的变化，将试验室配合比换算为施工配合比 $m_c : m_f : m_w : m_s : m_g$。设施工现场实测砂、石含水率分别为 $a\%$、$b\%$，则施工中配制 $1\ m^3$ 混凝土各种材料的用量为

$$\left.\begin{aligned}&\text{水泥 } m_c = m_{c2}\\&\text{矿物掺合料 } m_f = m_{f2}\\&\text{砂 } m_s = m_{s2}(1+a\%)\\&\text{碎石 } m_g = m_{g2}(1+b\%)\\&\text{水 } m_w = m_{w2} - (m_{s2} \times a\% + m_{g2} \times b\%)\end{aligned}\right\} \quad (8\text{-}21)$$

8.4.3 水泥混凝土配合比设计示例

1. 原始资料

(1)某严寒地区的钢筋混凝土桥台，水泥混凝土设计强度等级为 C30，无强度的历史统计资料，混凝土机械拌和、振捣，施工要求的水泥混凝土拌合物坍落度为 30～50 mm。

(2)组成材料：可供应强度等级为 42.5 MPa 的普通硅酸盐水泥，水泥 28 d 胶砂抗压强度实测值为 44.5 MPa，密度为 3 100 kg/m³；中砂，表观密度为 2 650 kg/m³，施工现场砂含水率为 3%；粒径为 4.75～31.5 mm 碎石，表观密度为 2 700 kg/m³，施工现场碎石含水率为 1%；水为自来水；粉煤灰为 Ⅱ 级，表观密度为 2 200 kg/m³，掺量为 20%。

2. 设计要求

(1)按所给资料计算初步配合比；
(2)按初步配合比在试验室进行试拌，调整得出基准配合比；
(3)根据试配强度和混凝土实测表观密度调整确定试验室配合比；
(4)根据现场砂、碎石实际含水率，将试验室配合比换算为施工配合比。

3. 设计步骤

(1)计算初步配合比。

1)确定水泥混凝土配制强度 $(f_{cu,0})$。

由题意已知，混凝土设计强度 $f_{cu,k} = 30$ MPa，无强度的历史统计资料，查表 8-16 标准差 σ 为 5.0 MPa，则混凝土配制强度 $f_{cu,0}$ 为

$$f_{cu,0} \geqslant f_{cu,k} + 1.645\sigma = 30 + 1.645 \times 5 = 38.2 (\text{MPa})$$

2)计算水胶比 (W/B)。

①计算胶凝材料的强度。由题意已知采用 Ⅱ 级粉煤灰，粉煤灰掺量为 20%，查表 8-18 取粉煤灰影响系数 $\gamma_f = 0.85$、粒化高炉矿渣粉影响系数 $\gamma_s = 1.00$。已知水泥 28 d 胶砂抗压强度实测值为 44.5 MPa，则按式(8-11)计算胶凝材料强度值：

$$f_b = \gamma_f \gamma_s f_{ce} = 0.85 \times 1.00 \times 44.5 = 37.8 (\text{MPa})$$

②按强度要求计算水胶比。已知混凝土配制强度为 38.2 MPa，胶凝材料强度为 37.8 MPa。无混凝土强度回归系数统一资料，查表 8-17 中的回归系数 $\alpha_a = 0.53$、$\alpha_b = 0.20$，则水胶比为

$$\frac{W}{B}=\frac{\alpha_a f_b}{f_{cu,0}+\alpha_a\alpha_b f_b}=\frac{0.53\times37.8}{38.2+0.53\times0.20\times37.8}=0.47$$

③按耐久性校核水胶比。根据混凝土所处的环境条件,查表8-22,允许最大水胶比为0.50,按强度计算的水胶比为0.47,符合结构耐久性要求,所以水胶比采用0.47。

3) 选用单位用水量(m_{w0})和外加剂用量(m_{a0})。由题意已知,要求混凝土拌合物坍落度为30~50 mm,碎石最大粒径为31.5 mm。查表8-24,选用混凝土单位用水量为185 kg/m³。由于没有外加剂,故 $m_{a0}=0$。

4) 计算单位胶凝材料用量(m_{b0})、矿物掺合料用量(m_{f0})和水泥用量(m_{c0})。

①按水胶比、单位用水量计算单位胶凝材料用量。

已知混凝土单位用水量为185 kg/m³,水胶比为0.47,混凝土单位胶凝材料用量按式(8-14)计算

$$m_{b0}=\frac{m_{w0}}{W/B}=\frac{185}{0.47}=394(kg/m^3)$$

按耐久性校核单位胶凝材料用量。由于混凝土所处环境属于严寒地区,查表8-25,最小胶凝材料用量不得小于320 kg/m³。按强度计算单位胶凝材料用量,符合耐久性要求。采用单位水泥材料用量394 kg/m³。

②每立方米混凝土的粉煤灰用量(m_{f0})按式(8-15)计算:

$$m_{f0}=m_{b0}\beta_f=394\times20\%=79(kg/m^3)$$

③每立方米混凝土的水泥用量(m_{c0})按式(8-16)计算:

$$m_{c0}=m_{b0}-m_{f0}=394-79=315(kg/m^3)$$

5) 选定砂率(β_s)。按已知集料采用碎石,最大粒径为31.5 mm,水胶比为0.47,查表8-26,选取砂率$\beta_s=33\%$。

6) 计算砂、碎石用量。

①采用质量法。已知单位水泥用量为315 kg/m³,单位粉煤灰用量为79 kg/m³,单位用水量为185 kg/m³,混凝土拌合物密度取2 400 kg/m³,砂率为33%,由此可得

$$\begin{cases}m_{s0}+m_{g0}=m_{cp}-m_{c0}-m_{f0}-m_{w0}=2\,400-315-79-185=1\,821(kg/m^3)\\ \dfrac{m_{s0}}{m_{s0}+m_{g0}}=\beta_s=0.33\end{cases}$$

解得 $m_{s0}=601$ kg/m³,$m_{g0}=1\,220$ kg/m³。

按质量法计算的初步配合比为 $m_{c0}:m_{f0}:m_{w0}:m_{s0}:m_{g0}=315:79:185:601:1\,220$。

②采用体积法。已知水泥密度为3 100 kg/m³,粉煤灰的表观密度为2 200 kg/m³,砂的表观密度为2 650 kg/m³,碎石的表观密度为2 700 kg/m³,非引气混凝土 $\alpha=1$,则代入式(8-18)得

$$\begin{cases}\dfrac{m_{s0}}{2\,650}+\dfrac{m_{g0}}{2\,700}=\left(1-\dfrac{315}{3\,100}-\dfrac{79}{2\,200}-\dfrac{185}{1\,000}-0.01\times1\right)\\ \dfrac{m_{s0}}{m_{s0}+m_{g0}}=0.33\end{cases}$$

解得砂用量为591 kg/m³,碎石用量为1 200 kg/m³。

按体积法计算的初步配合比为 $m_{c0}:m_{f0}:m_{w0}:m_{s0}:m_{g0}=315:79:185:591:1\,200$。

两种方法计算结果相近。

(2) 调整工作性、提出基准配合比。

1) 计算试样材料用量。按计算初步配合比取样20 L,则各种材料的用量为

水泥:$315\times0.02=6.3$(kg);

粉煤灰:$79\times0.02=1.6$(kg);

砂：591×0.02＝11.8(kg)；

碎石：1 200×0.02＝24.0(kg)；

水：185×0.02＝3.7(kg)。

2)调整工作性。按计算材料用量拌制混凝土拌合物，测定其坍落度为 20 mm，不满足资料所给的施工和易性要求。为此，保持水胶比不变，增加 3% 水泥和胶凝材料用量。经搅拌后测得的坍落度为 40 mm，黏聚性、保水性均良好，满足施工和易性要求。此时，混凝土拌合物各组成材料的实际用量为

水泥：6.3×(1+3%)＝6.5(kg)；

粉煤灰：1.6×(1+3%)＝1.65(kg)；

砂：11.8 kg；

碎石：24.0 kg；

水：3.7×(1+3%)＝3.8(kg)。

3)提出基准配合比。可得基准配合比为 $m_{cl} : m_{fl} : m_{wl} : m_{sl} : m_{gl}$ ＝ 324：81：191：591：1 200。

(3)检验强度、确定试验室配合比。

1)检验强度。以 0.47 为基准，选用 0.42、0.47 和 0.52 三个水胶比，基准用水量不变，相应调整胶凝材料、砂、碎石用量，分别拌制三组水泥混凝土试样，其中对水胶比为 0.42 和 0.52 的两组混凝土拌合物做工作性调整，满足设计要求。按 3 个水胶比分别做成试块，实测 28 d 抗压强度，并列于表 8-28 中。

表 8-28　不同水胶比的混凝土强度值

组别	水胶比 W/B	胶水比 B/W	28 d 立方体抗压强度 $f_{cu,28}$/MPa
A	0.42	2.38	45.3
B	0.47	2.13	39.5
C	0.52	1.92	34.2

按图 8-16 所示的方法绘制强度-胶水比曲线，确定略大于混凝土配制强度 38.2 MPa 对应的胶水比为 2.08，即水胶比为 0.48。

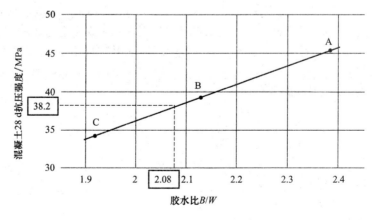

图 8-16　混凝土 28 d 抗压强度与胶水比关系

2)混凝土试验室配合比。

①按强度试验结果修正配合比。1 m³ 混凝土各材料用量为

水用量:191 kg;

胶凝材料用量:191÷0.48=398(kg);

粉煤灰用量:398×20%=80(kg);

水泥用量:398-80=318(kg);

砂、石材料按体积法计算:

$$\begin{cases} \dfrac{m_{s0}}{2\,650} + \dfrac{m_{g0}}{2\,700} = \left(1 - \dfrac{318}{3\,100} - \dfrac{80}{2\,200} - \dfrac{191}{1\,000} - 0.01 \times 1\right) \\ \dfrac{m_{s0}}{m_{s0} + m_{g0}} = 0.33 \end{cases}$$

砂用量:590 kg;

碎石:1 197 kg。

②根据实测拌合物湿表观密度修正配合比。

计算湿表观密度:318+80+191+590+1 197=2 376(kg/m³)。

实测湿表现密度:2 425 kg/m³。

$$(2\,425 - 2\,376) \div 2\,376 \times 100\% = 2.06\% > 2\%$$

当混凝土表观密度计算值与实测值之差的绝对值超过2%时,应将配合比中每项材料用量均乘以校正系数 δ,才是最后确定的试验室配合比。

修正系数:$\delta = 2\,425/2\,376 = 1.02$。

按实测湿表观密度修正后各种材料的用量:

水泥:318×1.02=324(kg/m³);

粉煤灰:80×1.02=82(kg/m³);

水:191×1.02=195(kg/m³);

砂:590×1.02=602(kg/m³);

碎石:1 197×1.02=1 221(kg/m³);

试验室配合比为 $m_{c2} : m_{f2} : m_{w2} : m_{s2} : m_{g2} = 324 : 82 : 195 : 602 : 1\,221$。

③换算施工配合比。根据工地实测,砂的含水率为3%,碎石的含水率为1%,各种材料的用量:

水泥:324 kg/m³;

粉煤灰:82 kg/m³;

砂:602×(1+3%)=620(kg/m³);

碎石:1 221×(1+1%)=1 233(kg/m³);

水:195-(602×3%+1 221×1%)=165(kg/m³);

施工配合比为 $m_c : m_f : m_w : m_s : m_g = 324 : 82 : 165 : 620 : 1\,233$。

任务 8.5 路面水泥混凝土

路面水泥混凝土是指满足混凝土路面摊铺工作性(和易性)、弯拉强度、耐久性与经济性要求的水泥混凝土材料。

8.5.1 路面水泥混凝土组成材料的技术要求

路面水泥混凝土由水泥、粗集料、细集料、外加剂与水组成。

1. 水泥

水泥是路面混凝土的重要组成材料,它直接影响混凝土的强度、早期干缩和温度徐变及磨耗。路面混凝土用水泥应具有抗弯拉强度高、收缩小、抗磨和耐久性好及弹性模量低等技术品质。特重、重交通等级的水泥混凝土路面,应优先采用旋窑道路硅酸盐水泥,也可使用旋窑硅酸盐水泥或普通硅酸盐水泥。中等及轻交通等级的水泥混凝土路面,可采用矿渣硅酸盐水泥。冬期施工、有快凝要求的路段可采用R型早强水泥,高温期施工宜采用普通型水泥。水泥的物理性能及化学成分应符合现行国家标准《通用硅酸盐水泥》(GB 175—2007)、《道路硅酸盐水泥》(GB/T 13693—2017)和《公路水泥混凝土路面施工技术细则》(JTG/T F30—2014)的有关规定。路面水泥混凝土用水泥各龄期的实测强度值见表8-29。

表8-29 路面水泥混凝土用水泥各龄期的实测强度值

混凝土设计弯拉强度标准值/MPa	5.5		5.0		4.5		4.0		试验方法
龄期/d	3	28	3	28	3	28	3	28	—
水泥实测抗折强度/MPa(≥)	5.0	8.0	4.5	7.5	4.0	7.0	3.0	6.5	GB/T 17671
水泥实测抗压强度/MPa(≥)	23.0	52.5	17.0	42.5	17.0	42.5	10.0	32.5	GB/T 17671

2. 粗集料

为获得密实、高强、耐久性好、耐磨耗的混凝土路面,粗集料必须具有一定的强度,耐磨耗,有足够的坚固性和良好的级配。

(1)质量要求。粗集料应使用质地坚硬、耐久、洁净的碎石、碎卵石和卵石。极重、特重、重交通荷载等级公路路面水泥混凝土用粗集料技术等级不应低于Ⅱ级。中、轻交通荷载等级公路路面水泥混凝土可使用Ⅲ级粗集料。

中、轻交通荷载等级公路路面水泥混凝土可使用再生粗集料,再生粗集料可单独或掺配新集料后使用。再生粗集料不得用于裸露粗集料的水泥混凝土抗滑表层,不得使用出现碱活性反应的混凝土作为原料破碎生产的再生粗集料。

(2)最大粒径与级配。为了提高路面混凝土弯拉强度,防止混凝土拌合物离析,减少对摊铺机的机械磨损,提高混凝土的抗冻性及耐磨性,集料的最大粒径不宜过大。路面混凝土用粗集料最大公称粒径:卵石19.0 mm;碎卵石26.5 mm;碎石31.5 mm。

为保证施工质量,防止集料离析,路面混凝土中不得使用没有级配的粗集料和再生粗集料,应按照最大公称粒径的不同,采用2~4个粒级的集料进行掺配。

3. 细集料

(1)质量要求。细集料应采用质地坚硬、耐久、洁净的天然砂、机制砂或混合砂,不宜使用再生细集料。极重、特重、重交通荷载等级公路路面水泥混凝土用细集料技术等级不应低于Ⅱ级。中、轻交通荷载等级公路路面水泥混凝土可使用Ⅲ级细集料。

(2)级配和细度。天然砂、机制砂的颗粒组成应符合规范《公路水泥混凝土路面施工技术细则》(JTG/T F30—2014)规定的级配范围要求。面层水泥混凝土使用的天然砂细度模数宜为2.0~3.7。使用的机制细度模数宜为2.3~3.1。

4. 外加剂

在路面混凝土中，外加剂可改善混凝土的性能，通常掺入的外加剂有减水剂、引气剂、缓凝剂、抗冻剂、早强剂、阻锈剂等。外加剂的功能是减少用水量，适当引气，提高抗弯拉强度，延长凝结时间，提高早期强度等。选用外加剂时，应考虑设计要求、现场情况、材料品质、施工条件，选用适当的外加剂和确定合适的外加剂掺量。

5. 水

饮用水可以直接作为混凝土搅拌和养护用水，非饮用水应进行水质检验，还应与蒸馏水进行水泥凝结时间与水泥胶砂强度对比试验。对比试验的水泥初凝与终凝时间差均不应大于30 min，水泥胶砂3 d 和 28 d 强度不应低于蒸馏水配制的水泥胶砂 3 d 和 28 d 强度的90%。

水中不得含有油污、泥及其他有害杂质。对水质有疑问时，应检验其 pH 值、硫酸盐含量和含盐量。

8.5.2 路面水泥混凝土技术性质

水泥混凝土路面面层直接承受车辆动荷载的冲击、摩擦和剪切作用，还受自然环境因素的影响，因此，路面水泥混凝土必须具有足够的强度和耐久性。同时，表面应具有良好的平整度及较好的抗滑性、耐磨性，以确保行车安全和舒适。为了保证施工质量，要求混凝土具有一定的工作性(和易性)。

1. 抗折强度

各种交通荷载等级，对水泥混凝土抗弯拉强度要求不低于表8-30的标准，条件许可时采用较高的设计强度，特别是特重交通荷载等级的道路。

表8-30 路面水泥混凝土抗弯拉强度标准值

交通荷载等级	极重、特重、重	中等	轻
水泥混凝土抗弯拉强度标准值/MPa	≥5.0	4.5	4.0

2. 工作性(和易性)

混凝土拌合物在施工拌和、运输浇筑、捣实和抹平等过程中不分层、不离析、不泌水，能均匀密实地填充在结构物模板内，即具有良好的工作性，符合施工要求。通常滑模摊铺、三辊轴机组摊铺和小型机具摊铺的路面混凝土的坍落度、振动黏度系数和最大单位用水量需满足相应的要求，见表8-31。

表8-31 混凝土路面滑模最佳工作性允许范围及最大单位用水量

集料品种		卵石混凝土	碎石混凝土
坍落度/mm	滑模摊铺	5~20	10~30
	三辊轴机组摊铺	20~40	20~40
	小型机具摊铺	5~20	5~20
振动黏度系数/(N·s·m^{-2})		200~500	200~500

续表

集料品种		卵石混凝土	碎石混凝土
最大单位用水量/(kg·m⁻³)	滑模摊铺	155	160
	三辊轴机组摊铺	148	153
	小型机具摊铺	145	150

3. 耐久性

混凝土与大自然接触，受到干湿、冷热、水流冲刷、行车磨耗和冲击、腐蚀的作用，要求混凝土路面具有良好的耐久性。在混凝土配合比设计时，采用限制最大水胶比和最小水泥用量来满足路面耐久性的要求，见表 8-32。最大单位水泥用量不宜大于 420 kg/m³；使用掺合料时，最大单位胶材总量不宜大于 450 kg/m³。

表 8-32　各级公路面层水泥混凝土最大水胶比和最小单位水泥用量

公路等级		高速、一级	二级	三、四级
最大水胶比		0.44	0.46	0.48
有抗冰冻要求时最大水胶比		0.42	0.44	0.46
有抗盐冻要求时最大水胶比		0.40	0.42	0.44
最小单位水泥用量/(kg·m⁻³)	52.5 级	300	300	290
	42.5 级	310	310	300
	32.5 级	—	—	315
有抗冰冻、抗盐冻要求时最小单位水泥用量/(kg·m⁻³)	52.5 级	310	310	300
	42.5 级	320	320	315
	32.5 级	—	—	325
掺粉煤灰时最小单位水泥用量/(kg·m⁻³)	52.5 级	250	250	245
	42.5 级	260	260	255
	32.5 级	—	—	265
有抗冰冻、抗盐冻要求时掺粉煤灰混凝土最小单位水泥用量/(kg·m⁻³)	52.5 级	265	260	255
	42.5 级	280	270	265

8.5.3　配合比设计步骤

路面混凝土配合比设计在兼顾经济性的同时应满足强度、工作性（施工和易性）及耐久性的技术要求。各级公路面层水泥混凝土配合比设计宜采用正交试验法；二级及二级以下公路可采用经验公式法。

混凝土配合比设计包括目标配合比设计和施工配合比设计两个阶段。目标配合比主要是在室内进行针对混凝土的水泥用量、集料用量、水胶比、外加剂掺量等的设计。施工配合比则应通过拌合楼试拌来确定相关拌和参数。本节主要介绍目标配合比设计。

1. 配制弯拉强度

$$f_c = \frac{f_r}{1-1.04C_v} + ts \quad (8\text{-}22)$$

式中 f_r——面层水泥混凝土配制 28 d 弯拉强度均值(MPa)；

f_c——设计弯拉强度标准值(MPa)，按设计确定，且不低于表 8-30 的规定；

t——保证率系数，按样本数 n 和判别概率 p 参照表 8-33 确定；

s——弯拉强度试验样本的标准差(MPa)，有试验数据时应使用试验样本的标准差，无试验数据时可按公路等级及设计弯拉强度参考表 8-34 规定的范围确定；

C_v——弯拉强度变异系数，应按统计数据取值，小于 0.05 时取 0.05，无统计数据时可在表 8-35 的规定范围内取值，其中，高速公路、一级公路变异水平等级应为低，二级公路变异水平等级应不低于中。

表 8-33 保证率系数 t

公路等级	判别概率 p	样本数 n/组			
		6～8	9～14	15～19	≥20
高速公路	0.05	0.79	0.61	0.45	0.39
一级公路	0.10	0.59	0.46	0.35	0.30
二级公路	0.15	0.46	0.37	0.28	0.24
三、四级公路	0.20	0.37	0.29	0.22	0.19

表 8-34 各级公路水泥混凝土面层弯拉强度试验样本的标准差

公路等级	高速	一级	二级	三级	四级
目标可靠度/%	95	90	85	80	70
目标可靠指标	1.64	1.28	1.04	0.84	0.52
样本的标准差 s/MPa	0.25～0.50		0.45～0.67	0.40～0.80	

表 8-35 变异系数 C_v 的范围

变异水平等级	低	中	高
变异系数的范围	$0.05 \leq C_v \leq 0.10$	$0.10 \leq C_v \leq 0.15$	$0.15 \leq C_v \leq 0.20$

2. 确定参数步骤

二级及二级以下公路采用经验公式法时，可按下列步骤确定参数：

(1)按照混凝土弯拉强度计算水胶比。不同粗集料类型混凝土的水胶比按下列公式计算：

碎石或破碎卵石混凝土：

$$\frac{W}{B} = \frac{1.5684}{f_c + 1.0097 - 0.3595 f_s} \tag{8-23}$$

卵石混凝土：

$$\frac{W}{B} = \frac{1.2618}{f_c + 1.5492 - 0.4709 f_s} \tag{8-24}$$

式中 f_c——混凝土配制 28 d 弯拉强度的均值(MPa)；

f_s——水泥实测 28 d 抗折强度(MPa)；

(2)水胶比计算。掺用粉煤灰、硅灰、矿渣粉等掺合料时，应计入超量取代法中代替水泥的那一部分掺合料用量(代替砂的超量部分不计入)计算水胶比。

(3)校核耐久性，确定水胶比。按照路面混凝土的使用环境、道路等级，查表 8-31，得到满足耐久性的最大水胶比。在满足弯拉强度和耐久性要求的水胶比中取小值作为路面混凝土的设计水胶比。

3. 砂率的确定

根据砂的细度模数和粗集料品种，查表8-36，选取砂率。在做抗滑槽时，可增大1%～2%。

表8-36 水泥混凝土的砂率 S_P

砂的细度模数		2.2～2.5	2.5～2.8	2.8～3.1	3.1～3.4	3.4～3.7
砂率/%	碎石混凝土	30～34	32～36	34～38	36～40	38～42
	卵石混凝土	28～32	30～34	32～36	34～38	36～40

4. 确定单位用水量

(1) 不掺外加剂和掺合料时，单位用水量的计算。单位用水量按照下列公式计算，其中砂石材料质量以自然风干状态计。

碎石混凝土：
$$m_{w0} = 104.97 + 0.309 S_L + 11.27(B/W) + 0.61 S_P \tag{8-25}$$

卵石混凝土：
$$m_{w0} = 86.89 + 0.370 S_L + 11.24(B/W) + 1.00 S_P \tag{8-26}$$

式中 m_{w0}——不掺外加剂与掺合料的混凝土单位用水量(kg/m³)；

S_L——坍落度(mm)；

S_P——砂率(%)；

B/W——胶水比。

(2) 掺外加剂的混凝土单位用水量的计算。掺外加剂的混凝土单位用水量按照下列公式计算：

$$m_{w,ad} = m_0 (1 - \beta_{ad}) \tag{8-27}$$

式中 $m_{w,ad}$——掺外加剂的混凝土单位用水量(kg/m³)；

m_0——未掺外加剂时混凝土单位用水量(kg/m³)；

β_{ad}——所用外加剂的实测减水率(%)。

计算单位用水量大于表8-31中的规定最大用水量时，应通过采用减水率更高的外加剂降低单位用水量。

5. 确定单位水泥用量

单位水泥用量按式(8-28)计算，根据道路等级和环境条件，查表8-31，得到满足耐久性要求的最小水泥用量，取两者中的大值。

$$m_{c0} = m_{w0} \cdot B/W \tag{8-28}$$

式中 m_{w0}——单位用水量(kg/m³)；

B/W——胶水比。

6. 确定单位掺合料用量

(1) 掺用矿渣粉或硅灰时，配合比设计应采用等量取代水泥法，掺量应通过试验确定并扣除水泥中相同数量的矿渣粉或硅灰。

(2) 掺用粉煤灰时，配合比设计宜按超量取代法进行，取代水泥的部分应扣除等量水泥量；超量部分应代替砂，并折减用砂量。

(3) Ⅰ、Ⅱ级粉煤灰的超量取代系数可按表8-37初选。粉煤灰最大掺量：Ⅰ型硅酸盐水泥不宜大于30%；Ⅱ型硅酸盐水泥不宜大于25%；道路硅酸盐水泥不宜大于20%。粉煤灰总掺量应通过试验最终确定。

表 8-37　粉煤灰的超量系数

粉煤灰等级	Ⅰ	Ⅱ	Ⅲ
超量取代系数	1.1～1.4	1.3～1.7	1.5～2.0

7. 确定砂石材料的用量

面层混凝土中砂石用量的计算方法同普通混凝土，可按体积法或质量法计算。将上述计算确定的单位水泥用量、单位用水量和砂率代入相关方程组联立求解，即可确定砂石用量。按质量法计算时，混凝土单位质量可在 2 400～2 450 kg/m³ 范围内取值；按体积法计算时，应计入设计含气量。

设计结果要求粗集料填充体积率不宜小于 70%，即设计得到的粗集料质量除以该粗集料的振实密度，所得结果要大于 70%，以便获得较好的面层路用性能。

8.5.4　施工配合比

目标配合比确定后，应对该配合比进行试拌、调整，确定其施工配合比设计方法与普通混凝土配合比设计方法相同。

8.5.5　配合比设计示例(以弯拉强度为设计指标)

1. 原始资料

(1)某二级公路路面工程用混凝土(无抗冰冻性要求)，设计要求混凝土抗弯拉强度为 4.5 MPa，施工单位混凝土弯拉强度样本的标准差 s 为 0.4 MPa($n=9$)。混凝土机械搅拌并振捣，采用滑模摊铺机摊铺，施工要求坍落度为 10～30 mm。

(2)材料组成：密度为 3 100 kg/m³ 的 42.5 级普通硅酸盐水泥，28 d 抗折强度为 8.3 MPa；粗集料采用石灰岩碎石，表观密度为 2 750 kg/m³，振实密度为 1 710 kg/m³，饱和面干含水率为 0.5%，工地含水率为 1%；细集料采用细度模数为 3.10 的河砂，其表观密度为 2 650 kg/m³，饱和面干含水率为 0.8%，工地含水率为 3%。

2. 设计要求

按所给资料计算目标配合比。

3. 设计步骤

(1)确定初步配合比。

1)计算配制弯拉强度的均值。

已知路面混凝土样本数为 9，则 $t=0.37$。二级公路路面混凝土变异水平等级取"中"，变异系数 C_v 为 0.10～0.15，取中值 0.125。

$$f_c = \frac{f_r}{1-1.04C_v} + ts = \frac{4.5}{1-1.04\times 0.125} + 0.37\times 0.4 = 5.32(\text{MPa})$$

2)确定水胶比。

①计算：

$$\frac{W}{B} = \frac{1.568\,4}{f_c + 1.009\,7 - 0.359\,5f_s} = \frac{1.568\,4}{5.32 + 1.009\,7 - 0.359\,5\times 8.3} = 0.47$$

②校核：混凝土为二级公路路面所用，无抗冻性要求，最大水胶比为 0.46，按强度计算得到的水胶比结果不符合耐久性要求，故取水胶比 0.46。

3)确定砂率。根据砂的细度模数和粗集料的类型，取砂率 38%。

4)确定用水量。

$$W_0 = 104.97 + 0.309S_L + 11.27(B/W) + 0.61S_P$$
$$= 104.97 + 0.309 \times 20 + 11.27 \times \frac{1}{0.46} + 0.61 \times 38$$
$$= 159(\text{kg/m}^3)$$

5)确定水泥用量。

①计算：

$$C_0 = W_0 \cdot \frac{B}{W} = 159 \times \frac{1}{0.46} = 346(\text{kg/m}^3)$$

②校核：耐久性要求的最小水泥用量为 300 kg/m³，故取水泥用量 346 kg/m³。

6)确定砂石材料用量。

①密度法：

$$\begin{cases} 346 + 159 + S_0 + G_0 = 2\,450 \\ \dfrac{S_0}{S_0 + G_0} \times 100\% = 38\% \end{cases}$$

解得 $S_0 = 739$ kg/m³，$G_0 = 1\,206$ kg/m³。

或体积法：

$$\begin{cases} \dfrac{346}{3\,100} + \dfrac{159}{1\,000} + \dfrac{S_0}{2\,650} + \dfrac{G_0}{2\,750} + 0.01 = 1 \\ \dfrac{S_0}{S_0 + G_0} \times 100\% = 38\% \end{cases}$$

解得 $S_0 = 741$ kg/m³，$G_0 = 1\,208$ kg/m³。

②验算：路面混凝土中碎石的填充体积率为 $\dfrac{1\,208}{1\,710} \times 100\% = 70.6\%$，超过了70%，符合要求。

由此确定路面混凝土的初步配合比为 346 : 159 : 741 : 1 208。

(2)调整工作性，提出基准配合比。试拌，测定其坍落度为 20 mm，保水性良好，黏聚性良好。基准配合比为 346 : 159 : 741 : 1 208。

(3)检验强度、修正密度。采用 3 个水胶比 0.44、0.46、0.48 制作混凝土抗弯拉强度标准试件。测定 28 d 的抗弯拉强度分别为 5.80 MPa、5.35 MPa、5.07 MPa，根据试验结果，选择与基准配合比相同的配合比。

混凝土实测表观密度为 2 480 kg/m³，表观密度实测值与计算值相差不到 2%，因此，无须进行混凝土配合比调整，最终确定试验室配合比为 346 : 159 : 741 : 1 208。

(4)换算施工配合比。

水泥：346 kg/m³；

砂：$741 \times [1 + (3\% - 0.8\%)] = 757(\text{kg/m}^3)$；

石：$1\,208 \times [1 + (1\% - 0.5\%)] = 1\,214(\text{kg/m}^3)$；

水：$159 - 741 \times (3\% - 0.8\%) - 1\,208 \times (1\% - 0.5\%) = 137(\text{kg/m}^3)$。

任务8.6 普通水泥混凝土的质量控制

8.6.1 混凝土质量的波动

混凝土是由水泥、水、细集料和粗集料组成的一种非匀质材料。其质量是否能得到保证，除需选择适宜的原材料和配合比外，还与施工过程中各种材料的质量是否能保持均匀一致，配合比是否能精确控制，拌和、运输、浇灌、振捣和养护等工序是否能够正确地执行有关。这些因素对于混凝土的质量都将产生直接的影响。

1. 原材料的质量和配合比

严格控制配合比是保证混凝土质量的重要措施。在配合比中，严格控制用水量和水胶比的波动是最关键的一环。在混凝土组成材料中，水泥的质量对混凝土的影响极为显著，如水泥实际强度的波动将直接影响混凝土强度的波动。另外，施工现场集料含水率的变化，以及现场集料的混杂或泥土的混入均会引起混凝土质量的波动。

2. 施工工艺

混凝土施工的各个环节[如拌和方式(人工或机械)、运输时间、浇灌或振捣情况]及养护时间、湿度等，均对混凝土的质量有明显影响。

3. 养护方法

混凝土浇筑完毕应在 12 h 内用稻草、麻袋等物覆盖，并经常洒水养护，防止出现早期干缩裂缝，养护时间一般不少于 7 d。在低温环境下，施工应采取保温加热措施；在炎热气候条件下，可将施工时间调整至夜晚，并注意原材料堆放处的散热、降温，以保证水泥正常水化。

4. 试验条件

混凝土质量的好坏必须通过试验来直观反映。在进行试验时往往存在取样方法、时间成型及养护条件的差异。要做到精确地反映混凝土的质量，就必须严格按照有关规范规定的试验方法进行各项试验。同时，应按规范要求定期标定仪器，以减少仪器因精度不够造成的误差。

8.6.2 混凝土质量的评价方法

混凝土质量一般以抗压强度来评定，为了进行混凝土的质量评定，必须有足够的混凝土强度试验值来反映总体混凝土的质量，并用数理统计方法计算出其算术平均值、标准差、变异系数等统计参数，来评定其质量。

1. 统计方法(已知标准差方法)

当混凝土生产条件在较长时间内能保持一致，且同一品种混凝土的强度变异性能保持稳定时，应由连续的 3 组试件代表一个验收批。其强度应同时符合式(8-29)和式(8-30)的要求。

当混凝土强度不高于 C20 时，其强度最小值应满足：

$$\left.\begin{array}{l} m_{fcu} \geqslant f_{cu,k} + 0.7\sigma_0 \\ f_{cu,min} \geqslant f_{cu,k} - 0.7\sigma_0 \end{array}\right\} \tag{8-29}$$

当混凝土强度高于 C20 时，其强度最小值应满足：

$$f_{cu,min} \geqslant 0.85 f_{cu,k} \tag{8-30}$$

式中 m_{fcu}——同一验收批混凝土强度的平均值(MPa)；

$f_{cu,k}$——设计的混凝土强度标准值(MPa)；

$f_{cu,min}$——同一验收批混凝土强度的最小值(MPa)；

σ_0——验收批混凝土强度的标准差(MPa)。

验收批混凝土强度的标准差 σ_0 应根据前一个检验期(不超过 3 个月)内同一品种混凝土试件的强度数据，按式(8-31)确定：

$$\sigma_0 = \sqrt{\frac{\sum_{i=1}^{n} f_{cu,i}^2 - n m_{fcu}^2}{n-1}} \tag{8-31}$$

式中 $f_{cu,i}$——前一检验期内同一品种、同一强度等级的第 i 组混凝土试件的立方体抗压强度代表值强度(MPa);

m_{fcu}——前一检验期内同一品种、同一强度等级的混凝土立方体抗压强度平均值(MPa);

n——前一检验期内的试件组数。

2. 未知标准差统计方法

当混凝土生产条件不能满足前述规定,或在前一个检验期内的同一品种混凝土没有足够的数据用以确定验收批混凝土强度标准差时,应由不少于10组的试件代表一个验收批,其强度应同时符合式(8-32)的要求。当试件大于或等于10组时,则按下述条件评定:

$$\left.\begin{array}{l} m_{fcu} \geqslant f_{cu,k} + \lambda_1 S_{fcu} \\ f_{cu,min} \geqslant \lambda_2 \cdot f_{cu,k} \end{array}\right\} \tag{8-32}$$

式中 λ_1,λ_2——合格判定系数,见表 8-38;

S_{fcu}——同一检验批混凝土立方体抗压强度标准差(MPa),当计算值小于 2.5 MPa 时,取 2.5 MPa。

表 8-38 合格判定系数 λ_1、λ_2 值

n	10~14	15~19	≥20
λ_1	1.15	1.05	0.95
λ_2	0.90	0.85	0.85

3. 非统计方法

对零星生产的预制构件的混凝土或现场搅拌批量不大的混凝土,按非统计方法判定混凝土的强度。当试件组数 $n<10$ 时,所保留的强度应同时满足式(8-33)的要求。

$$\left.\begin{array}{l} m_{fcu} \geqslant \lambda_3 f_{cu,k} \\ f_{cu,min} \geqslant \lambda_4 \cdot f_{cu,k} \end{array}\right\} \tag{8-33}$$

式中 λ_3,λ_4——合格判定系数,见表 8-39。

表 8-39 混凝土强度的非统计合格评定系数

混凝土强度等级	<C60	≥C60
λ_3	1.15	1.10
λ_4	0.95	

【**例 8-1**】 试验室对同配比的混凝土进行抗压强度试验,其试验结果分别为 30.1 MPa、30.5 MPa、35.5 MPa、27.5 MPa、32.1 MPa、32.8 MPa、33.6 MPa、34.8 MPa、32.5 MPa、33.5 MPa,已知设计强度为 C30,问该批混凝土的质量是否合格?

解:

$$m_{fcu} = \frac{30.1+30.5+35.5+27.5+32.1+32.8+33.6+34.8+32.5+33.5}{10} = 32.29(MPa)$$

$$S_{fcu} = 2.38 \text{ MPa}$$

由 $n=10$ 查表 8-38 可知 $\lambda_1=1.15$,$\lambda_2=0.90$。

$$m_{fcu} = 32.3 \text{ MPa}$$

$$m_{cu,k} + \lambda_1 S_{fcu} = 30 + 1.15 \times 2.38 = 32.7(MPa)$$

$$m_{fcu} < m_{fu,k} + \lambda_1 S_{fcu}$$

$$f_{cu,min} = 27.5 \text{ MPa} \geqslant \lambda_2 \cdot f_{cu,k} = 0.9 \times 30 = 27(MPa)$$

所以,该批混凝土质量不合格。

任务 8.7　其他功能混凝土

在道路与桥梁工程中，除普通水泥混凝土外，对于高强度混凝土、聚合物混凝土及新型混凝土等都有了很大的发展，现将这几种混凝土介绍如下。

8.7.1　高强度混凝土

强度等级为 C50～C80 的混凝土称为高强度混凝土。为了减轻自重、增大跨径，现代高架公路、立体交叉和大型桥梁等混凝土结构均采用高强度混凝土。

1. 组成材料的技术要求

(1)优质高强度水泥。高强度混凝土用水泥应选用硅酸盐水泥和普通硅酸盐水泥，水泥用量不宜大于 500 kg/m³。

(2)粗集料宜采用连续级配，其最大公称粒径不宜大于 25 mm，针片状颗粒含量不宜大于 5%，含泥量不应大于 0.5%，泥块含量不应大于 0.2%。

(3)细集料的细度模数宜为 2.6～3.0，含泥量不应大于 2.0%，泥块含量不应大于 0.5%。

(4)宜采用减水率不小于 25% 的高性能减水剂。

(5)宜复合掺用粒化高炉矿渣粉、粉煤灰和硅灰等矿物掺合料，粉煤灰等级不应低于Ⅱ级，对强度等级不低于 C80 的高强度混凝土宜掺用硅灰。

2. 技术性能

(1)高强度混凝土可有效地减轻自重。

(2)高强度混凝土可大幅度地提高混凝土的耐久性。

(3)在大跨度的结构物中采用高强度混凝土，可大大减少材料用量及建筑成本，获得显著的经济效益。

3. 配合比确定

高强度混凝土配合比应经试验确定，在缺乏试验依据的情况下，配合比宜符合《普通混凝土配合比设计规程》(JGJ 55—2011)的有关规定。高强度混凝土抗压强度测定宜采用标准尺寸试件，使用非标准尺寸试件时，尺寸换算系数应经试验确定。

8.7.2　纤维混凝土

纤维混凝土由普通混凝土和均匀分散的短纤维制成。纤维按变形性能，可分为低弹性模量纤维(尼龙纤维、聚丙烯纤维)和高弹性模量纤维(钢纤维、玻璃纤维、碳纤维等)。

采用低弹性模量纤维时，对混凝土抗拉强度影响不大，但可改善混凝土的冲击韧性。采用高弹性模量纤维时，能显著提高混凝土抗拉强度，而对抗压强度提高不大。

纤维混凝土中纤维含量多，纤维长径比适当，纤维按拉应力方向平行排列，故能提高纤维混凝土的抗拉强度。下面重点介绍钢纤维混凝土。

钢纤维混凝土是以水泥混凝土为基材与不连续而分散的纤维为增强材料所组成的一种复合材料。掺入的钢纤维可以改善混凝土的脆性，从而提高混凝土的抗拉强度和韧性。

1. 钢纤维混凝土的力学性能

(1)弯拉强度和抗拉强度较高；

(2)抵抗动载振动冲击的能力较强；

(3)具有极高的耐疲劳性能;
(4)具有柔韧性;
(5)具有抗冻胀和抗盐冻脱皮性能,但不耐锈蚀、用量大、价格高、热传导系数大,不适用于隔热要求的混凝土路面。

2. 钢纤维混凝土组成设计

(1)水胶比的确定和计算:根据混凝土配制弯拉强度计算水胶比,且确定满足耐久性要求的水胶比。

(2)确定钢纤维掺量体积率:由钢纤维混凝土板厚设计折减系数(0.65~0.70)、钢纤维长径比(30~100)、端锚外形等构成,由试验初选钢纤维掺量体积率,或由试验确定。

(3)确定用水量:根据路面不同摊铺方式所要求的坍落度确定单位用水量。

(4)计算单位水泥用量:桥面与路面钢纤维混凝土,单位水泥用量为360~450 kg/m³,但不宜大于500 kg/m³。

(5)确定砂率:一般采用38%~50%,也可经计算或试配调整后得到。

(6)确定粗集料、细集料用量:按体积法或质量法确定粗集料、细集料用量。具体见普通水泥混凝土配合比设计。

(7)进行性质试验:应根据工程要求进行抗压强度、弯拉强度及施工和易性等试验。

3. 工程应用

钢纤维与混凝土组成的复合材料,可使混凝土的抗弯拉、抗裂强度、韧性和冲击强度等性能得到改善,所以,钢纤维混凝土广泛应用于道路与桥隧工程,如机场道面、高等级路面、桥梁桥面铺装和隧道衬砌等。

8.7.3 轻集料混凝土

采用轻集料混凝土作为桥梁建筑材料是近年来研究的新动向。为减轻桥梁自重,常应用轻质高强度混凝土材料,除前述高强度措施外,研究的注意力主要集中在轻集料上。人工轻集料是以优质膨胀页岩、卵石和砂等为原料,经粉碎、煅烧至1 200 ℃,冷却后筛分制得的,呈硬质玻璃状,表面不易吸水,内部含有许多不连通的空隙,表观密度为1.25~1.62 g/cm³,松装密度为750~1 000 g/cm³。采用这种人工轻集料可配制成28 d抗压强度为50 MPa的桥梁混凝土,自重较普通混凝土约减轻20%,可节约预应力钢筋10%。但是,弹性模量只有同强度等级普通混凝土的60%左右,徐变和应力损失也大。因此,目前认为轻集料混凝土用于中小跨径桥梁以减轻自重有一定效果,但用于大路径桥梁还有待进一步研究。

8.7.4 流态混凝土

目前,公路工程中混凝土用量不断增加。为了提高工程质量和管理水平,逐渐采用集中厂拌生产预拌混凝土,然后运至现场浇灌的施工方法。由于运输途中混凝土和易性要随时间降低,而预应力混凝土路面或桥梁要求强度高、流动性好,因此,保证混凝土质量和施工和易性之间的矛盾较为突出。近年来采用掺加流化剂可解决这一矛盾。流化剂属于非加气型的、不缓凝的高效减水剂,采用后加法(在预拌混凝土浇灌前加入,随即使用)。

流态混凝土是在预拌的坍落度为80~120 mm的基体混凝土拌合物中,加入外加剂(流化剂),经过二次搅拌,使基体混凝土拌合物的坍落度等于或大于160 min,能自流填满模型或钢筋间隙的混凝土,又称超塑性混凝土,它是由基体混凝土、流化剂、掺合料组成的新型混凝土。

1. 流态混凝土的特点

流态混凝土的特点:流动性好,能自流填满模型或钢筋间隙,适用于泵送,施工方便;由于使用流化剂可大幅度降低水胶比而不需多用水泥，避免了水泥浆多带来的缺点，故可制得高强、耐久、不渗水的优质混凝土，它一般有早强和高强效果。流态混凝土的流动度大但无离析和泌水现象。

2. 流态混凝土的力学性能

（1）抗压强度。一般情况下，流态混凝土与基体混凝土相比较，同龄期的强度无多大差别。但是由于流化剂的性能各异，有些流化剂可起到一定的早强作用，因而使流态混凝土的强度有所提高。

（2）弹性模量。掺加流化剂后，混凝土的弹性模量与抗压强度一样，未见明显差别。

（3）与钢筋的粘结强度。由于流化剂使混凝土拌合物的流动性增加，故强度有所提高。

（4）徐变和收缩。流态混凝土的徐变较基体混凝土稍大，而与流动性混凝土接近。流态混凝土收缩与流化剂的品种和掺加量有关。掺加缓凝型流化剂时，其收缩比基体混凝土大。

（5）抗冻性。流态混凝土的抗冻性比基体混凝土稍差，与流动性混凝土接近。

（6）耐磨性。试验表明，流态混凝土的耐磨性较基体混凝土稍差，作为路面混凝土，应考虑提高耐磨性。

3. 工程应用

流态混凝土在道路与桥梁工程中的应用日益广泛，例如，越江隧道的水泥混凝土路面、斜拉桥的混凝土主塔，以及地铁的衬砌封顶等均需采用流态混凝土。

8.7.5 碾压水泥混凝土

碾压水泥混凝土是以级配集料和较低的水泥用量与用水量，以及掺合料和外加剂等组成的超干硬性混凝土拌合物，经振动压路机等机械碾压密实而形成的一种混凝土。这种混凝土铺筑成的路面具有强度高、密度大、耐久性好和节约水泥等优点。

1. 材料组成和组合设计

（1）水泥。路面碾压混凝土应选用弯拉强度高、凝结时间稍长、强度发展快、干缩性小及耐磨性好的水泥。矿渣水泥和含火山灰材料的普通水泥不宜用于高等级公路碾压混凝土路面。

（2）矿质混合料。路面碾压混凝土用粗、细集料应能组成密实的混合料，符合密级配的要求。

粗集料的粒径用于路面面层应不大于19 mm，砂率宜为35%～40%，级配应符合有关要求。

（3）掺合料。为节约水泥、改善和易性和提高耐久性，通常均应掺加粉煤灰。

（4）外加剂。为改善混凝土和易性及有足够的碾压时间，可掺加缓凝型减水剂。

2. 技术性能

（1）强度高。碾压混凝土路面由于矿质混合料组成为连续密级配，经过振动压路机和轮胎压路机等的碾压，使各种集料排列为骨架密实结构，这样不仅可节约水泥用量，而且能使水泥胶结物发挥最大作用，因而具有高的强度，特别是早期强度高。

（2）干缩率小。碾压混凝土由于其组成材料配合比的改进，使拌合物具有优良的级配和较低的含水率，这种拌合物在碾压机械的作用下，才有可能使矿质集料形成包裹一层很薄的水泥浆而又互相靠拢的骨架。这样，在碾压混凝土中，水泥浆与集料的体积比率大大降低。因为水泥浆的干缩率比集料大得多，所以碾压混凝土的干缩率也大大减小。

（3）耐久性好。由于在形成密实结构的过程中，拌合物中的空气被碾压机械排出，所以碾压水泥混凝土中的孔隙率大为降低。这样，其抗水性、抗渗性和抗冻性等指标都有了提高。

3. 配合步骤

碾压式水泥混凝土配合比设计采用击实试验结合实践经验的方法，其主要步骤如下：

(1)确定矿质材料的组成配合比。按要求级配确定各级集料用量,并按粗集料的空隙确定砂率。

(2)确定最佳含水率和最大表观密度。采用正交设计方法求出含水率与表观密度、含水率与强度曲线,确定配合比的最佳含水率和最大表观密度。

(3)确定水泥用量。用改进的维勃稠度仪测定工作性,确定水泥用量。

(4)计算初步配合比。根据已知的用水量、水泥用量和砂率,按绝对体积法计算初步配合比。

(5)试样调整、强度校核。通过试拌调整并做抗弯强度校核,提出试验室建议配合比。

(6)现场修正配合比。碾压式水泥混凝土的配合比在很大程度上取决于现场施工工艺,必须经工地实践再行修正。

4. 工程应用

碾压式水泥混凝土主要用于大坝、道路及机场路面混凝土等工程,若应用于水泥混凝土路面,可以做成一层式或两层式,也可以作为底层,面层采用沥青混凝土作为抗滑、磨耗层。

试验 8.1 水泥混凝土拌合物的拌和与现场取样方法(JTG 3420—2020)

1. 目的和适用范围

本方法规定了水泥混凝土拌合物室内拌和与现场取样方法。本方法适用于普通水泥混凝土的拌和与现场取样,也适用于轻质水泥混凝土、防水水泥混凝土、碾压水泥混凝土等其他特种水泥混凝土的拌和与现场取样,但因其特殊性所引起的对仪具及方法的特殊要求,均应按这些水泥混凝土的相关技术规定进行。

2. 仪器设备

(1)强制式搅拌机:应符合现行《混凝土试验用搅拌机》(JG 244—2009)的规定(图 8-17)。

(2)振动台:应符合现行《混凝土试验用振动台》(JG/T 245—2009)的规定。

(3)磅秤:最大量程不小于 50 kg,感量不大于 5 g。

(4)天平:最大量程不小于 2 000 g,感量不大于 1 g。

(5)其他:铁板、铁铲等。

3. 试验方法和步骤

(1)拌和步骤。

1)拌和时保持室温 20 ℃±5 ℃,相对湿度大于 50%。

图 8-17 混凝土搅拌机

2)拌和前,应将材料放置在温度为 20 ℃±5 ℃的室内,且时间不宜少于 24 h。

3)为防止粗集料的离析,可将集料分档堆放,使用时再按一定比例混合。试样从抽样至试验结束的整个过程中,避免阳光直晒和水分蒸发,必要时应采取保护措施。

4)拌合物的总量至少应比所需量多 20%以上。拌制混凝土的材料以质量计,称量的精确度:集料为±1%,水、水泥、掺合料和外加剂为±0.5%。

5)粗集料、细集料均以干燥状态(含水率小于 0.5%的细集料和含水率小于 0.2%的粗集料)

为基准,计算用水量时应扣除粗集料、细集料的含水量。

6)外加剂的加入:

①对于不溶于水或难溶于水且不含潮解型盐类的外加剂,应先和一部分水泥拌和,以保证分散。

②对于不溶于水或难溶于水但含潮解型盐类的外加剂,应先和细集料拌和。

③对于水溶性或液体外加剂,应先和水均匀混合。

④其他特殊外加剂,尚应符合相关标准的规定。

7)拌制混凝土所用各种用具,如铁板、铁铲、抹刀,应预先用水润湿,使用后必须清洗干净。

8)使用搅拌机前,应先用少量砂浆进行涮膛,再刮出涮膛砂浆,以避免正式拌和混凝土时水泥砂浆黏附筒壁的损失。涮膛砂浆的水灰比及砂灰比,应与正式的混凝土配合比相同。

9)用拌和机拌和时,拌和量宜为搅拌机最大容量的 1/4~3/4。

10)搅拌机搅拌。按规定称好原材料,往搅拌机内顺序加入粗集料、细集料、水泥。开动搅拌机,将材料拌和均匀,在拌和过程中将徐徐加水,全部加料时间不宜超过 2 min。水全部加入后,继续拌和约 2 min,而后将拌合物倒出在铁板上,再经人工翻拌 1~2 min,务必使拌合物均匀一致。

11)人工拌和。采用人工拌和时,先用湿布将铁板、铁铲润湿,再将称好的砂和水泥在铁板上拌匀,加入粗集料,再混和搅拌均匀。而后将此拌合物堆成长堆,中心扒成长槽,将称好的水倒入约一半,将其与拌合物仔细拌匀,再将材料堆成长堆,扒成长槽,倒入剩余的水,继续进行拌和,来回翻拌至少 10 遍。

12)从试样制备完毕到开始做各项性能试验不宜超过 5 min(不包括成型试件)。

(2)现场取样。

1)新拌混凝土现场取样:凡是从搅拌机、料斗、运输小车以及浇制的构件中取新拌混凝土代表性样品时,均须从三处以上的不同部位抽取大致相同份量的代表性样品(不要抽取已经离析的混凝土),在室内集中用铁铲翻拌均匀,而后立即进行拌合物的试验。拌合物取样量应多于试验所需数量的 1.5 倍,且最小体积不宜小于 20 L。

2)从第一次取样到最后一次取样,不宜超过 15 min。

试验 8.2 水泥混凝土拌合物稠度试验方法(坍落度仪法)(JTG 3420—2020)

1. 目的和适用范围

本方法规定了采用坍落度仪测定水泥混凝土拌合物稠度的试验方法。本方法适用于坍落度大于 10 mm、集料最大粒径不大于 31.5 mm 的水泥混凝土坍落度的测定。

2. 仪器设备

(1)坍落筒:如图 8-18 所示,应符合现行《混凝土坍落度仪》(JG/T 248—2009)的规定。坍落筒为铁板制成的截头圆锥筒,厚度不小于 1.5 mm,内侧平滑,没有铆钉头之类的突出物,在筒上方约 2/3 高度处有两个把手,近下端两侧焊有两个踏脚板,保证坍落筒可稳定操作,坍落筒尺寸见表 8-40。

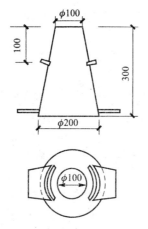

图 8-18 坍落度试验用坍落筒

表 8-40 坍落度筒尺寸

集料最大粒径/mm	筒的名称	筒的内部尺寸/mm		
		底面直径	顶面直径	高度
<31.5	标准坍落度筒	200±2	100±2	300±2

(2)捣棒：直径为 16 mm，长约为 650 mm，并具有半球形端头的钢质圆棒。

(3)其他：小铲、木尺、小钢尺、镘刀和钢平板等。

3. 试验步骤

(1)试验前将坍落筒内外洗净，放在经水润湿过的平板上(平板吸水时应垫以塑料布)，踏紧踏脚板。

(2)将代表样分 3 层装入筒内，每层装入高度稍大于筒高的 1/3，用捣棒在每一层的横截面上均匀插捣 25 次，插捣在全部面积上进行，沿螺旋线边缘至中心，插捣底层时插至底部，插捣其他两层时应插透本层并插入下层 20～30 mm，插捣须垂直压下(边缘部分除外)，不得冲击(图 8-19)。

在插捣顶层时，装入的混凝土应高出坍落筒，随插捣过程随时添加拌合物，当顶层插捣完毕后，将捣

图 8-19 坍落度测试

棒用锯和滚的动作清除掉多余的混凝土，用镘刀抹平筒口并刮净筒底周围的拌合物，然后立即垂直地提起坍落筒，提筒在 3～7 s 内完成，并使混凝土不受横向及扭力作用。从开始装筒至提起坍落筒的全过程应在 150 s 内完成。

(3)将坍落筒放在锥体混凝土试样一旁，筒顶平放木尺，用小钢尺量出木尺底面至试样顶面最高点的垂直距离，即该混凝土拌合物的坍落度，精确至 1 mm。

(4)若混凝土试件的一侧发生崩坍或一边剪切破坏，则应重新取样另测。如果第二次仍发生上述情况，则表示该混凝土的和易性不好，应记录。

(5)当混凝土拌合物的坍落度大于 160 mm 时，用钢尺测量混凝土扩展后最终的最大直径和最小直径，在这两个直径之差小于 50 mm 的条件下，用其算术平均值作为坍落度扩展度值，否则此次试验无效。

(6)在做坍落度试验时，可用目测方法评定混凝土拌合物的下列性质，并予记录。

1)棍度:按插捣混凝土拌合物时的难易程度评定,分上、中、下三级。
①上:表示插捣容易;
②中:表示插捣时稍有石子阻滞的感觉;
③下:表示很难插捣。
2)含砂情况:按拌合物外观含砂多少评定,分多、中、少三级。
①多:表示用镘刀抹拌合物表面时,一两次即可使拌合物表面平整无蜂窝;
②中:表示抹五六次才可使表面平整无蜂窝;
③少:表示抹面困难,不易抹平,有空隙及石子外露等现象。
3)黏聚性:观测拌合物各组成成分相互黏聚的情况。评定方法是用捣棒在已坍落的混凝土锥体一侧轻打,如锥体在轻打后逐渐下沉,表示黏聚性良好;如锥体突然倒坍、部分崩裂或发生石子离析现象,即表示黏聚性不好。
4)保水性:是指水分从拌合物中析出的情况,分多量、少量、无三级。
①多量:表示提起坍落度筒后,有较多水分从底部析出;
②少量:表示提起坍落度筒后,有少量水分从底部析出;
③无:表示提起坍落度筒后,没有水分从底部析出。

4. 结果整理

混凝土拌合物坍落度和坍落扩展度值以"毫米"(mm)为单位,结果精确至 1 mm,结果修约至最接近的 5 mm。

试验 8.3　水泥混凝土拌合物稠度试验(维勃仪法)
（JTG 3420—2020）

1. 目的和适用范围

本方法规定了维勃稠度仪测定水泥混凝土拌合物稠度的方法和步骤。本方法适用于集料公称最大粒径不大于 31.5 mm 的水泥混凝土及维勃时间在 5～30 s 的干稠性水泥混凝土稠度的测定。

2. 仪器设备

(1)稠度仪(维勃仪):由容量筒、坍落筒、透明圆盘、振动台组成,如图 8-20、图 8-21 所示。

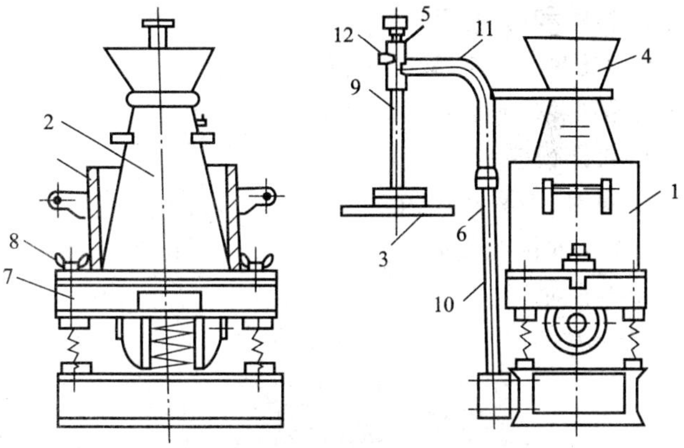

(2)捣棒:直径为 16 mm,长约 600 mm,并具有半球形端头的钢质圆棒。

(3)秒表:分度值为 0.5 s。

图 8-20　稠度计(维勃仪)
1—容量筒;2—坍落筒;3—透明圆盘;4—滑杆;5—套筒;
6—螺栓;7—漏斗;8—支柱;9—定位螺栓;
10—荷载;11—元宝螺栓;12—旋转架

3. 试验步骤

(1)将容量筒 1 用螺母固定在振动台上,放入润湿的坍落筒 2,把漏斗 7 转到坍落筒上口,拧紧螺栓9，使漏斗对在坍落筒口上方。

（2）按坍落度试验步骤，分三层经漏斗装拌合物，每装一层用捣棒从周边向中心螺旋形均匀插捣25次，插捣底层时捣棒应贯穿整个深度，插捣第二层时，捣棒应插透本层至下一层的表面，捣毕第三层混凝土后，拧松螺栓6，把漏斗转回到原先的位置，并将筒模顶上的混凝土刮平，然后轻轻提起筒模。

（3）拧紧定位螺栓9，使圆盘可定向地向下滑动，仔细转圆盘到混凝土上方，并轻轻与混凝土接触。检查圆盘是否可以顺利滑向容器。

（4）开动振动台并按动秒表，通过透明圆盘观察混凝土的振实情况，当圆盘整个底面刚被水泥浆布满时，立即按停秒表和关闭振动台，记下秒表所记时间，精确至1 s。

（5）仪器每测试一次后，必须将容器、筒模及透明圆盘洗净擦干，并在滑杆等处涂薄层黄油，以备下次使用。

图 8-21 维勃仪示意图

4. 结果处理

水泥混凝土拌合物稠度的维勃时间用秒（s）表示；以两次试验结果的平均值作为混凝土拌合物稠度的维勃时间，结果精确到1 s。

试验 8.4 水泥混凝土立方体试件成型与养护试验（GB/T 50081—2019）

1. 目的和适用范围

本试验用于将经过稠度试验合格的水泥混凝土拌合物制备成各种不同尺寸的立方体试件，以进行不同龄期的水泥混凝土抗压强度试验。

2. 仪器设备

（1）试模（图8-22）：由刚性、金属制成的侧模和底板构成，用适当的方法组装而成。试模内表面粗糙度 $Ra=3.2~\mu m$，内部尺寸允许偏差为±0.2%，相邻面夹角为90°±0.3°。试件边长的尺寸公差不得超过1 mm。

（2）振动台（图8-23）：应符合《混凝土试验用振动台》（JG/T 245—2009）的要求。

图 8-22 混凝土试模

图 8-23 混凝土振动台

(3)捣棒：直径为 16 mm、长约为 650 mm，并具有半球形端头的钢质圆棒。
(4)其他：小铲、镘刀、橡皮锤和钢平板等。

3. 试件成型步骤

(1)将试模内壁敷一薄层矿物油脂或其他脱模剂，根据坍落度采用不同的成型方法。

(2)取水泥混凝土拌合物的总量至少比所需量高20%，并取出少量混凝土拌合物代表样，在 5 min 内进行坍落度或维勃试验，认为品质合格后，应在 15 min 内开始制备试件。

(3)水泥混凝土拌合物的捣实。

捣实可采用下列方式：

1)当坍落度小于 25 mm 时，可采用 ϕ25 mm 的插入式振捣棒成型。将混凝土拌合物一次装入试模中，装料时应用抹刀沿各试模壁插捣，并使混凝土拌合物高出试模口；振捣时捣棒距底板 10～20 mm，且不要接触底板。振捣直到表面出浆为止，且应避免过振，以防止混凝土离析，一般振捣时间为 20 s。捣棒拔出时要缓慢，拔出后不得留有孔洞。用刮刀刮去多余的混凝土，在临近初凝时用抹刀抹平。试件表面与试模边缘高低差不得超过 0.5 mm。

2)当坍落度大于 25 mm 且小于 70 mm 时，用标准振动台成型。将试模放在振动台上夹牢，防止试模自由跳动，将混凝土拌合物一次装满试模并稍有富余，开动振动台至混凝土表面出现乳状水泥浆为止，振动过程中随时添加混凝土使试模常满，记录振动时间（一般不超过 90 s）。振动结束后，用金属直尺沿试模边缘刮去多余的混凝土，用镘刀将表面初次抹平，待试件收浆后再次用镘刀将试件仔细抹平，试件抹面与试模边缘的高低差不得超过 0.5 mm。

3)当坍落度大于 70 mm 时，用人工成型。拌合物分厚度大致相等的两层装入试模，捣固时按螺旋方向从边缘到中心均匀地进行。插捣底层混凝土时，捣棒应达模底；插捣上层时，捣棒应贯穿上层后插入下层 20～30 mm 处。插捣时应用力将捣棒压下，保持捣棒垂直，不得冲击。捣完一层后，用橡皮锤轻轻击打试模外端面 10～15 下，以填平插捣过程中留下的孔洞。

每层插捣次数 100 cm 截面面积内不得少于 12 次，试件抹面与试模边缘的高低差不得超过 0.5 mm。

(4)试件养护。

1)试件成型后，用湿布覆盖表面（或其他保持湿度办法），在室温为 20 ℃±5 ℃、相对湿度大于 50% 的环境中静放 1～2 昼夜（不超过 2 昼夜），然后拆模，做第一次外观检查和编号，对有缺陷的试件应除去，或加工补平。当一组（3个试件）中有 1 个存在蜂窝时，本组试件应予作废，除有特殊情况外，应重新制作。

2)将完好的试件放入标准养护室内进行养护，标准养护条件为温度 20 ℃±2 ℃、相对湿度大于 95%。试件宜放在铁架或木架上，彼此间距至少为 10 mm，试件表面应保持一层水膜，并避免直接用水冲淋。当无标准养护室时，将试件放入温度为 20 ℃±2 ℃ 的不流动的 $Ca(OH)_2$ 饱和溶液中养护。

3)标准养护龄期为 28 d（从搅拌加水开始计时），非标准的养护龄期为 1 d、3 d、7 d、60 d、90 d、180 d。

试验8.5　水泥混凝土抗压强度试验方法(JTG 3420—2020)

1. 目的和适用范围

本方法规定了水泥混凝土抗压强度的试验方法。本方法适用于各类水泥混凝土立方体试件的抗压强度试验，也适用于高径比1∶1的钻芯试件。

2. 仪器设备

(1)压力试验机(图8-24)或万能试验机：压力机应符合现行《液压式万能试验机》(GB/T 3159—2008)及《试验机通用技术要求》(GB/T 2611—2007)的规定，其测量精度为±1%，试件破坏荷载应大于压力机全程的20%且小于压力机全程的80%。压力机同时应具有加荷速度指示装置或加荷速度控制装置，上下压板平整并有足够刚度，可均匀地连续加荷卸荷，可保持固定荷载，开机停机均灵活自如，能够满足试件破型吨位要求。

(2)球座：钢质坚硬，面部平整度要求在100 mm距离内的高低差值不超过0.05 mm，球面及球窝粗糙度$R_a=0.32~\mu m$，研磨、转动灵活。不应在大球座上做小试件破型，球座宜放置在试件顶面（特别是棱柱试件），并凸面朝上，当试件均匀受力后，不宜再敲动球座。

(3)混凝土强度等级大于或等于C50时，试件周围应设置防崩裂网罩。

图8-24 压力试验机

3. 试验准备

(1)混凝土抗压强度试件以边长为150 mm的正立方体作为标准试件，其集料最大粒径为31.5 mm。

(2)混凝土抗压强度采用非标准试件时，其集料粒径应符合表8-41的规定。

表8-41 抗压强度试件尺寸　　　　　　　　　　　　　　　　　　mm

集料公称最大粒径	试件尺寸	集料公称最大粒径	试件尺寸
31.5	150×150×150	53	200×200×200
26.5	100×100×100	—	—

(3)混凝土抗压强度试件同龄期者应为一组，每组为3个同条件制作和养护的混凝土试块。

4. 试验步骤

(1)至试验龄期时，自养护室取出试件，应尽快试验，避免其湿度变化。

(2)取出试件，检查其尺寸及形状，相对两面应平行。量出棱边长度，精确至1 mm。试件受力截面积按其与压力机上下接触面的平均值计算。在破型前，保持试件原有湿度，在试验时擦干试件。

(3)以成型时侧面为上下受压面，试件中心应与压力机几何对中。圆柱体应对端面进行处理，确保端面的平行度。

(4)混凝土强度等级小于C30时取0.3～0.5 MPa/s的加荷速度；混凝土强度等级大于或等于C30小于C60时，取0.5～0.8 MPa/s的加荷速度；混凝土强度等级大于或等于C60混凝土取1.0 MPa/s的加荷速度。当试件接近破坏而开始迅速变形时，应停止调整试验机油门，直至试件破坏，记下破坏极限荷载F。

5. 试验结果

(1)混凝土试件抗压强度，按式(8-34)计算：

$$f_{cu}=\frac{F}{A} \qquad (8-34)$$

式中 f_{cu}——混凝土立方体抗压强度(MPa);
　　F——极限荷载(N);
　　A——受压面积(mm^2)。
结果计算精确至0.1MPa。

(2)混凝土强度等级小于C60时,用非标准试件的抗压强度应乘以尺寸换算系数(表8-42),并应在报告中注明。

表8-42 立方体抗压强度尺寸换算系数

试件尺寸	尺寸换算系数
100 mm×100 mm×100 mm	0.95
150 mm×150 mm×150 mm	1.00
200 mm×200 mm×200 mm	1.05

(3)当混凝土强度等级大于或等于C60时,宜采用150 mm×150 mm×150 mm标准试件,使用非标准试件时,换算系数由试验确定。

(4)以三个试件测量值的算术平均值为测定值,结果精确至0.1 MPa。三个试件测量值的最大值或最小值中如有一个与中间值之差超过中间值的15%,则取中间值为测定值;如最大值和最小值与中间值的差值均超过中间值的15%,则该组试验结果无效。

试验8.6 水泥混凝土抗弯拉强度试验(JTG E30—2005)

1. 目的和适用范围

本试验规定了测定水泥混凝土抗弯拉极限强度的方法,以提供设计参数,检查水泥混凝土施工品质和确定抗弯拉弹性模量试验加荷标准。

本方法适用于各类水泥混凝土棱柱体试件。

2. 仪器设备

(1)混凝土搅拌机:自由式或强制式,应附有产品品质保证文件。

(2)拌和用铁板、铁锹、馒刀、小铲。

(3)磅秤:称量100 kg,感量50 g。

(4)天平:称量2 000 g,感量1 g。

(5)量筒:1 000 mL和200 mL各一个。

(6)试验机:采用50～300 kN抗折试验机或万能试验机。抗折试验装置由双点加载压头和活动支座组成,活动支座采用球形支撑,其中一半为一个钢球支撑,另一半为两个钢球支撑。加荷压头的两个加压点也为球形接触,其中一点为单球接触,与双球支座上下对应;另一点为双球接触与单球支座上下对应。

(7)抗折强度试模:尺寸为150 mm×150 mm×550 mm。

(8)养护试件用水槽。

3. 试件制备和养护

(1)使用搅拌机前,应先用少量砂浆进行涮膛,其水胶比及砂胶比与正式混凝土配合比相同。

(2)按规定称好各种原材料,往搅拌机内依次加入石子、砂、水泥,加料时间不宜超过2 min,开动机器将材料拌和均匀,将水徐徐加入,水全部加入后继续拌和约2 min。将拌合物倾出在铁板上，再经人工翻拌 1～2 min，务必使拌合物均匀一致。

(3) 将试模擦净，边模与底模接触处涂抹干黄油，防止漏浆。将试模紧密结合，试模内均匀涂抹一层机油。将拌和好的混凝土拌合物分两层装入试模中，装入高度约为试模 1/2。每层插捣 100 次，按螺旋线由边缘到中心均匀进行。刮除多余的混凝土，用镘刀抹平表面。擦净试模边缘的多余混凝土。试件成型后，在室温 15 ℃～25 ℃、相对湿度大于 50％的情况下，静放 1～2 d，然后拆模并对试件进行外观检查并编号。

(4) 将试件放入水槽中进行养护，水温应在 17 ℃～23 ℃。若用其他方法养护，须在报告中说明养护方法。

到达试验龄期时，从水槽中取出试件并擦干表面水分，检查试件，若试件长向中部 1/3 区段内表面有直径超过 5 mm、深度超过 2 mm 的孔洞，则该试件作废。

(5) 混凝土抗弯拉强度试件应取同龄期者为一组，每组 3 根同条件制作和养护的试件。

4. 试验步骤

(1) 检查标准养护到规定龄期的试件有无蜂窝，若试件中部 1/3 长度内有蜂窝（大于 $\phi 5\ mm \times 2\ mm$），则该试件应作废，否则应在记录中注明。

(2) 在试件中部量出宽度和高度，精确到 1 mm。

(3) 如图 8-25 所示，调整 2 个可移动支座，使其与试验机下压头中心的距离为 225 mm，并旋紧两支座，将试件安放在支座上，试件成型时的侧面朝上，缓缓加初荷载约 1 kN，然后以 0.02～0.05 MPa/s（强度等级＜C30 时）、0.05～0.08 MPa/s（强度等级 C30～C60 时）或以 0.08～0.10 MPa/s（强度等级≥C60 时）的速度均匀加载。当试件接近破坏而开始迅速变形时，应停止调整试验机油门，直至试件破坏，记录最大荷载和下边缘断裂的位置。

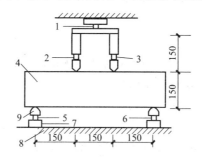

图 8-25 抗折试验装置

1，2，6—一个钢球；3，5—两个钢球；4—试件；
7—活动支座；8—机台；9—活动船形垫块

5. 试验结果

(1) 当断裂面发生在两个加荷点之间时（断面位置在试件断块短边一侧的底面中轴线上量得），抗弯拉强度 f_f 按式(8-35)计算：

$$f_f = \frac{FL}{bh^2} \tag{8-35}$$

式中　f_f——抗弯拉强度(MPa)，精确至 0.01 MPa；

　　　F——试件极限荷载(N)；

　　　L——支座间距离(mm)；

　　　b——试件的宽度(mm)；

　　　h——试件的高度(mm)。

(2)3个试件中若有1个断裂面位于加荷点外侧,则混凝土抗弯拉强度按另外2个试件的试验结果计算。如果这两个测值的差值不大于这2个测值中较小值的15%,则以2个测值的平均值作为测试结果,否则试验结果无效。

(3)若2个试件均出现在断裂面位于加荷点的外侧,则该组试件结果无效。

(4)采用100 mm×100 mm×400 mm 非标准试件时,所取得的抗弯拉强度值应乘以尺寸换算系数0.85。

6. 注意事项

(1)试件从养护水槽中取出后应尽快擦干试件表面的水分进行试验,以免试件内部的湿度发生显著变化。

(2)试验前在试件表面精确画出支点及加荷位置,距端部分别为50 mm、200 mm、350 mm、500 mm。

(3)试验应按规定的加载速度连续而均匀加载,直至试件被破坏。

(4)按试验规程要求评定试件的抗弯拉强度。

复习思考题

一、试设计某桥预应力混凝土 T 梁用混凝土的配合比

【设计资料】

1. 按桥梁设计图纸:水泥混凝土设计强度 $f_{cu,k}=30$ MPa,混凝土信度界限 $t=1.645$,水泥混凝土强度标准差 $\sigma=5.0$ MPa。

2. 按预应力混凝土梁钢筋密集程度和现场施工机械设备,要求水泥混凝土拌合物的坍落度 $H=30\sim50$ mm。

3. 可供选择的组成材料及性质。

(1)水泥:硅酸盐水泥 I 型,强度等级为 42.5,$\rho_c=3\,100$ kg/m³。实测 28 d 抗压强度为 46.8 MPa。

(2)碎石:一级石灰岩轧制的碎石,最大粒径 $d_{max}=31.5$ mm,表观密度 $\rho_g=2\,780$ kg/m³,现场含水率 $w_g=1.0\%$。

(3)砂:清洁河砂,粗度属于中砂,表观密度 $\rho_s=2\,680$ kg/m³,现场含水率 $w_s=4.0\%$。

(4)水:饮用水,符合混凝土拌和用水要求。

(5)减水剂:采用 UNF-5,用量 0.8%,减水率 12%。

【设计要求】

1. 确定水泥混凝土配制强度 $f_{cu,0}$,并选择适宜的组成材料。

2. 按我国现行国家标准方法计算初步配合比。

3. 通过试验室试样调整和强度试验确定试验室配合比。

4. 按提供的现场材料含水率折算为工地配合比。

二、试设计某重交通二级公路面层混凝土(无抗冻性要求)的配合比组成

【设计资料】

1. 路面混凝土的设计弯拉强度标准值 f_{cu} 为 5.5 MPa,施工单位混凝土弯拉强度标准差 s 为 0.5(样本 $n=6$),现场采用小型机具摊铺,拌合物出机坍落度要求为 10~30 mm。

2. 组成材料:水泥为 Ⅱ 型硅酸盐水泥,强度等级为 52.5,实测水泥抗折强度为 7.86 MPa,密度为 $\rho_c=3\,150$ kg/m³;碎石用一级石灰岩轧制,最大粒径为 40 mm,表观密度 $\rho_g=$

2 780 kg/m³，振实密度 ρ_{gh} = 1 736 kg/m³；砂为清洁河砂，细度模数为 2.7，表观密度 ρ_s = 2 700 kg/m³；水为饮用水，符合混凝土拌和用水要求。

【设计要求】
计算该路面混凝土的初步配合比。

三、简答题

1. 什么是水泥混凝土？它为什么能够在高等级路面和桥梁工程中得到广泛应用？
2. 普通水泥混凝土应具备哪些技术性质？这些技术性质与混凝土在路面或桥梁工程中的应用有什么关系？
3. 试述混凝土确定的水胶比定则要义、影响水泥混凝土强度的主要因素及提高强度的主要措施。
4. 何谓水泥混凝土的立方体强度标准值？它与强度等级有什么关系？
5. 试述混凝土拌合物工作性的含义、影响工作性的主要因素和改善工作性的措施，并叙述坍落度与维勃稠度测定方法和适用范围。
6. 水泥混凝土用粗集料、细集料在技术性质上有哪些主要要求？若这些技术性质不符合要求，它们对混凝土的质量有什么影响？
7. 粗集料的最大粒径对混凝土配合比组成和技术性质有什么影响？如何确定最大粒径？何谓连续粒级和单粒级？单粒级粗集料有什么用途？
8. 水泥混凝土组成设计包括哪些内容？在设计时应如何满足四项基本要求和掌握三项参数？
9. 试述我国现行的混凝土配合比设计方法及其内容和步骤。
10. 水泥混凝土试配强度与什么因素有关？它在配合比设计中有何作用？如何确定它？
11. 掺加外加剂混凝土和粉煤灰混凝土配合比设计是根据什么原理来设计的？在设计中应确定哪几个设计参数？

项目 9 建筑砂浆

学习目标

1. 了解建筑砂浆的组成及技术性质。
2. 理解建筑砂浆配合比设计步骤和基本方法。
3. 通过砂浆试验可确定砂浆的工作性和砂浆的强度等级。

任务描述

某公路工程项目需用某一强度等级的水泥砂浆砌筑挡土墙,现需确定水泥砂浆的材料组成比例。采用一定材料比例拌和、成型、养护后的砂浆强度是否能满足要求?若想完成上述任务,学生首先应解决以下问题:

(1)砂浆的类型有哪些?其组成材料是什么?
(2)如何确定各组成材料的比例?砂浆配合比设计的方法和步骤是什么?
(3)如何确定砂浆的工作性和强度?

学习引导

本项目沿着以下脉络进行学习:

砂浆是由胶凝材料、细集料、掺合料和水按一定比例配制而成的建筑工程材料,在工程中起粘结、衬垫和传递应力的作用。常用的胶凝材料有水泥、石灰、黏土等,通常采用两种胶结材料组成混合胶凝材料。

在道路和桥隧工程中,砂浆主要用于砌筑挡土墙、桥涵或隧道等圬工砌体表面的抹面。砂浆按用途可分为砌筑砂浆和抹面砂浆。

任务 9.1 砌筑砂浆

公路与桥梁工程主要用砂浆砌筑挡土墙、护坡、桥涵和其他砖石结构及修饰砌体表面。在施工时砂浆以薄层状态起粘结、传递应力的作用,同时起防护、衬垫和装饰作用。砌筑砂浆一般可分为现场砌筑砂浆和预拌砌筑砂浆,现场砌筑砂浆又可分为水泥砂浆和水泥混合砂浆。

9.1.1 组成材料

砂浆的组成材料除没有粗集料外,基本上与混凝土相同,但也有不同之处。

(1)水泥：砂浆用水泥品种应根据砂浆的用途来选择，宜采用通用硅酸盐水泥或砌筑水泥，且应符合《通用硅酸盐水泥》(GB 175—2007)和《砌筑水泥》(GB/T 3183—2017)的规定。水泥强度等级应根据砂浆品种及强度等级要求进行选择，M15 及以下强度等级的砌筑砂浆宜选用 32.5 级通用硅酸盐水泥或砌筑水泥，M15 以上强度等级的砌筑砂浆宜选用42.5级通用硅酸盐水泥。

(2)掺合料：为提高砂浆的和易性，除水泥外，还掺加各种掺合料(如石灰膏、黏土和粉煤灰等)作为结合料。粉煤灰的品质指标和粉磨生石灰的品质指标应符合标准要求。

(3)砂：砌筑砂浆用砂宜选用中砂，并应符合《普通混凝土用砂、石质量及检验方法标准》(JGJ 52—2006)的规定，且应全部通过 4.75 mm 的筛孔。砂中含泥量或石粉含量过大，不但会增加砂浆的水泥用量，还会增大砂浆的收缩量、降低耐久性，进而影响砌筑质量。

(4)水：拌制砂浆用水与混凝土用水相同。

(5)外加剂：适当加入外加剂可改善砂浆的使用性能。

(6)矿物掺合料：常用的矿物掺合料有石灰膏、粉煤灰、粒化高炉矿渣粉、硅灰、天然沸石粉等。矿物掺合料的品质指标需符合有关标准要求。

9.1.2 技术性质

新拌砂浆应保证有较好的和易性，硬化后有足够的强度。

1. 新拌砂浆的和易性

砂浆的组成中没有粗集料，因此和易性包括流动性及保水性两个方面的要求。

(1)流动性。流动性是指新拌砂浆在自重或外力作用下，易于产生流动的性能。砂浆的流动性用稠度表示。

砂浆的稠度是指将新拌砂浆均匀装入砂浆筒中，置于砂浆稠度仪(图 9-1)台座上，标准圆锥体锥尖由试样表面下沉，经 10 s 的沉入深度(以 cm 计)。砂浆的稠度应按表 9-1 的规定选用。砂浆稠度的选择与砌体材料及施工天气情况有关。对于多孔吸水砌体材料和干热的天气，要求砂浆的流动性要大一些；反之，对于密实不吸水的材料和湿冷天气，则要求流动性小一些。

图 9-1 砂浆稠度仪

表 9-1 砌筑砂浆的稠度

砌体种类	砂浆稠度/mm
烧结普通砖砌体、粉煤灰砖砌体	70～90
混凝土砖砌体、普通混凝土小型空心砌块砌体、灰砂砖砌体	50～70
烧结多孔砖砌体、烧结空心砖砌体、轻集料混凝土小型空心砌块砌体、蒸压加气混凝土砌块砌体	60～80
石砌体	30～50

注：摘自《砌筑砂浆配合比设计规程》(JGJ/T 98—2010)。

砂浆的流动性主要取决于用水量及胶结材料的种类、细集料的种类、颗粒形状与粗糙程度和级配等。

(2)保水性。保水性是指新拌砂浆在运输和施工过程中保持水分不流失和各组分不分离的能力。保水性差的砂浆不仅易引起流浆、泌水现象，而且会影响砂浆与砌筑材料的粘结和砂浆的硬化，降低砌体的强度。

衡量砂浆保水性能好坏的指标是保水率，保水率是吸水处理后砂浆中保留水的质量，用原始水量百分比表示。砌筑砂浆的保水率应符合表9-2的要求。

表 9-2 砌筑砂浆的保水率

砂浆种类	保水率/%
水泥砂浆	≥80
水泥混合砂浆	≥84
预拌砌筑砂浆	≥88

砂浆的保水性主要取决于用水量及胶结材料的种类、用量，砂的品种、细度和用量等。掺有石灰膏和黏土膏的混合砂浆具有较好的保水性。

2. 硬化后砂浆强度

砂浆硬化后应具有足够的强度。砂浆在圬工砌体中，主要是传递压力，所以要求砌筑砂浆具有一定的抗压强度。砂浆抗压强度是确定其强度等级的重要依据。

《建筑砂浆基本性能试验方法标准》（JGJ/T 70—2009）规定：砂浆立方体抗压强度是以70.7 mm×70.7 mm×70.7 mm 的立方体试件，在标准条件下（温度为 20 ℃±2 ℃，水泥砂浆为90%以上），用标准方法测得的养护 28 d 龄期的单位承压面积上的抗压强度值。

$$f_{m,cu} = K \frac{N_u}{A} \tag{9-1}$$

式中　$f_{m,cu}$——砂浆立方体抗压强度（MPa），应精确至 0.1 MPa；

　　　N_u——试件破坏荷载（N）；

　　　A——试件承压面积（mm²）；

　　　K——换算系数，取 1.35。

《砌筑砂浆配合比设计规程》（JGJ/T 98—2010）规定，水泥砂浆、预拌砌筑砂浆的强度等级为 M5、M7.5、M10、M15、M20、M25、M30，水泥混合砂浆的强度等级为 M5、M7.5、M10、M15。

3. 粘结力

砂浆应具有较强的粘结力，以便将砌体材料牢固粘结成一个整体。砂浆的粘结力与其强度密切相关，通常砂浆强度越高，粘结力越大。另外，砖石表面状态、清洁程度、湿润情况及施工养护条件也对粘结力有一定的影响。通常强度越高，粘结力越大。

4. 耐久性

圬工砂浆经常受环境水的作用，故除考虑强度外，还应考虑其抗渗、抗冻、抗侵蚀等性能，砂浆的耐久性的提高，主要通过提高其密实度来实现。

9.1.3 砌筑砂浆的配合比设计计算

1. 水泥混合砂浆配合比计算

（1）计算砂浆试配强度 $f_{m,0}$（MPa）。

$$f_{m,0} = k f_2 \tag{9-2}$$

式中　$f_{m,0}$——砂浆的试配强度，精确至 0.1 MPa；

　　　f_2——砂浆抗压强度平均值，精确至 0.1 MPa；

　　　k——系数，按表 9-3 取值。

表 9-3 砂浆强度标准差 σ 及 k 值

砂浆强度等级 施工水平	M5	M7.5	M10	M15	M20	M25	M30	k
优良	1.00	1.50	2.00	3.00	4.00	5.00	6.00	1.15
一般	1.25	1.88	2.50	3.75	5.00	6.25	7.50	1.20
较差	1.50	2.25	3.00	4.50	6.00	7.50	9.00	1.25

现场确定砌筑砂浆标准差的方法如下：
1）当有统计资料时，按式(9-3)计算：

$$\sigma=\sqrt{\frac{\sum_{i=1}^{n}f_{m,i}^{2}-n\mu_{fm}^{2}}{n-1}} \tag{9-3}$$

式中　$f_{m,i}$——统计周期内同一品种砂浆第 i 组试件的强度(MPa)；
　　　μ_{fm}——统计周期内同一品种砂浆 n 组试件强度的平均值(MPa)；
　　　n——统计周期内同一品种砂浆试件的总组数，$n\geqslant25$。

2）当不具有近期统计资料时，试件现场强度标准差可按表 9-3 取用。
(2)水泥用量的计算。
1）每立方米砂浆中的水泥用量按式(9-4)计算：

$$Q_C=\frac{1\,000(f_{m,0}-\beta)}{\alpha f_{ce}} \tag{9-4}$$

式中　Q_C——每立方米砂浆中的水泥用量，精确至 1 kg；
　　　$f_{m,0}$——砂浆的试配强度，精确至 0.1 MPa；
　　　f_{ce}——水泥的实测强度，精确至 0.1 MPa；
　　　α，β——砂浆的特征系数，其中 $\alpha=3.03$，$\beta=-15.09$。
注：各地区也可用本地区试验资料确定 α、β 值，统计用的试验组数不得少于 30 组。

2）在无法取得水泥的实测强度时，可按式(9-5)计算：

$$f_{ce}=\gamma_c f_{ce,k} \tag{9-5}$$

式中　$f_{ce,k}$——水泥强度等级对应的强度值；
　　　γ_c——水泥强度等级值的富余系数，该值应按实际统计资料确定；无统计资料时，γ_c 可取 1.0。

(3)石灰膏用量应按式(9-6)计算：

$$Q_D=Q_A-Q_C \tag{9-6}$$

式中　Q_D——每立方米砂浆的掺加料用量，精确至 1 kg；使用石灰膏、黏土膏时的稠度为 120 ± 5 (mm)；
　　　Q_C——每立方米砂浆的水泥用量，精确至 1 kg；
　　　Q_A——每立方米砂浆的水泥和石灰膏总用量，精确至 1 kg，可为 350 kg。

(4)每立方米砂浆的砂子用量应按干燥状态(含水率小于 0.5%)的堆积密度值作为计算值(kg)。
(5)每立方米砂浆的用水量根据砂浆稠度等要求可选用 210~310 kg。
注：1）砂浆中的用水量，不包括石灰膏或黏土膏中的水；
2）用细砂或粗砂时，用水量分别取上限或下限；
3）稠度小于 70 mm 时，用水量可小于下限；
4）施工现场气候炎热或干燥季节，可酌量增加用水量。

2. 现场水泥砂浆的试配

(1)水泥砂浆材料用量可按表9-4选用。

表9-4 每立方米水泥砂浆材料用量　　　　　　　　　　　　kg/m³

砂浆强度等级	水泥用量	砂子用量	用水量
M5	200~230	砂的堆积密度	270~330
M7.5	230~260		
M10	260~290		
M15	290~330		
M20	340~400		
M25	360~410		
M30	430~480		

注：①摘自《砌筑砂浆配合比设计规程》(JGJ/T 98—2010)；
　　②试配强度应按式(9-2)计算；
　　③M15及以下强度等级的砌筑砂浆宜选用32.5级通用硅酸盐水泥或砌筑水泥，M15以上强度等级的砌筑砂浆宜选用42.5级通用硅酸盐水泥；
　　④当采用细砂或粗砂时，用水量分别取上限或下限；
　　⑤当稠度小于70 mm时，用水量可小于下限；
　　⑥施工现场气候炎热或干燥季节，可酌量增加用水量。

(2)水泥粉煤灰砂浆材料用量按现行规范《砌筑砂浆配合比设计规程》(JGJ/T 98—2010)选用。

3. 砌筑砂浆配合比试配、调整与确定

(1)试拌：当稠度和保水率不能满足要求时，应调整材料用量，确定砂浆基准配合比。

(2)试配时至少应采用三个不同的配合比，其中一个为基准配合比，其他两个配合比的水泥用量应按基准配合比分别增加或减少10%。在保证稠度、保水率合格的条件下，可将用水量、石灰膏、保水增稠材料或粉煤灰等活性掺合料用量做相应调整。

(3)砌筑砂浆试配时测定不同的配合比的表观密度及强度，并应选定符合试配强度及和易性要求、水泥用量最低的配合比作为砂浆的试配配合比。

(4)砌筑砂浆试配配合比应按下列步骤进行校正：

1)计算砂浆的理论表观密度值(ρ_t)。

$$\rho_t = Q_C + Q_D + Q_S + Q_W \tag{9-7}$$

2)计算砂浆配合比校正系数δ。

$$\delta = \frac{\rho_c}{\rho_t} \tag{9-8}$$

式中　ρ_c——砂浆的实测表观密度值(kg/m³)，精确至10 kg/m³。

3)当砂浆的实测表观密度值与理论表观密度值之差的绝对值不超过理论值的2%时，则将试配配合比确定为砂浆设计配合比；当超过2%时，应将试配配合比中每项材料用量均乘以校正系数确定为砂浆设计配合比。

(5)预拌砌筑砂浆生产前应进行试配、调整与确定。

砂浆配合比设计示例如下：

1)原始资料：某工程砌筑用混合砂浆，强度等级为 M10，稠度为 70~100 mm；采用 42.5 级普通水泥、含水率为 2% 的中砂(堆积密度 1 530 kg/m³)、稠度为 110 mm 的石灰膏配制；施工水平一般。试进行砂浆配合比设计。

2)设计步骤：

①确定砂浆的试配强度。由资料可知 $f_2=10$ MPa，得 $k=1.20$，则
$$f_{m,0}=k \cdot f_2=1.20 \times 10=12(\text{MPa})$$

②确定水泥用量。
$$Q_C=\frac{1\,000(f_{m,0}-\beta)}{\alpha \cdot f_{ce}}=\frac{1\,000 \times (12+15.09)}{3.03 \times 42.5}=210(\text{kg})$$

③确定石灰膏用量。每立方米砂浆的水泥与掺合料总量采用 350 kg/m³，则
$$Q_D=Q_A-Q_C=350-210=140(\text{kg})$$

④确定砂用量。砂的堆积密度为 1 530 kg/m³，砂的含水率为 2%，砂的用量为
$$1\,530 \times (1+2\%)=1\,561(\text{kg})$$

⑤选择用水量。现场采用的砂为中砂，根据施工经验，用水量取 $m=310$ kg。

⑥确定初步配合比(质量比)。

水泥：石灰膏：砂：水＝210：140：1 561：310＝1：0.67：7.43：1.48。

任务 9.2　抹面砂浆

涂抹于建筑物或建筑构件表面的砂浆称为抹面砂浆。

抹面砂浆常用于桥涵圬工砌体和地下物的表面。一般对抹面砂浆的强度要求不高，但要求其保水性好、与基底的黏附性好。

按使用要求不同，抹面砂浆又可分为普通抹面砂浆和防水抹面砂浆等。

普通抹面砂浆可对砌体起保护作用，通常分两层或三层施工。要求砂浆具有较高的流动性和保水性。其组成可参考有关施工手册。

防水抹面砂浆主要用于隧道和地下工程。它可用普通水泥砂浆制作，也可在水泥砂浆中掺入防水剂。常用的防水剂有氯化物金属盐类防水剂、水玻璃防水剂和金属皂类防水剂等。近年来还掺加高聚物涂料，使其尽快形成密实的刚性砂浆防水层。

试验 9.1　建筑砂浆取样及试样制备
(JGJ/T 70—2009)

1. 取样

(1)建筑砂浆试验用料应从同一盘砂浆或同一车砂浆中取样，取样量不应少于试验所需量的 4 倍。

(2)当施工过程中进行砂浆试验时，砂浆取样方法应按相应的施工验收规范执行，并宜在现场搅拌点或预拌砂浆卸料点的至少 3 个不同部位及时取样。对于现场取得的试样，试验前应人工搅拌均匀。

(3)从取样完毕到开始进行各项性能试验不宜超过15 min。

2. 试样的制备

(1)在试验室制备砂浆拌合物时,所用材料应提前24 h运入室内。拌和时,试验室的温度应保持在(20±5)℃。当需要模拟施工条件下所用的砂浆时,所用原材料的温度宜与施工现场保持一致。

(2)试验所用原材料应与现场使用材料一致。砂应通过公称粒径为5 mm的筛。

(3)试验室拌制砂浆时,材料用量应以质量计。水泥、外加剂、掺合料等的称量精度应为±0.5%,细集料的称量精度应为±1%。

(4)在试验室搅拌砂浆时应采用机械搅拌方法,搅拌的用量宜为搅拌机容量的30%~70%,搅拌时间不应少于120 s。掺有掺合料和外加剂的砂浆,其搅拌时间不应少于180 s。

试验9.2 建筑砂浆稠度试验(JGJ/T 70—2009)

1. 目的和适用范围

本方法适用于配合比或在施工过程中砂浆稠度的确定,以达到控制用水量的目的。

2. 仪器设备

(1)砂浆稠度测定仪:由试锥、容器和支座三部分组成(图9-2)。试锥由钢材或铜材制成,试锥高度为150 mm,锥底直径为75 mm,试锥连同滑杆的质量应为(300±2) g;盛浆容器由钢板制成,筒高为180 mm,锥底内径为150 mm;支座分底座、支架及刻度盘三个部分,由铸铁、钢及其他金属制成。

(2)钢制捣棒:直径为10 mm、长为350 mm,端部磨圆。

(3)秒表等。

3. 试验方法与步骤

(1)盛浆容器和试锥表面用湿布擦净,并用少量润滑油轻擦滑杆,然后将滑杆上多余的油用吸油纸擦净,使滑杆能自由滑动。

(2)将砂浆拌合物一次装入砂浆筒中,使砂浆表面低于容器口10 mm左右,用捣棒自容器中心向边缘插捣25次,然后轻轻地将容器摇动或敲击5~6下,使砂浆表面平整,随后将容器置于稠度测定仪的底座上。

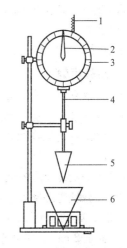

图9-2 砂浆稠度测定仪
1—齿条测杆;2—指针;3—刻度盘;
4—滑杆;5—试锥;6—圆锥筒

(3)拧松制动螺钉,向下移动滑杆,当试锥尖端与砂浆表面刚接触时,拧紧制动螺钉,使齿条侧杆下端刚接触滑杆上端,读出刻度盘上的读数(精确至1 mm)。

(4)拧松制动螺钉,同时计时时间,10 s后立即拧紧螺钉,将齿条侧杆下端接触滑杆上端,从刻度盘上读出下沉深度(精确至1 mm),两次读数的差值即砂浆的稠度值。

(5)盛装于容器内的砂浆,只允许测定一次稠度,重复测定时应重新取样测定。

4. 结果处理

(1)取两次试验结果的算术平均值,精确至1 mm。

(2)两次试验值之差若大于10 mm,则应取样重新取样测定。

试验 9.3 砂浆的保水性试验
(JGJ/T 70—2009)

1. 目的和适用范围

本方法适用于砂浆保水性的测定,以判定砂浆拌合物在运输及停放时内部组分的稳定性。

2. 仪器设备

(1)金属或硬塑料圆环试模:内径为 100 mm、内部高度为 25 mm。

(2)可密封的取样容器,应清洁、干燥。

(3)2 kg 的重物。

(4)金属滤网。

(5)超白滤纸:符合《化学分析滤纸》(GB/T 1914—2017)规定的中速定性滤纸,直径 110 mm,200 g/m²。

(6)2 片金属或玻璃的方形或圆形不透水片,边长或直径大于 110 mm。

(7)天平:量程 200 g,感量 0.1 g;量程 2 000 g,感量 1 g。

(8)烘箱。

试验用品如图 9-3 所示。

图 9-3 砂浆的保水性试验用品

3. 试验步骤

(1)称量底部不透水片与干燥试模的质量 m_1 和 15 片中速定性滤纸的质量 m_2。

(2)将砂浆拌合物一次性填入试模内,并用抹刀插捣数次,当填充砂浆略高于试模边缘时,用抹刀以 45°一次性将试模表面多余的砂浆刮去,然后用抹刀以较平的角度在试模表面反方向将砂浆刮平。

(3)抹掉试模边的砂浆,称量试模、底部不透水片与砂浆的总质量 m_3。

(4)用金属滤网覆盖在砂浆表面,再在滤网表面放上 15 片滤纸,用上部不透水片盖在滤纸表面,用 2 kg 的重物压住上部不透水片。

(5)静止 2 min 后移走重物及上部不透水片,取出滤纸(不包括滤网),迅速称量滤纸的质量 m_4。

(6)由砂浆的配合比及加水量计算砂浆的含水率,若无法计算,则可按砂浆含水率测试方法的规定测定砂浆的含水率。

4. 计算

(1)砂浆的保水性应按式(9-9)计算:

$$W = \left[1 - \frac{m_4 - m_2}{\alpha \times (m_3 - m_1)}\right] \times 100\% \tag{9-9}$$

式中 W——保水性(%);

m_1——不透水片与干燥试模的质量(g);

m_2——15 片滤纸吸水前的质量(g);

m_3——试模、不透水片与砂浆的总质量(g);

m_4——15 片滤纸吸水后的质量(g);

α——砂浆含水率(%)。

取两次试验结果的平均值作为砂浆保水率,精确至0.1%,且第二次试验应重新取样测定。当两个测定值之差超过2%时,此组试验结果无效。

(2)砂浆含水率测试方法。称取100 g砂浆拌合物试样,置于一干燥并已称重的盘中,在(105±5) ℃的烘箱中烘干至恒重,砂浆含水率应按式(9-10)计算:

$$\alpha = \frac{m_5}{m_6} \times 100\% \qquad (9\text{-}10)$$

式中 α——砂浆含水率(%);

m_5——烘干后砂浆样本损失的质量(g);

m_6——砂浆样本的总质量(g)。

砂浆含水率的值应精确至0.1%。

试验9.4 水泥砂浆立方体抗压强度试验
(JGJ/T 70—2009)

1. 目的和适用范围

本试验用于测定水泥砂浆抗压极限强度,确定水泥砂浆的强度等级,以作为评定水泥砂浆品质的主要指标。本试验适用于各类水泥砂浆的70.7 mm×70.7 mm×70.7 mm立方体试件。

2. 仪器设备

(1)试模:尺寸为70.7 mm×70.7 mm×70.7 mm的带底试模,应具有足够的刚度并拆装方便。试模的内表面应机械加工,其不平度应为每100 mm不超过0.05 mm,组装后各相邻面的不垂直度不应超过±0.5°。

(2)钢制捣棒:直径为10 mm、长度为350 mm,端部应磨圆。

(3)压力试验机:精度应为1%,其量程应能使试件的预期破坏荷载值不小于全量程的20%,且不大于全量程的80%。

(4)垫板:试验机上、下压板及试件之间可垫以钢垫板,垫板的尺寸应大于试件的受压面,其不平度应为每100 mm不超过0.02 mm。

(5)振动台:空载中台面的垂直振幅应为(0.5±0.05) mm,空载频率应为(50±3) Hz,空载台面振幅均匀度不应大于10%,一次试验应至少能固定3个试模。

3. 立方体抗压强度试件的制作及养护

(1)采用立方体试件,每组试件应为3个。

(2)应采用黄油等密封材料涂抹试模的外接缝,试模内应涂刷薄层机油或隔离剂。将拌制好的砂浆一次性装满砂浆试模,成型方法应根据稠度确定。当稠度≥50 mm时,宜采用人工插捣成型;当稠度<50 mm时,宜采用振动台振实成型。

1)人工插捣:应采用捣棒均匀地由边缘向中心按螺旋方式插捣25次,插捣过程中当砂浆沉落低于试模口时,应随时添加砂浆,可用油灰刀插捣数次,并用手将试模一边抬高5~10 mm各振动5次,使砂浆高出试模顶面6~8 mm。

2)机械振动:将砂浆一次性装满试模并放置到振动台上,振动时试模不得跳动,振动5~10 s或持续到表面出浆为止,不得过振。

3)应等表面水分稍干后,再将高出试模部分的砂浆沿试模顶面刮去并抹平。

4)试件制作后应在温度为(20±5) ℃的环境下静置(24±2) h,并对试件进行编号、拆模。

当气温较低,或者凝结时间大于 24 h 时,可适当延长时间,但不应超过 2 d。试件拆模后应立即放入温度为(20±2)℃、相对湿度为 90%以上的标准养护室中养护。养护期间,试件彼此间隔不得小于 10 mm,混合砂浆、湿拌砂浆试件上面应覆盖,以防有水滴在试件上。

5)从搅拌加水开始计时,标准养护龄期应为 28 d,也可根据相关标准要求增加 7 d 或 14 d。

4. 立方体试件抗压强度试验步骤

(1)试件从养护地点取出后应及时进行试验。试验前应将试件表面擦拭干净,测量尺寸,检查其外观,并应计算试件的受压面积。当实测尺寸与公称尺寸之差不超过 1 mm 时,可按照公称尺寸进行计算。

(2)将试件安放在试验机的下压板或下垫板上,试件的受压面应与成型时的顶面垂直,试件中心应与试验机下压板或下垫板中心对准。开动试验机,当上压板与试件或上垫板接近时,调整球座,使接触面均衡受压。承压试验应连续而均匀地加载,加载速度应为 0.25~1.5 kN/s(砂浆强度不大于 2.5 MPa 时,宜取下限)。当试件接近破坏而开始迅速变形时,停止调整试验机油门,直至试件被破坏,然后记录破坏荷载。

5. 计算

(1)砂浆立方体抗压强度应按式(9-11)计算:

$$f_{m,cu} = \frac{F_u}{A} \tag{9-11}$$

式中　$f_{m,cu}$——砂浆立方体抗压强度(MPa),应精确至 0.1 MPa;

　　　F_u——试件破坏荷载(N);

　　　A——试件承压面积(mm^2)。

(2)立方体抗压强度试验结果应按下列要求确定:

1)应以 3 个试件测值的算术平均值作为该组试件的抗压强度值,精确至 0.1 MPa;

2)当 3 个测值的最大值或最小值中有 1 个与中间值的差值超过中间值的 15%时,应把最大值及最小值一并舍去,取中间值作为该组试件的抗压强度值;

3)当 2 个测值与中间值的差值均超过中间值的 15%时,该组试件的试验结果无效。

复习思考题

1. 砂浆的技术性质和混凝土有何不同?
2. 什么是砂浆?砂浆的和易性包括什么性能?影响的因素是什么?
3. 某工程砌筑用水泥砂浆,强度等级为 M15,稠度为 70~90 mm;采用 42.5 级普通硅酸盐水泥、含水率为 1.5%的细砂(堆积密度为 1 580 kg/m^3)配制;施工水平一般。试进行砂浆配合比设计,以确定组成砂浆的各种材料用量。

学习情境3　路面施工阶段常用材料及试验

核心技能

1. 会做沥青技术性质常规试验。
2. 能够进行沥青混合料的配合比设计。
3. 会做沥青混合料技术性质常规试验。

项目10　沥青材料

学习目标

1. 了解沥青的化学组分、胶体结构、技术性质和评价方法。
2. 掌握沥青的试验检测项目和检测方法。

任务描述

准备几种沥青装在托盘中，让学生观察沥青的性状，并对沥青进行描述，做沥青针入度、延度、软化点试验。

学习引导

本项目沿着以下脉络进行学习：

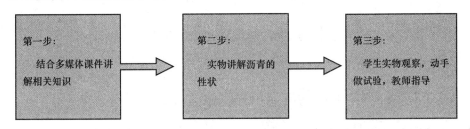

采用沥青作为胶结材料的沥青路面是我国主要的路面形式之一。沥青具有不透水性，不导电，耐酸、碱、盐的腐蚀等特点，具有良好的粘结性及塑性，又是一种对温度变化极为敏感的感温材料，其性能表现与环境状况密切相关。因此，采用沥青修筑的沥青路面呈现出优良的性能，如良好的耐久性和抗滑性、优越的减震吸声性能、行车舒适等众多优点，同样，沥青路面的性能受环境和交通影响大。

沥青材料是一种有机胶凝材料，其内部组成是一些十分复杂的碳氢化合物及其非金属衍生物的混合物；在常温下是黑色或黑褐色的黏稠的液体、半固体或固体，主要含有可溶于三氯乙烯的烃类及非烃类衍生物，其性质和组成随原油来源和生产方法的不同而变化；能溶于二硫化碳、氯仿、苯等多种有机溶剂。

按照来源的不同，沥青可分为地沥青(图 10-1)和焦油沥青(图 10-2)两大类。其中，地沥青又可分为直接开采的天然沥青和开采石油加工后的石油沥青。天然沥青是石油在自然界长期受地壳挤压、变化，并与空气、水接触逐渐变化而形成的，其按形成的环境可分为湖沥青、岩沥青、海底沥青、油页岩等。石油沥青是由石油原料经蒸馏提炼出各种轻质油品(汽油、煤油、柴油、润滑油等)后的残留物，再经加工(吹氧、调和等)得到的产品。由于石油沥青的产量大，可加工改性的程度高，并能够较好地满足现代道路交通运输的要求，是目前道路工程中应用最多的沥青品种，所以本项目讨论的沥青与沥青混合料均指石油沥青。

图 10-1　地沥青

图 10-2　焦油沥青

焦油沥青是干馏有机燃料(煤、页岩、木材等)所收集的焦油再经加工而得到的一种沥青材料。按干馏原料的不同，焦油沥青可分为煤沥青、页岩沥青、木沥青和泥岩沥青。工程上常用的焦油沥青是煤沥青。

相关链接

沥青材料具有良好的憎水性、粘结性和塑性，广泛用于防水、防潮、道路和水利工程，以及屋面或地下防水工程和防腐工程等。通常所说的沥青是石油沥青，其他沥青都要在沥青前加上名称以示区别，如煤沥青等。

石油沥青是应用最为广泛的沥青材料，在道路工程中主要用作路面材料。

任务 10.1　石油沥青

10.1.1　石油沥青的生产和分类

10.1.1.1　石油沥青的生产

从油井开采出来的石油，一般简称为原油。炼油厂将原油提炼成汽油、煤油、柴油和润滑油等石油产品后所剩的残渣，再进行加工后可制得各种石油沥青。

10.1.1.2　石油沥青的分类

1. 按原油成分分类

(1)石蜡基沥青——石蜡含量>5%；

(2)环烷基沥青——石蜡含量<2%；

(3)中间基沥青——石蜡含量为2%～5%。

沥青黏性好,优质的道路石油沥青大多是环烷基沥青。

2. 按加工方法分类

(1)直馏沥青。将原油加热到350℃,在常压蒸馏塔内分离出低沸点的馏分后,所剩下高沸点馏分的部分称为重油。将重油再经减压蒸馏分离出轻油后,剩下的残渣称为直馏沥青。这种沥青塑性大,粘结性小,温度稳定性差。若含油分过多,则不符合沥青标准的直馏沥青通常称为渣油。

(2)氧化沥青。在直馏沥青中吹入230～280℃空气使沥青氧化,经数小时氧化后获得的常温下为半固体或固体状的沥青,即氧化沥青。其沥青质和碳等成分含量增多、塑性降低、黏性提高,氧化沥青具有良好的温度稳定性。在道路工程中使用的沥青,其氧化程度不能太高。

(3)溶剂沥青。这种沥青是指对含蜡量较高的重油采用溶剂萃取工艺,提炼出润滑油原料后所剩余的残渣。

(4)调和沥青。用调和法生产沥青时通常先生产出软、硬两种沥青组分,然后根据需要调和出符合要求的沥青。调和的关键在于配合比正确并混合均匀。

3. 按沥青在常温下的稠度分类

(1)针入度>300,液体沥青。

(2)针入度≤300,黏稠沥青。黏稠沥青又可分为固体沥青(<40)和半固体沥青(40～300)。

10.1.2 石油沥青的组成和结构

10.1.2.1 元素组成

石油沥青是由多种碳氢化合物及其非金属(氧、硫、氮)的衍生物组成的混合物。其石油沥青的化学组成主要是碳(80%～87%)、氢(10%～15%),其次是非烃元素,如氧、硫、氮等(<3%);此外,还含有一些微量的金属元素,如镍、钒、铁、锰、钙、镁、钠等,但含量都很少。

10.1.2.2 化学组分

1. 三组分分析法

三组分分析法将沥青分为油分、树脂和沥青质三个组分。按三组分分析法所得的各组分性状见表10-1。

表10-1 石油沥青三组分分析法的各组分性状

性状 组分	外观特征	平均分子量 M_w	碳氢比 C/H	物化特征
油分	淡黄色透明液体	200～700	0.5～0.7	几乎可溶解于大部分有机溶剂,具有光学活性,常发现有荧光,相对密度为0.910～0.925
树脂	红褐色黏稠半固体	800～3 000	0.7～0.8	温度敏感性高,熔点低于100℃,相对密度大于1.00
沥青质	深褐色固体粉末微粒	1 000～5 000	0.8～1.0	加热不熔化,分解为硬焦炭,使沥青呈黑色

2. 四组分分析法

四组分分析法将沥青分为沥青质、饱和分、环烷芳香分和酸性芳香分(胶质)四个组分。按四组分分析法所得的各组分性状见表10-2。

表 10-2　石油沥青四组分分析法的各组分性状

性状组分	外观特征	平均分子量 M_w	碳氢比 C/H	物化特征
沥青质	深褐色固体粉末微粒	1 000～5 000	<1.0	提高热稳定性和黏滞性
饱和分	无色黏稠液体	300～1 000	<1.0	赋予沥青流动性(相当于油分)
环烷芳香分	茶色黏稠液体			
胶质	红褐色至黑褐色黏稠半固体	500～1 000	≈1.0	赋予胶体稳定性，提高黏附性及可塑性

3. 化学组分对路用性能的影响

(1)油分：为淡黄色或红褐色透明黏性液体，在沥青中含量为 45%～60%，能溶于二硫化碳、苯等有机溶剂，但不溶于酒精。油分使沥青具有流动性。

(2)树脂：为红褐色至黑褐色的黏稠状半固体物质，在沥青中含量为 15%～30%，能溶于三氯甲烷、汽油、苯等有机溶剂。树脂使沥青具有塑性。

(3)酸性树脂：是一种表面活性物质，能增强沥青与砂质材料表面的黏附性。

(4)沥青质：为深褐色至黑褐色的固态物质，不溶于酒精，能溶于三氯甲烷和二硫化碳。在沥青中含量为 10%～30%。沥青质决定沥青的温度稳定性、黏性及硬度，随着含量的增多，沥青的塑性降低，脆性增大。

(5)石蜡：高温时，石蜡变软，导致沥青路面的高温稳定性降低，出现车辙；稳定性低会使沥青变脆硬，导致路面低温抗裂性降低，出现裂缝，且石蜡会使石料与沥青之间的黏附性降低，使路面石子与沥青产生剥落。此外，石蜡的存在还会降低沥青路面的抗滑性能。

10.1.2.3　石油沥青的结构

1. 胶体理论

沥青中的沥青质是分散相，饱和分和芳香分是分散介质，胶质是一种胶溶剂，沥青质吸附胶质形成胶团后分散于芳香分和饱和分中。沥青的胶体结构是：以沥青质为胶核，胶质被吸附其表面，并逐渐向外扩散形成胶团，胶团再分散于芳香分和饱和分中。

2. 胶体的结构类型

(1)溶胶结构：沥青质含量少，油分和树脂多。这种结构的特点是黏滞性小、流动性大、塑性好、温度稳定性差，是液体沥青特有的结构类型。

(2)溶凝胶结构：沥青质适中，油分和树脂亦适中。在常温下，这种结构的沥青处于溶胶结构与凝胶结构之间，其性质也介于两者之间。

(3)凝胶结构：沥青质较多，油分和树脂料少。这种结构的特点是弹性和黏性较高，温度敏感性较小，流动性和塑性低。

3. 胶体结构类型的判定

胶体结构类型与沥青路用性能之间有密切的关系，一般工程中用针入度指数 PI 来划分沥青的胶体结构：

(1)当 PI≤-2 时，为溶胶结构；

(2)当 PI≥2 时，为凝胶结构；

(3)当 -2<PI<2 时，为溶凝胶结构。

10.1.3 石油沥青的技术性质

1. 黏滞性（黏性）

黏滞性是指沥青在外力作用下抵抗变形的能力，其大小取决于沥青的化学组分及温度。黏滞性是与沥青路面力学性质联系最密切的一种性质。沥青黏度的选择是首要考虑的参数，沥青的黏性通常用黏度表示，所以黏度是现代沥青等级（标号）划分的主要依据。

测定黏滞性的方法有很多，工程上通常采用相对黏度（条件黏度）来表示。测定相对黏度的主要方法是用标准黏度计及针入度仪。

针入度：沥青在规定的温度 25 ℃条件下，以规定质量 100 g 的标准针，经规定时间 5 s 后标准针贯入试样中的深度，以 0.1 mm 为单位表示。针入度值越小，表示黏度越大。（通过针入度试验测得的针入度越大，表示沥青越软，稠度越小，沥青稠度和黏度关系密切，稠度越高的沥青，其黏度也越高。）

试验 10.1　沥青针入度试验（JTG E20—2011）

1. 目的和适用范围

本方法适用于道路石油沥青、聚合物改性沥青针入度以及液体石油沥青蒸馏或乳化沥青蒸发后残留物的针入度的测定，以 0.1 mm 计。其标准试验条件为温度 25 ℃，荷重 100 g，贯入时间为 5 s。

针入度指数 PI 用以描述沥青的温度敏感性，宜在 15 ℃、25 ℃、30 ℃ 3 个或 3 个以上温度条件下测定针入度后按规定方法计算得到。若 30 ℃时的针入度值过大，则可采用 5 ℃代替。当量软化点 T_{800} 是沥青针入度为 800 时的温度，用以评价沥青的高温稳定性。当量脆点 $T_{1.2}$ 是沥青针入度为 1.2 时的温度，用以评价沥青的低温抗裂性能。

2. 仪器设备

(1) 针入度仪（图 10-3）：为提高测试精度，针入度试验宜采用能够自动计时的针入度仪进行测定，要求针和针连杆必须在无明显摩擦下垂直运动，针的贯入深度必须精确至 0.1 mm。针和针连杆组合件总质量为 50 g±0.05 g，另附 50 g±0.05 g 砝码一只，试验时总质量为 100 g±0.05 g。仪器应有放置平底玻璃保温皿的平台，并有调节水平的装置，针连杆应与平台相垂直。应有针连杆制动按钮，使针连杆可自由下落。针连杆应易于装拆，以便检查其质量。仪器还设有可自由转动与调节距离的悬臂，其端部有一面小镜或聚光灯泡，借以观察针尖与试样表面的接触情况，且应对装置的精确性经常校验。当采用其他试验条件时，应在试验结果中注明。

图 10-3　自动针入度仪

(2) 标准针：由硬化回火的不锈钢制成，洛氏硬度 HRC=54～60，表面粗糙度 Ra=0.2～0.3 μm，针及针连杆总质量为 2.5 g±0.05 g。针连杆上应打印号码标志。针设有固定用装置盒（筒），以免碰撞针尖。每根针必须附有计量部门的检验单，并定期进行检验。其尺寸及形状如图 10-4 所示。

(3) 盛样皿：金属制，圆柱形平底。小盛样皿的内径为 55 mm，深为 35 mm(适用于针入度小于 200 的试样)；大盛样皿的内径为 70 mm，深为 45 mm(适用于针入度为 200～350 的试样)；对针入度大于 350 的试样需使用特殊盛样皿，其深度不小于 60 mm，容积不小于 125 mL。

(4) 恒温水槽：容量不小于 10 L，控温的精确度为 0.1 ℃。水槽中应设有一带孔的搁架，位于水面下不得少于 100 mm、距水槽底不得少于 50 mm 处。

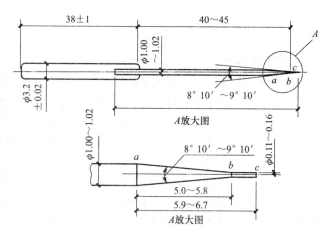

图 10-4 针入度标准针(尺寸单位：mm)

(5) 平底玻璃皿：容量不小于 1 L，深度不小于 80 mm。内设一不锈钢三脚支架，能使盛样皿稳定。

(6) 其他：温度计、计时器、位移计或位移传感器(精度为 0.1 mm)、盛样皿盖、三氯乙烯溶剂、电炉或砂浴、石棉网、金属锅或瓷把坩埚等。

3. 试验准备

(1) 按规定的方法准备试样。

(2) 按试验要求将恒温水槽的温度调节到要求的试验温度 25 ℃或 15 ℃、30 ℃(5 ℃)，保持稳定。

(3) 将试样注入盛样皿中，试样高度应超过预计针入度值 10 mm，并盖上盛样皿，以防落入灰尘。盛有试样的盛样皿在 15 ℃～30 ℃室温中冷却不少于 1.5 h(小盛样皿)、2 h(大盛样皿)或 3 h(特殊盛样皿)后，应移入保持规定试验温度±0.1 ℃的恒温水槽中，并应保温不少于 1.5 h(小盛样皿)、2 h(大盛样皿)或 2.5 h(特殊盛样皿)。

(4) 调平针入度仪。检查针连杆和导轨，以确认无水和其他外来物，无明显摩擦。用三氯乙烯或其他溶剂清洗标准针，并擦干。将标准针插入针连杆，用螺钉紧固，并按试验条件加上附加砝码。

4. 试验步骤

(1) 取出达到恒温的盛样皿，并移入水温控制在试验温度±0.1 ℃(可用恒温水槽中的水)的平底玻璃皿中的三脚支架上，试样表面以上的水层深度不小于 10 mm。

(2) 将盛有试样的平底玻璃皿置于针入度仪的平台上，慢慢放下针连杆，用适当位置的反光镜或灯光反射观察，使针尖恰好与试样表面接触，将位移计或刻度盘指针复位为零。

(3) 开动秒表，在指针正指 5 s 的瞬间用手紧压按钮，使标准针自动下落贯入试样，经规定时间后按压按钮使针停止移动。

注：当采用自动针入度仪时，计时与标准针落下贯入试样同时开始，至 5 s 时自动停止。

(4) 拉下刻度盘拉杆与针连杆顶端接触，读取刻度盘指针或位移指示器的读数，精确至 0.5 mm(0.1 mm)。

(5) 同一试样平行试验至少 3 次，各测试点之间及与盛样皿边缘的距离不应小于 10 mm。每次试验后应将盛有盛样皿的平底玻璃皿放入恒温水槽中，使水温保持试验温度。每次试验应换 1 根干净的标准针或将标准针取下，用蘸有三氯乙烯溶剂的棉花或布揩净，再用干棉花或布擦干。

(6)测定针入度大于 200 的沥青试样时,至少用 3 根标准针,每次试验后将针留在试样中,直到 3 次平行试验完成后才能将标准针取出。

(7)测定针入度指数 PI 时,按同样的方法在 15 ℃、25 ℃、30 ℃(或 5 ℃)3 个或 3 个以上(必要时增加 10 ℃、20 ℃等)温度条件下分别测定沥青的针入度。

5. 结果整理

同一试样 3 次平行试验结果的最大值和最小值之差在下列允许偏差范围内时,计算 3 次试验结果的平均值,取整数作为针入度试验结果,以 0.1 mm 计。

针入度(0.1 mm)	允许差值(0.1 mm)
0~49	2
50~149	4
150~149	12
250~500	20

当试验值不符合此要求时,应重新进行试验。

(1)当试验结果小于 50(0.1 mm)时,重复性试验的允许差为 2(0.1 mm),再现性试验的允许误差为 4(0.1 mm)。

(2)当试验结果大于或等于 50(0.1 mm)时,重复性试验的允许误差为平均值的 4%,再现性试验的允许误差为平均值的 8%。

测定液体石油沥青的相对黏度,可用标准黏度计测定(道路沥青标准黏度计法),以标准黏滞度 $C_{T,d}$ 来表示。黏滞度:沥青在规定温度(20 ℃、25 ℃、30 ℃或 60 ℃)、规定直径的流孔(3 mm、4 mm、5 mm 及 10 mm)流出 50 mL 时,所需时间,以"s"表示。

2. 塑性

塑性是指石油沥青在外力作用时,产生变形而不被破坏,外力除去后仍保持变形前的形状的特性。

影响塑性大小的因素与沥青的组分及温度有关。石油沥青中岩树脂含量多,油分及沥青质含量适当,则塑性较大。当温度升高时,塑性增大,沥青膜层越厚,则塑性越高;反之,塑性越差。在常温下,塑性好的沥青不易产生裂缝,同时对冲击振动荷载有一定的吸收能力,并减少摩擦时的噪声,所以沥青是一种优良的路面材料。

石油沥青的塑性用延度表示,延度越大,塑性越好。沥青延度是将沥青试样制成"∞"形标准试模(中间最小截面面积为 1 cm²)在规定速度 5 cm/min 和规定温度 25 ℃或 15 ℃下拉断时的延长度,以"cm"表示。

试验 10.2　沥青延度试验(JTG E20—2011)

1. 目的和适用范围

(1)本方法适用于道路石油沥青、聚合物改性沥青、液体石油沥青蒸馏残留物和乳化沥青蒸发残留物等材料延度的测定。

(2)沥青延度通常采用的试验温度为 25 ℃、15 ℃、10 ℃或 5 ℃,拉伸速度为 5 cm/min±0.25 cm/min。当低温采用 1 cm/min±0.05 cm/min 拉伸速度时,应在报告中注明。

2. 仪器设备

(1)延度仪:延度仪的测量长度不宜大于 150 cm,仪器应有自动控温、控速系统,应满足试件浸没于水中，能保持规定的试验温度及规定的拉伸速度的需求，且试验时应无明显的振动。延度仪的形状及组成如图10-5所示。

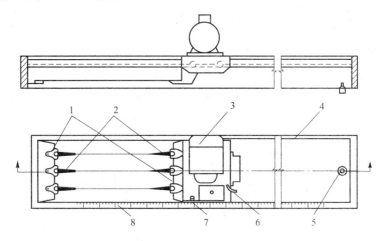

图10-5 延度仪的形状及组成
1—试模；2—试样；3—电机；4—水槽；5—泄水孔；6—开关柄；7—指针；8—标尺

(2)试模：黄铜制，由两个端模和两个侧模组成，试模内侧表面粗糙度 $Ra=0.2~\mu m$。其形状及尺寸如图10-6所示。

(3)试模底板：玻璃板或磨光的铜板、不锈钢板(表面粗糙度 $Ra=0.2~\mu m$)。

(4)恒温水槽：容量不少于10 L，控制温度的精确度为0.1 ℃。水槽中应设有带孔搁架，搁架距水槽底不得少于50 mm。试件浸入水中的深度不小于100 mm。

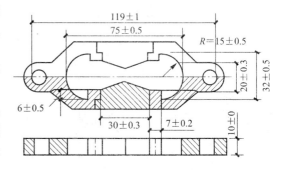

图10-6 延度仪试模(尺寸单位：mm)

(5)其他：温度计(量程0~50 ℃，分度值0.1 ℃)、砂浴或其他加热炉具、甘油滑石粉隔离剂(甘油与滑石粉的质量比为2∶1)、平刮刀、石棉网、酒精、食盐等。

3. 试验准备

(1)将甘油滑石粉隔离剂拌和均匀，涂于清洁干燥的试模底板和两个侧模的内侧表面，并将试模在试模底板上装妥。

(2)按规定的方法准备试样，然后将试样自试模的一端至另一端往返数次缓缓注入模中，最后略高出试模。灌模时应注意勿使气泡混入。

(3)试件在室温中冷却不少于1.5 h，然后用热刮刀刮除高出试模的沥青，使沥青面与试模面齐平。沥青的刮法应自试模的中间刮向两端，且表面应刮平滑。将试模连同底板再放入规定的试验温度的水槽中保温1.5 h。

(4)检查延度仪的延伸速度是否符合规定要求，然后移动滑板使其指针正对标尺的零点。将延度仪注水，并保温达到试验温度±0.1 ℃。

4. 试验步骤

(1)将保温后的试件连同底板移入延度仪的水槽中，然后将盛有试样的试模自玻璃板或不锈钢板上取下，将试模两端的孔分别套在滑板及槽端固定板的金属柱上，并取下侧模。水面距试件表面应不小于25 mm。

(2)开动延度仪,并注意观察试样的延伸情况。此时应注意,在试验过程中,水温应始终保持在试验温度规定范围内,且仪器不得有振动、水面不得有晃动,当水槽采用循环水时,应暂时中断循环,停止水流。在试验中,如发现沥青细丝浮于水面或沉入槽底,则应在水中加入酒精或食盐,调整水的密度至与试样相近后重新试验。

(3)试件拉断时,读取指针所指标尺上的读数,以 cm 表示。在正常情况下,试件延伸时应成锥尖状,拉断时实际断面接近零。如不能得到这种结果,则应在报告中注明。

5. 结果整理

(1)同一试样,每次平行试验不少于3个,若3个测定结果均大于100 cm,则试验结果记作">100 cm";特殊需要也可分别记录实测值。3个测定结果中,当有1个以上的测定值小于100 cm 时,若最大值或最小值与平均值之差满足重复性试验精密度要求,则取3个测定结果的平均值的整数作为延度试验结果,若平均值大于100 cm,则记作">100 cm";若最大值或最小值与平均值之差不符合重复性试验精密度要求,则试验应重新进行。

(2)当试验结果小于100 cm 时,重复性试验的允许误差为平均值的20%,再现性试验的允许误差为平均值的30%。

3. 温度敏感性(感温性)

温度敏感性是指石油沥青的黏滞性和塑性随温度升降而变化的性能。当温度升高时沥青由固态或半固态逐渐软化成黏流状态,当温度降低时沥青由黏流状态转变为固态至变脆。工程要求,随温度的变化,沥青的黏滞性、塑性变化很小(感温性小),所以,温度敏感性是沥青性质的重要指标之一。沥青中含蜡量多会增大温度敏感性(温度不高时发生软化,温度较低时又易变脆),因此多蜡沥青不能用于道路工程中。

(1)温度敏感性用软化点表示。软化点是沥青材料由固体状态变为具有一定流动性膏体时的温度。

沥青软化点的测定方法有很多,目前国内外一般采用环与球法软化点测定仪,即将沥青试样装入规定尺寸的铜环内,试样上放置标准钢球浸入水或甘油中,以规定的升温速度加热,使沥青软化下垂至规定距离时的温度,以"℃"表示。

试验 10.3 沥青软化点试验(环球法)
(JTG E20—2011)

1. 目的和适用范围

本方法适用于道路石油沥青、聚合物改性沥青的软化点的测定,也适用于液体石油沥青、煤沥青蒸馏残留物或乳化沥青蒸发残留物软化点的测定。

2. 仪器设备

(1)软化点试验仪:如图10-7所示,由下列部件组成:

1)钢球:直径为9.53 mm,质量为3.5 g±0.05 g。

2)试样环:由黄铜或不锈钢等制成,形状和尺寸如图10-8所示。

3)钢球定位环:由黄铜或不锈钢制成,形状和尺寸如图10-9所示。

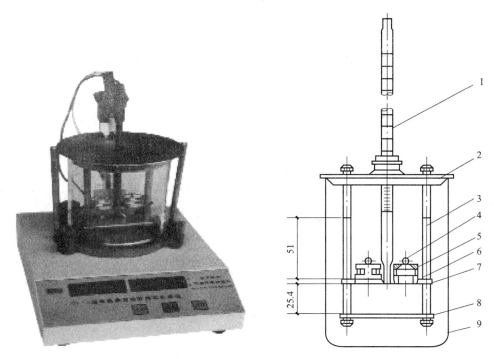

图 10-7 自动沥青软化点试验仪(尺寸单位:mm)
1—温度计;2—上盖板;3—立杆;4—钢球;5—钢球定位环;6—金属球;7—中层板;8—下底板;9—烧杯

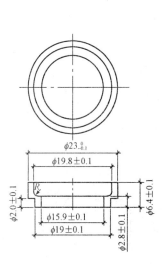 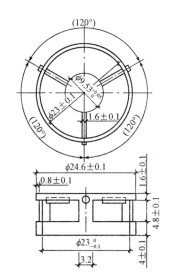

图 10-8 试样环(尺寸单位:mm)   **图 10-9 钢球定位环(尺寸单位:mm)**

4) 金属支架:由两个主杆和三层平行的金属板组成。上层板为一个圆盘,中间有一个圆孔,用以插放温度计。中层板的形状和尺寸如图10-10所示,板上有两个孔,各放置金属环,中间有一小孔,可支持温度计的测温端部。一侧立杆距环上面51 mm处刻有水高标记。环下面距下层底板25.4 mm,而下层底板距烧杯底不小于12.7 mm,也不得大于19 mm。三层金属板和两个主杆由两个螺母固定在一起。

5) 耐热玻璃烧环:容量为800～1 000 mL,直径不小于86 mm,高度不小于120 mm。

6) 温度计:量程为 0 ℃～100 ℃,分度为 0.5 ℃。

(2)装有温度调节器的电炉或其他加热炉具(液化石油气、天然气等)。应采用带有振荡搅拌器的加热电炉,振荡子置于烧杯底部。

(3)当采用自动软化点仪时,各项要求应与(1)及(2)相同,温度采用温度传感器测定,并能自动显示或记录,且应经常对自动装置的精确性进行校验。

(4)试样底板:金属板(表面粗糙度应达 $Ra=0.8~\mu m$)或玻璃板。

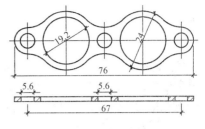

图 10-10　中层板(尺寸单位:mm)

(5)恒温水槽:控温的精确度为 ±0.5 ℃。

(6)平直刮刀。

(7)甘油滑石粉隔离剂(甘油与滑石粉的质量比为 2∶1)。

(8)蒸馏水或纯净水。

(9)其他:石棉网。

3. 试验准备

(1)将试样环置于涂有甘油滑石粉隔离剂的试样底板上。按规定的方法将准备好的沥青试样徐徐注入试样环内至略高出环面为止。如估计试样软化点高于 120 ℃,则试样环和试样底板(不用玻璃板)均应预热至 80 ℃～100 ℃。

(2)试样在室温冷却 30 min 后用环夹夹着试样环,并用热刮刀刮除环面上的试样,务必使其与环面齐平。

4. 试验步骤

(1)试样软化点在 80 ℃以上者:

1)将装有试样的试样环连同试样底板置于 5 ℃±0.5 ℃水的恒温水槽中至少 15 min,同时将金属支架、钢球、钢球定位环等也置于相同水槽中。

2)烧杯内注入新煮沸并冷却至 5 ℃的蒸馏水或纯净水,水面略低于立杆上的深度标记。

3)从恒温水槽中取出盛有试样的试样环放置在支架中层板的圆孔中,套上定位环;然后将整个环架放入烧杯中,调整水面至深度标记,并保持水温为 5 ℃±0.5 ℃。环架上任何部分不得附有气泡。将 0 ℃～100 ℃的温度计由上层板中心孔垂直插入,使端部测温头底部与试样环下面齐平。

4)将盛有水和环架的烧杯移至放有石棉网的加热炉具上,然后将钢球放在定位环中间的试样中央,立即开动振荡搅拌器,使水微微振荡,并开始加热,使杯中水温在 3 min 内调节至维持每分钟上升 5 ℃±0.5 ℃。在加热过程中应记录每分钟上升的温度值,如温度上升速度超出此范围,则应重做试验。

5)试样受热软化逐渐下坠,至与下层底板表面接触时立即读取温度,精确至 0.5 ℃。

(2)试样软化点在 80 ℃以下者:

1)将装有试样的试样环连同试样底板置于装有 32 ℃±1 ℃甘油的恒温水槽中至少 15 min,同时将金属支架、钢球、钢球定位环等也置于甘油中。

2)在烧杯内注入预先加热至 32 ℃的甘油中,其液面略低于立杆上的深度标记。

3)从恒温水槽中取出装有试样的试样环,按上述的方法进行测定,精确至 1 ℃。

5. 结果整理

同一试样平行试验两次,当两次测定值的差值符合重复性试验允许的误差要求时,取其平均值作为软化点试验结果,精确至 0.5 ℃。

(1)当试样软化点小于 80 ℃时,重复性试验的允许误差为 1 ℃,再现性试验的允许误差为 4 ℃。

(2)当试样软化点大于或等于 80 ℃时,重复性试验的允许误差为 2 ℃,再现性试验的允许误差为 8 ℃。

(2)脆点表示低温变形能力。沥青在低温时的变形能力是路用的一项重要指标。目前对沥青低温变形多以达到条件脆裂时的温度表示,此温度称为脆点。

脆点是指沥青材料由黏塑状态转变为固体状态达到条件脆裂时的温度。

脆点试验是将沥青试样涂在金属片上,置于有冷却设备的脆点仪内摇动脆点仪的曲柄,使涂有沥青的金属片产生弯曲,随着制冷剂温度的降低,沥青薄膜的温度逐渐降低,当沥青薄膜在规定弯曲条件下时,产生断裂。

在工程实际应用时,要求沥青具有较高的软化点和较低的脆点。

4. 大气稳定性

大气稳定性是指石油沥青在热、阳光、空气、氧气和潮湿等因素的长期综合作用下抵抗老化的性能。

沥青中各组分在热、阳光、空气、氧气和潮湿等综合作用下,将发生低分子化合物逐渐转变成高分子化合物的过程,也就是说,油分和树脂逐渐减少,而沥青质逐渐增多。因此,随着时间的增长,石油沥青的流动性和塑性逐渐减小,硬度及脆性逐渐增大,这个过程称为石油沥青的老化。所以说大气稳定性可以从抗老化性能来说明。石油沥青的大气稳定性通常用以下方面来评定:石油沥青蒸发后的质量损失;蒸发后针入度与原针入度比较。其测定方法是首先测定沥青试样的质量及针入度,然后将试样置于加热损失试验专用的烘箱中(在 160 ℃下蒸发 5 h),经冷却后测其质量及针入度。

(1)蒸发损失质量占原质量的百分率,称为蒸发损失。
(2)蒸发后针入度占原针入度的百分率,称为针入度比。

蒸发损失越小,蒸发后针入度比越大,表示大气稳定性越好,老化进展越慢。

5. 溶解度

为评定沥青的品质,应了解石油沥青的溶解度。溶解度是指石油沥青在三氯乙烯中溶解的百分率(有效物质含量)。那些不溶解的物质为有害物质(沥青碳、似碳物),会降低沥青的性能,应加以限制。

6. 闪、燃点

为保证施工安全,应掌握石油沥青在施工中的闪、燃点。闪点(闪火点)是指加热沥青挥发出可燃气体与空气组成混合气体,此混合气体在规定条件下与火接触,产生闪火(闪光)时的沥青温度(℃)。燃点(着火点)是指加热沥青产生的混合气体与火接触能持续燃烧 5 s 以上时的沥青温度。闪、燃点温度相差 10 ℃左右。

闪、燃点的高低能表明沥青引起火灾的可能程度。在运输沥青或贮存沥青及其施工加热等方面,都需要加以控制。

7. 含水量

若沥青中含有水分,则施工中挥发太慢,会影响施工速度,所以要求沥青的含水量不宜过多。在加热过程中,如水分过多,则易产生溢锅现象,使材料受损,易引起火灾。所以在熔化沥青时,应加快搅拌速度,促进水分蒸发,控制加热温度。

8. 针入度指数

应用经验的针入度和软化点试验结果,提出一种能表示沥青的感温性和胶体结构的指标,称为针入度指数。普费等人经过大量试验发现,若以对数为纵坐标表示针入度、横坐标表示温度，则可以得到针入度-温度关系(图 10-11)。

以式(10-1)表示：
$$\lg P = AT + K \tag{10-1}$$

式中 A——针入度温度感应性系数，由针入度和软化点确定。

K——截距。据试验研究认为，沥青达到软化点时的针入度约等于 800(0.1 mm)。

因此针入度-温度关系中斜率 A 可由式(10-2)表示：
$$A = \frac{\lg 800 - \lg P(25\ ℃,\ 100\ g,\ 5\ s)}{T_{软} - 25\ ℃} \tag{10-2}$$

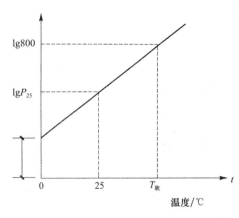

图 10-11 针入度-温度关系

式中 $\lg P(25\ ℃,\ 100\ g,\ 5\ s)$——在 25 ℃、100 g 及 5 s 条件下测定的针入度，0.1 mm;

$T_{软}$——沥青达到软化点时的温度；

25 ℃——测定针入度时的标准温度。

针入度温度感应性系数(A)与针入度指数(PI)的关系由式(10-3)表示：
$$A = \frac{20 - \mathrm{PI}}{\mathrm{PI}} \cdot \frac{1}{50} \tag{10-3}$$

按以上各式计算针入度指数
$$\mathrm{PI} = \frac{30}{1 + 50A} - 10 \tag{10-4}$$

9. 劲度模量

劲度模量是表示沥青的黏性和弹性联合效应的指标。沥青的弹性形变部分和永久形变部分的比例取决于应力、荷载作用时间和温度。(当形变量较小、荷载作用时间较短时，以弹性形变为主；反之，以黏性形变为主。)

所以黏-弹性材料的抗形变能力，以荷载作用时间(t)和温度(T)作为应力(σ)与应变(ε)之比的函数，并称此比值为劲度模量(S)，因此，劲度模量 S 表示为
$$S = \left(\frac{\sigma}{\varepsilon_{t,T}}\right)(\mathrm{Pa}) \tag{10-5}$$

(1)荷载作用时间(t)对沥青劲度模量的影响。在一定温度下，沥青材料的劲度模量在荷载作用时间很短时完全是弹性形变情况，当荷载长时间作用时完全是黏性形变情况。

(2)温度(T)对沥青劲度模量的影响。沥青的劲度模量随温度升高而降低，随温度降低而升高。

沥青劲度模量最常用的求算方法是 V. D. 波尔劲度模量诺模图(图 10-12)，利用此诺模图时需要有四个参数：

1)针入度为 800 时的温度 T_{800}。对于用作沥青混合料的沥青，此时大致取其等于软化点。
2)针入度指数 PI。通过计算或试验确定。
3)温度(路面实际温度与环球法软化点之间的温差)。
4)加载时间频率。对于路上的交通，有代表性的是 0.02 s(车速为 50~60 km/h)。

根据上述参数求其劲度模量，可作为实际工程中的参考数值。

【例 10-1】 已知沥青软化点为 70 ℃，针入度指数为 2，路面温度 T 为 -10 ℃，荷载作用频率为 10^{-1} s，求沥青劲度模量(图 10-12)。

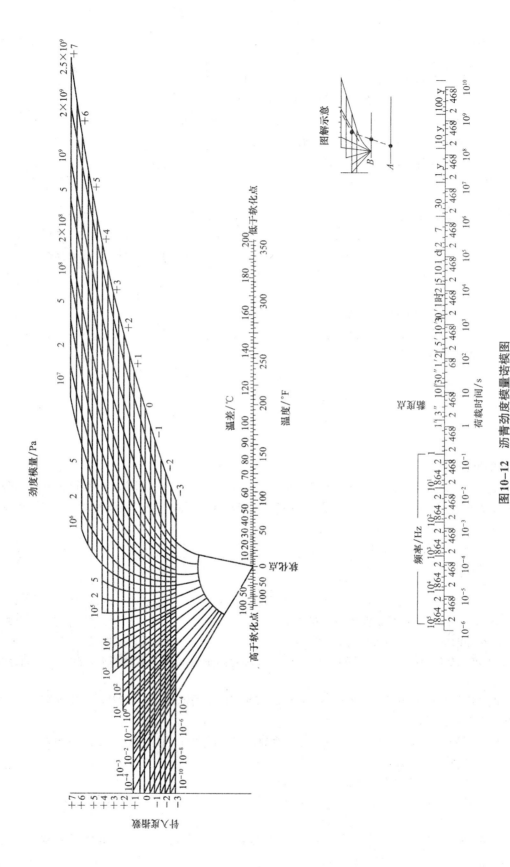

图10-12 沥青劲度模量诺模图

解：

①在荷载时间横线上找到加载时间为 10^{-1} s 的点为 A（如图 10-12 所示的图解示意）；

②已知路面温度与软化点之间的温差为 80 ℃，在温度横线上找到 80 ℃ 的点为 B（如图 10-12 所示的图解示意）；

③在针入度指数的标尺上找到 +2，作一水平线；

④连接 A、B 两点，并延长至与针入度指数 +2 的水平线相交点的劲度曲线至顶端，即劲度模量（读数为 2×10^8）。

10.1.4 道路用液体石油沥青的技术标准

1. 道路石油沥青分级

道路石油沥青分为 A 级、B 级、C 级三个等级，各自的适用范围应符合表 10-3 的规定。

表 10-3　道路石油沥青的适用范围

沥青等级	适用范围
A 级沥青	各个等级的公路，适用于任何场合和层次
B 级沥青	1. 高速公路、一级公路沥青下面层及以下的层次，二级及二级以下公路的各个层次； 2. 用作改性沥青、乳化沥青、改性乳化沥青、稀释沥青的基质沥青
C 级沥青	三级及三级以下公路的各个层次

2. 道路石油沥青标号

根据现行标准《公路沥青路面施工技术规范》（JTG F40—2004）的规定，道路石油沥青按针入度划分为 160 号、130 号、110 号、90 号、70 号、50 号、30 号 7 个标号，同时对各标号沥青的延度、软化点、闪点、含蜡量、薄膜加热试验等技术指标也提出相应的要求。具体要求见表 10-4。

道路用液体石油沥青适用于透层、粘层及拌制冷拌沥青混合料。按其凝结速度可分为快凝、中凝、慢凝三个等级。除黏度外，对蒸馏的馏分及残留物性质、闪点和水分等也提出相应的要求。道路用液体石油沥青技术要求见表 10-5。

表 10-4　道路石油沥青技术要求

指标	单位	等级	沥青标号											
			160 号③	130 号③	110 号	90 号					70 号②					50 号②	30 号③
针入度 (25 ℃, 5 s, 100 g)	0.1 mm		140~200	120~140	100~120	80~100					60~80					40~60	20~40
适用的气候分区			注③	注③	2-1	2-2	3-2	1-1	1-2	1-3	2-2	2-3	1-3	1-4	2-2	2-3	2-4	1-4	注④
软化点(R&B)，不小于	℃	A	−1.5~+1.0												
		B	−1.8~+1.0												
软化点(R&B)，不小于	℃	A	38	40	43	45				44	46				45	49	55
		B	36	39	42	43				42	44				43	46	53
		C	35	37	41	42					43						45	50
60 ℃ 动力黏度①，不小于	Pa·s	A	—	60	120	160				140	180				160	200	260
10 ℃ 延度①，不小于	cm	A	50	50	40	45	30	20	30	20	20	15	25	20	15	15	10
		B	30	30	30	30	20	15	20	15	15	10	15	10	10	10	8
15 ℃ 延度，不小于	cm	A、B	100													80	50
		C	80	80	60	50						40					30	20

续表

指标	单位	等级	沥青标号						
			160号③	130号③	110号	90号	70号②	50号②	30号③
蜡含量(蒸馏法),不大于	%	A	2.2						
		B	3.0						
		C	4.5						
闪点,不小于	℃		230			245		260	
溶解度,不小于	%		99.5						
密度(15℃)	g·cm⁻³		实测记录						
TFOT(或RTFOT)后④									
质量变化,不大于	%		±0.8						
残留针入度比,不小于	%	A	48	54	55	57	61	63	65
		B	45	50	52	54	58	60	62
		C	40	45	48	50	54	58	60
残留延度(10℃),不小于	cm	A	12	12	10	8	6	4	—
		B	10	10	8	6	4	2	—
残留延度(15℃),不小于	cm	C	40	35	30	20	15	10	—

注：①经建设单位同意，表中PI值、60℃动力黏度、10℃延度可作为选择性指标，也可不作为施工质量检验指标。
②70号沥青可根据需要，要求供应商提供针入度范围为60～70或70～80的沥青，50号沥青可要求供应商提供针入度范围为40～50或50～60的沥青。
③30号沥青仅适用于沥青稳定基层。130号和160号沥青除寒冷地区可在中低级公路上直接应用外，通常用作乳化沥青、稀释沥青、改性沥青的基质沥青。
④老化试验以TFOT为准，也可用RTFOT代替。

表 10-5 道路用液体石油沥青技术要求

序号	项目		快凝		中凝						慢凝						试验方法
			AL(R)-1	AL(R)-2	AL(M)-1	AL(M)-2	AL(M)-3	AL(M)-4	AL(M)-5	AL(M)-6	AL(S)-1	AL(S)-2	AL(S)-3	AL(S)-4	AL(S)-5	AL(S)-6	
1	黏度/s	C25,5	<20	—	<20	—	—	—	—	—	<20	—	—	—	—	—	T0621
		C60,5	—	5～15	—	5～15	16～25	26～40	41～100	101～200	—	5～15	16～25	26～40	41～100	101～180	
2	蒸馏(体积)/%,不大于	225℃前	>20	>15	<10	<7	<3	<2	0	0	—	—	—	—	—	—	T0632
		315℃前	>35	>30	<35	<25	<17	<14	<8	<5	—	—	—	—	—	—	
		360℃前	>45	>35	<50	<35	<30	<25	<20	<15	<40	<35	<25	<20	<15	<5	
3	蒸馏后残留物性质	针入度(25℃,100g,5s)/0.1mm	60～200	60～200	100～300	100～300	100～300	100～300	100～300	100～300	—	—	—	—	—	—	T0604
		延度25℃/cm,不小于	60	60	60	60	60	<60	60	60	—	—	—	—	—	—	T0605
		浮漂度(50℃)/s	—	—	—	—	—	—	—	—	<50	>20	>30	>40	>45	>45	T0631
4	闪点(TOC)/℃,不小于		30	30	65	65	65	65	65	65	70	70	100	100	120	120	T0633
5	含水量/%,不大于		0.2	0.2	0.2	0.2	0.2	0.2	0.2	0.2	0.2	0.2	0.2	0.2	0.2	0.2	T0612

注：①本表根据中华人民共和国交通行业标准《公路工程沥青及沥青混合料试验规程》(JTG E20—2011)制定。
②黏度使用道路沥青黏度计测定，$C_{T,d}$的下标第一个字母T代表温度(℃)，第二个字母d代表孔径(mm)。
③闪点(TOC)为表格开口杯(Tag Open Cup)法。

任务 10.2　煤沥青

煤沥青(俗称柏油)是用煤干馏炼焦和制煤气的副产品煤焦油炼制而成的。煤在干馏过程中的挥发物质经冷凝后而形成的黑色黏性液体为煤焦油。煤焦油经分馏加工提取轻油、中油、重油、蒽油后,所得残渣为煤沥青。根据煤干馏的温度,煤焦油可分为高温煤焦油(700 ℃以上)和低温煤焦油(450 ℃~700 ℃)两类。路用煤沥青主要由炼焦或制造煤气得到的高温煤焦油加工而得。

10.2.1　煤沥青的化学组分与结构

煤沥青与石油沥青均是复杂的高分子碳氢化合物及非金属的衍生物,但由于两者组分不同,故在性能上存在一些差别。

1. 煤沥青的化学组分

煤沥青的化学组分主要包括游离碳、树脂、油分等。

(1)游离碳。游离碳是高分子有机化合物的固态微粒,不溶于任何有机溶剂,具有足够的稳定性,在高温下才能分解。游离碳能使煤沥青的黏滞度增加、耐热性提高,但游离碳含量过多会使煤沥青出现脆性。煤沥青中的游离碳相当于石油沥青中的沥青质。

(2)树脂。

1)硬树脂:固态晶体结构,在沥青中能增加其黏滞性,类似石油沥青中的沥青质。

2)软树脂:赤褐色黏塑状物质,溶于氯仿能使煤沥青具有塑性,类似石油沥青中的树脂。

(3)油分。油分主要由液体未饱和的芳香族碳氢化合物组成,它使煤沥青具有流动性。在油分中包含萘油、蒽油和酚油等。当萘油含量<15%时,萘油可溶于油分;当萘油含量>15%、温度低于10 ℃时萘油变成晶体,使煤沥青的稠度增加。萘油在常温下易挥发。蒽油含量低于25%时会降低煤沥青的黏滞性,若超过此含量,则蒽油结晶,也会使煤沥青的黏度增加。

另外,煤沥青中还含有少量碱性物质(吡啶、喹啉等)和酸性物质(酚,酚有毒且能溶于水)。煤沥青中的酸、碱性物质都属于表面活性物质,相当于石油沥青中的沥青酸与酸酐,其含量高于石油沥青。所以,煤沥青表面的活性比石油沥青高,与石料的黏附力较好。

2. 煤沥青的结构

煤沥青与石油沥青相类似,也是复杂的胶体分散体系,游离碳和硬树脂组成的胶体微粒为分散相,油分为分散介质。可溶性树脂可溶于油分,并吸附在固体分散相微粒表面,有助于分散体系的稳定性。

10.2.2　煤沥青的技术性质、技术指标及其技术要求

1. 煤沥青的技术性质

由于煤沥青组分不同于石油沥青组分,故它们在性能上存在一些差别。

(1)大气稳定性差:由于煤沥青中含有较多不饱和碳氢化合物,故在热、阳光、氧气等的长期综合作用下,煤沥青组分变化较大,易老化变脆。

(2)温度稳定性差:由于可溶性树脂含量较多,受热易软化,故温度稳定性差。

(3)塑性较差:因含有较多的游离碳,所以在使用时因受力变形而开裂。

(4)煤沥青与矿质材料表面的黏附性能好:煤沥青组分中含有酸、碱性物质等表面活性物

质，故与矿质材料表面的粘结力较强。

(5)防腐性能好：由于煤沥青中含有酚、蒽、萘等成分，所以防腐性好，故适用于地下防水层及防腐材料等。

2. 煤沥青的技术指标

(1)黏度。黏度表示煤沥青的稠度。煤沥青组分中油分含量减少、固态树脂及游离碳量增加，煤沥青的黏度增高。煤沥青的黏度测定方法与液体沥青相同，也是用道路沥青标准黏度计测定。

(2)蒸馏试验的馏分含量及残渣性质。煤沥青中含有不同沸点的油分，这些油分的蒸发将影响其性质，因而煤沥青的起始黏度并不能完全表达其在使用过程中粘结性的特征。为了预估煤沥青在路面中使用过程的性质变化，在测定其起始黏度的同时还必须测定煤沥青在各馏程中所含的馏分及其蒸馏后残留物的性质。

煤沥青蒸馏试验是测定试样受热时，在规定的温度范围内蒸出的馏分含量，以质量百分率表示。除非有特殊需要，各馏分蒸馏的标准切换温度为170 ℃、270 ℃、300 ℃。

馏分含量的规定控制了煤沥青由于蒸发而老化的安全性，残渣性质试验保证了煤沥青残渣具有适宜的粘结性。

(3)煤沥青的焦油酸含量。煤沥青的焦油酸(也称酶)含量是通过测定试样总的蒸馏馏分与碱性溶液作用形成水溶性酚盐物质的含量求得，以体积百分率表示。

焦油酸溶解于水，易导致路面强度降低，有毒。因此，对焦油酸在沥青中的含量必须加以限制。

(4)含萘量。萘在煤沥青中低温时易结晶析出，使煤沥青产生假黏度而失去塑性，常温下易升华，并促使老化加速，同时萘也有毒，故应对其含量加以限制。煤沥青中的萘含量是试样馏分中萘的含量，以质量百分率表示。

(5)甲苯不溶物。煤沥青的甲苯不溶物含量，是试样在规定的甲苯溶剂中不溶物(游离碳)的含量，以质量百分率表示。

(6)水分。与石油沥青一样，煤沥青中含有过量的水分会使煤沥青在施工加热时发生许多困难，甚至导致材料质量的劣化或造成火灾。煤沥青含水率的测定方法与石油沥青相同。

3. 道路用煤沥青的技术要求

道路用煤沥青适用于透层，也可用于三级及三级以下的公路铺筑表面处治或贯入式沥青路面，但不能用于热拌热铺沥青混合料。

道路用煤沥青应符合表 10-6 中规定的技术要求。

表 10-6 道路用煤沥青技术要求

试验项目		T-1	T-2	T-3	T-4	T-5	T-6	T-7	T-8	T-9	试验方法
黏度 /(Pa·s)	$C_{30,5}$	5~25	26~70	—	—	—	—	—	—	—	—
	$C_{30,10}$	—	—	5~25	26~50	51~120	121~200	—	—	—	
	$C_{50,10}$	—	—	—	—	—	—	10~75	76~200	—	
	$C_{60,10}$	—	—	—	—	—	—	—	—	35~65	
蒸馏试验馏出量/%	170 ℃前	<3	<3	<3	<2	<1.5	<1.5	<1	<1	<1	—
	270 ℃前	<20	<20	<20	<15	<15	<15	<10	<10	<10	
	300 ℃前	15~35	15~35	<30	<30	<25	<25	<20	<20	<15	
300 ℃蒸馏残渣软化点(环球法)/℃		30~45	30~45	35~65	35~65	35~65	35~65	40~70	40~70	40~70	T0606

续表

试验项目	T-1	T-2	T-3	T-4	T-5	T-6	T-7	T-8	T-9	试验方法
水分/%,不大于	1	1	1	1	1	0.5	0.5	0.5	0.5	T0612
甲苯不溶物/%,不大于	20	20	20	20	20	20	20	20	20	T0646
含萘量/%,不大于	5	5	5	4	4	3.5	3	2	2	T0645
焦油酸含量/%,不大于	4	4	3	3	2.5	2.5	1.5	1.5	1.5	T0642

4. 煤沥青的技术性质

(1)煤沥青的温度稳定性差。
(2)煤沥青的气候稳定性差。
(3)煤沥青的塑性差。
(4)与矿质材料表面黏附性能好。
(5)煤沥青防腐性能好。

任务 10.3　乳化沥青

乳化沥青是指沥青的微粒(微粒 1 μm 左右),在机械强烈搅拌的作用下分散在有乳化剂的水中,形成水包油状的沥青乳液。乳化沥青的特点如下:

(1)使用乳化沥青修路时无须加热,可以在常温状态下进行喷洒、贯入或拌和摊铺,简化了施工程序,操作简便,节省了能源和资源。
(2)与湿集料拌和,具有足够的粘结力。
(3)无毒、无臭,保护环境,减少污染,施工安全。
(4)节省资源,降低成本,增加结构沥青。
(5)稳定性差,贮存期不超过半年,贮存温度在 0 ℃以上。
(6)乳化沥青修筑路面,成型期间较长。

由于以上的特点,乳化沥青不仅适合铺筑路面,而且在路堤的边坡保护、层面防水、金属材料表面防腐等工程中得到广泛应用。

10.3.1　乳化沥青的组成材料

乳化沥青主要由沥青、水、乳化剂三种组分组成。

(1)沥青。沥青在乳化沥青中占 55%~70%,是乳化沥青的基本组分。用于乳化沥青中的沥青通常为针入度或软化点较低的石油沥青(如 60 号或 60 号与其他牌号掺配的石油沥青)。沥青中活性组分的含量对沥青乳化的难易性有直接的关系,通常认为活性组分含量较低的沥青不易乳化。活性组分含量以酸值表示。

(2)水。水在乳化沥青中起着润湿、溶解及化学反应的作用,所以要求乳化沥青的水应当是纯净、不含其他杂质,每升中氧化钙的含量不得超过 80 mg 洁净水。水的一般用量为 30%~70%。

(3)乳化剂。
1)乳化剂的作用:乳化剂是表面活性剂,具有不对称分子结构的特殊功能。乳化剂一端为极性亲水基团,另一端为非极性亲油基团,这两个基团具有使互不相溶的沥青与水连接起来的特殊功能。在沥青、水分散体系中,沥青微粒被乳化剂分子的亲油基团吸引,此时以沥青微粒为固体核,乳化剂包裹在沥青颗粒表面形成吸附层。乳化剂的另一端与水分子吸引,形成一层水膜，它可机械地阻碍颗粒的聚集。这种沥青为胶体结构，稳定分散在水溶液中，构成相对稳定的分散体系，如图10-13所示。

2) 乳化剂分类：沥青乳化剂的分类方法有很多，但最常用的方法是按离子的类型分类。

沥青乳化剂按离子的类型分类，可分为两种：沥青乳化剂溶解于水溶液时，凡是能电离成离子的叫作离子型沥青乳化剂；凡是不能电离成离子的叫作非离子型沥青乳化剂。

① 离子型沥青乳化剂。

离子型沥青乳化剂可按生成的离子电荷种类划分，可分为阴离子型、阳离子型和两性离子型三种。

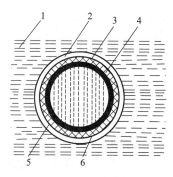

图10-13 乳化沥青颗粒示意
1—水；2—水膜；3—乳化剂；
4—沥青；5—乳化剂的非极性端；
6—乳化剂的极性端

a. 阴离子型沥青乳化剂。阴离子型沥青乳化剂最重要的亲水性基团有羧酸盐（—COONa）、硫酸酯盐（—OSO$_3$Na）和磺酸盐（—SO$_3$Na）三种。乳化剂是碱性的。阴离子型沥青乳化剂的特点是材料来源广、造价低，但制成乳化沥青易凝聚，水不宜太硬（每升水中氧化钙的含量不超过80 mg）。这种乳液使沥青微粒带负电荷，当乳液与集料表面接触时，由于湿润集料表面普遍也带负电荷，同性相斥，使沥青微粒不能尽快地黏附到集料表面上。若要使沥青微粒裹覆到集料表面上，必须等乳液中水分蒸发，由此可见，乳液中沥青微粒带负电荷，湿集料表面也带负电荷，两者在有水膜的情况下难以相互结合。所以，这种沥青乳液与集料的裹覆只是单纯的黏附。沥青与集料之间的黏附力低，在施工中如遇上阴湿或低温季节，则乳液中的水分蒸发缓慢，会影响路面的早期成型。

b. 阳离子型沥青乳化剂。阳离子型沥青乳化剂，按其不同结构及性能，主要可分为六类，即二烷基胺类、酰胺类、咪唑啉类、环氧乙烷二胺类、胺化木质素类、季铵盐类。阳离子型沥青乳化剂的特点是沥青的微粒带有正电荷，当与集料表面接触时，由于异性相吸的作用，使沥青微粒吸附在集料表面上，乳液中沥青微粒带正电荷、湿集料表面带负电荷，两者在有水膜的情况下仍可以吸附结合。因而，在阴湿或低温季节（5 ℃以上），阳离子型沥青乳液仍可照常施工，所以阳离子乳化沥青发挥了阴离子乳化沥青的优点，同时弥补了它的缺点。所以目前世界上有许多国家均大量应用阳离子型沥青乳化剂铺筑道路。

c. 两性离子型沥青乳化剂。两性离子型沥青乳化剂在水中溶解时电离成离子或离子胶团，与亲油基相连的亲水基团，既带阴电荷又带有阳电荷。两性离子型乳化剂按其分子结构及性能，可分为氨基酸型、甜菜碱型及咪唑啉型三种。甜菜碱型和咪唑啉型乳化剂，无论是在酸性、中性还是碱性条件下，都可溶于水。氨基酸型乳化剂在中性溶液中不发生变化，但是在微酸性溶液中易沉淀，如果继续添加酸使溶液变成强酸，则沉淀重新溶解，所以在酸性溶液中把氨基酸型乳化剂作为阳离子型乳化剂使用是完全可以的。

② 非离子型沥青乳化剂。非离子型沥青乳化剂在水中溶解时不能电离成离子，而是靠分子本身所含有的羟基和醚基作为弱水性亲水基。非离子型沥青乳化剂按其不同结构和特性，可分为聚乙二醇型和多元醇型两类。

(4) 稳定剂。用单一乳化剂制备乳化沥青乳液，乳液颗粒不易均匀，乳液易发生絮凝或沉降现象。如果在单一乳化剂中添加无机盐类制备沥青乳液，则可得到颗粒均匀而微细的乳液，并增强乳液颗粒周围的双电层效应，增加颗粒之间的相互排斥力，减缓颗粒之间的凝聚速度，提高乳化能力，改善乳液的稳定性，增强与集料的黏附能力。这种无机盐类叫作无机稳定剂。常用的无机稳定剂有氯化铵、氯化钠、氯化钙、氯化镁、氯化铬等氯化物。稳定剂的用量不宜过多，一般为沥青乳液的0.1%～0.15%。

10.3.2 乳化沥青的形成机理

沥青的微粒能够均匀地分散在水中并形成稳定的分散系。其主要原因如下：

(1)乳化剂在沥青-水系统界面上的吸附作用。由于沥青与水的表面张力相差较大，故在一般情况下是不能互溶的。当加入一定量的乳化剂后，乳化剂能有规律地定向排列在沥青和水的界面上，由于乳化剂属于表面活性物质，具有不对称的分子结构，分子一端是极性基团，是亲水的，另一端是非极性基团，是亲油的，所以，当乳化剂加入沥青与水组成的溶液中，即产生吸附作用，乳化剂分子吸附在沥青-水界面上形成吸附层，从而降低了沥青和水之间的表面张力差。

(2)界面膜的稳定作用。乳化剂在沥青微滴表面吸附，在界面上形成界面膜，此膜具有一定的强度，对沥青微滴起着保护作用，使微滴在互相碰撞时不易凝聚，提高沥青乳液的稳定性。

(3)沥青微滴界面电荷的稳定作用。沥青微滴表面均带有相同电荷，使微滴间互相排斥，达到分散微滴的作用。

10.3.3 乳化沥青的技术性质与技术要求

(1)乳化沥青的技术性质。乳化沥青在使用中与砂石集料拌和成型后，在空气中逐渐脱水，水膜变薄使沥青微粒靠拢，将乳化剂薄膜挤裂而凝成连续的沥青粘结膜层。此膜层的形成速度及质量、温度和湿度、脱水的速度与所处环境的通风情况有关。成膜后的乳化沥青应具有一定的耐热性、粘结性、抗裂性、韧性及防水性。

(2)乳化沥青的技术要求。道路用乳化沥青的质量应符合表10-7的规定。在高温条件下宜采用黏度较大的乳化沥青，在寒冷条件下宜使用黏度较小的乳化沥青。

10.3.4 乳化沥青在集料表面分裂机理

从乳液中分裂出来的沥青微滴在集料表面聚集成一层连续的沥青薄膜的过程称为分裂(俗称破乳)。乳液产生分裂的外观特征是它的颜色由棕褐色变成黑色。

1. 乳液与集料表面的吸附作用

(1)阴离子乳液(沥青微滴带负电荷)与带正电荷碱性集料(石灰岩、玄武岩等)有较好的粘结性。

(2)阳离子乳液(沥青微滴带正电荷)与带负电荷的酸性集料(花岗岩、石英岩等)具有较好的粘结性，同时对碱性集料有较好的亲和力。

2. 水分的蒸发作用

洒布在路上的乳化沥青，其水分蒸发速度的快慢与温度、湿度、风速等条件有关。

在温度较高、有风的环境中，水分蒸发较快；反之较慢。通常当沥青乳液中水分蒸发到沥青乳液的80%~90%时，乳化沥青即开始凝结。

10.3.5 乳化沥青的应用

乳化沥青适用于沥青表面处治路面、沥青贯入式路面、冷拌沥青混合料路面，裂缝修补，透层、粘层与封层喷洒等。乳化沥青的品种及适用范围宜符合表10-8的规定。

表 10-7 道路用乳化沥青技术要求

试验项目		品种及代号									
		阳离子				阴离子				非离子	
		喷洒用			拌和用	喷洒用			拌和用	喷洒用	拌和用
		PC-1	PC-2	PC-3	BC-1	PA-1	PA-2	PA-3	BA-1	PN-1	BN-1
破乳速度		快裂	慢裂	快裂或中裂	慢裂或中裂	快裂	慢裂	快裂或中裂	慢裂或中裂	慢裂	慢裂
粒子电荷		阳离子(+)				阴离子(-)				非离子	
筛上残留物(1.18 mm 筛)/%，不大于		0.1				0.1				0.1	
黏度	恩格拉黏度计 E_{25}	2~10	1~6	1~6	2~30	2~10	1~6	1~6	2~30	1~6	2~30
	道路标准黏度计 $C_{25,3}$(s)	10~25	8~20	8~20	10~60	10~25	8~20	8~20	10~60	8~20	10~60
蒸发残留物	残留分含量/%，不小于	50	50	50	55	50	50	50	55	50	55
	溶解度/%，不小于	97.5				97.5				97.5	
	针入度(25 ℃)/0.1 mm	50~200	50~300	45~150		50~200	50~300	45~150		50~300	60~300
	延度(15 ℃)/cm，不小于	40				40				40	
与粗集料的黏附性，裹覆面积，不小于		2/3			—	2/3			—	2/3	—
与粗粒式、细粒式集料拌和试验		—			均匀	—			均匀	—	
水泥拌和试验的筛上剩余/%，不大于		—				—				—	3
常温贮存稳定性/%(1 d)，不大于 5 d，不大于		1 5				1 5				1 5	

注：①P 为喷洒型，B 为拌和型，C、A、N 分别表示阳离子型、阴离子型、非离子型乳化沥青。
②黏度可选用恩格拉黏度计或沥青标准黏度计之一测定。
③表中的破乳速度与集料的黏附性、拌和试验的要求、所使用的石料品种有关，质量检验时应采用工程上实际的石料进行试验，仅进行乳化沥青产品质量评定时可不要求此三项指标。
④贮存稳定性根据施工实际情况选用试验时间，通常采用 5 d，乳液生产后能在当天使用时也可用 1 d 的稳定性。
⑤当乳化沥青需要在低温冰冻条件下贮存或使用时，还需进行 -5 ℃低温贮存稳定性试验，要求没有粗颗粒，不结块。
⑥如果乳化沥青是将高浓度产品运到现场经稀释后使用，则表中的蒸发残留物等各项是指标指稀释前乳化沥青的要求。

表 10-8 乳化沥青品种及适用范围

分类	品种及代号	适用范围
阳离子型乳化沥青	PC-1	表处、贯入式路面及下封层用
	PC-2	透层油及基层养生用
	PC-3	粘层油用
	BC-1	稀浆封层或冷拌沥青混合料用
阴离子型乳化沥青	PA-1	表处、贯入式路面及下封层用
	PA-2	透层油及基层养生用
	PA-3	粘层油用
	BA-1	稀浆封层或冷拌沥青混合料用
非离子型乳化沥青	PN-2	透层油用
	BN-I	与水泥稳定集料同时使用（基层路拌或再生）

任务10.4 改性沥青

随着国民经济的高速发展，现代公路和道路发生了许多变化：交通流量和行驶频度急剧增长，货运车的轴重不断增加，普遍实行分车道单向行驶，要求进一步提高路面的抗流动性，即高温下抗车辙的能力；提高柔性和弹性，即低温下抗开裂的能力；提高耐磨耗能力和延长使用寿命。现代建筑物普遍采用大跨度预应力屋面板，要求屋面防水材料适应大位移，更耐受严酷的高低温气候条件，耐久性更好，有自粘性，方便施工，减少维修工作量。使用环境发生的这些变化对石油沥青的性能提出了严峻的挑战。为适应上述苛刻使用要求而进行的石油沥青改性，引起了人们的重视。经过数十年研究开发，出现了品种繁多的改性道路沥青、防水卷材和涂料，它们表现出一定的工程实用效果。但由于改性后的材料价格通常是普通石油沥青的2～7倍，用户对材料工程性能尚未能充分把握，改性沥青需求增长缓慢。目前改性道路沥青主要用于机场跑道、防水桥面、停车场、运动场、重交通路面、交叉路口和路面转弯处等特殊场合的铺装。欧洲将改性沥青应用到公路网的养护和补强中，较大地推动了改性道路沥青的普遍应用。改性沥青防水卷材和涂料主要用于高档建筑物的防水工程。科学技术的进步和经济建设事业的发展将进一步推动改性沥青的品种开发和生产技术的发展。

10.4.1 改性沥青的分类及特性

改性沥青是指掺加橡胶、树脂、高分子聚合物，磨细的橡胶粉或其他填料等外掺剂(改性剂)，或采取对沥青轻度氧化加工等措施，使沥青的性能得以改善而制成的沥青结合料。

改性剂是指在沥青中加入的天然的或人工的有机或无机材料，可溶融分散在沥青中改善或提高沥青路面性能(与沥青发生反应或裹覆在集料表面上)的材料。

从狭义上来说，现在所指的道路改性沥青一般为聚合物改性沥青，其按照改性剂的不同一般分为以下几类。

1. 热塑性橡胶类改性沥青

改性剂主要是苯乙烯嵌段共聚物，如苯乙烯-丁二烯-苯乙烯(SBS)、苯乙烯-异戊二烯-苯乙烯(SIS)、苯乙烯-聚乙烯/丁基-聚乙烯(SE/BS)，其中SBS改性沥青常用于路面沥青混合料，SIS改性沥青主要用于热熔粘结料，SE/BS改性沥青应用于抗氧化、抗高温变形要求高的道路。目前世界各国用于道路沥青改性使用最多的是SBS改性沥青。例如，北京首都机场高速公路及京藏高速公路八达岭段用的就是SBS改性沥青。

SBS改性沥青的最大特点是高温稳定性和低温抗裂性能好，且有良好的弹性恢复性能，抗老化性能良好。SBS改性沥青的软化点提高，使5℃延度大幅度增大，且薄膜加热后的针入度比都保持在90%以上。

2. 橡胶类改性沥青

橡胶类改性沥青通常称为橡胶沥青，其中使用最多的是丁苯橡胶(SBR)和氯丁橡胶(CR)。它们不仅是世界上最早出现并广泛应用的改性沥青品种，也是在我国较早得到研究和推广的品种。其中SBR还是世界上应用最广泛的改性剂之一，尤其是其胶乳形式的使用越来越广泛。CR具有极性，常掺入煤沥青中使用，已成为煤沥青的改性剂。

SBR改性沥青的最大特点是低温性能得到改善，所以其主要适合在寒冷气候条件下使用。例如，青藏公路上就铺筑了SBR改性沥青路面。

3. 热塑性树脂类改性沥青

聚乙烯(PE)、聚丙烯、聚氯乙烯、聚苯乙烯和乙烯-乙酸乙烯共聚物(EVA)等在道路沥青的改性中被使用,这一类热塑性树脂的共同特点是加热后软化,冷却时硬化变硬。此类改性剂的最大特点是使沥青结合料的黏度在常温下增大,从而使高温稳定性增加,但是并不能使沥青混合料的弹性增加,且加热后易离析,再次冷却时产生众多的弥散体。不过这些局限性一定程度上已被接受。例如,浙江杭州钱江二桥就使用了 ESSO 公司的 EVA 改性沥青铺筑桥面。

4. 掺加天然沥青的改性沥青

在沥青中通常可掺加天然沥青进行改性,如湖沥青(如特立尼达湖沥青 TLA)、岩石沥青(如美国的 Gilsonite)和海底沥青(如 BMA)等。

掺加 TLA 的改性沥青有良好的高温稳定性及低温抗裂性能,耐久性好;掺加岩石沥青的改性沥青有抗剥离、耐久性、高温抗车辙和抗老化的特点;掺加 BMA 的改性沥青适用于重交通道路、飞机场跑道、抗磨耗层等,最小铺筑厚度可减薄到 2 cm,由此降低工程造价。

5. 其他改性沥青

(1)掺入多价金属皂化物的改性沥青。多价金属与一元羧酸所形成的盐类称为金属皂。将一定的金属皂溶解在沥青中,可使沥青延度增加、脆点降低,明显提高与集料的黏附性能,增加沥青混合料的强度,提高沥青路面的柔性和疲劳强度。

(2)掺入炭黑的改性沥青。炭黑是由石油、天然气等碳氢化合物经高温不完全燃烧而生成的高含碳量粉状物质,在改性好的 SBS 改性沥青中混入炭黑综合改性,可使改性沥青的黏度增大、回弹性能提高。

(3)掺入玻璃纤维格栅的改性沥青。将一种自粘结型的玻璃纤维格栅,用一种专门的摊铺机铺设,铺在沥青混合料层中,耐热性和粘结性好。这些格栅对提高高温抗车辙能力及低温抗裂性能都有良好效果,同时可防治沥青路面的反射性裂缝。

10.4.2 改性沥青的技术要求

道路改性沥青一般是指聚合物改性沥青,其技术要求见表 10-9。

表 10-9 聚合物改性沥青技术要求

指标	SBS 类(Ⅰ类)				SBR 类(Ⅱ类)			EVA、PE 类(Ⅲ类)			
	Ⅰ-A	Ⅰ-B	Ⅰ-C	Ⅰ-D	Ⅱ-A	Ⅱ-B	Ⅱ-C	Ⅲ-A	Ⅲ-B	Ⅲ-C	Ⅲ-D
针入度 25 ℃,100 g,5 s/0.1 mm	>100	80~100	60~80	40~60	>100	80~100	60~80	>80	60~80	40~60	30~40
针入度指数 PI,不小于	−1.2	−0.8	−0.4	0	−1.0	−0.8	−0.6	−1.0	−0.8	−0.6	−0.4
延度 5 ℃,5 cm(min/cm),不小于	50	40	30	20	60	50	40	—	—	—	—
软化点 $T_{R\&B}$/℃,不小于	45	50	55	60	45	48	50	48	52	56	60
运动黏度 135 ℃(Pa·s),不大于	3										
闪点/℃,不小于	230				230			230			
溶解度/%,不大于	99	99	—	—	—	—	—	—	—	—	—
弹性恢复 25 ℃/%,不小于	55	60	65	75							

续表

指标	SBS类(Ⅰ类)				SBR类(Ⅱ类)			EVA、PE类(Ⅲ类)			
	Ⅰ-A	Ⅰ-B	Ⅰ-C	Ⅰ-D	Ⅱ-A	Ⅱ-B	Ⅱ-C	Ⅲ-A	Ⅲ-B	Ⅲ-C	Ⅲ-D
黏韧性/(N·m),不小于	—				5			—			
韧性/(N·m),不小于	—				2.5			—			
贮存稳定性:离析,48 h软化点差/℃,不大于	2.5				—			无改性剂明显析出、凝聚			
TFOT(或RTFOT)后残留物											
质量变化/%,不大于	±1.0										
针入度比25 ℃/%,不小于	50	55	60	65	50	55	60	50	55	58	60
延度5 ℃/cm,不小于	30	25	20	15	30	20	10	—			

10.4.3 改性沥青的应用和发展

改性沥青可用作排水或吸声磨耗层及其下面的防水层;在老路面上做应力吸收膜中间层,以减少反射裂缝,在重载交通道路的老路面上加铺薄和超薄沥青面层,可以提高耐久性;在老路面或新建一般公路上做表面处治,可以恢复路面使用性能或减少养护工作量等。使用改性沥青时应当特别注意路基、路面的施工质量,以避免产生路基沉降和其他早期损坏。否则,使用改性沥青就会达不到应有的效果。

SBS改性沥青无论是在高温、低温还是弹性等方面,都优于其他改性剂,尤其是现在,SBS改性沥青的价格比以前有了大幅度降低,仅成本这一项,它就可以和PE、EVA竞争,所以,我国改性沥青的发展方向以SBS改性沥青作为主要方向。

项目 11 沥青混合料

学习目标

1. 了解沥青混合料的组成结构、组成材料、技术性质和设计方法。
2. 掌握沥青混合料的技术性质、技术标准和组成设计；掌握试验检测项目和检测方法。

任务描述

准备沥青混合料组成设计所需材料装在托盘中，让学生观察材料的性状，并对组成设计进行描述，做相关试验。

学习引导

本项目沿着以下脉络进行学习：

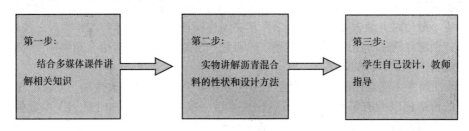

任务 11.1 概述

沥青混合料是由人工合理选配的矿料与沥青结合料拌和而成的混合料的总称，其中矿料起骨架作用，沥青与填料（矿粉）起胶结和填充作用。沥青混合料经摊铺、碾压成型具有整体性能的路面为沥青路面。

11.1.1 沥青混合料的特点

(1)具有良好的力学性能。采用沥青混合料修筑的路面平整，无接缝，具有足够的力学强度及其形变的稳定性。

(2)耐久性。沥青混凝土具有较好的塑性，因而降低了路面与车轮的磨损率。由于沥青混凝土具有不透水性，所以防止了路基软化塌陷，提高了路面的使用期限。

(3)良好的抗滑性。沥青混合料修成的路面具有一定的粗糙度，能够保证高速行车的安全性。

(4)便于分期修筑路面及再生利用。沥青混合料路面可随交通量的发展分期修建；可在原有路面上进行加厚，这样能充分发挥原有路面的作用；对原有沥青混合料，可以再生利用，以节省能源及投资。

(5)沥青混合料修成的路面，晴天无尘，雨天不泞，便于汽车高速行驶。

但是,沥青混合料路面目前还存在以下一些缺点:

(1)沥青会老化。由于沥青材料是一种胶体结构物体系,在大气因素的作用下,随时间的增长,沥青的分子会发生氧化和聚合作用,使低分子化合物转变为高分子化合物,即油分、树脂含量减少,沥青质、沥青碳含量增多。这种转化继续进行,使沥青质继续增加,沥青塑性逐渐降低,脆性增加,黏聚力减小,路面表层产生松散,引起路面破坏。如何改善沥青的性质、提高沥青路面的气候稳定性,成为当前重要的研究课题。

(2)温度稳定性差。夏季高温时易软化,路面易产生车辙、波浪等现象;冬季低温时易脆裂,在车辆重复荷载作用下易产生裂缝。

针对上述存在的问题,我国公路研究机构和生产部门进行了大量的研究和试验,并提出了一些改进办法和措施。

11.1.2 沥青混合料的分类

1. 按结合料分类

(1)石油沥青混合料:指以石油沥青(包括黏稠石油沥青、乳化石油沥青及液体石油沥青)为结合料的沥青混合料。

(2)煤沥青混合料:指以煤沥青为结合料的沥青混合料。

2. 按施工温度分类

沥青混合料按施工温度可分为热拌热铺、热拌冷铺和冷拌冷铺沥青混合料。

(1)热拌热铺沥青混合料。热拌热铺沥青混合料是指沥青和矿料都需加热到要求的温度才能拌和均匀,并要求保持一定的温度才能摊铺和易于压实的沥青混合料。这类混合料一般要求使用标号较高的黏稠石油沥青或软煤沥青。

(2)热拌冷铺沥青混合料。热拌冷铺沥青混合料是指在工地现场用加热到规定温度的沥青与冷矿料进行拌和的混合料。因拌和的温度偏低,故宜采用稠度较低的沥青作为结合料。

(3)冷拌冷铺沥青混合料。冷拌冷铺沥青混合料是指结合料和矿料都无须加热,或对沥青略为加热进行拌和(也称常温拌和)的混合料。这类混合料所用的沥青一般为稀释沥青或乳化沥青。

3. 按材料组成及结构分类

(1)连续级配沥青混合料。沥青混合料的矿料颗粒从大到小各级粒径都有,并按一定的比例相互搭配组成的沥青混合料,称为连续级配沥青混合料。

(2)间断级配沥青混合料。沥青混合料的矿料级配组成中缺少1个或几个粒径档次(或用量很少)而形成的沥青混合料,称为间断级配沥青混合料。

4. 按矿料级配组成和空隙率大小分类

(1)密级配沥青混合料。密级配沥青混合料是指按密实级配原理设计组成的各种粒径颗粒的矿料与沥青结合料拌和而成,设计(剩余)空隙率较小的密实式沥青混合料。它又可分为:密实式沥青混凝土混合料,简称沥青混凝土,设计空隙率为3%~5%,代号AC;密实式沥青稳定碎石混合料,简称沥青稳定碎石,设计空隙率为3%~6%,代号ATB。

当前,还采用间断级配设计组成的各种粒径颗粒的矿料与沥青玛琋脂拌和而成密实式沥青混合料,通常称之为沥青玛琋脂碎石混合料。

确切地讲,沥青玛琋脂碎石混合料是由沥青结合料与少量的纤维稳定剂、细集料,以及较多量的填料(矿粉)组成的沥青玛琋脂填充于间断级配的粗集料骨架的间隙,组成的一体的沥青混合料,简称沥青玛琋脂碎石,设计空隙率为3%~4%,代号SMA。

(2)开级配沥青混合料。开级配沥青混合料是指矿料级配主要由粗集料嵌挤组成,细集料及填料较少,设计空隙率大于18%的沥青混合料。它又可分为:大空隙开级配排水式沥青磨耗层,简称排水式沥青磨耗层,代号OGFC;铺筑在沥青层底部的排水式沥青稳定碎石混合料,简称排水式沥青碎石基层,代号ATPB。

(3)半开级配沥青混合料。半开级配沥青混合料是由适当比例的粗集料、细集料及少量填料(或不加填料)与沥青结合料拌和而成,设计剩余空隙率为6%~12%的沥青混合料。其主要品种为半开式沥青碎石混合料,简称沥青碎石,代号AM。

5. 按矿质集料的公称最大粒径分类

沥青混合料按矿质集料的公称最大粒径可分为下列五类:

(1)特粗式沥青混合料:公称最大粒径大于31.5 mm的沥青混合料;

(2)粗粒式沥青混合料:公称最大粒径为31.5 mm或26.5 mm的沥青混合料;

(3)中粒式沥青混合料:公称最大粒径为19.0 mm或16.0 mm的沥青混合料;

(4)细粒式沥青混合料:公称最大粒径为13.2 mm或9.5 mm的沥青混合料;

(5)砂粒式沥青混合料:公称最大粒径小于9.5 mm的沥青混合料。

公路工程中最常用的热拌沥青混合料适用于各种等级公路沥青路面,按集料的公称最大粒径、矿料级配、空隙率划分的种类见表11-1。

表11-1 热拌沥青混合料的种类

混合料类型	密级配		开级配			半开级配	公称最大粒径/mm	最大粒径/mm
	连续级配		间断级配	间断级配		沥青碎石		
	沥青混凝土	沥青稳定碎石	沥青玛琦脂碎石	排水式沥青磨耗层	排水式沥青碎石基层			
特粗式	—	ATB—40	—	—	ATPB—40	—	37.5	53.0
粗粒式	—	ATB—30	—	—	ATPB—30	—	31.5	37.5
	AC—25	ATB—25	—	—	ATPB—25	—	26.5	31.5
中粒式	AC—20	—	SMA—20	—	—	AM—20	19.0	26.5
	AC—16	—	SMA—16	OGFC—16	—	AM—16	16.0	19.0
细粒式	AC—13	—	SMA—13	OGFC—13	—	AM—13	13.2	16.0
	AC—10	—	SMA—10	OGFC—10	—	AM—10	9.5	13.2
砂粒式	AC—5	—	—	—	—	AM—5	4.75	9.5
设计空隙率/%	3~5	3~6	3~4	>18	>18	6~12	—	—

注:空隙率可按配合比设计要求适当调整。

任务11.2 热拌热铺沥青混合料

热拌热铺沥青混合料是按密实骨架原则设计的矿质混合料与高稠度的石油沥青,经过高温加热拌和后趁热摊铺,碾压而成的。

11.2.1 组成结构及其强度理论

1. 热拌热铺沥青混合料的组成结构

(1)结构理论。热拌热铺沥青混合料是由级配良好的矿质骨架和最佳用量的沥青胶结构构成，具有空间网络结构的一种多相分散体系。

目前沥青混合料组成结构理论有以下两种：

1）第一种为表面理论，是指沥青混合料是由粗集料、细集料和矿粉组成密实的矿质骨架，利用沥青胶结料的黏聚力，在加热的状态下与矿质集料进行拌和，经压实后成为具有一定强度的整体型材料。

2）第二种为胶浆理论，是指沥青混合料是多级空间网络状结构的多级分散系。主要分为以下三个分散系：

①粗分散系：以粗集料为分散相，分散在沥青砂浆的介质中。

②细分散系：以细集料为分散相，分散在沥青胶浆的介质中。

③微分散系：以矿粉填充料为分散相，分散在高稠度的沥青介质中。

第一种理论是突出矿质集料的骨架作用，起主导作用的是矿粉的强度及其级配的密实度。第二种理论是突出沥青胶结物在混合料中的作用，起主导作用的是沥青与填充料之间的关系。

（2）沥青混合料组成结构类型。沥青混合料组成结构可分为以下三种类型：

1）密实悬浮结构：是指矿质集料由大到小组成连续型密级配的混合料结构。混合料中粗集料数量较少，不能形成骨架。这种沥青混合料黏聚力较大，内摩擦阻力较小。

2）骨架空隙结构：是指矿质集料属于连续型开级配的混合料结构。矿质集料中粗集料较多，可形成矿质骨架，细集料较少，不足以填满空隙。所以此结构混合料空隙率大、耐久性差，沥青与矿料的黏聚力差，热稳性较好。这种结构沥青混合料的强度主要取决于内摩擦角。

3）密实骨架结构：此结构具有较多数量的粗集料形成空间骨架，同时有足够的细集料填满骨架的空隙，因此形成较高的密实骨架结构。这种结构密实度大，具有较高的黏聚力和内摩擦阻力，在沥青混合料中是最理想的一种结构类型。

三种类型沥青混合料的组成结构如图 11-1 所示。

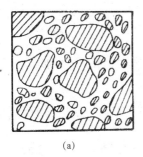 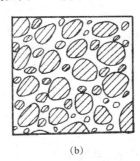 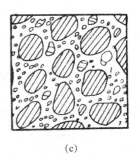

(a)   (b)   (c)

图 11-1 沥青混合料组成结构示意
(a)密实悬浮结构；(b)骨架空隙结构；(c)密实骨架结构

2. 热拌热铺沥青混合料的强度理论

沥青混合料是由不同粗度粒径矿质集料与沥青胶浆组成具有空间网络结构的一种分散体系。

沥青混合料的强度理论：要求沥青混合料在高温时，必须具备抗剪强度和抵抗变形的能力，即高温强度和稳定性。沥青混合料路面结构破坏的原因，主要是在高温时发生塑性变形而产生推挤、波浪等现象，此时抗剪强度降低；在低温时塑性变形能力差，沥青混合料路面易产生裂缝现象，大大降低了抗拉强度。

目前对于沥青混合料强度的研究，一般采用库仑内摩擦理论进行分析。通过三轴剪切强度研究得出结论：沥青混合料的抗剪强度(τ)主要取决于沥青与矿质集料物理、化学交互作用而产生的黏聚力(c)，以及矿质集料在沥青混合料中分散程度不同而产生的内摩擦角(φ)，见式(11-1)：

$$\tau = c + \tan\varphi \tag{11-1}$$

3. 影响沥青混合料抗剪强度的因素

影响沥青混合料抗剪强度的因素主要是材料的组成、车辆荷载、温度、环境条件等。

(1)沥青的黏度对沥青混合料抗剪强度的影响。沥青混合料中的矿质集料是分散在沥青中的分散系，因此它的强度与分散相的浓度和分散介质的黏度有密切的关系。在其他因素固定的情况下，沥青混合料的黏聚力(c)随着沥青材料的黏聚力的增大而增大。同时，内摩擦角随黏聚力的增大应有所提高，因沥青黏度大，表示沥青内部胶团互相位移时，分散介质抵抗剪切作用力大，使沥青混合料的黏滞阻力增大，因而具有较高的抗剪强度。

(2)沥青与矿料之间的吸附作用对沥青混合料抗剪强度的影响。

1)沥青与矿料的物理吸附。一切固态物质的相界面上都具有将周围物质的分子或离子吸引到表面上来的能力。因此，液体与固体的相互作用主要是由于分子间引力的作用而产生的，故称为物理吸附，其吸附过程是：沥青材料与矿料之间在分子引力的作用下形成一种定向多层吸附层。

物理吸附作用的大小主要取决于沥青中的表面活性物质及矿料与沥青分子亲和性的大小。沥青中的表面活性物质含量越多，矿料与沥青分子的亲和性就越大，物理吸附作用就越强，混合料粘结力也就越高。但是，在水的作用下是能破坏沥青与矿料的吸附作用的。所以物理吸附作用只能当混合料在干燥状态下才具有一定的黏附力，这种吸附不能保证其水稳定性。

2)沥青与矿料的化学吸附。沥青与矿料交互作用后，沥青在矿料表面形成一层扩散结构膜(图11-2)，在此结构膜以内的沥青称为结构沥青，在结构膜以外的沥青称为自由沥青。

如果矿料颗粒之间的粘结力是由结构沥青提供的，则颗粒间的粘结力较大；如果颗粒之间的粘结力是由自由沥青提供的，则粘结力较小。

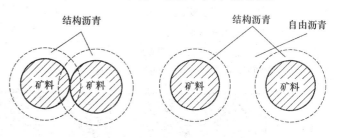

图 11-2 沥青与矿料交互作用示意

根据上述沥青与矿料之间交互作用的原理，在配制沥青混合料时，应控制沥青用量，使混合料能形成结构沥青，减少自由沥青。

沥青与矿料交互作用仅与沥青的化学性质有关，而且与矿料的性质有关。沥青中的表面活性物质(沥青酸、沥青酸酐)与碱性矿料化学成分能发生化学反应形成化学吸附层，而对酸性矿料只能形成物理吸附作用，在水的作用下是可以破坏沥青与矿料的吸附粘结性的，这种吸附作用是一种可逆的作用。它只能使混合料在干燥状态下才具有一定的黏附力，所以在沥青混合料中，当采用石灰石矿粉时，矿粉之间能通过结构沥青来连接，因而具有较高的黏聚力。

(3)矿料的级配类型及表面状态对沥青混合料抗剪强度的影响。矿质集料在沥青混合料中，由于分布情况不同，将影响沥青混合料的抗剪强度。

另外，在沥青混合料中，矿质集料的粗度、形状对沥青混合料的抗剪强度也有明显的影响。通常集料颗粒具有棱角，近似正方体，表面有明显的粗糙度，修成的路面具有很大的内摩擦角，混合料的抗剪强度高。所以在混合料中，矿质集料越粗，配制成沥青混合料的内摩擦角越大。

(4)矿料比表面积对沥青混合料抗剪强度的影响。在相同沥青用量的情况下，矿料的比表面积越大，形成的沥青膜越薄，在沥青中结构沥青占的比例越大，沥青混合料的黏聚力也越大。在混合料中，矿粉的比表面积比粗集料大得多。粗集料的比表面积为 $0.5\sim3\ m^2/kg$，而矿粉的比表面积为300～2 000 m²/kg，所以，矿粉的性质和用量对混合料的抗剪强度影响很大。为了增加矿粉的比表面积，必须提高矿粉的细度，但矿粉含量不宜过多，过多将使沥青混合料结团，不易施工。

（5）沥青用量对沥青混合料抗剪强度的影响。当沥青用量少时，沥青不足以形成结构沥青的膜层来粘结矿料。若沥青用量适当时，则将形成结构沥青，沥青与矿料之间的黏聚力增强。当沥青用量过多时，将形成自由沥青，沥青将矿料颗粒推开，沥青与矿料的粘聚力随自由沥青的增加而降低。同时，随沥青用量的增加，内摩擦角也将降低，因而影响了混合料的抗剪强度。

（6）温度及加荷速度对沥青混合料抗剪强度的影响。随温度的升高，沥青的黏聚力（c）值减小，而变形能力增强。温度降低，可使混合料的黏聚力提高、强度增加、变形能力降低。但过低的温度会使沥青混合料路面开裂。由于加荷频率高，故可使沥青混合料产生过大的应力和塑性变形，使弹性恢复很慢，产生不可恢复的永久变形。

11.2.2 组成材料的技术要求

为了保证沥青混合料的技术性质，首先要选择满足质量要求的组成材料。

1. 沥青材料

拌制沥青混合料选用沥青材料时，要根据当地的气候条件、混合料的类型、交通性质及其施工条件来选择沥青的品种、标号及黏度。通常交通量较大、较热的气候区应采用稠度较高的沥青；反之，应采用稠度较低的沥青。沥青路面使用性能气候分区由一、二、三级区划组合而成，以综合反映该地区的气候特征，见表11-2。每个气候分区用3个数字表示：第1个数字代表高温分区，第2个数字代表低温分区，第3个数字代表雨量分区。数字越小，表示气候因素对沥青路面的影响越严重。如我国上海市属1－3－1气候分区，为夏炎热冬冷潮湿区，对沥青混合料的高温稳定性和水稳定性要求较高。

当缺乏所需标号的沥青时，可采用不同标号掺配的调和沥青，其掺配比例由试验决定。

表11-2 沥青路面使用性能气候分区

气候分区指标		气候分区			
按照高温指标	高温气候区	1	2	3	
	气候区名称	夏炎热区	夏热区	夏凉区	
	7月平均最高温度/℃	>30	20～30	<20	
按照低温指标	低温气候区	1	2	3	4
	气候区名称	冬严寒区	冬寒区	冬冷区	冬温区
	极端最低气温/℃	<－37.5	－37.5～－21.5	－21.5～－9.0	>9.0
按照雨量指标	雨量气候区	1	2	3	4
	气候区名称	潮湿区	湿润区	半干区	干旱区
	极端最低气温/℃	>1 000	1 000～500	500～250	>250

2. 粗集料

（1）沥青混合料的粗集料要求洁净、干燥、无风化、无杂质，并且具有足够的强度和耐磨性，形状要接近正立方体，针片状颗粒的含量应符合表11-3的要求，且要求表面粗糙，有一定的棱角。

我国行业标准《公路沥青路面施工技术规范》（JTG F40—2004）规定：其各项质量要求符合表11-3的规定，沥青混合料的粗集料的规格应符合表11-4的规定。

表 11-3 沥青混合料用粗集料质量技术要求

指标	单位	高速公路及一级公路		其他等级公路	试验方法
		表面层	其他层次		
石料压碎值,不大于	%	26	28	30	T0316
洛杉矶磨耗损失,不大于	%	28	30	35	T0317
表观相对密度,不小于	—	2.60	2.50	2.45	T0304
吸水率,不大于	%	2.0	3.0	3.0	T0304
坚固性,不大于	%	12	12	—	T0314
针片状颗粒含量(混合料),不大于 其中粒径大于 9.5 mm,不大于 其中粒径小于 9.5 mm,不大于	%	15 12 18	18 15 20	20 — —	T0312
水洗法<0.075 mm 颗粒含量,不大于	%	1	1	1	T0310
软石含量,不大于	%	3	5	5	T0320

注:①坚固性试验可根据需要进行;
②用于高速公路、一级公路时,多孔玄武岩的视密度可放宽至 2.45 t/m³,吸水率可放宽至 3%,但必须得到建设单位的批准,且不得用于 SMA 路面;
③对 S14 即 3~5 mm 规格的粗集料,针片状颗粒含量可不予要求,<0.075 mm 含量可放宽到 3%。

表 11-4 沥青面层用粗集料规格

规格	公称粒径/mm	通过下列筛孔(方孔筛/mm)的质量百分率/%								
		37.5	31.5	26.5	19	13.2	9.5	4.75	2.36	0.6
S6	15~30	100	90~100	—	—	0~15	—	0~5	—	—
S7	10~30	100	90~100	—	—	—	0~15	0~5	—	—
S8	15~25	—	100	90~100	—	0~15	—	0~5	—	—
S9	10~20	—	—	100	90~100	—	0~15	0~5	—	—
S10	10~15	—	—	—	100	90~100	0~15	0~5	—	—
S11	5~15	—	—	—	100	90~100	40~70	0~15	0~5	—
S12	5~10	—	—	—	—	100	95~100	0~10	0~5	—
S13	3~10	—	—	—	—	100	95~100	40~70	0~20	0~5
S14	3~5	—	—	—	—	—	100	90~100	0~15	0~3

(2)应尽量选用碱性岩石。由于碱性岩石与沥青具有较强的黏附力,组成沥青混合料可得到较高的力学强度。在缺少碱性岩石的情况下,也可采用酸性岩石代替,但必须对沥青或粗集料进行适当的处理,以增加混合料的黏聚力。粗集料与沥青的黏附性应符合表 11-5 的规定。高速公路、一级公路沥青路面的表面层(或磨耗层)的粗集料的磨光值也应满足表 11-5 的规定。

表 11-5 粗集料与沥青的黏附性、磨光值的技术要求

雨量气候区	1(潮湿区)	2(湿润区)	3(半干区)	4(干旱区)	试验方法
年降雨量/mm	>1 000	1 000~500	500~250	<250	
粗集料的磨光值 PSV,不小于高速公路、一级公路表面层	42	40	38	36	T0321

续表

雨量气候区	1(潮湿区)	2(湿润区)	3(半干区)	4(干旱区)	试验方法
粗集料与沥青的黏附性，不小于高速公路、一级公路表面层高速公路、一级公路的其他层次及其他等级公路的各个层次	5 4	4 4	4 3	3 3	T0616 T0663

(3)细集料 热拌沥青混合料的细集料一般采用天然砂、机制砂和石屑。天然砂可采用河砂或海砂，通常采用粗砂、中砂，其规格符合表 11-6 的要求。在热拌密级配沥青混合料中天然砂的用量不宜超过集料总量的 20%。石屑是指采石场破碎石料时通过 4.75 mm 或 2.36 mm 的筛下部分，其规格应符合表 11-7 的要求。细集料与粗集料和填料配制成矿质混合料，其级配应符合要求。当一种细集料不能满足级配要求时，可采用两种或两种以上的细集料掺和使用。我国行业标准《公路沥青路面施工技术规范》(JTG F40—2004)对细集料的技术要求见表 11-8。

表 11-6　沥青混合料用天然砂规格

筛孔尺寸/mm	通过各孔筛的质量百分率/%		
	粗砂	中砂	细砂
9.5	1 000	100	100
4.75	90~100	90~100	90~100
2.36	65~95	75~90	85~100
1.18	35~65	50~90	75~100
0.6	15~30	30~60	60~84
0.3	5~20	8~30	15~45
0.15	0~10	0~10	0~10
0.075	0~5	0~5	0~5

表 11-7　沥青混合料用机制砂或石屑规格

规格	公称粒径/mm	水洗法通过各筛孔的质量百分率/%							
		9.5	4.75	2.36	1.18	0.6	0.3	0.15	0.075
S15	0~5	100	90~100	60~90	40~75	20~55	7~40	2~20	0~10
S16	0~3	—	100	80~100	50~80	25~60	8~45	0~25	0~15

注：当生产石屑采用喷水抑制扬尘工艺时，应特别注意含粉量不得超过表中的要求。

表 11-8　沥青混合料用细集料质量要求

项目	单位	高速公路、一级公路	其他等级公路	试验方法
表观相对密度，不小于	—	2.50	2.45	T0328
坚固性(>0.3 mm 部分)，不小于	%	12	—	T0340
含泥量(小于 0.075 mm 的含量)，不大于	%	3	5	T0330
砂当量，不小于	%	60	50	T0334
亚甲蓝值，不大于	g/kg	25	—	T0346
棱角性(流动时间)，不小于	s	30	—	T0345

3. 矿粉

矿粉是采用石灰岩或岩浆岩中的强基性岩石（碱性岩石）磨细制得。矿粉应干燥、洁净，其质量应符合表11-9的规定。若使用粉煤灰做填料，其用量不得超过填料总量的50%，烧失量应小于12%，与矿粉混合后塑性指数小于4%，其余质量要求与矿粉相同。高速公路、一级公路沥青面层不宜采用粉煤灰做填料。

表11-9 沥青混合料用矿粉质量要求

项目		单位	高速公路、一级公路	其他等级公路
表观密度，不小于		t/m³	2.50	2.45
含水量，不大于		%	1	1
粒度范围	<0.6 mm	%	100	100
	<0.15 mm	%	90～100	90～100
	<0.075 mm	%	75～100	70～100
外观		—	无团粒结块	—
亲水系数		—	<1	T0353
塑性指数		%	<4	T0354
加热安定性		—	实测记录	T0355

11.2.3 技术性质和技术标准

11.2.3.1 沥青混合料的技术性能

沥青混合料的技术性能主要包括施工和易性、高温稳定性、低温抗裂性、耐久性和抗滑性。

1. 施工和易性

沥青混合料施工和易性，是指沥青混合料在施工过程中容易拌和、摊铺和压实的性能。和易性的好与差，主要取决于矿料的级配、沥青的品种及用量、施工环境条件及混合料的性质等。

施工环境条件主要是考虑施工设备、机具及施工时的气温、湿度、风速等情况，来确定各施工程序，在施工时混合料的合适温度必然影响沥青的黏滞性，所以温度的变化将影响施工和易性。

在矿料配制过程中，如粗细集料过多，缺少中间粒径，混合料易分层，此时粗粒大部分集中在表面，细粒大部分集中在底部；如细集料太少，则沥青层就不容易均匀地分布在粗颗粒表面，影响其黏聚性及密实性；若细集料过多，则拌和困难。当矿粉用量较多、沥青用量较少时，混合料疏松，不易压实。所以，矿料的级配、沥青的品种及沥青用量，是在满足一定强度和变形性质下通过试验来确定，在施工中不能随意更改。

我国通过各地施工经验总结，对于不同品种的沥青提出了一定的加热温度、拌和及压实时沥青混合料的温度要求，见表11-10。

表11-10 热拌热铺沥青混合料的施工温度   ℃

施工工序		石油沥青的标号			
		50号	70号	90号	110号
沥青加热温度		160～170	155～165	150～160	145～155
矿料加热温度	间隙式拌合机	集料加热温度比沥青温度高10～30			
	连续式拌合机	矿料加热温度比沥青温度高5～10			
沥青混合料出料温度		150～170	145～165	140～160	135～155

续表

施工工序		石油沥青的标号			
		50号	70号	90号	110号
混合料贮料仓贮存温度		贮料过程中温度降低不超过10			
混合料废弃温度,高于		200	195	190	185
运输到现场温度,不低于		150	145	140	135
混合料摊铺温度,不低于	正常施工	140	135	130	125
	低温施工	160	150	140	135
开始碾压的混合料内部温度,不低于	正常施工	135	130	125	120
	低温施工	150	145	135	130
碾压终了的表面温度,不低于	钢轮压路机	80	70	65	60
	轮胎压路机	85	80	75	70
	振动压路机	75	70	60	55
开放交通的路表温度,不高于		50	50	50	45

注：①沥青混合料的施工温度采用具有金属探测针的插入式数显温度计测量，表面温度可采用表面接触式温度计测定。当采用红外线温度计测量表面温度时，应进行标定。
②表中未列入的130号、160号及30号沥青的施工温度由试验确定。

2. 高温稳定性

高温稳定性是指沥青混合料在夏季高温条件下，在车轮重复荷载作用下，能抵抗车辙及车轮水平荷载推挤的能力。

(1)受温度的影响。沥青混合料是一种黏弹性材料，其强度随温度升高而急剧下降，尤其是在交通量大、重车比例大的高等级道路上，在每年的高温季节，由于行车道上的轮迹带承受大量重车的反复作用，沥青混合料的强度大幅度下降，轮迹带逐渐变形下凹，路面产生破坏。

(2)提高高温稳定性的措施。

1)使用温度稳定性好的沥青是提高沥青混凝土高温稳定性和抗剪强度的主要措施。在规定的沥青标号范围内使用较稠的沥青可以提高沥青混凝土的抗变形能力。

2)最佳矿料级配可以增加内摩擦角和矿料颗粒间的嵌锁作用，提高了沥青混凝土的抗剪稳定性。所以在条件允许的情况下，增加碎石用量可以提高沥青混凝土的抗车辙能力。

3)使用碱性岩石可以提高沥青混凝土的温度稳定性和高温下抗变形的能力。

4)使用碱性岩石(石灰岩、冶金矿渣)磨成矿粉，提高沥青混凝土的高温稳定性。

(3)评定沥青混合料高温稳定性的方法。目前我国评定沥青混合料高温稳定性的方法有沥青混合料马歇尔试验、沥青混合料单轴压缩试验、沥青混合料三轴压缩试验、沥青混合料车辙试验。

但最普遍采用的方法是沥青混合料马歇尔试验。沥青混合料马歇尔试验能表明沥青混合料稳定度和流值两项指标。稳定度是表示沥青混凝土强度的指标，流值是表示沥青混凝土变形的指标。此种方法较其他试验设备、试验方法简单，所以当前沥青混合料马歇尔试验已被广泛采用。

试验11.1 沥青混合料试件制作方法(击实法)
(JTG E20—2011)

1. 目的和适用范围

(1)本方法适用于采用标准击实法或大型击实法的沥青混合料试件的制作，以供试验室进行沥青混合料物理、力学性质试验使用。

(2)标准击实法适用于标准马歇尔试验、间接抗拉试验(劈裂法)等所使用的 ϕ101.6 mm× 63.5 mm 圆柱体试件的成型。大型击实法适用于大型马歇尔试验和 ϕ152.4 mm×95.3 mm 大型圆柱体试件的成型。

(3)沥青混合料试件制作时的条件及试件数量应符合下列规定：

1)当集料公称最大粒径小于或等于 26.5 mm 时，采用标准击实法，一组试件的数量不少于 4 个。

2)当集料公称最大粒径大于 26.5 mm 时，宜采用大型击实法，一组试件数量不少于 6 个。

2. 仪器设备

(1)自动击实仪：自动击实仪应具有自动记数、控制仪表、按钮设置、复位及暂停等功能。按其用途，自动击实仪可分为以下两种：

1)标准击实仪：由击实锤、ϕ98.5 mm±0.5 mm 平圆形压实头及带手柄的导向棒组成。用机械将击实锤提升，至 457.2 mm±1.5 mm 高度沿导向棒自由落下连续击实，标准击实仪的质量为 4 536 g±9 g。

2)大型击实仪：由击实锤、ϕ149.4 mm±0.1 mm 平圆形压实头及带手柄的导向棒组成。用机械将击实锤提升，至 457.2 mm±2.5 mm 高度沿导向棒自由落下击实，大型击实仪的质量为 10 210 g±10 g。

(2)试验室用沥青混合料拌合机：能保证拌和温度并充分拌和均匀，可控制拌和时间，容量不小于 10 L，如图 11-3 所示。搅拌叶的自转速度为 70～80 r/min，公转速度为 40～50 r/min。

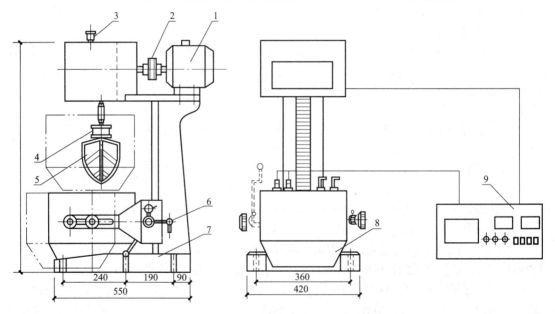

图 11-3 试验室用沥青混合料拌合机(尺寸单位：mm)

1—电机；2—联轴器；3—变速箱；4—弹簧；5—拌合叶片；
6—升降手柄；7—底座；8—加热拌合锅；9—温度时间控制仪

(3)试模：由高碳钢或工具钢制成，几何尺寸如下：

1)标准击实仪试模的内径为 101.6 mm±0.2 mm，圆柱形金属筒高 87 mm，底座直径约 120.6 mm，套筒内径为 104.8 mm、高为 70 mm。

2)大型击实仪的试模与套筒尺寸如图 11-4 所示。套筒外径为 165.1 mm，内径为 155.6 mm ±0.3 mm，总高为 83 mm。试模内径为 152.4 mm±0.2 mm，总高为 115 mm，底座板厚为

12.7 mm，直径为 172 mm。

(4)脱模器：电动或手动，应能无破损地推出圆柱体试件，备有标准试件及大型试件尺寸的推出环。

(5)烘箱：大、中型各 1 台，应有温度调节器。

(6)天平或电子秤：用于称量沥青的，感量不大于 0.1 g；用于称量矿料的，感量不大于 0.5 g。

(7)布洛克菲尔德黏度计。

(8)插刀或大螺钉旋具。

(9)温度计：分度值为 1 ℃，宜采用有金属插杆的插入式数显温度计，金属插杆的长度不小于 150 mm，量程为 0 ℃～300 ℃。

(10)其他：电炉或煤气炉、沥青熔化锅、拌合铲、标准筛、滤纸(或普通纸)、胶布、卡尺、秒表、粉笔、棉纱等。

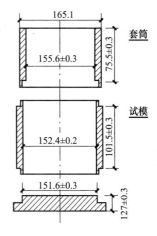

图 11-4 大型圆柱体试件的试模与套筒(尺寸单位：mm)

3. 准备工作

(1)确定制作沥青混合料试件的拌和温度与压实温度。

1)按本规程测定沥青的黏度，绘制黏温曲线。按表 11-11 的要求确定适于沥青混合料拌和及压实的等黏温度。

表 11-11 沥青混合料拌和及压实的等黏温度

沥青结合料种类	黏度与测定方法	适于拌和的沥青结合料黏度	适于压实的沥青结合料黏度
石油沥青	表观黏度，T0625	0.17 Pa·s±0.02 Pa·s	0.28 Pa·s±0.03 Pa·s

2)当缺乏沥青黏度测定条件时，试件的拌和与压实温度可按表 11-12 选用，并根据沥青品种和标号做适当调整。针入度小、稠度大的沥青取高限，针入度大、稠度小的沥青取低限，一般取中值。

表 11-12 沥青混合料拌和及压实温度参考表

沥青结合料种类	拌和温度/℃	压实温度/℃
石油沥青	140～160	120～150
改性沥青	160～175	140～170

3)对改性沥青，应根据实践经验、改性剂的品种和用量适当提高混合料的拌和和压实温度；对大部分聚合物改性沥青，通常在普通沥青的基础上提高 10 ℃～20 ℃；掺加纤维时还需再提高 10 ℃左右。

4)常温沥青混合料的拌和及压实在常温下进行。

(2)沥青混合料试件的制作条件。

1)在拌合厂或施工现场采取沥青混合料制作试样时，按规定的方法取样，将试样置于烘箱中加热或保温，在混合料中插入温度计测量温度，待混合料的温度符合要求后成型。需要拌和时可倒入已加热的室内沥青混合料拌合机中适当拌和，时间不超过 1 min，不得在电炉或明火上加热炒拌。

2)在试验室人工配制沥青混合料时，试件的制作按下列步骤进行：

①将各种规格的矿料置于 105 ℃±5 ℃的烘箱中烘干至恒重(一般不少于 4 h)。

②将烘干分级的粗、细集料，按每个试件设计级配要求称其质量，在一金属盘中混合均匀，矿粉单独放入小盆里；然后置于烘箱中加热至沥青拌和温度以上约 15 ℃(采用石油沥青时通常

为 163 ℃，采用改性沥青时通常需 180 ℃)备用。一般按一组试件(每组 4～6 个)备料，但进行配合比设计时宜对每个试件分别备料。常温沥青混合料的矿料不应加热。

③将按规定采取的沥青试样用烘箱加热至规定的沥青混合料拌和温度，但不得超过175 ℃。当不得已采用燃气炉或电炉直接加热进行脱水时，必须使用石棉垫隔开。

4. 拌制沥青混合料

(1)黏稠石油沥青混合料：

1)用蘸有少许黄油的棉纱擦净试模、套筒及击实座等，置于 100 ℃左右烘箱中加热 1 h 备用。常温沥青混合料用试模不加热。

2)将沥青混合料拌合机提前预热至拌和温度 10 ℃左右。

3)将加热的粗集料、细集料置于拌合机中，用小铲子适当混合；然后加入需要数量的沥青(如沥青已称量且放在一专用容器内时，可在倒掉沥青后用一部分热矿粉将粘在容器壁上的沥青擦拭掉并一起倒入拌合锅中)，开动拌合机一边搅拌一边将拌合叶片插入混合料中拌和 1～1.5 min；暂停拌和，加入加热的矿粉，继续拌至均匀为止，并使沥青混合料保持在要求的拌和温度范围内。标准的总拌和时间为 3 min。

(2)液体石油沥青混合料：将每组(或每个)试件的矿料置于加热至55 ℃～100 ℃的沥青混合料拌合机中，注入要求数量的液体沥青，并将混合料边加热边拌和，使液体沥青中的溶剂挥发至 50%以下。拌和时间应事先试拌决定。

(3)乳化沥青混合料：将每个试件的粗、细集料，置于沥青混合料拌合机(不加热，也可用人工炒拌)中；注入计算的用水量(阴离子乳化沥青不加水)后拌和均匀并使矿料表面完全湿润；再注入设计的沥青乳液用量，在 1 min 内将混合料拌匀；然后加入矿粉后迅速拌和，使混合料拌成褐色为止。

5. 成型方法

(1)击实法的成型步骤如下：

1)将拌好的沥青混合料用小铲适当拌和均匀，称取一个试件所需的用量(标准马歇尔试件约 1 200 g、大型马歇尔试件约 4 050 g)。当已知沥青混合料的密度时，可根据试件的标准尺寸计算并乘以 1.03 得到要求的混合料数量。当一次拌和几个试件时，宜将其倒入经预热的金属盘中用小铲适当拌和均匀分成几份，分别取用。在试件制作过程中，为防止混合料温度下降，应连盘放在烘箱中保温。

2)从烘箱中取出预热的试模及套筒，用蘸有少许黄油的棉纱擦拭套筒、底座及击实锤底面。将试模装在底座上，放一张吸油性小的圆形纸，用小铲将混合料铲入试模中，用插刀或螺钉旋具沿周边插捣 15 次、中间捣 10 次。插捣后将沥青混合料表面整平。对大型击实法的试件，混合料分两次加入，每次插捣次数同上。

3)插入温度计至混合料中心附近，检查混合料的温度。

4)待混合料的温度达到要求的压实温度后，将试模连同底座一起放在击实台上固定。在装好的混合料上面垫一张吸油性小的圆形纸，再将装有击实锤及导向棒的压实头放入试模中。开启电动机，使击实锤从 457 mm 的高度自由落下到击实规定的次数(75 次或 50 次)。对大型试件，击实次数为 75 次(相应于标准击实 50 次)或 112 次(相应于标准击实 75 次)。

5)试件击实一面后，取下套筒，将试模翻面，装上套筒，然后以同样的方法和次数击实另一面。

乳化沥青混合料试件在两面击实后，将一组试件在室温下横向放置 24 h，另一组试件置于温度为 105 ℃±5 ℃的烘箱中养护 24 h。将养护试件取出后再立即两面锤击各 25 次。

6)试件击实结束后，立即用镊子取掉上、下面的纸，用卡尺量取试件离试模上口的高度并由此计算试件高度。高度不符合要求时,试件应予作废,并按式(11-2)调整试件的混合料质量,以保证高度符合 63.5 mm±1.3 mm(标准试件)或 95.3 mm±2.5 mm(大型试件)的要求。

$$调整后混合料质量 = \frac{要求试件高度 \times 原用混合料质量}{所得试件高度} \tag{11-2}$$

(2)卸去套筒和底座,将装有试件的试模横向放置冷却至室温后(不少于 12 h)置于脱模机上脱出试件。用于规定现场马歇尔指标检验的试件,在施工质量检验过程中如急需试验,允许采用电风扇吹冷 1 h 或浸水冷却 3 min 以上的方法脱模;但浸水脱模法不能用于测量密度、空隙率等各项物理指标。

(3)将试件仔细置于干燥洁净的平面上,供试验用。

试验 11.2　压实沥青混合料密度试验(表干法) (JTG E20—2011)

1. 目的和适用范围

(1)本方法适用于吸水率不大于 2%的各种沥青混合料试件的测定,包括密级配沥青混凝土、沥青玛蹄脂碎石混合料(SMA)和沥青稳定碎石等沥青混合料试件的毛体积相对密度和毛体积密度的测定。标准温度为 25 ℃±0.5 ℃。

(2)本方法测定的毛体积相对密度和毛体积密度适用于沥青混合料试件的空隙率、矿料间隙率等各项体积指标的计算。

2. 仪器设备

(1)浸水天平或电子天平:当最大称量在 3 kg 以下时,感量不大于 0.1 g;当最大称量在 3 kg 以上时,感量不大于 0.5 g。应有测量水中重的挂钩。

(2)网篮。

(3)溢流水箱:如图 11-5 所示,使用洁净水,有水位溢流装置,保持试件和网篮浸入水中后的水位一定。能调整水温至 25 ℃±0.5 ℃。

(4)试件悬吊装置:天平下方悬吊网篮及试件的装置,吊线应采用不吸水的细尼龙线绳,并有足够的长度。对轮碾成型机成型的板块状试件,可用铁丝悬挂。

(5)秒表。

(6)毛巾。

(7)电风扇或烘箱。

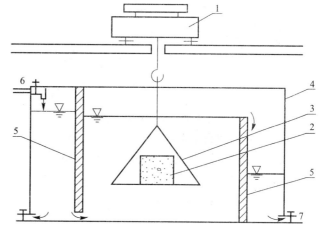

图 11-5　溢流水箱及下挂法水中重称量方法示意
1—浸水天平或电子天平;2—试件;3—网篮;4—溢流水箱;
5—水位搁板;6—注水口;7—放水阀门

3. 试验步骤

(1)准备试件。本试验可以采用室内成型的试件,也可以采用工程现场钻芯、切割等方法获得的试件。当采用现场钻芯取样时,应按照规定的方法进行。试验前,试件宜放在阴凉处保存(温度不宜高于35 ℃),且放置在水平的平面上,注意不要使试件产生变形。

(2)选择适宜的浸水天平或电子天平,最大称量应满足试件质量要求。

(3)除去试件表面的浮粒,称取干燥试件的空中质量(m_a),根据选择的天平的感量读数精确至0.1 g或0.5 g。

(4)将溢流水箱水温保持在25 ℃±0.5 ℃。挂上网篮,浸入溢流水箱中,调节水位,将天平调平并复零,把试件置于网篮中(注意不要晃动水)浸水3~5 min,称取水中质量(m_w)。若天平读数持续变化,不能很快达到稳定,说明试件吸水较严重,不适用于此方法,应改用蜡封法测定。

(5)从水中取出试件,用洁净柔软的拧干的巾轻轻擦去试件的表面水(不得吸走空隙内的水),称取试件的表干质量(m_f)。从试件拿出水面到擦拭结束不宜超过5 s,称量过程中流出的水不得再擦拭。

(6)对从工程现场钻取的非干燥试件,可先称取水中质量(m_w)和表干质量(m_f),然后用电风扇将试件吹干至恒重(一般不少于12 h,当不需进行其他试验时,也可用60 ℃±5 ℃烘箱烘干至恒重),再称取空中质量(m_a)。

4. 计算

(1)按式(11-3)计算试件的吸水率,取1位小数。

$$S_a = \frac{m_f - m_a}{m_f - m_w} \times 100 \tag{11-3}$$

式中 S_a——试件的吸水率(%);
m_a——干燥试件的空中质量(g);
m_w——试件的水中质量(g);
m_f——试件的表干质量(g)。

(2)按式(11-4)及式(11-5)计算试件的毛体积相对密度和毛体积密度,取3位小数。

$$\gamma_f = \frac{m_a}{m_f - m_w} \tag{11-4}$$

$$\rho_f = \frac{m_a}{m_f - m_w} \times \rho_w \tag{11-5}$$

式中 γ_f——试件的毛体积相对密度,量纲为1;
ρ_f——试件的毛体积密度(g/cm³);
ρ_w——25 ℃时水的密度,取0.997 1 g/cm³。

(3)按式(11-6)计算试件的空隙率,取1位小数。

$$VV = \left(1 - \frac{\gamma_f}{\gamma_t}\right) \times 100 \tag{11-6}$$

式中 VV——试件的空隙率(%);
γ_t——沥青混合料理论最大相对密度,按规定的方法计算或实测得到,量纲为1;
γ_f——试件的毛体积相对密度,量纲为1,通常采用表干法测定;当试件吸水率$S_a > 2\%$时,宜采用蜡封法测定;当按规定容许采用水中重法测定时,也可采用表观相对密度代替。

(4)按式(11-7)计算矿料的合成毛体积相对密度,取3位小数。

$$\gamma_{sb} = \frac{100}{\dfrac{P_1}{\gamma_1} + \dfrac{P_2}{\gamma_2} + \cdots + \dfrac{P_n}{\gamma_n}} \tag{11-7}$$

式中 γ_{sb}——矿料的合成毛体积相对密度,量纲为1;

$P_1, P_2, \cdots, P_n$——各种矿料占矿料总质量的百分率(%),其和为100;

$\gamma_1, \gamma_2, \cdots, \gamma_n$——各种矿料的相对密度,量纲为1;采用《公路工程集料试验规程》(JTG E42—2005)的方法进行测定,粗集料按规定的方法测定;机制砂及石屑可以按规定的方法测定,也可以用筛出的2.36~4.75 mm部分按规定的方法测定的毛体积相对密度代替;矿粉(含消石灰、水泥)采用表观相对密度。

(5)按式(11-8)计算矿料的合成表观相对密度,取3位小数。

$$\gamma_{sa} = \frac{100}{\frac{P_1}{\gamma'_1} + \frac{P_2}{\gamma'_2} + \cdots + \frac{P_n}{\gamma'_n}} \tag{11-8}$$

式中 γ_{sa}——矿料的合成表观相对密度,量纲为1;

$\gamma'_1, \gamma'_2, \cdots, \gamma'_n$——各种矿料的表观相对密度,量纲为1。

(6)确定矿料的有效相对密度,取3位小数。

1)对非改性沥青混合料,采用真空法实测理论最大相对密度,取平均值。按式(11-9)计算合成矿料的有效相对密度 γ_{se}。

$$\gamma_{se} = \frac{100 - P_b}{\frac{100}{\gamma_t} - \frac{P_b}{\gamma_b}} \tag{11-9}$$

式中 γ_{se}——合成矿料的有效相对密度,量纲为1;

P_b——沥青用量,即沥青质量占沥青混合料总质量的百分率(%);

γ_t——实测的沥青混合料理论最大相对密度,量纲为1;

γ_b——25 ℃时沥青的相对密度,量纲为1。

2)对改性沥青及SMA等难以分散的混合料,有效相对密度宜直接由矿料的合成毛体积相对密度与合成表观相对密度按式(11-10)计算确定,其中沥青吸收系数C根据材料的吸水率由式(11-11)求得,合成矿料的吸水率按式(11-12)计算。

$$\gamma_{se} = C \times \gamma_{sa} + (1-C) \times \gamma_{sb} \tag{11-10}$$

$$C = 0.033 w_x^2 - 0.293\ 6 w_x + 0.933\ 9 \tag{11-11}$$

$$w_x = \left(\frac{1}{\gamma_{sb}} - \frac{1}{\gamma_{sa}}\right) \times 100 \tag{11-12}$$

式中 C——沥青吸收系数,量纲为1;

w_x——合成矿料的吸水率(%)。

(7)确定沥青混合料的理论最大相对密度,取3位小数。

1)对非改性普通沥青混合料,采用真空法实测沥青混合料的理论最大相对密度 γ_t。

2)对改性沥青或SMA混合料,宜按式(11-13)或式(11-14)计算沥青混合料对应油石比的理论最大相对密度。

$$\gamma_t = \frac{100 + P_a}{\frac{100}{\gamma_{se}} + \frac{P_a}{\gamma_b}} \tag{11-13}$$

$$\gamma_t = \frac{100 + P_a + P_x}{\frac{100}{\gamma_{se}} + \frac{P_a}{\gamma_b} + \frac{P_x}{\gamma_x}} \tag{11-14}$$

式中 γ_t——计算沥青混合料对应油石比的理论最大相对密度,量纲为1;

P_a——油石比,即沥青质量占矿料总质量的百分率(%);

$$P_a = [P_b/(100-P_b)] \times 100$$

P_x——纤维用量，即纤维质量占矿料总质量的百分率(%)；

γ_x——25℃时纤维的相对密度，由厂方提供或实测得到，量纲为1；

γ_{se}——合成矿料的有效相对密度，量纲为1；

γ_b——25℃时沥青的相对密度，量纲为1。

3)对旧路面钻芯取样的试件缺乏材料密度、配合比及油石比的沥青混合料，可以采用真空法实测沥青混合料的理论最大相对密度γ_t。

(8)按式(11-15)～式(11-17)计算试件的空隙率、矿料间隙率VMA和有效沥青饱和度VFA，取1位小数。

$$VV = \left(1 - \frac{\gamma_f}{\gamma_t}\right) \times 100 \tag{11-15}$$

$$VMA = \left(1 - \frac{\gamma_f}{\gamma_{sb}} \times \frac{P_s}{100}\right) \times 100 \tag{11-16}$$

$$VFA = \frac{VMA - VV}{VMA} \times 100 \tag{11-17}$$

式中 VV——沥青混合料试件的空隙率(%)；

VMA——沥青混合料试件的矿料间隙率(%)；

VFA——沥青混合料试件的有效沥青饱和度(%)；

P_s——各种矿料占沥青混合料总质量的百分率之和(%)；

$$P_s = 100 - P_b$$

γ_{sb}——矿料的合成毛体积相对密度，量纲为1。

(9)按式(11-18)～式(11-20)计算沥青结合料被矿料吸收的比例及有效沥青含量、有效沥青体积百分率，取1位小数。

$$P_{ba} = \frac{\gamma_{se} - \gamma_{sb}}{\gamma_{se} \times \gamma_{sb}} \times \gamma_b \times 100 \tag{11-18}$$

$$P_{be} = P_b - \frac{P_{ba}}{100} \times P_s \tag{11-19}$$

$$V_{be} = \frac{\gamma_f \times P_{be}}{\gamma_b} \tag{11-20}$$

式中 P_{ba}——沥青混合料中被矿料吸收的沥青质量占矿料总质量的百分率(%)；

P_{be}——沥青混合料中的有效沥青含量(%)；

V_{be}——沥青混合料试件的有效沥青体积百分率(%)。

(10)按式(11-21)计算沥青混合料的粉胶比，取1位小数。

$$FB = \frac{P_{0.075}}{P_{be}} \tag{11-21}$$

式中 FB——粉胶比，沥青混合料的矿料中0.075 mm通过百分率与有效沥青含量的比值，量纲为1；

$P_{0.075}$——矿料级配中0.075 mm的通过百分率(水洗法)(%)。

(11)按式(11-22)计算集料的比表面积，按式(11-23)计算沥青混合料沥青膜的有效厚度。各种集料粒径的表面积系数按表11-13取用。

$$SA = \sum(P_i \times FA_i) \tag{11-22}$$

$$DA = \frac{P_{be}}{\rho_b \times P_s \times SA} \times 1\,000 \tag{11-23}$$

式中 SA——集料的比表面积(m^2/kg);

P_i——集料各粒径的质量通过百分率(%);

FA_i——各筛孔对应集料的表面积系数(m^2/kg),按表 11-13 确定;

DA——沥青膜有效厚度(μm);

ρ_b——沥青 25 ℃时的密度(g/cm^3)。

表 11-13 集料的表面积系数及比表面积计算示例

筛孔尺寸/mm	19	16	13.2	9.5	4.75	2.36	1.18	0.6	0.3	0.15	0.075
表面积系数 $FA_i/(m^{-2}\cdot kg)$	0.004 1	—	—	—	0.004 1	0.008 2	0.016 4	0.028 7	0.061 4	0.122 9	0.327 7
集料各粒径的质量通过百分率 P_i/%	100	92	85	76	60	42	32	23	16	12	6
集料的比表面积 $FA_i \times P_i/(m^2\cdot kg^{-1})$	0.41	—	—	—	0.25	0.34	0.52	0.66	0.98	1.47	1.97
集料的比表面积总和 $SA/(m^2\cdot kg^{-1})$	\multicolumn{11}{c}{$SA=0.41+0.25+0.34+0.52+0.66+0.98+1.47+1.97=6.60$}

注:矿料级配中大于 4.75 mm 集料的表面积系数 FA 均取 0.004 1。计算集料的比表面积时,大于 4.75 mm 集料的比表面积只计算一次,即只计算最大粒径对应部分。如表 11-13,该例的 $SA=6.60\ m^2/kg$,若沥青混合料的有效沥青含量为 4.65%,沥青混合料的沥青用量为 4.8%,沥青的密度为 1.03 g/cm^3,$P_s=95.2$,则沥青膜有效厚度 $DA=4.65/(95.2\times 1.03\times 6.60)\times 1\,000=7.19(\mu m)$。

(12)粗集料骨架间隙率可按式(11-24)计算,取 1 位小数。

$$VCA_{mix}=100-\frac{\gamma_f}{\gamma_{ca}}\times P_{ca} \tag{11-24}$$

式中 VCA_{mix}——粗集料骨架间隙率(%);

P_{ca}——矿料中所有粗集料质量占沥青混合料总质量的百分率(%),按式(11-25)计算得到:

$$P_{ca}=P_s\times PA_{4.75}/100 \tag{11-25}$$

式中 $PA_{4.75}$——矿料级配中 4.75 mm 筛余量,即 100 减去 4.75 mm 通过率;

注:$PA_{4.75}$对于一般沥青混合料为矿料级配中 4.75 mm 筛余量,对于公称最大粒径不大于 9.5 mm 的 SMA 混合料为 2.36 mm 筛余量,对特大粒径根据需要可以选择其他筛孔。

γ_{ca}——矿料中所有粗集料的合成毛体积相对密度按式(11-26)计算,量纲为 1;

$$\gamma_{ca}=\frac{P_{1c}+P_{2c}+\cdots+P_{nc}}{\dfrac{P_{1c}}{\gamma_{1c}}+\dfrac{P_{2c}}{\gamma_{2c}}+\cdots+\dfrac{P_{nc}}{\gamma_{nc}}} \tag{11-26}$$

式中 $P_{1c},P_{2c},\cdots,P_{nc}$——矿料中各种粗集料质量占矿料总质量的百分率(%);

$\gamma_{1c},\gamma_{2c},\cdots,\gamma_{nc}$——矿料中各种粗集料的毛体积相对密度。

5. 报告

应在试验报告中注明沥青混合料的类型及测定密度采用的方法。

6. 允许误差

试件毛体积密度重复性试验的允许误差为 0.020 g/cm^3。试件毛体积相对密度重复性试验的允许误差为 0.020。

试验 11.3　沥青混合料马歇尔稳定度试验(JTG E20—2011)

1. 目的和适用范围

(1)本方法适用于马歇尔稳定度试验和浸水马歇尔稳定度试验,以进行沥青混合料的配合比设计或沥青路面施工质量的检验。

(2)本方法适用于标准马歇尔试件圆柱体和大型马歇尔试件圆柱体。

2. 仪器设备

(1)沥青混合料马歇尔试验仪:分为自动式和手动式。自动式马歇尔试验仪应具备控制装置、记录荷载-位移曲线、自动测定荷载与试件的垂直变形、能自动显示和存储或打印试验结果等功能;手动式马歇尔试验仪由人工操作,试验数据通过操作者目测后读取数据。

对用于高速公路和一级公路的沥青混合料,宜采用自动式马歇尔试验仪。

1)当集料公称最大粒径小于或等于 26.5 mm 时,宜采用 ϕ101.6 mm×63.5 mm 标准马歇尔试件,试验仪最大荷载不得小于 25 kN,读数精确至 0.1 kN,加载速度应能保持 50 mm/min±5 mm/min。钢球直径为 16 mm±0.05 mm,上、下压头的曲率半径为 50.8 mm±0.08 mm。

2)当集料公称最大粒径大于 26.5 mm 时,宜采用 ϕ152.4 mm×95.3 mm 大型马歇尔试件,试验仪最大荷载不得小于 50 kN,读数精确至 0.1 kN。上、下压头的曲率内径为 ϕ152.4 mm±0.2 mm,上、下压头的间距为 19.05 mm±0.1 mm。

(2)恒温水槽:控温精确至 1 ℃,深度不小于 150 mm。

(3)真空饱水容器:包括真空泵及真空干燥器。

(4)烘箱。

(5)天平:感量不大于 0.1 g。

(6)温度计:分度值为 1 ℃。

(7)卡尺。

(8)其他:棉纱、黄油。

3. 实验准备和试验步骤

(1)标准马歇尔试验方法。

1)准备工作。

①按规定的击实法成型马歇尔试件,标准马歇尔试件尺寸应符合直径为 101.6 mm±0.2 mm、高为 63.5 mm±1.3 mm 的要求,大型马歇尔试件的尺寸应符合直径为 152.4 mm±0.2 mm、高为 95.3 mm±2.5 mm 的要求。一组试件的数量不得少于 4 个,并符合相关规定。

②测量试件的直径及高度:用卡尺测量试件中部的直径,用马歇尔试件高度测定器或卡尺在十字对称的 4 个方向测量离试件边缘 10 mm 处的高度,精确至 0.1 mm,并以其平均值作为试件的高度。如试件的高度不符合 63.5 mm±1.3 mm 或 95.3 mm±2.5 mm 的要求或两侧高度差大于 2 mm,此试件应予作废。

③按规定的方法测定试件的密度,并计算空隙率、沥青体积百分率、沥青饱和度、矿料间隙率等体积指标。

④将恒温水槽调节至要求的试验温度:对黏稠石油沥青或烘箱养生过的乳化沥青混合料为 60 ℃±1 ℃;对煤沥青混合料,为 33.8 ℃±1 ℃;对空气养护的乳化沥青或液体沥青混合料,为 25 ℃±1 ℃。

2)试验步骤。

①将试件置于已达规定温度的恒温水槽中保温,对标准马歇尔试件,保温时间为 30~40 min;对大型马歇尔试件,保温时间为 45~60 min。试件之间应有间隔,底下应垫起,距水槽底部不小于 5 cm。

②将马歇尔试验仪的上、下压头放入水槽或烘箱中达到同样的温度。将上、下压头从水槽或烘箱中取出并擦拭干净内面。为使上、下压头滑动自如,可在下压头的导棒上涂少量黄油,再将试件取出置于下压头上,盖上上压头,然后安装在加载设备上。

③在上压头的球座上放妥钢球,并对准荷载测定装置的压头。

④当采用自动式马歇尔试验仪时,正确连接自动式马歇尔试验仪的压力传感器、位移传感器与计算机或 X-Y 记录仪,调整好适宜的放大比例,将压力和位移传感器调零。

⑤当采用压力环和流值计时,将流值计安装在导棒上,使导向套管轻轻地压住上压头,同时将流值计读数调零。调整压力环中的百分表对零。

⑥启动加载设备,使试件承受荷载,加载速度为 50 mm/min±5 mm/min。计算机或 X-Y 记录仪自动记录传感器压力和试件变形曲线并将数据自动存入计算机中。

⑦当试验荷载达到最大值的瞬间时,取下流值计,同时读取压力环中的百分表读数及流值计的流值读数。

⑧从恒温水槽中取出试件至测出最大荷载值的时间不得超过 30 s。

(2)浸水马歇尔试验方法。浸水马歇尔试验方法与标准马歇尔试验方法的不同之处在于,试件在已达规定温度的恒温水槽中保温 48 h,其余步骤均与标准马歇尔试验方法相同。

(3)真空饱水马歇尔试验方法。将试件先放入真空干燥器中,关闭进水胶管,开动真空泵,使干燥器的真空度达到 97.3 kPa(730 mmHg)以上,维持 15 min;然后打开进水胶管,靠负压进入冷水流使试件全部浸入水中,浸水 15 min 后恢复常压,取出试件再放入已达规定温度的恒温水槽中保温 48 h。其余步骤均与标准马歇尔试验方法相同。

4. 计算

(1)试件的稳定度及流值。

1)当采用自动式马歇尔试验仪时,将计算机采集的数据绘制成压力和试件变形曲线,或由 X-Y 记录仪自动记录荷载-变形曲线,按图 11-6 所示的方法在切线方向延长曲线上与横坐标相交于 O_1,将 O_1 作为修正原点,从 O_1 起量取相应于荷载最大值时的变形作为流值(FL),以 mm 计,精确至 0.1 mm。最大荷载即稳定度(MS),以 kN 计,精确至 0.01 kN。

2)采用压力环和流值计测定时,根据压力环标定曲线,将压力环中的百分表读数换算为荷载值,或者由荷载测定

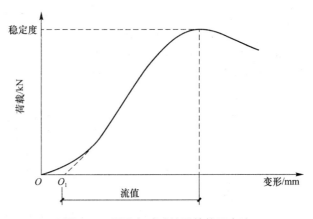

图 11-6 马歇尔试验结果的修正方法

装置读取的最大值即试样的稳定度(MS),以 kN 计,精确至 0.01 kN。由流值计及位移传感器测定装置读取的试件垂直变形,即试件的流值(FL),以 mm 计,精确至 0.1 mm。

(2)试件的马歇尔模数按式(11-27)计算:

$$T=\frac{\mathrm{MS}}{\mathrm{FL}} \quad (11-27)$$

式中　T——试件的马歇尔模数(kN/mm);
　　　MS——试件的稳定度(KN);
　　　FL——试件的流值(mm)。

(3)试件的浸水残留稳定度按式(11-28)计算:

$$MS_0 = \frac{MS_1}{MS} \times 100 \tag{11-28}$$

式中　MS_0——试件的浸水残留稳定度(%);
　　　MS_1——试件浸水48 h后的稳定度(kN)。

(4)试件的真空饱水残留稳定度按式(11-29)计算:

$$MS'_0 = \frac{MS_2}{MS} \times 100 \tag{11-29}$$

式中　MS'_0——试件的真空饱水残留稳定度(%);
　　　MS_2——试件真空饱水后浸水48 h后的稳定度(kN)。

5. 报告

(1)当一组测定值中某个测定值与平均值之差大于标准差的 k 倍时,该测定值应予舍弃,并以其余测定值的平均值作为试验结果。当试件数目 n 为3、4、5、6个时,k 值分别为1.15、1.46、1.67、1.82。

(2)报告中需列出马歇尔稳定度、流值、马歇尔模数,以及试件尺寸、密度、空隙率、沥青用量、沥青体积百分率、沥青饱和度、矿料间隙率等各项物理指标。当采用自动式马歇尔试验时,试验结果应附上荷载-变形曲线或自动记录的曲线。

试验11.4　沥青混合料车辙试验(JTG E20—2011)

1. 目的和适用范围

(1)本方法适用于沥青混合料的高温抗车辙能力的测定,供沥青混合料配合比设计时的高温稳定性检验使用,也适用于现场沥青混合料的高温稳定性检验。

(2)车辙试验的温度与轮压(试验轮与试件的接触压强)可根据有关规定和需要选用,非经注明,试验温度为60 ℃,轮压为0.7 MPa。根据需要,在寒冷地区试验温度可采用45 ℃,在高温条件下试验温度可采用70 ℃等,对重载交通的轮压可增加至1.4 MPa,但应在报告中注明。计算动稳定度的时间原则上为试验开始后45~60 min。

(3)本方法适用于用轮碾成型机碾压成型的长为300 mm、宽为300 mm、厚为50~100 mm的板块状试件。根据工程需要也可采用其他尺寸的试件。本方法也适用于现场切割板块状试件,切割板块状试件的尺寸根据现场面层的实际情况由试验确定。

2. 仪器设备

(1)车辙试验机:如图11-7所示。车辙试验机主要由下列部分组成:

1)试件台:可牢固地安装两种宽度规定尺寸(300 mm及150 mm)试件的试模。

2)试验轮:橡胶制的实心轮胎,外径为200 mm,轮宽为50 mm,橡胶层厚为15 mm。橡胶硬度(国际标准硬度)在20 ℃时为84±4、在60 ℃时为78±2。试验轮行走距离为230 mm±10 mm,往返碾压速度为42次/min±1次/min(21次往返/min)。采用曲柄连杆驱动加载轮往返运动。

注:轮胎橡胶硬度应注意检验,不符合要求者应及时更换。

3)加载装置:通常情况下,试验轮与试件接触压强在60 ℃时为0.7 MPa±0.05 MPa,施加的总荷载为780 N左右，根据需要可以调整接触压强的大小。

4) 试模：由钢板制成，由底板及侧板组成，试模内侧尺寸宜长为 300 mm、宽为 300 mm、厚为 50～100 mm，也可根据需要对厚度进行调整。

5) 试件变形测量装置：自动采集车辙变形并记录曲线的装置通常为位移传感器 LVDT 或非接触位移计。位移测量范围为 0～130 mm，精度为±0.01 mm。

6) 温度检测装置：自动检测并记录试件表面及恒温室内温度的温度传感器，精度为±0.5 ℃。温度应能自动连续记录。

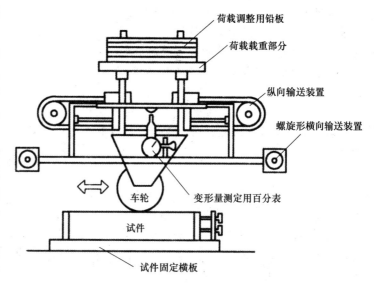

图 11-7　车辙试验机结构

(2) 恒温室：恒温室应具有足够的空间。车辙试验机必须整机安放在恒温室内，装有加热器、气流循环装置及有自动温度控制设备，同时恒温室还应有至少能保温 3 块试件并进行试验的条件。保持恒温室温度为 60 ℃±1 ℃(试件内部温度为 60 ℃±5 ℃)，根据需要也可采用其他试验温度。

3. 试验准备

(1) 试验轮接地压强测定。测定在 60 ℃时进行，在试验台上放置一块 50 mm 厚的钢板，在其上铺一张毫米方格纸，上铺一张新的复写纸，以规定的 700 N 荷载后试验轮静压复写纸，即可在方格纸上得出轮压面积，并由此求得接触压强。当压强不符合 0.7 MPa±0.05 MPa 时，荷载应予适当调整。

(2) 用轮碾成型法制作车辙试验试块。在试验室或工地制备成型的车辙试件，板块状试件尺寸为长 300 mm×宽 300 mm×厚 50～100 mm(厚度根据需要确定)。也可从路面切割得到需要尺寸的试件。

(3) 当直接在拌合厂取拌和好的沥青混合料样品制作车辙试验试件检验生产配合比设计或混合料生产质量时，必须将混合料装入保温桶中，在温度下降至成型温度之前迅速送达试验室制作试件。如果温度稍有不足，则可放在烘箱中稍微加热(时间不超过 30 min)后成型，但不得将混合料冷却后二次加热重塑制作试件。重塑制作试件的试验结果仅供参考，不得用作评定配合比设计检验是否合格的标准。

(4) 如需要，则将试件脱模按规定的方法测定密度及空隙率等各项物理指标。

(5) 试件成型后，连同试模一起在常温条件下放置的时间不得少于 12 h。对聚合物改性沥青混合料，放置的时间以 48 h 为宜，待聚合物改性沥青充分固化后方可进行车辙试验，室温放置时间不得长于 1 周。

4. 试验步骤

(1) 将试件连同试模一起置于已达试验温度 60 ℃±1 ℃的恒温室中，保温不少于 5 h，也不得超过 12 h。在试件的试验轮不行走的部位上，粘贴一个热电偶温度计(也可在试件制作时预先将热电偶导线埋入试件一角)，控制试件温度稳定在 60 ℃±0.5 ℃。

(2) 将试件连同试模移至车辙试验机的试验台上，试验轮在试件的中央部位，其行走方向须与试件碾压或行车方向一致。开动车辙变形自动记录仪，然后启动试验机，使试验轮往返行走，时间约 1 h，或最大变形达到 25 mm 时为止。试验时，记录仪自动记录变形曲线（图 11-8）及试件温度。

注：对试验变形较小的试件，也可对一块试件在两侧 1/3 的位置上进行两次试验，然后取平均值。

5. 计算

(1) 从图 11-8 上读取 45 min(t_1) 及 60 min(t_2) 的车辙变形 d_1 及 d_2，精确至 0.01 mm。

当变形过大，在未到 60 min 变形已达 25 mm 时，则达到 25 mm(d_2) 的时间为 t_2，其前 15 min 为 t_1，此时的变形量为 d_1。

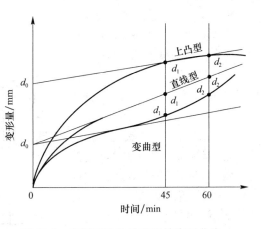

图 11-8 车辙试验自动记录的变形曲线

(2) 沥青混合料试件的动稳定度按式(11-30)计算。

$$DS=\frac{(t_2-t_1)\times N}{d_2-d_1}\times C_1\times C_2 \qquad (11\text{-}30)$$

式中 DS——沥青混合料的动稳定度（次/mm）；
  d_1——对应于时间 t_1 的变形量(mm)；
  d_2——对应于时间 t_2 的变形量(mm)；
  C_1——试验机类型系数，曲柄连杆驱动加载轮往返运行方式为 1.0；
  C_2——试件系数，试验室制备的宽 300 mm 的试件为 1.0；
  N——试验轮往返碾压速度，通常为 42 次/min。

6. 报告

(1) 同一沥青混合料或同一路段的路面，至少平行试验 3 个试件，当 3 个试件动稳定度变异系数不大于 20％时，取其平均值作为试验结果；当变异系数大于 20％时应分析原因，并追加试验。如计算动稳定度值大于 6 000 次/mm 时，记作：＞6 000 次/mm。

(2) 试验报告应注明试验温度、试验轮接地压强、试件密度、空隙率及试件制作方法等。

(3) 重复性试验动稳定度变异系数不大于 20％。

3. 低温抗裂性

沥青混合料随着温度的降低，其变形能力下降。路面由于低温而收缩及行车荷载的作用，在薄弱部位产生裂缝，从而影响道路的正常使用。因此，要求沥青混合料具有一定的低温抗裂性。

沥青混合料的低温裂缝是由混合料的低温脆化、低温缩裂和温度疲劳引起的。混合料的低温脆化是指其在低温条件下，变形能力降低；低温缩裂通常是由于材料本身的抗拉强度不足而造成的；对于温度疲劳，可以模拟温度循环进行疲劳破坏。因此，在沥青混合料组成设计中，应选用稠度较低、温度敏感性低、抗老化能力强的沥青。评价沥青混合料低温变形能力的常用方法之一是低温弯曲试验。

4. 耐久性

沥青混合料的耐久性是指其在长期的荷载作用和自然因素影响下，保持正常使用状态而不出现剥落和松散等损坏的能力。

影响沥青混合料耐久性的因素有沥青的化学性质、矿料的矿物成分、沥青混合料的组成结构（残留空隙率、沥青饱和度）等。其中空隙率越小，越可以有效地防止水分渗入和日光紫外线对沥青的老化作用，但一般沥青混合料中均应残留一定的空隙，以防夏季沥青材料膨胀。

沥青路面的使用寿命与沥青含量有很大关系。当沥青用量低于要求用量时，将降低沥青的变形能力，沥青混合料的残留空隙率增大。

我国现行规范采用空隙率、沥青饱和度和残留稳定度等指标来表示沥青混合料的耐久性（相关内容参见沥青混合料密度试验）。

5. 抗滑性

用于高等级公路沥青路面的沥青混合料，其表面应具有一定的抗滑性，才能保证汽车高速行驶的安全性。

沥青混合料路面的抗滑性与矿质集料的表面性质、混合料的级配组成及沥青用量等因素有关。为提高路面的抗滑性，配料时应特别注意矿料的耐磨光性，应选择硬质有棱角的矿料。

我国现行行业标准《公路沥青路面施工技术规范》（JTG F40—2004）指出：沥青用量对抗滑性的影响也非常敏感，沥青用量超过最佳用量的 0.5% 时，即可使摩阻系数明显降低。

另外，含蜡量对沥青混合料的抗滑性也有明显的影响，因此应选用含蜡量低的沥青，以免沥青表层出现滑溜现象。我国现行行业标准《公路沥青路面施工技术规范》（JTG F40—2004）中的道路石油沥青技术要求对沥青的含蜡量做出了明确规定。

11.2.3.2 沥青混合料的技术标准

我国现行行业标准《公路沥青路面施工技术规范》（JTG F40—2004）对热拌沥青混合料的技术要求见表 11-14、表 11-15。

表 11-14　热拌沥青混合料马歇尔试验技术标准

沥青混合料类型	密级配热拌沥青混合料（AC）						密级配沥青碎石（ATB）	沥青碎石（AM）	排水式开级配（OGFC）
	高速公路、一级公路、城市快递、主干路				其他等级道路	行人道路			
	中轻交通	重交通	中轻交通	重交通					
试验项目	夏炎热区		夏热区及夏凉区						
击实次数（双面）次	75	75	75	75	50	50	75(112)	50	50
空隙率/% 深 100 mm 以内	3~5	4~6	2~4	3~5	3~6	2~4	~6	6~10	≥8
空隙率/% 深 100 mm 以下	3~6	3~6	3~4	3~6	3~6	—			
沥青饱和度/%	见表 11-15 的要求						55~70	40~70	—
矿料间隙率/%	见表 11-15 的要求						≥11	—	—
稳定度/kN≥	8	8	8	8	5	3	7.5(15)	3.5	3.5
流值/mm	2~4	1.5~4	2~4.5	2~4	2~4.5	2~5	1.5~4	—	—

表 11-15　密级配热拌沥青混合料的沥青饱和度与矿料间隙率的要求

集料公称最大粒径/mm			4.75	9.5	13.2	16.0	19.0	26.5	31.5	37.5	50
沥青饱和度 VFA/%			70～85		65～75		55～70				
在右侧设计空隙率时的矿料间隙率 VMA/%≥	空隙率 VV/%	2	15	13	12	11.5	11	10	9.5	9	8.5
		3	16	14	13	12.5	12	11	10.5	10	9.5
		4	17	15	14	13.5	13	12	11.5	11	10.5
		5	18	16	15	14.5	14	13	12.5	12	11.5
		6	19	17	16	15.5	15	14	13.5	13	12.5

11.2.4　组成设计

沥青混合料配合比设计的主要任务是确定各种矿料的用量与最佳级配，以及沥青的最佳用量，从而获得满足强度、变形性能及耐久性要求的沥青混合料。

设计内容主要包括两个方面：选定矿料粒级，确定矿料混合料的配合比例；在选定沥青品种及标号后，确定已定级配矿料的最佳沥青含量。

沥青混合料配合比设计方法是采用马歇尔试验进行配合比设计方法，此方法适用于密级配沥青混凝土及沥青稳定碎石混合料。沥青混合料配合比设计包括目标配合比设计、生产配合比设计和生产配合比验证三个阶段。下面着重介绍目标配合比设计。

1. 矿料配合比设计步骤

(1)根据道路等级及路面使用要求，选择适宜的沥青混合料类型及推荐的级配范围，见《公路沥青路面施工技术规范》(JTG F40—2004)。设计时取级配范围的中间值作为标准值。

(2)选择符合规范规定技术性质要求的各种矿料，即粗集料、细集料及矿粉。

(3)分别测定各种选用矿料的颗粒组成及表观密度。

(4)用试算法及图解法确定各矿料的配合比。

(5)确定合成级配。

(6)调整配合比。当合成级配不在选定的级配范围之内时，应对各种矿料用量进行调整，使已确定的级配包括在选定的级配范围之中。

调整方法是将某种矿料占矿质混合料的百分率分别乘以某矿料的表观密度后，再除以各矿料配合比，再分别乘以各矿料表观密度的总和，所得即为各矿料修正配合比。即

$$矿料修正配合比 = \frac{各矿料配合比(a) \times 各矿料表观密度(b)}{\sum ab} \tag{11-31}$$

2. 矿料配合比设计方法

目前最常用的方法有两种：数解法中的试算法；图解法中修正平衡面积法。此两种方法在项目1中已做过介绍，此处不再赘述。

3. 最佳沥青用量的确定

(1)通常确定沥青最佳用量采用试验法。此方法是在按已确定的矿质混合料级配中的沥青用量范围内，以每隔 0.5% 为一组取 5 个不同的沥青用量制备马歇尔试件。

(2)按规定的试验方法测定试件的密度，计算空隙率、沥青填空隙的饱和度、矿料间隙率等物理指标。

注：①对Ⅰ型沥青混合料试件，应采用水中重法测定。

②表面较粗但较密实的Ⅰ型或Ⅱ型沥青混合料，使用了吸收性集料的Ⅰ型沥青混合料试件应采用表干法测定。

③吸水率大于2%的Ⅰ型或Ⅱ型沥青混合料、沥青碎石混合料等不能用表干法测定的试件,应采用蜡封法测定。

④空隙率较大的沥青碎石混合料、开级配沥青混合料试件,可采用体积法测定。

(3)进行马歇尔试验,测定马歇尔稳定度及流值等物理力学指标。

(4)按图11-9的方法,以沥青用量为横坐标,以测定的各项指标为纵坐标,分别将试验结果点绘在图中,并连成圆滑曲线。

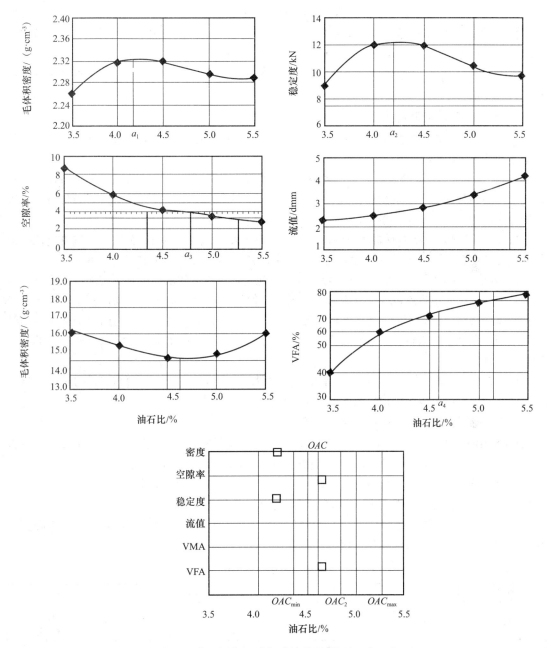

图11-9 沥青用量与马歇尔试验结果关系($a_1+a_2+a_3$)

注:图中$a_1=4.2\%$,$a_2=4.25\%$,$a_3=4.8\%$,$a_4=4.7\%$,$OAC_1=4.49\%$(由4个平均值确定),$OAC_{min}=4.3\%$,$OAC_{max}=5.3\%$,$OAC_2=4.8\%$,$OAC=4.64\%$。此例中相对于空隙率4%的油石比为4.6%。

(5)求取相应于密度最大值的沥青用量 a_1,求取相应于稳定度最大值的沥青用量 a_2,求取相应于规定空隙率范围内中值的沥青用量 a_3。

按式(11-32)求取三者的平均值作为最佳沥青用量的初始值为 OAC_1。

$$OAC_1 = (a_1 + a_2 + a_3)/3 \qquad (11-32)$$

求出各项指标均符合沥青混合料技术标准的沥青用量范围 $OAC_{\min} \sim OAC_{\max}$,按式(11-33)求取中值 OAC_2。

$$OAC_2 = (OAC_{\min} + OAC_{\max})/2 \qquad (11-33)$$

按最佳沥青用量初始值 OAC_1,在图中求取相应的各项指标值,当各项指标均符合规范规定的马歇尔设计配合比技术标准时,由 OAC_1 及 OAC_2 综合决定最佳沥青用量值 OAC。

当不符合马歇尔设计配合比技术标准时应调整级配,重新进行配合比设计,直至各项指标均能符合要求为止。

4. 综合决定最佳沥青用量

由 OAC_1 及 OAC_2 综合决定最佳沥青用量 OAC 时,应根据实践经验和公路等级、气候条件考虑下列情况:

(1)调查当地各项条件相接近的工程的沥青用量及使用效果,论证适宜的最佳沥青用量,检查计算得到的最佳沥青用量是否相近,如相差甚远,则应查明原因,必要时重新调整级配,进行配合比设计。

(2)对炎热地区公路以及高速公路、一级公路的重载交通路段和山区公路的长坡度路段,预计有可能产生较大车辙时,宜在空隙率符合要求的范围内将计算的最佳沥青用量减小 0.1%~0.5%作为设计沥青用量。此时,除空隙率外的其他指标可能会超出马歇尔试验配合比设计技术标准,配合比设计报告或设计文件必须予以说明。但配合比设计报告必须采用重型轮胎压路机和振动压路机组合等方式加强碾压,以使施工后路面的空隙率达到未调整前的原最佳沥青用量时的水平,且渗水系数符合要求。如果试验段试拌试铺达不到此要求,则宜调整所减小的沥青用量的幅度。

(3)对寒区公路、旅游公路、交通量很少的公路,最佳沥青用量可以在 OAC 的基础上增加 0.1%~0.3%,以适当减小设计空隙率,但不得降低压实度要求。

5. 热拌热铺沥青混合料的组成设计检验

(1)对用于高速公路和一级公路的密级配沥青混合料,需在配合比设计的基础上按要求进行各种使用性能的检验,不符合要求的沥青混合料,必须更换材料或重新进行配合比设计。

(2)高温稳定性检验。对公称最大粒径小于或等于 19 mm 的混合料,必须按最佳沥青用量 OAC 制作车辙试件进行车辙试验,动稳定度应符合规范要求。

(3)水稳定性检验。按最佳沥青用量 OAC 制作试件,必须进行浸水马歇尔试验和冻融劈裂试验,残留稳定度及残留强度比均应符合表 11-16 的规定。

表 11-16 沥青混合料水稳定性检验技术要求

气候条件与技术指标		气候分区的技术要求			
年降雨量(mm)及气候分区		>1 000	500~1 000	250~500	<250
		1. 潮湿区	2. 湿润区	3. 半干区	4. 干旱区
浸水马歇尔试验残留稳定度/%,不小于					
普通沥青混合料		80		75	
SMA 混合料	普通沥青	75			
	改性沥青	80			

续表

气候条件与技术指标	气候分区的技术要求	
冻融劈裂试验的残留强度比/%，不小于		
普通沥青混合料	75	70
SMA混合料　普通沥青	75	
改性沥青	80	

(4) 低温抗裂性能检验。对公称最大粒径小于或等于19 mm的混合料，可以按规定方法进行低温弯曲试验。

(5) 渗水系数检验。可以利用轮碾机成型的车辙试件进行渗水试验。

(6) 钢渣活性检验。对使用钢渣作为集料的沥青混合料，应按现行试验规程进行活性和膨胀性试验，钢渣沥青混凝土的膨胀量不得超过1.5%。

(7) 根据需要，可以改变试验条件进行配合比设计检验，如按调整后的最佳沥青用量、变化最佳沥青用量$OAC \pm 0.3\%$，提高试验温度，加大试验荷载，采用现场压实密度进行车辙试验，在施工后的残余空隙率(如7%～8%)的条件下进行水稳定性试验和渗水试验等，但不宜用规范规定的技术要求进行合格评定。

试验 11.5　沥青混合料配合比设计

题目：试设计一级公路沥青路面面层用细粒式沥青混凝土混合料配合组成。

原始资料：

(1) 道路等级：一级公路。

(2) 路面类型：沥青混凝土。

(3) 结构层位：两层式沥青混凝土的上面层。

(4) 气候条件：最高月平均气温为30 ℃，最低月平均气温为-2 ℃。

(5) 材料性能：

1) 沥青材料：可供应70号和90号道路石油沥青，经检验各项指标符合要求。

2) 碎石和石屑：Ⅰ级石灰岩轧制碎石，饱水抗压强度为150 MPa，洛杉矶磨耗率为10%，黏附性(水煮法)5级，视密度为2.75 g/m³。

3) 细集料：洁净河砂，粗度属中砂，含泥量小于1%，视密度为2.69 g/m³。

4) 矿粉：石灰石粉，粒度范围符合要求，无团粒结块，视密度为2.56 g/m³。

粗集料、细集料和矿粉的级配组成，经筛分试验，结果列于表11-17中。

表 11-17　组成材料筛析结果表

原材料	筛孔尺寸/mm									
	16.0	13.2	9.5	4.75	2.36	1.18	0.6	0.3	0.15	<0.075
	通过筛孔(方孔筛/mm)百分率/%									
碎石	100	95.4	60.3	0.3	0	0	0	0	0	0
石屑	100	100	100	80.0	37.6	20.9	12.6	8.4	6.4	4.0
砂	100	100	100	97.8	85.5	69.9	47.0	31.0	22.9	15.3
矿粉	100	100	100	100	100	100	100	100	100	82.0

设计要求:

(1)根据道路等级、路面类型和结构层次,确定沥青混凝土的类型和矿质混合料的级配范围。

(2)根据现有各种矿质材料的筛析结果,用图解法或试算法确定各种矿质材料的配合比。

(3)根据规范推荐的相应沥青混凝土类型的沥青用量范围,通过马歇尔试验的物理—力学指标,确定最佳沥青用量。

(4)根据一级公路路面用沥青混合料要求,对矿质混合料的级配进行调整,按水稳定性检验和抗车辙能力校核。

11.2.5 拌制及运输

1. 热拌热铺沥青混合料的拌制

(1)拌合场地。热拌热铺沥青混合料必须在沥青拌合厂(场、站)采用拌合机械拌制。拌合厂的设置应符合有关环境保护、消防、安全等规定。具体条件如下:

1)拌合厂应设置在空旷、干燥、运输条件良好的地方。

2)沥青应分品种、分标号密闭储存。各种矿料应分别堆放,不得混杂。矿粉等填料不得受潮。集料应采取防雨措施。

3)拌合厂应有良好的排水设施,以防受水的影响降低混合料的性质。

4)拌合厂应配备试验室,并配置足够的仪器设备及有可靠的电力供应。

(2)拌合机械。热拌热铺沥青混合料可采用间歇式拌合机或连续式拌合机拌制。要求各类拌合机均应有防止矿粉飞扬散失的密封性能及除尘设备,并有检测拌和温度的装置。连续式拌合机应具备根据材料含水率变化调整矿料上料的比例,上料速度和沥青用量的装置。高速公路和一级公路的沥青混凝土宜采用间歇式拌合机。当工程材料来源及质量不稳定时,不宜采用连续性拌合机。

(3)拌和温度。沥青与矿料的加热温度,应调节到能使拌和的沥青混合料温度符合出厂温度的要求。当混合料温度过高,已影响沥青与集料的粘结力时,混合料不得使用,已铺筑的沥青路面应予铲除。对高速公路、一级公路,沥青混合料出厂温度超过正常温度高限的30℃时,混合料应予废弃。

(4)拌和时间。沥青混合料拌和时间应以混合料拌和均匀、所有矿料颗粒全部裹覆沥青结合料为度,并经试拌确定。间歇式拌合机每锅拌和时间由上料速度及拌和温度调节。

沥青混合料拌和应均匀一致,无花白料、无团粒结块或粗集料、细集料分离现象,不符合要求时不得使用,应及时调整。

(5)沥青混合料存放。拌和好的热拌热铺沥青混合料若不立即铺筑,则可放入成品储料仓储存。储料仓无保温设备时,允许的储料时间应以符合摊铺温度要求为准。有保温设备的储料仓储料时间也不宜超过72 h。出厂的沥青混合料应逐车用地磅称其质量,按现行试验方法测量料车中沥青混合料的温度,并签发一式三份运输单:一份存拌合厂;一份交摊铺现场;一份交司机。

2. 热拌热铺沥青混合料的运输

热拌热铺沥青混合料应采用较大吨位的自卸汽车运输,车厢应清扫干净,车厢侧板和底板可涂一薄层油水(柴油与水的比例可为1:3)混合液,但不得有余液积聚在车厢底部。从拌合机向运料车上放料时,应每卸一斗混合料挪动一下汽车位置,以减少粗集料、细集料的离析现象。

运料车应用篷布覆盖,用以保温、防雨、防污染。在夏季运输时间短于0.5 h时,也可不加篷布覆盖。

任务 11.3　其他沥青混合料

11.3.1　沥青玛琋脂碎石混合料(SMA)

沥青玛琋脂碎石混合料(SMA)是一种新型沥青混合料。20世纪90年代初在我国首都机场高速公路中首次应用。它是一种由沥青、纤维稳定剂、矿粉和少量的细集料组成的沥青玛琋脂填充间断级配粗集料骨架间隙而组成的沥青混合料。

1. SMA 的特点

(1)抗高温稳定性。在 SMA 的组成中，粗集料骨架(质量分数)占 70% 以上，混合料中、粗集料相互之间的接触面很多，细集料很少，玛琋脂部分仅填充了粗集料之间的空隙，交通荷载主要由粗集料骨架承受，由于粗集料之间互相良好的嵌挤作用，沥青混合料产生非常好的抵抗荷载变形的能力，即使在高温条件下，沥青玛琋脂的黏度下降，对这种抵抗能力的影响也会减小，因而有较强的高温车辙能力。

(2)抵抗低温稳定性。低温条件下的沥青混合料抗裂性能主要由结合料的拉伸性能决定。由于 SMA 的集料之间填充了丰富的沥青玛琋脂，它包裹在粗集料表面，随着温度的下降，混合料收缩变形使集料被拉开时，玛琋脂有较好的粘连作用，它的韧性和柔性使混合料有较好的低温变形性能。

(3)良好的水稳定性。沥青混合料的水稳定性主要是防止水的侵蚀，提高沥青与集料之间的黏附性。SMA 的空隙率很小，几乎不透水，混合料受水的影响很小，再加上玛琋脂与集料的粘结力好，使得混合料的水稳定性有较大的改善。

(4)良好的耐久性。SMA 的内部被沥青玛琋脂充分填充，且沥青膜较厚，混合料的空隙率很小，沥青与空气的接触少，因而沥青混合料的耐老化性能好，同时由于内部空隙小，其变形率小，因此有良好的耐久性。另外，SMA 基本上是不透水的，对下面的沥青层和基层都有较强的保护作用与隔水作用，使路面能保持较高的整体强度和稳定性。

(5)优良的表面特性。沥青混凝土路面有雨天行车溅水及车后产生水雾等现象，直接影响交通安全和环境保护。SMA 的集料方面要求采用坚硬、粗糙、耐磨的优质石料。在级配上采用间断级配，粗集料含量高，路面压实后表面构造深度大，抗滑性能好，拥有良好的横向排水性能；雨天行车不会产生较大的水雾和溅水，增加雨天行车的可见度，并减少夜间的路面反光，路面噪声可降低 3~5 dB，从而使 SMA 路面具有良好的表面特性。

2. SMA 对组成材料的要求

(1)集料。集料包括粗集料和细集料。粗集料是构成 SMA 骨架的主体材料，要求选用质地坚硬、表面粗糙、抗磨耗、耐磨光、形状接近立方体，有良好的嵌挤能力和破碎石料。破碎率一般要求为 100%。对抗压碎的质量要求高，必须使用坚韧的、有棱角的优质石料，并严格限制针片状颗粒含量。

SMA 细集料一般是指 2.36 mm 以下的集料，在 SMA 中所占比例往往不超过 10%，宜采用专用的细料破碎机生产的机制砂。当采用普通石屑代替机制砂时，宜采用与沥青黏附性好的石灰岩石屑，且不得含有泥土、杂物。与天然砂混用时，天然砂的用量不宜超过机制砂或石屑的用量。天然砂具有较好的耐久性，但由于天然砂棱角不够，往往与沥青的黏附性较差，这对 SMA 的高温抗车辙能力不利。

(2)填料。SMA 需要的填料数量远远超过普通沥青混合料,这是纤维帮助矿粉沥青团粒起到了分散作用的缘故。填料必须采用由石灰石等碱性岩石磨细的矿粉,矿粉必须保持干燥,能从石粉仓自由流出,其质量要符合要求。

(3)沥青。SMA 需要采用比常规 AC 混合料黏度(稠度)更大的沥青结合料。《公路沥青玛琋脂碎石路面技术指南》(SHC F40—01—2002)规定:

1)用于 SMA 的沥青结合料必须具有较高的黏度,与集料有良好的黏附性,以保证有足够的高温稳定性和低温韧性。对高速公路等承受繁重交通的重大工程,在夏季特别炎热或冬季特别寒冷的地区,宜采用改性沥青。

2)当不使用改性沥青结合料时,沥青的质量必须符合重交通道路沥青技术要求,并采用比当地常用沥青标号稍硬 1 级或 2 级的沥青。

3)当使用改性沥青时,用于改性沥青的基质沥青,必须符合重交通道路沥青技术要求,基质沥青的标号应通过试验确定,通常采用与普通沥青标号相当或针入度稍大的等级。

4)用于 SMA 的聚合物改性沥青应符合《公路沥青路面施工技术规范》(JTG F40—2004)规定的要求,以提高沥青混合料的抗车辙能力作为主要目的时,宜要求改性沥青的软化点温度高于年最高路面温度。

(4)纤维稳定剂。SMA 的纤维稳定剂一般有木质素纤维、矿物纤维和聚合物化学纤维三大类。由于木质素纤维防漏效果显著,且价格合理,因此 SMA 普遍采用木质素纤维作为稳定剂,其质量应符合规范要求的质量标准。

3. SMA 的应用

目前,SMA 被广泛用于高速公路、城市快速路、干线道路的抗滑表层、公路重交通路段、重载及超载车多的路段、城市道路的公交汽车专用道、城市道路交叉口、公共汽车站、停车场、城镇地区需要降低噪声路段的铺装,特别是钢桥面铺装。在我国,自 1993 年年初引入 SMA 后,许多省份都采用这种路面结构来修筑高等级公路,如北京长安街、机场高速、二环改造、上海、深圳世纪大道、山东同三、竹曲高速等。但随着我国国民经济的不断发展,以前所修建的许多高速公路已经不堪重负,亟待修复,国外成功的经验表明,用 SMA 路面在原有路面上进行加铺是非常经济有效的方法。

11.3.2 冷拌沥青混合料

冷拌沥青混合料也称常温沥青混合料,是指矿料与乳化沥青或液体沥青拌制,也可采用改性乳化沥青在常温状态下拌和、铺筑的沥青混合料。冷拌沥青混合料宜采用乳化沥青为结合料拌制乳化沥青混凝土混合料或乳化沥青碎石混合料。我国目前采用的常温沥青混合料,主要是乳化沥青拌制的沥青碎石混合料。

1. 组成材料及类型

(1)组成材料:集料与填料要求与热拌沥青碎石混合料相同,结合料宜采用乳化沥青。

(2)类型:冷拌沥青混合料宜采用密级配沥青混合料,当采用半开级配的冷拌沥青碎石混合料路面时,应铺筑上封层。

2. 配合比设计

(1)矿料混合料级配组成:乳化沥青碎石混合料的矿料级配组成与热拌沥青碎石混合料相同。

(2)沥青用量:乳化沥青碎石混合料的乳液用量应根据当地实际经验,以及交通量、气候、集料情况、沥青标号、施工机械等条件确定,也可按热拌沥青混合料的沥青用量折算。实际的沥青用量残留物数量可较同规格热拌沥青混合料的沥青用量减少10%～20%。

3. 应用

冷拌沥青混合料适用于三级及三级以下的公路的沥青面层、二级公路的罩面层施工，以及各级公路沥青路面的基层、连接层或整平层。冷拌改性沥青混合料可用于沥青路面的坑槽冷补。

11.3.3 桥面铺装材料

桥面铺装又称车道铺装，其作用是保护桥面板，防止车轮或履带直接磨耗桥面，并用来分散车轮集中荷载。通常有水泥混凝土桥面铺装和沥青混凝土桥面铺装两种。这里主要介绍沥青混凝土桥面铺装。

1. 沥青铺装层的基本要求

(1)能与钢板紧密结合成为整体，变形协调一致。

(2)防水性能良好，防止钢桥面生锈。

(3)具有足够的耐久性和有较小的温度敏感性，满足使用条件下的高温抗流动变形能力、低温抗裂性能、水稳定性、抗疲劳性能、表面抗滑要求。

(4)钢板粘结良好，具有足够的抗水平剪切重复荷载及蠕变变形的能力。

2. 沥青铺装层的构造

(1)粘层。粘层沥青可采用快裂的洒布型乳化沥青，或快凝和中凝液体石油沥青、煤沥青，其种类、标号应与面层所使用的沥青相同。

(2)防水层。其厚度宜为1.0～1.5 mm。可做沥青涂胶类下封层，用高分子聚合物涂刷或铺设沥青防水卷材。

(3)保护层。其厚度宜为1.0 cm，主要为防止损伤防水层而设置。一般采用AC-10或AC-5型沥青混凝土或单层式沥青表面处治。

(4)沥青面层。可采用高温稳定性好的AC-16或AC-20型中粒式热拌热铺沥青混合料铺筑。面层所用沥青最好用改性沥青。

11.3.4 水泥混凝土路面填缝材料——沥青胶粘剂

水泥混凝土路面必须修筑纵向和横向的接缝，以防受温度的影响使路面破坏。

为了使路表水不致渗入接缝而降低路面基层的稳定性，就必须在这些缝的上部(4～6 cm)或全部用防水性材料沥青胶粘剂充填。

1. 沥青胶粘剂的特性

(1)沥青胶粘剂具有足够的弹性、柔韧性和粘结力。

(2)沥青胶粘剂在低温条件下，受交通的作用不产生脆裂。

(3)沥青胶粘剂具有较高的软化点(60 ℃～85 ℃)，在高温条件下，沥青胶粘剂不软化膨胀而挤出，以适应混凝土路面接缝间距离的变化。

2. 沥青胶粘剂的配合组成

水泥混凝土填缝用沥青胶粘剂可由沥青、石粉、石棉屑和橡胶屑配制而成。其组成各材料的比例详见表11-18。

表11-18 沥青胶粘剂组成各材料的比例

编号	材料组成	软化点/℃
1	油-100沥青60%、石粉(石灰石)20%、7级石棉屑20%	70～85

续表

编号	材料组成	软化点/℃
2	油-100沥青60％、石粉(石灰石)20％、石棉屑15％、橡胶屑5％	60～70
3	油-60甲沥青60％、石粉(石灰石)25％、7级石棉屑15％	60～65

3. 沥青胶粘剂的制备

(1)将沥青脱水加热至140 ℃～160 ℃(据沥青标号决定)。

(2)称取各材料的用量置于拌合锅中进行拌和，并将加热至要求温度的热沥青加入，拌和均匀为止(胶粘剂浇灌温度应高于80 ℃～100 ℃)。

(3)掺有橡胶屑或橡胶粉的胶粘剂，应先将橡胶预先溶于有机溶剂中或与少量沥青溶解，然后加入热沥青中拌和。

(4)填缝用沥青胶粘剂也可制成预制条，在水泥混凝土摊铺切割温度缝后进行安装，然后将胶粘剂烫平。

11.3.5 沥青碎石混合料

沥青碎石混合料，又称黑色碎石，是由大小不同粒径组成的矿质混合料(不包括矿粉)与适量的沥青按一定的比例配合，经均匀拌和制成的混合料。

1. 沥青碎石混合料的特点

(1)高温稳定性好。在高温作用下，路面不易产生波浪、推挤、壅包现象。

(2)低温抗裂性好。在低温作用下，路面有一定的塑性，不致裂缝。

(3)经济。沥青用量少，不用矿粉、造价低使用时间长。

(4)路面易保持粗糙。有利于高速行车安全。

(5)空隙率较大。由于空隙率较大，所以易透水，因而降低了石料与沥青之间的黏附力。

2. 沥青碎石混合料组成材料的要求

(1)各矿料应满足强度的要求。通常选用Ⅰ级或Ⅱ级石料，并要求沥青与石料具有良好的黏附力。

(2)沥青材料。所用沥青的稠度较沥青混凝土低，其沥青用量应符合规范规定的要求。详见沥青混合料矿料级配及沥青用量范围的规定。

(3)矿质混合料级配。级配应满足规范规定的要求。

3. 沥青碎石混合料强度形成

沥青碎石混合料强度主要依靠石料本身的强度及石料间的嵌挤作用。其材料结构与沥青混凝土相似，区别是较沥青混凝土空隙率大，空隙率大于10％，材料中不掺矿粉。用这种混合料铺筑路面能充分发挥集料颗粒的嵌挤作用，提高温度稳定性，路面铺筑成型较快。

4. 沥青碎石混合料的类别及应用

(1)沥青碎石混合料的类别。

1)特粗式沥青碎石混合料：最大集料粒径大于或等于37.5 mm(圆孔筛45 mm)的沥青碎石混合料。

2)粗粒式沥青碎石混合料：最大粒径为26.5 mm或31.5 mm(圆孔筛30～40 mm)的沥青碎石混合料。

3)中粒式沥青碎石混合料：最大粒径为16 mm或19 mm(圆孔筛20 mm或25 mm)的沥青碎石混合料。

4)细粒式沥青碎石混合料：最大粒径为 9.5 mm 或 13.2 mm(圆孔筛 10 mm 或 15 mm)的沥青碎石混合料。

(2)沥青碎石混合料的应用。沥青碎石混合料可作为沥青路面的连接层和基层，也可作为不透水沥青路面的磨耗层、防滑面层等。

➤ 复习思考题

1. 石油沥青有哪些技术性质？
2. 沥青的温度稳定性用什么指标评定？在工程中对温度稳定性如何考虑？
3. 何谓沥青老化？说明老化过程。
4. 石油沥青胶体结构的胶团是如何构成的？
5. 自然因素对沥青的性能有何影响？
6. 为什么要控制沥青的加热温度和加热时间？
7. 表示黏稠石油沥青的黏滞性指标是什么？其常用试验条件是什么？
8. 试述沥青混凝土混合料的技术性质及技术指标。
9. 沥青混合料的抗剪强度取决于哪两个值？这两个值与哪些因素有关？
10. 马歇尔试验的目的是什么？主要测定什么指标？各指标表示什么？
11. 沥青混合料有哪几种结构类型、各有什么特点？
12. 简述沥青混合料中的最佳沥青用量。

学习情境 4 新型材料

项目 12 新型水泥混凝土

学习目标

1. 熟悉聚合物改性水泥混凝土、纤维混凝土、透水性混凝土、露石混凝土、彩色混凝土的混合料技术特征。
2. 了解以上新型水泥混凝土原材料技术要求和混合料组成设计方法。

任务描述

掌握新型水泥混凝土混合料技术特征、原材料技术要求和混合料组成设计方法。

学习引导

本项目沿着以下脉络进行学习：

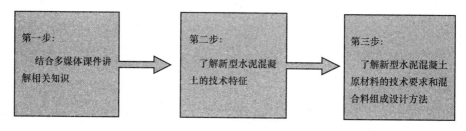

任务 12.1 聚合物改性水泥混凝土

聚合物水泥混凝土（Polymer Cement Concrete，PCC）也称聚合物改性水泥混凝土（Polymer Modified Concrete，PMC），是在普通水泥混凝土的拌合物中加入单体或聚合物，浇筑后经养护和聚合而成的一种水泥混凝土。

12.1.1 混合料技术特征

12.1.1.1 新拌聚合物改性水泥混凝土的性能

1. 减水性和流动性

聚合物具有较好的减水作用，在普通水泥混凝土中加入专用聚合物乳液后会使混凝土的和易性大大改善。一般情况下，减水率随着聚灰比（P/C）的提高而增大，如图 12-1 所示。随着聚灰比的提高，水泥混凝土拌合物的流动性增大。

聚合物对水泥混凝土拌合物的流动性改善原理如下：

(1) 滚珠效应：聚合物固体微粒数量多、粒径小，起到润滑效应，提高流动性。

(2) 分散作用：聚合物能使水泥加水搅拌后形成的絮凝结构分散，释放出游离水。

2. 混凝土含气量

加入聚合物后，会在混凝土中引入大量气泡。少量气泡对于混凝土的流动性和抗冻性是

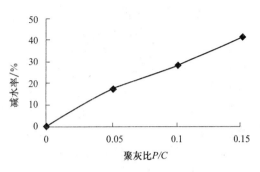

图 12-1 减水率随聚灰比的变化关系

有益的，但如果含气量过高，则会降低混凝土的强度。此时，可掺加适量的消泡剂来控制聚合物改性水泥混凝土含气量。

3. 保水性、泌水和离析

与普通水泥混凝土相比，聚合物乳液改性水泥混凝土具有优良的保水性能，这与聚合物乳液本身亲水的胶体特性和聚合物薄膜的填充及封闭效果有关。聚合物乳液改性水泥混凝土的保水能力受聚灰比的影响较大。

聚合物乳液本身的亲水胶体特性及减水效应，还可以减小混凝土（砂浆）的泌水和离析现象，有益于提高混凝土的强度和抗渗性能。

4. 凝结时间

聚合物改性水泥混凝土的凝结时间比普通水泥混凝土要长，延长的程度与聚合物的类型和聚灰比有密切的关系。

12.1.1.2 硬化聚合物改性水泥混凝土的性能

1. 力学性能

(1) 强度。聚合物的品种不同，对聚合物改性水泥混凝土强度的影响也不同。弹性乳液有使抗压强度下降的趋势，而热塑性树脂乳液有使抗压强度提高的倾向。同一种聚合物乳液，其共聚物中单体含量不同，对强度影响也不同。

一般来说，聚合物改性水泥混凝土的抗压强度、抗弯拉强度和抗剪强度均随聚灰比的增加而有所提高，其中以抗弯拉强度的增加最为显著，而抗压强度则基本不变或有时呈现上升或下降的趋势。在混凝土中，聚灰比对混凝土抗弯拉强度、抗压强度的影响如图12-2所示。

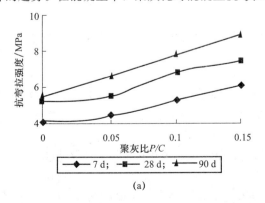
(a)

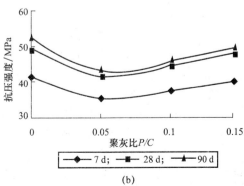
(b)

图 12-2 聚灰比对强度的影响

(a) 抗弯拉强度；(b) 抗压强度

（2）韧性和弹性模量。聚合物水泥混凝土的韧性比普通水泥混凝土要好得多，断裂能是普通水泥混凝土的2倍以上。微观结构研究表明，在聚合物水泥混凝土的横断面上，可以清楚地看到聚合物薄膜像桥一样跨于微裂缝上，有效阻止了裂缝的形成和扩张。因此，聚合物水泥混凝土的韧性、变形性能较普通水泥混凝土有很大的提高。

聚合物水泥混凝土的弹性模量比普通水泥混凝土有明显下降。如图12-3所示，羧基丁苯乳液改性水泥混凝土的动静弹性模量测试结果表明，掺入聚合物乳液后，混凝土的28 d静弹性模量和3 d、28 d动弹性模量均有所下降，且弹性模量随着聚灰比的增大而下降。弹性模量的下降程度也与聚合物种类有关。

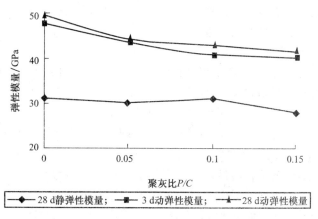

图 12-3　聚灰比对弹性模量的影响

（3）抗弯拉疲劳性能。在相同应力水平条件下，聚合物水泥混凝土的抗疲劳性能明显优于普通水泥混凝土，且疲劳寿命随聚灰比的增大而提高。在不同聚灰比条件下，羧基丁苯乳液改性水泥混凝土的疲劳寿命次数如图12-4所示。聚合物对混凝土疲劳性能的改善作用包括两个方面：一方面是聚合物成膜后对混凝土内部的原生裂缝有约束作用并可以钝化裂缝尖端的应力集中；另一方面柔性较高的聚合物膜可以吸收冲击能量，有效细化因水化热、

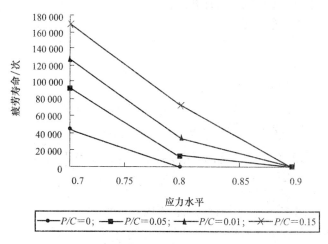

图 12-4　聚合物对混凝土疲劳寿命的影响

温差、干湿、离析等因素作用形成的裂隙的尺度，增强了混凝土内部材料的连续性。

（4）干缩和徐变。聚合物水泥混凝土的干缩与徐变受聚合物种类及聚灰比的影响，与普通混凝土相比，掺入不同聚合物，其干缩与徐变表现出不同的增大或减少规律。

2. 耐久性能

（1）抗冻性。掺入聚合物使混凝土密实度提高，孔隙率减少，吸水率大大降低，加之聚合物的引气作用，其抗冻性优于普通混凝土。

（2）耐磨性。聚合物水泥混凝土的耐磨性优于普通混凝土。耐磨性提高的程度与聚合物的种类、聚灰比及磨损条件有关。随着聚灰比的增大，聚合物改性水泥混凝土的耐磨性提高。混凝土中掺加聚合物，可使磨损表面含有一定数量的有机聚合物。这些聚合物对混凝土颗粒起着很好的粘结作用，可防止它们从表面脱落。

（3）抗渗性。聚合物水泥混凝土的抗渗性可以从混凝土的耐水性和抗氯离子渗透性两个方面进行评价。

耐水性可以用吸水性、不透水性和软化系数来描述。由于聚合物填充了混凝土内部的孔隙，使总的孔隙量、大孔隙和开口孔隙减少，因此，聚合物水泥混凝土的吸水性大大降低。在比较理

想的情况下，聚合物水泥混凝土的吸水率可下降50%，软化系数达到0.80～0.85。聚合物还可以降低混凝土的透水性，这主要是由于聚合物能够提高水泥混凝土的密实度。一般来说，聚灰比越大，聚合物水泥混凝土的透水性越低。聚合物的种类不同，其改性混凝土的耐水性也不同。

聚合物水泥混凝土良好的不透水性，使其具有优良的抗氯离子渗透性。随着聚灰比的提高，氯离子扩散系数降低，氯离子的渗透深度呈线性下降。

(4)耐化学腐蚀性。聚合物水泥混凝土由于聚合物的填充作用和聚合物薄膜的封闭作用使其耐腐蚀性提高。聚合物水泥混凝土的耐化学腐蚀性随着聚灰比的增大而提高。聚合物的耐油、耐油脂能力很强，但不耐酸。

(5)抗碳化性。在聚合物乳液改性水泥砂浆和混凝土中，由于聚合物的填充和封闭作用，空气、二氧化碳、氧气的透过性降低，因而其抗碳化能力大大提高。一般情况下，聚灰比提高，抗碳化能力随之提高。抗碳化能力的大小与聚合物的含量、二氧化碳的暴露条件等有关。

12.1.2 原材料的技术要求

1. 水泥

聚合物水泥混凝土所用的水泥，除优先选用普通硅酸盐水泥外，还可使用各种硅酸盐水泥、快硬水泥等，其技术性质应符合国家现行标准的要求，强度等级大于或等于32.5 MPa即可。

2. 聚合物

聚合物水泥混凝土所用的聚合物可以分为以下四类：

(1)聚合物乳液(或水分散体)。
(2)水溶性聚合物。
(3)可再分散的聚合物粉料。
(4)液体聚合物。

对水泥中掺用的聚合物，除应满足表12-1的要求外，还应满足下列要求：

(1)对水泥的凝结硬化和胶结性能无不良影响。
(2)水泥在水化过程中释放的高活性离子有很高的稳定性。
(3)自身有很好的储存稳定性。
(4)有很高的机械稳定性，不会因计量、运输和搅拌时的高剪切作用而破乳。
(5)具有很低的引气性。
(6)在混凝土或砂浆中能形成与水泥水化产物和集料有良好粘结力的膜层。
(7)形成的聚合物薄膜应有极好的耐水性、耐碱性和耐候性。
(8)水泥的碱性介质不被水解或破坏。
(9)对钢筋无锈蚀作用。

表 12-1 水泥掺和用聚合物的质量要求

试验种类	试验项目	规定值
分散体试验	外观总固体成分	应无粗颗粒，异物和凝固物在35%以上，误差在±1.0%以内
聚合物水泥砂浆试验	抗弯强度/MPa	4以上
	抗压强度/MPa	10以上
	粘结强度/MPa	1以上
	吸水率/%	15以上
	透水量/g	30以上
	长度变化率/%	0～0.15

3. 集料

聚合物水泥混凝土所用的粗集料、细集料与普通水泥混凝土相同。

4. 主要外加剂

(1)稳定剂。为了防止乳液与水泥拌和及凝结过程中聚合物过早凝聚，保证聚合物与水泥均匀混合，通常需要加入适量的稳定剂。常用的稳定剂有 OP 型乳化剂、均染剂 102、农乳 600 等。

(2)消泡剂。聚合物乳液与水泥拌和时，由于乳液中的乳化剂和稳定剂等表面活性剂的影响，通常混凝土内产生许多小泡，增加砂浆的孔隙率，使其强度明显下降。因此，必须添加适量的消泡剂。

必须特别指出，消泡剂的针对性很强，使用消泡剂时必须认真选择，并通过试验加以验证。几种消泡剂复合使用有较好的效果。

(3)抗水剂。有些聚合物耐水性比较差，会严重影响聚合物水泥混凝土的耐久性，因此，在配制中需要掺加适量的抗水剂。

(4)促凝剂。当聚合物水泥混凝土中的乳胶树脂等掺量较多时，会延缓聚合物水泥混凝土的凝结速度，应根据施工温度等条件加入适量的促凝剂，以促进水中的凝结。

12.1.3 混合料组成设计

聚合物改性水泥混凝土在进行配合比设计时，除考虑普通混凝土的一般性能外，还应考虑聚合物的种类、聚合物的掺量、聚合物与水泥用量之比（聚灰比）、水胶比、消泡剂及稳定剂的掺量和种类等因素。

聚合物改性水泥混凝土的配合比设计除应考虑聚灰比外，其他大致可按普通水泥混凝土进行。一般情况下，聚合物水泥混凝土的配合比如下：

(1)水泥：砂＝1：2～1：3（质量比）。

(2)聚灰比控制在 5%～20%。

(3)水胶比根据混凝土拌合物的设计及和易性适当选择，大致控制在 0.30～0.60。

聚合物改性水泥混凝土的参考配合比见表 12-2。

表 12-2 聚合物改性水泥混凝土的参考配合比

聚灰比/%	水胶比	砂率/%	聚合物用量/(kg·m^{-3})	用水量/(kg·m^{-3})	水泥用量/(kg·m^{-3})	砂用量/(kg·m^{-3})	石子用量/(kg·m^{-3})	坍落度/mm	含气量/%
0	0.50	45	0	160	320	510	812	50	5
5	0.50	45	16	140	320	485	768	170	7
10	0.50	45	32	121	320	472	749	210	7

任务 12.2 纤维混凝土

纤维增强混凝土简称纤维混凝土，是在素混凝土基体中掺入均匀分散的短纤维而组成的一种复合材料。目前，纤维混凝土材料主要可分为钢纤维混凝土和合成纤维混凝土两大类。本书以在工程中应用较为广泛的钢纤维混凝土为例进行介绍。

12.2.1 混合料技术特征

1. 强度

钢纤维能显著改善混凝土的抗弯拉强度,但对混凝土抗压强度的改善作用并不明显。钢纤维掺入混凝土后,约束力在受压过程中使混凝土横向膨胀,推迟了破坏过程,这对提高抗压强度是有益的;但是,由于混凝土基体的抗拉强度低,钢纤维的掺入增加了界面薄弱层,混凝土受压后,大多数破坏首先发生在界面区。

2. 抗裂性

钢纤维的重要作用是推迟和控制混凝土的受控开裂。影响钢纤维混凝土抗裂性的因素主要有钢纤维掺量、钢纤维与混凝土界面的粘结强度及混凝土基体强度等。钢纤维掺量与抗裂性的关系曲线如图12-5所示。图中以抗弯初裂荷载作为抗裂性的表征指标。由图中的关系曲线可以看出,初裂荷载随钢纤维掺量的增加而明显提高,钢纤维混凝土的抗裂性不断增强。

3. 抗冲击性能

钢纤维混凝土的抗冲击能力随钢纤维掺量的增加而增大,与普通混凝土相比,其最大提高幅度可达数倍甚至几十倍。钢纤维掺量与冲击次数的关系曲线如图12-6所示。随着钢纤维含量的增加,混凝土的抗冲击性能明显增强,但如果纤维掺量过大,可能会降低混凝土的流动性,并且较大的纤维体积率还将导致造价升高。

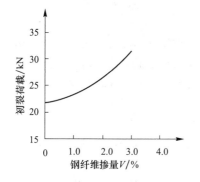

图12-5 钢纤维掺量与抗裂性的关系曲线

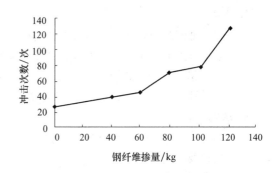

图12-6 钢纤维掺量与冲击次数的关系曲线

4. 抗冻耐久性及耐磨性

钢纤维混凝土的抗冻耐久性及耐磨性较普通混凝土更为优异。抗冻试验表明,经过300次冻融循环后,普通混凝土已完全破坏,而钢纤维混凝土却依然完好。在恶劣环境下,钢纤维混凝土具有优良的长期使用性能。钢纤维混凝土的耐磨性能也很好,当钢纤维掺量为1%时,混凝土的耐磨性可提高60%~90%。

12.2.2 原材料技术要求

1. 钢纤维

配制钢纤维混凝土时对钢纤维的要求主要包括钢纤维的强度、尺寸、形状、长径比和技术性能等方面。

钢纤维的尺寸由强化特性和施工难易程度确定,如果钢纤维过于粗、短,则钢纤维混凝土强化特性差;如果过于细、长,则搅拌时易结团。为增加钢纤维与混凝土之间的粘结强度,常增大钢纤维的表面积或将钢纤维加工成凹凸形状,但不宜加工过于薄、细,以免在搅拌时折断。

控制钢纤维长径比的目的是使其均匀地分布在混凝土中。钢纤维几何参数及技术性应满足表 12-3、表 12-4 中的要求。

表 12-3 各种混凝土结构中适用的钢纤维几何参数采用范围

用途	长度/mm	直径（当量直径）/mm	长径比
一般浇筑钢纤维混凝土	20~60	0.3~0.9	30~80
钢纤维喷射混凝土	20~35	0.3~0.8	30~80
钢纤维混凝土抗震框架节点	35~60	0.3~0.9	50~80
钢纤维混凝土铁路轨枕	30~35	0.3~0.6	50~70
层布式钢纤维混凝土复合路面	30~120	0.3~1.2	60~100

表 12-4 水泥混凝土增强用的钢纤维技术指标

材料名称	相对密度	直径/mm	长度/mm	（软化点/熔点）/℃	弹性模量/MPa	抗拉强度/MPa	极限变形/%	泊松比
低碳钢纤维	7.80	0.25~0.50	20~50	500/1 450	0.20	400~1 200	0.4~1.0	0.3~0.33
不锈钢纤维	7.80	0.25~0.50	20~50	500/1 450	0.20	500~1 600	0.4~1.0	—

2. 水泥

对于钢纤维混凝土路面，一般选用普通硅酸盐水泥，重型交通路面混凝土通常选用 42.5 级水泥。由于钢纤维混凝土路面的特殊条件及路面厚度较小，故路面混凝土应尽可能采用强度高、干缩性小、耐磨性及抗冻性好的水泥。一般情况下，普通混凝土路面的水泥用量不宜少于 300 kg/m³，而国内外纤维改性混凝土路面的水泥用量大多为 340~380 kg/m³。

3. 集料

配制钢纤维混凝土应选用硬度大、强度高的碎石，在实际工程中，一般宜选用花岗岩、辉绿岩、正长岩及致密石灰岩等。

钢纤维混凝土中碎石的最大粒径不宜大于 16 mm。粗集料的其他质量要求，应符合现行国家标准《建设用卵石、碎石》(GB/T 14685—2011)中的规定。

细集料一般选用河砂、山砂和碎石砂，其质量要求应符合现行国家标准《建设用砂》(GB/T 14684—2011)中的规定。公路路面纤维混凝土一般应采用河砂，其细度模数为 2.3~3.7，即采用中砂或粗砂。

4. 掺合料

为提高混凝土基体的强度，在配制钢纤维混凝土时，一般应掺加适量的掺合料。用于钢纤维混凝土的掺合料，可以是二级以上的粉煤灰、硅灰、磨细高炉矿渣、磨细沸石粉等。粉煤灰、磨细高炉矿渣、磨细沸石粉的比表面积应控制在 4 500 m²/kg 以上。

5. 外加剂

配制钢纤维混凝土常用的外加剂主要有减水剂和缓凝剂。

12.2.3 混合料组成设计

钢纤维混凝土配合比应直接基于钢纤维混凝土的性能及用途进行设计，一般以钢纤维混凝土的抗折强度作为配合比设计指标，通过调整钢纤维掺入量、钢纤维长径比、水泥强度等级与水胶比之间的比例关系,控制钢纤维混凝土的抗折强度。钢纤维混凝土配合比设计必须满足路面设计要求的拌和性能、硬化后的性能,以及钢纤维混凝土路面结构的设计要求,这些指标要求通常体现为抗压强度、抗折强度和弯曲韧度等。

钢纤维混凝土配合比设计应满足结构设计要求的抗压强度与抗折强度,以及施工要求的和易性。钢纤维混凝土配合比设计应通过试验并按以下步骤进行。

1. 确定水胶比

(1)根据强度标准值或设计值及施工配制强度提高系数,确定试配抗压强度和抗折强度。钢纤维混凝土配合比设计的试配抗压强度提高系数应按《普通混凝土配合比设计规程》(JGJ 55—2011)的规定采用。钢纤维混凝土的试配弯拉强度,可根据施工技术水平和工程的重要性,取弯拉强度设计值的1.10~1.15倍。

(2)按试配抗压强度计算水胶比,一般不大于0.50,并检验水胶比是否满足耐久性要求(表12-5)。

表12-5 钢纤维混凝土满足耐久性要求的最大水胶比

公路等级	最大水胶比	抗冰冻要求的最大水胶比	抗盐冻要求的最大水胶比
高速、一级公路	0.47	0.45	0.42
二级公路	0.49	0.46	0.43
三、四级公路	0.50	0.48	0.46

2. 纤维掺量体积率

根据试配抗折强度,按规定计算或通过已有资料确定钢纤维体积率,一般钢纤维体积率为0.35%~1.0%。

3. 单位体积用水量

根据施工要求的稠度,通过试验或已有资料确定单位体积用水量,如掺用外加剂,应考虑外加剂的影响。

4. 单位水泥用量

根据水胶比及单位体积用水量,确定出单位水泥用量,并依照表12-6检验其是否满足耐久性要求。钢纤维混凝土凝胶材料用量不宜小于360 kg/m³。

表12-6 钢纤维混凝土满足耐久性要求的最小水泥用量 kg/m³

公路等级		高速公路、一级公路	二级公路
最小单位水泥用量	52.5级	350	350
	42.5级	360	360
抗冰冻、抗盐冻最小单位水泥用量	52.5级	370	370
	42.5级	380	380
掺粉煤灰时最小单位水泥用量	52.5级	310	310
	42.5级	320	320
抗冰冻、抗盐冻掺粉煤灰最小单位水泥用量	52.5级	320	320
	42.5级	340	340
注:处于除冰盐、海风、酸雨或硫酸盐等腐蚀性环境中或在大纵坡等加减速车道时,宜采用较小的水胶比。			

5. 合理砂率

根据试验或有关资料确定合理砂率，一般选用50%左右。使用时根据所用材料的品种规格、纤维体积率和水胶比等适量调整。

6. 砂石料用量

按绝对体积法或假定质量密度法计算材料用量，确定试验配合比。

7. 确定强度试验基准配合比

按初步计算配合比进行拌合物性能试验，调整单位体积用水量和砂率，确定强度试验基准配合比。

8. 确定施工配合比

按强度试验结果调整水胶比和钢纤维体积率，确定施工配合比。

任务12.3　透水性混凝土

透水性混凝土（Pervious Concrete）也称多孔混凝土（Porous Concrete），是由特殊级配的集料、水泥、外加剂和水等经特定工艺配制而成的，其内部含有很大比例的贯通性孔隙。透水性混凝土内部形成的蜂窝状结构，有助于提高混凝土的透水性能，但同时也对混凝土的强度产生了不良影响。

透水性混凝土根据其组成材料不同，又可分为水泥透水性混凝土、高分子透水性混凝土和烧结型透水性制品三种类型。在路面工程中通常使用水泥透水性混凝土。

12.3.1　混合料技术特征

透水性混凝土是一种生态环保型混凝土。它既有一定的强度又有一定的透水透气性，可以很好地缓解不透水铺装对环境造成的影响。从技术性能上看，透水性混凝土除能够排除地表积水外，还在净化雨水、降低路面交通噪声等方面有显著效果。与不透水的混凝土路面铺装材料相比，透水性混凝土具有以下优点：

(1)透水性混凝土路面能够使雨水迅速渗入地表，还原成地下水，使地下水资源得到及时补充。透水性路基还可以发挥"蓄水池"功能，这种功能有利于保持土壤湿度，对改善城市地表的植物和土壤微生物的生存环境具有重要的意义。

(2)透水性混凝土具有较大的孔隙率，其自身可以与外部空气和下部透水垫层相连通，有利于调节城市空间的温度和湿度；另外，透水性混凝土对城市地表的透水、透气作用，还可以维护城市地表的生态平衡。

(3)透水性混凝土路面凭借其特有的多孔吸声结构，能吸收车辆行驶时产生的噪声，从而创造一个安静、舒适的交通环境。

(4)透水性混凝土路面能够消除雨天行车产生的"漂滑""飞溅"等现象，缓解雨天给行人出行和车辆行驶带来的不便。在冬季，透水性混凝土路面也不会形成"黑冰"（由霜、雾形成的一层几乎看不见的薄冰，极其危险），提高了行人、车辆的通行安全性。

(5)透水性混凝土路面表面的自然色对光线具有良好的反射性。透水性混凝土较大的孔隙能够积蓄较多的热量，有利于减少路面对太阳光热量的吸收，从而避免形成"热岛效应"。

(6)在降雪季节，地热可以通过透水性混凝土路面的孔隙将积起的固体状雪融化成液体状水，再渗透到地下以补充地下水。

虽然透水性混凝土具有诸多优点，但其在强调透水性能和环保效应的同时必然会给其他性能带来影响，所以，透水性混凝土也存在一些缺陷。

(1)透水性混凝土与密实性水泥混凝土相比，其本身的抗压强度和抗折强度较低，修筑的路面上不能行驶重型交通车辆。

(2)透水性混凝土对路基的要求比较高，其基础高度必须能够达到蓄水和渗水要求。

(3)透水性混凝土路面通常被限制在缓坡地段使用。

(4)透水性混凝土路面的运行成本较高且清扫非常困难，特别是垃圾和污染物随着雨水渗透到透水性混凝土的空隙中后，其空隙率急剧下降，如果长时间得不到清理，则透水性混凝土的渗水作用甚至会完全失效。

12.3.2 原材料技术要求

1. 水泥

配制普通透水性混凝土时，最好选用硅酸盐水泥、普通硅酸盐水泥，也可以用矿渣硅酸盐水泥、粉煤灰硅酸盐水泥或快硬水泥，所选用水泥的强度等级一般应在42.5级以上。

无论采用何种水泥，均需要降低游离石灰的溶出，以避免对植物生长造成影响，同时，还需要兼顾混凝土的耐久性。

2. 集料

透水性混凝土所用的集料主要包括普通集料和特种集料两种。集料可以采用普通的卵石、碎石，也可以采用特制的陶粒、浮石等轻集料。再生型集料也是透水性混凝土集料的选择之一。

集料的性质对透水性混凝土的性能有重要的影响，因此，对集料的颗粒直径、级配、颗粒形状及强度等指标应加以严格控制。集料粒径的大小应根据透水性混凝土结构的强度和厚度要求而定。集料的粒径不宜过大，最大的集料粒径应不大于 25 mm，且粒径大于 20 mm 的集料含量应控制在 5% 以内。在必要时，也可以掺加部分细集料，但细集料含量不宜太多。

3. 外加剂

透水性混凝土中常掺加的外加剂有增强剂、减水剂、着色剂、消石灰、早强剂等。掺入适量的增强剂有助于提高水泥浆与集料之间的界面粘结强度；掺入适量的减水剂有助于改善混凝土成型时的和易性，同时，也能提高混凝土的强度；添加一定量的着色剂可以使路面混凝土变得更加美观；掺入一定量的消石灰可以增加水泥浆的黏性，提高施工时面层的平整度，同时，消石灰还对酸性雨有中和作用，因此，也能提高透水性混凝土路面的耐久性；在冬季低温条件下施工时，加入适量的氯化钠等早强剂，还可以加速混凝土的硬化。

4. 矿物质掺合料

在透水性混凝土中加入矿物质掺合料，可以提高透水性混凝土的强度，改善透水性混凝土路面的耐久性。粉煤灰用量不得超过胶凝材料总质量的 25%，磨细粒化高炉矿渣用量不得超过胶凝材料总质量的 50%。当同时掺加三种矿物掺合料时，其总替代量不应超过水泥质量的 50%。当透水性混凝土路面的周围环境温度降低到 50 ℃(10 ℃)以下时，磨细粒化高炉矿渣掺量要减少 30%。

12.3.3 混合料组成设计

1. 设计参数选定

透水性混凝土配合比设计主要考虑的参数有孔隙率、水胶比和集浆比。

(1)孔隙率。透水性混凝土配制强度确定后，需要根据用途确定混凝土孔隙率，对绿化透水性混凝土而言，要给予植物生长及所需养分储存以充足的空间，因此，孔隙率要求在 20% 以上；

对用于路面的透水性混凝土,在保证强度的前提下,孔隙率宜为 15%～20%。

(2)水胶比。透水性混凝土的水胶比决定着浆体的流动性。水胶比大,则浆体的流动性大,被包裹的集料表面光滑,浆体易流淌,聚积在试件的底部有利于形成连通孔隙。对于特定集料级配而言,透水性混凝土可采用的水胶比范围较窄,通常介于 0.25～0.35 之间,如果加入了减水剂,水胶比范围为 0.22～0.35。

(3)集浆比。集浆比是指集料用量与水泥用量之比。选择合理的集浆比,是保证透水性混凝土具有相互贯通孔隙的关键。当水泥用量一定时,增大集浆比,集料颗粒周围包裹的水泥浆厚度变薄,混凝土的孔隙率增加,但其强度会减小;当水泥用量一定时,减小集浆比,集料颗粒周围包裹的水泥浆厚度增大,透水性混凝土的强度提高,但其孔隙率将减小,透水能力降低。一般情况下,透水性混凝土的集浆比应控制在 3～6。另外,小粒径集料的集浆比应适当比大粒径的小一些。

2. 选定原材料用量

(1)用水量。透水性混凝土和易性可以通过经验确定。大致标准为:目测观察所有集料颗粒表面,若表面均形成平滑的水泥浆包裹层并且包裹层有光泽、不流淌,则认为用水量比较适宜,对于使用卵石、碎石作为集料的透水性混凝土来说,其用水量一般为 80～120 kg/m³。但实际用水量应根据透水性及强度要求由试验确定。

(2)集料用量。1 m³ 混凝土所用的集料总量通常为集料的紧密堆积密度数值,大致为 1 200～1 400 kg/m³。集料中主要采用粗集料,细集料用量应控制在 20%以内。

(3)水泥用量。在保证最佳用水量的前提下,适当增加水泥用量能够使集料周围水泥浆膜层的稠度和厚度变大,可有效提高透水性混凝土的强度。但水泥用量过大会使浆体增多,孔隙率减少,降低透水性。如果集料粒径较小,集料的比表面积较大,则应适当增加水泥用量。水泥用量随所用集料粒径的增大而减少,一般控制在 250～350 kg/m³ 范围内。

3. 混合料设计步骤

透水水泥混凝土配合比设计步骤宜符合下列规定:

(1)单位体积粗集料用量应按式(12-1)计算确定:

$$W_G = \alpha \cdot P_G \tag{12-1}$$

式中 W_G——透水水泥混凝土中粗集料用量(kg/m³);

P_G——粗集料紧密堆积密度(kg/m³);

α——粗集料用量修正系数,取 0.98。

(2)胶结料浆体体积应按式(12-2)计算确定:

$$V_P = 1 - \alpha \cdot (1-v_c) - 1 \cdot R_{VOId} \tag{12-2}$$

式中 V_P——每立方米透水水泥混凝土中胶结料浆体体积(m³/m³);

v_c——粗集料紧密堆积孔隙率(%);

R_{VOId}——设计空隙率(%)。

(3)水胶比应经试验确定,水胶比选择范围控制在 0.25～0.35,并应满足表 12-7 中给出的透水水泥混凝土的各项技术要求。

表 12-7 透水水泥混凝土的性能

项目	计量单位	性能要求
耐磨性(磨坑长度)	mm	≤30
透水系数(15 ℃)	mm/s	≥0.5

续表

项目		计量单位	性能要求	
抗冻性	25次冻融循环后抗压强度损失率	%	≤20	
	25次冻融循环后质量损失率	%	≤5	
连续孔隙率		%	≥10	
强度等级		—	C20	C30
抗压强度(28 d)		MPa	≥20.0	≥30.0
弯拉强度(28 d)		MPa	≥2.5	≥3.5

注：耐磨性与抗冻性性能检验可视各地具体情况及设计要求进行。

(4)单位体积水泥用量应按式(12-3)确定：

$$W_c = \frac{V_P}{W/B+1}\rho_c \quad (12\text{-}3)$$

式中　W_c——每立方米透水水泥混凝土水泥用量(kg/m³)；

　　　V_P——每立方米透水水泥混凝土胶结料浆体体积(m³/m³)；

　　　W/B——水胶比；

　　　ρ_c——水泥密度(kg/m³)。

(5)单位体积用水量应按式(12-4)确定：

$$W_w = W_c \cdot W/B \quad (12\text{-}4)$$

式中　W_w——每立方米透水水泥混凝土用水量(kg/m³)；

　　　W_c——每立方米透水水泥混凝土水泥用量(kg/m³)；

　　　W/B——水胶比；

(6)外加剂用量应按式(12-5)确定：

$$M_a = W_c \cdot a \quad (12\text{-}5)$$

式中　M_a——每立方米透水水泥混凝土外加剂用量(kg/m³)；

　　　W_c——每立方米透水水泥混凝土水泥用量(kg/m³)；

　　　a——外加剂的掺量(%)。

(7)当掺用增强剂时，掺量应按水泥用量的百分比计算，然后将其掺量换算成对应的体积。

(8)透水水泥混凝土配合比可采用每立方米透水水泥混凝土各种材料的用量表示。

任务12.4　露石混凝土

露石混凝土主要用于露石水泥混凝土路面的修筑。在面层水泥混凝土混合料铺筑完成后，喷洒露石剂并覆盖塑料膜养护，其间通过露石剂的作用对水泥混凝土表面层进行化学处理，延缓表面一定厚度水泥砂浆的凝结，但不影响主体混凝土的正常凝结硬化，当主体混凝土达到一定强度后，刷洗其表面，进行表面除浆，露出均匀分布的粗集料，这样所形成的水泥路面叫作露石混凝土路面(Exposed Aggregate Cement Concrete Pavement，EACCP)。

12.4.1　原材料技术要求

1. 水泥

用于普通混凝土的水泥均可用于露石混凝土。

2. 集料

露石混凝土中的部分粗集料暴露在路面表面，直接承受行车的磨耗作用，对石料的耐磨性要求高，这就要求石料具有足够的综合力学强度以抵抗车轮荷载冲击、剪切、磨耗等作用。表 12-8 给出了粗集料的技术要求。

表 12-8　EACCP 粗集料的技术要求

技术指标	抗滑表层粗集料要求		EACCP 推荐指标
	高速、一级公路	其他公路	
石料磨光值(PSV)不小于，PBN	42	35	45
压碎值/%	26	28	20
磨耗值/%，不大于	14	16	10
冲击值/%，不大于	25	30	15

为保证路面表面集料不脱落，应采用带有棱角、近似立方体的粗集料颗粒，控制扁平、针状的粗集料颗粒含量。为提高抗滑力和水泥浆与界面的粘结力，应选用表面粗糙、洁净的粗集料。集料的粒径和级配要综合多方面因素后选择，粒径大的集料与水泥石粘结力强不易脱落，但粒径过大也会增加行车噪声，降低舒适性。在选择集料时要综合考虑，优选能形成路表光线柔和、颜色赏心悦目的碎石。

细集料应质地坚硬、耐久、洁净，符合规定级配，泥土、云母、硫化物和硫酸盐及有机物的含量，应满足《公路水泥混凝土路面设计规范》(JTG D40—2011)的要求。天然砂和海砂的质量一般都满足要求，当河砂与海砂不易得到时，也可采用人工砂，但各项指标必须合格。

12.4.2　混合料组成设计

露石混凝土配合比设计，既要符合普通混凝土的设计原则，又要考虑露石水泥混凝土路面（EACCP）的特殊技术要求。

在强度方面，基本上按照普通水泥路面混合料的设计方法，以弯拉强度为主要强度指标进行配合比设计。考虑到 EACCP 的特殊性，在满足强度要求的基础上，要进行露石混凝土试样板的浇筑和刷洗，研究其表面纹理效果，同时还要考虑工艺性。在同时满足各方面技术要求的配合比中，选择最佳的配合比作为施工配合比。

露石混凝土配合比设计除满足强度、耐久性、工作性和经济性要求外，还需要考虑以下因素。

1. 水泥砂浆与粗集料的粘结

为防止表层露出集料的剥落，原则上水泥砂浆-集料界面之间的粘结强度越高越好。提高界面粘结强度的主要措施是提高水泥强度等级、减小水胶比、增大水泥用量，同时，选择表面粗糙、颗粒有棱角、近似立方体的粗集料。

2. 露石混凝土的耐磨性

露石混凝土的耐磨性主要依赖集料的耐磨性，应选择磨光值高、冲击值小的粗集料。同时，由于露石混凝土表面仍有一部分水泥砂浆会受到交通荷载作用，故其耐磨性不能忽视，而耐磨性的影响因素与普通混凝土相同。

3. EACCP 结构形式

EACCP 既可用于普通道路（二级及二级以下公路），又可用于高等级公路（高速公路、一级公路），所以，对于不同等级的公路，在配合比设计时应选择相应的设计指标。

由于粗集料最大粒径及级配的不同,露石混凝土表面外观有较大差异。最大粒径超过 20 mm 时,表面会过于粗糙;连续级配碎石所形成的露石混凝土表面视觉上比单一粒径碎石的要差。如果按强度要求所选用的混凝土集料与上述按路面外观要求所选用的集料之间存在差异,有必要将水泥路面分为两个层次铺筑。即表面层混凝土采用所期望露石效果的集料,厚度为 4~5 cm,其余厚度的混凝土采用按强度要求所选择的集料组成。

任务 12.5 彩色混凝土

彩色混凝土是以白色水泥、彩色水泥或白色水泥掺入彩色颜料,以及彩色集料和白色或浅色集料按一定比例配制而成的混凝土。彩色水泥混凝土路面通常使用彩色混凝土铺筑而成。彩色混凝土路面具有施工方便、自然美观、立体感强、坚固耐久、保养维修简便等优点,主要适用于人行道、各种类型广场、停车场、校园或各种公共场合的休闲道路等。

12.5.1 原材料技术要求

1. 彩色水泥

用于生产彩色水泥的颜料,应具备与水泥相容性好、色彩浓厚、颗粒较细、耐碱性强、耐久性好、均匀性好和不含杂质等性能特点。在正常情况下,颜料的掺量一般约为水泥质量的 6%,且最大不超过 10%。彩色水泥中的颜料一般使用天然或合成的矿物颜料比较适宜,它们不会与水泥或集料发生化学反应。有机颜料在使用中容易褪色,一般不予选用。

彩色硅酸盐水泥的技术标准主要包括物理力学性能和化学性能两个方面。根据《彩色硅酸盐水泥》(JC/T 870—2012)中的规定,国产彩色水泥的技术标准应符合表 12-9 中的要求。

表 12-9 国产彩色水泥(42.5 MPa)的技术标准

	技术标准项目		技术标准			
物理力学性能	水泥细度(筛余)		80 μm 方孔筛筛余不大于 6%			
	凝结时间		初凝不得早于 60 min,终凝不得迟于 10 h			
	体积安定性		用沸煮法试验,试件体积变化必须均匀			
	强度/MPa	强度类别及养护龄期	抗压强度		抗折强度	
			3 d	28 d	3 d	28 d
		强度指标	≥15.0	≥42.5	≥3.50	≥6.50
化学性能	烧失量		水泥的烧失量不得超过 5%			
	氧化镁含量		熟料中氧化镁含量不得超过 4.5%			
	三氧化硫含量		水泥中三氧化硫含量不得超过 4.0%			

2. 集料

彩色混凝土所用的集料,除应符合设计的色泽要求外,其他的技术性质应符合国家标准《建设用卵石、碎石》(GB/T 14685—2011)和《建设用砂》(GB/T 14684—2011)中的要求。特别需要注意的是,彩色集料中不允许含有尘土、有机物或可溶盐,因此,在配制时应对集料进行清洗。一般情况下,宜选用天然集料,如花岗岩等。

3. 掺合料

彩色混凝土所用的掺合料,主要包括引气剂、促凝剂、填充料、防水剂和火山灰等,它们各自的掺量应符合设计要求。

在彩色混凝土中加入3%～10%的引气剂，可以增加混凝土的抗风化能力和抗冻性；加入促凝剂，可以使混凝土具有较高的早期强度，彩色混凝土中应用最广泛的促凝剂是氯化钙，其使用量一般为水泥质量的2%；为了增加混凝土的和易性和密实度，还可以掺加适量的磨细硅石、黏土和硅藻土等填充料，其掺加量一般占水泥用量的3%～8%；在彩色混凝土中加入火山灰质细掺料，可以提高混凝土强度。最常用的矿物细掺料是优质粉煤灰，但粉煤灰含有一定量的碳质，加入后可能使彩色混凝土变成墨色或减弱原来的颜色。

12.5.2 混合料组成设计

彩色混凝土一般用于装饰工程和结构工程。根据不同使用目的可分为装饰用彩色混凝土配合比设计和结构用彩色混凝土配合比设计，如图12-7所示。

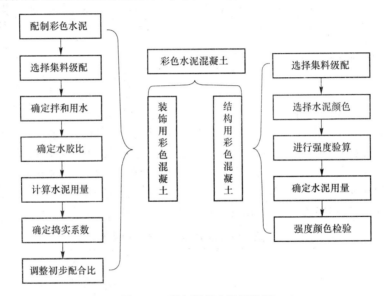

图12-7 彩色混凝土设计流程

1. 装饰用彩色混凝土配合比设计

(1)配制彩色水泥并确定其活性。白色水泥可掺加5%的赭石。采用掺10%～20%的赭石的灰水泥和白色水泥混合，可以制得带灰色的黄色混凝土；当掺加铁丹颜料时，掺量为水泥用量的5%，配制的混凝土的颜色和强度较好，如果颜料用量增至10%～20%，则彩色混凝土的强度会下降。

(2)选择集料混合物的颗粒级配。对于浇筑在密实混凝土基层上的装饰混凝土，集料的孔隙率应控制在25%左右；对于浇筑在轻混凝土基层上的装饰混凝土，集料的孔隙率应控制在33%～35%，粗集料的最大粒径不大于20 mm。

(3)确定拌和用水。当集料采用石灰石时，拌和用水一般为240 kg/m³；当集料采用大理石或河砂时，拌和用水一般为120 kg/m³。

(4)确定混凝土水胶比。按照普通水泥混凝土强度计算经验公式，求得混凝土的水胶比，装饰混凝土的强度一般可取15 MPa左右。

(5)求单位体积水泥用量。为使彩色装饰混凝土具有最大的气候稳定性，必须使水泥用量较少，而使表面突出的集料颗粒最多。水泥用量和最佳用水量必须通过试拌确定。彩色混凝土的水泥用量按式(12-6)计算：

$$R_{28}=0.55R_c(B/W-0.50) \quad (12-6)$$

式中　R_{28}——彩色混凝土的设计强度(MPa)；

　　　R_c——水泥的实际强度(MPa)；

　　　B/W——混凝土胶水比。

(6)确定混凝土拌合物的捣实系数。混凝土拌合物的捣实系数，是指标准松散状态下的混凝土拌合物体积和捣实后的混凝土体积之比，一般可取 1.3~1.4。

(7)调整初步配合比。初步配合比确定后，将试拌的混凝土制成抗压强度试块，按规定的条件和时间养护后进行试压，对不符合要求的配合比进行适当调整。

2. 结构用彩色混凝土配合比设计

(1)集料混合物颗粒级配选择。结构用彩色混凝土采用细度模数介于 2~4 的碎石，必要时可采用彩色集料，如大理石和石灰石集料。

(2)选择水泥颜色。为保证水泥的强度不产生过大的降低，对结构用彩色混凝土中掺加的颜料应当加以控制，铁丹掺量应不大于 5%，赭石掺量应不大于 15%。

(3)进行强度验算。若采用干硬性彩色混凝土，可参考式(12-7)进行强度计算：

$$R_2=0.16R_c(B/W-0.50) \quad (12-7)$$

式中　R_2——混凝土经过 2 h 蒸养后的强度(MPa)；

　　　R_c——水泥的实际强度(MPa)；

　　　B/W——混凝土胶水比。

(4)确定水泥用量。结构用彩色混凝土的水泥用量用试验法确定，首先近似地选用混凝土的胶集比，当采用台座法生产预制板时，水泥∶砂子∶碎石＝1∶2.5∶1，则其胶集比为 1∶3.5；当采用压轧板时，水泥∶砂子∶碎石＝1∶1.5∶0.5，则其胶集比为 1∶2。

按照预先确定的胶水比制作混凝土试块并测其强度，然后调整水泥浆使混凝土的工作性达到 30~40 s。

(5)强度和颜色检验。对制作的混凝土块进行强度试验和颜色鉴定，如不符合设计要求，则可调整水泥用量及颜料用量。

复习思考题

1. 简述聚合物水泥混凝土、纤维混凝土、透水性混凝土、露石混凝土、彩色混凝土的含义。
2. 简述聚合物对新拌水泥混凝土性能有哪些影响。
3. 试述钢纤维水泥混凝土的配合比设计步骤。
4. 简述透水性混凝土的优缺点。
5. 露石混凝土对集料有哪些技术要求？
6. 简述彩色混凝土配合比设计步骤。

项目13 新型桥面防水材料

学习目标

1. 了解桥面防水材料的分类、技术性质和技术要求。
2. 掌握桥面防水材料的技术性能及其评价方法和指标。

任务描述

桥面防水材料是影响桥面防水层功能的最主要因素之一,其性能好坏直接影响桥梁的耐久性和使用寿命。所以,必须了解桥面防水材料的分类、技术性质和技术要求,掌握桥面防水材料的技术性能及其评价方法和指标。

学习引导

本项目沿着以下脉络进行学习:

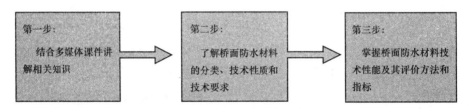

任务13.1 防水材料的分类及其特点

目前防水材料的种类繁多,常见分类如图13-1所示。

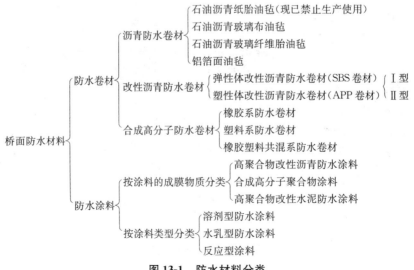

图13-1 防水材料分类

1. 防水卷材

防水卷材是指以原纸、纤维毡、纤维布、金属箔、塑料膜或纺织物等材料中的一种或数种复合为胎基，浸涂石油沥青、煤沥青、高聚物改性沥青制成的或以合成高分子材料为基料加入助剂、填充剂，经过多种工艺加工制成的可卷曲片状防水材料。例如，沥青(或改性沥青)防水卷材是在基胎如原纸、纤维织物等上浸涂沥青(或改性沥青)后，再在表面撒布粉状或片状的隔离材料制成的可卷曲片状防水材料；合成高分子防水卷材是指以合成橡胶、合成树脂或两者共混体为基料，加入适量化学助剂和填充料，经一定工序加工而成的可卷曲片状防水卷材。

改性沥青防水卷材与沥青防水卷材相比，其使用温度区间大为扩展，制成的卷材光洁柔软，拉伸强度、耐热度及低温柔性均比较高，并具有较好的不透水性和抗腐蚀性。因而，其在桥面防水层中应用相对较为广泛。其中，SBS卷材、APP卷材(Ⅰ型)适用于摊铺式沥青混凝土的铺装，APP卷材(Ⅱ型)主要用于浇筑式沥青混凝土混合料的铺装。

2. 防水涂料

防水涂料是常温下呈无固定形状的黏稠液态高分子合成材料，涂布后通过溶剂的挥发或水分的蒸发或反应固化后，在桥面上形成坚韧的防水膜的材料的总称。按其防水机理和特点，防水涂料主要可分为以下几种类型：

(1)溶剂型防水涂料：作为主要成膜物质的高分子材料，溶解于有机溶剂中成为溶液，高分子材料以分子状态存在于溶液(涂料)中，通过溶剂挥发，经过高分子物质分子链接触、搭接等过程而结膜。该类涂料干燥快，结膜较薄而致密，储存稳定性较好，易燃、易爆、有毒，施工时对环境有污染。

(2)水乳型防水涂料：作为主要成膜物质的高分子材料，以极微小的颗粒，而不是呈分子状态；稳定悬浮，而不是溶解在水中，成为乳液状涂料，通过水分蒸发，经过固体微粒接近、接触、变形等过程而结膜。该类涂料干燥较慢，一次成膜的致密性较溶剂型防水涂料低，不宜在5℃以下施工；储存期一般不超过半年，可在稍为潮湿的桥面上施工，操作简便，不污染环境，生产成本较低。

(3)反应型防水涂料：作为主要成膜物质的高分子材料，以预聚物液态形状而存在，多以双组分或单组分构成涂料，几乎不含溶剂，通过液态的高分子预聚物与相应的物质发生化学反应，变成固态物而结膜。该类涂料可一次性结成较厚的涂膜，无收缩，涂膜致密，但价格较贵。

按涂料的不同成膜物质，常用桥面防水材料的特点如下：

(1)溶剂型聚合物改性沥青防水涂料：以沥青为基料，经溶剂溶解配制而成，外表呈黑色黏稠状，是一种含有细腻而均匀胶状液体的防水涂料。

(2)水乳型聚合物改性沥青防水涂料：以沥青乳液(如乳化沥青)为基料，以合成乳胶(如氯丁乳胶、丁苯乳胶)为改性剂，复合配制而成的一种防水涂料。该涂料防水性能优良，施工简单，柔韧性能好，耐气候老化性和耐化学腐蚀。

(3)聚氨酯防水涂料：以聚氨酯树脂为主要成膜物质的一类高分子防水材料。该涂料具有较大的弹性和延伸能力，以及较好的抗裂性、耐候性、耐酸碱性和抗老化性。

(4)聚合物水泥防水涂料：以聚丙烯酸酯、乙烯-醋酸乙烯酯共聚乳液等聚合物乳液与各种添加剂组成的有机液料，以及水泥、石英砂与各种添加剂、无机填料组成的无机粉料，配制而成的一种双组分、水性建筑防水涂料。该涂料弹性高、延伸率大、耐久性好、耐水性好。

3. 防水卷材和防水涂料的性能对比（表 13-1）

表 13-1 防水卷材和防水涂料的性能对比

项目	防水卷材	防水涂料
质量稳定性	1. 材料质量取决于生产厂家； 2. 施工后有接缝或搭接； 3. 厚度均匀	1. 质量取决于施工质量； 2. 施工后形成连续防水膜； 3. 涂膜厚度难以均匀控制
适应桥面能力	1. 工厂预制成一定宽度和长度，立面和阴阳角处较难处理； 2. 对桥面陡的起伏适应能力差	1. 与桥面几何形状无关； 2. 薄的涂膜要求桥面相对平整
施工性能	1. 沥青类或改性沥青类防水材料需要喷火加热设备； 2. 合成高分子需要胶粘剂，施工劳动强度大	1. 使用时无须加热，可以减少污染，相对简便； 2. 施工周期长，受风、雨影响较大
经济性	造价较高	造价较低
室内试验	便于室内试验	不便于室内试验

任务 13.2 防水材料的技术性质

桥面防水材料的技术性质主要包括物理力学性能（耐高温性能、耐低温性能、不透水性能、拉伸性能）、路用性能（耐疲劳性能、粘结性能、抗剪切性能、抗老化性能和抗冻性能）和抗施工损伤性能（抗大型施工设备损伤性能、抗刺破性能、抗燃料污染性能）三个方面。

13.2.1 物理力学性能

1. 耐高温性能

耐高温性能是指桥面防水材料能保持良好的工作性能，在施工时抵抗沥青混凝土高温破坏及通车后抵抗夏季高温破坏的能力。通常以耐热度为评价指标，一般采用在烘箱中加热到一定温度（标准为 140 ℃），观察防水材料会不会发生明显的扭曲甚至流淌为评价方法。

耐热度的评价标准包括两个方面：一方面，为保证防水层在热沥青混合料覆盖前不被施工和行人损坏，要求防水层在太阳光直射下不发生软化或发黏，即最低发黏温度的确定；另一方面，在沥青混合料碾压作业中，要求防水层适度变软。发黏或轻微的流淌可利于提高面层与防水层之间的粘结，同时，又要防止过度的发软和流淌以避免集料刺破防水层。一般通过分析气温实测法来确定最佳耐热度区间。

2. 耐低温性能

耐低温性能是指桥面防水材料在低温环境下抵抗流变破坏和剪切破坏的能力，通常采用低温弯曲试验测定，以低温柔性表示，如图 13-2 所示。

一般来说，沥青类防水材料的低温柔性与材料中聚合物沥青的针入度有关。针入度越大，防水材料的低温柔性越好；反之，低温柔性就越差。因此，一般在防水材料中加入一定数量的填料来提高其低温柔性。

3. 不透水性能

不透水性能是指桥面防水材料在原始状态下抵抗水压破坏的能力，通常采用不透水试验测定。具体测试方法是在一定的水压力下将试件放置 30 min，观察有没有渗漏。

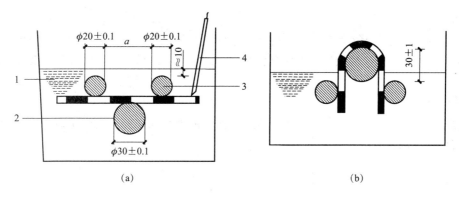

图 13-2 低温弯曲试验装置原理和弯曲过程(尺寸单位：mm)
(a)开始弯曲；(b)弯曲结果
1—冷冻液；2—弯曲轴；3—固定圆筒；4—半导体温度计(热敏探头)

4. 拉伸性能

拉伸性能是指桥面防水层在荷载、温度、湿度等外界因素的作用下，与上、下接触层变形协调的能力，通常采用拉伸试验测定，以断裂延伸率表示，按式(13-1)计算。

$$\varepsilon_R = \frac{\Delta L}{L} \times 100 \tag{13-1}$$

式中 ε_R——断裂延伸率(%)；
ΔL——断裂时的延伸值(mm)；
L——上下夹具之间的有效距离(mm)。

13.2.2 路用性能

1. 耐疲劳性能

耐疲劳性能是指桥面防水材料在承受荷载反复作用时，与混凝土的粘结性能不发生大幅度衰减的能力，通常采用疲劳试验测定，以衰减系数表示。

2. 粘结性能

粘结性能是指桥面防水层与上、下接触层连接良好，在荷载及自然因素作用下不发生剥落的能力，通常采用拉拔试验测定，以粘结强度表示，按式(13-2)计算。

$$g = \frac{F}{S} \tag{13-2}$$

式中 g——粘结强度(MPa)；
F——拉力(N)；
S——圆截面面积(mm^2)。

3. 抗剪切性能

抗剪切性能是指桥面防水层抵抗外力作用而不发生剪切破坏的能力。抗剪切性能用于评价桥面防水粘结层性能的优劣，通常采用直剪试验测定，以剪切强度表示，按式(13-3)计算。

$$\tau = \frac{F}{S} \tag{13-3}$$

式中 τ——剪切强度(MPa)；
F——拉力(N)；
S——剪切面积(mm^2)。

4. 抗老化性能

抗老化性能也称为耐久性，是指在外界因素的长期作用下，材料原有性能不发生大幅度衰减的能力，通常采用人工气候加速老化试验测定，以老化后的纵向拉力保持率和低温柔度两个指标表示。

5. 抗冻性能

抗冻性能是指材料在饱水状态下经受规定次数冻融循环而强度不发生明显衰减的能力，通常采用冻融循环试验测定。

13.2.3 抗施工损伤性能

抗施工损伤性能是指桥面防水材料在正常施工状态下不发生结构破坏的能力，包括抗大型施工设备损伤性能、抗刺破性能和抗燃料污染性能。

1. 抗大型施工设备损伤性能

抗大型施工设备损伤性能是指在面层铺装时，防水层能够抵抗摊铺机、压路机等大型设备破坏的能力。抗大型施工设备损伤性能反映了桥面防水层在使用过程中对意外破坏的抵抗力，通常用车辙仪测定。

2. 抗刺破性能

抗刺破性能是指材料抵抗施工过程中小面积集中荷载刺破的能力。抗刺破性能用于评价防水材料抵御穿透的能力，通常用落锥穿透试验测定，是将标准落锥从规定高度自由下落冲击刺破试件，再用量锥测定破口尺寸，以破口直径作为最终评价指标，如图13-3所示。

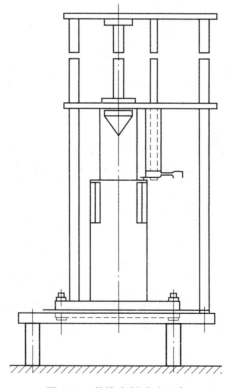

图 13-3 落锥穿刺试验示意

3. 抗燃料污染性能

抗燃料污染性能是指防水层抵抗汽油、柴油等有机溶剂破坏的能力。同时，反映了桥面防水材料的耐久性，通常采用有机溶液浸泡法测定。

任务 13.3　防水材料的技术标准

13.3.1　桥面防水卷材

路桥用塑性体改性沥青防水卷材的技术性质见表 13-2～表 13-4。

表 13-2　路桥用塑性体改性沥青防水卷材的公称厚度与公称宽度（JT/T 536—2018）

序号	规格	技术要求	
		平均值/mm	最小单值/mm
1	公称厚度	3.5 4.5	≥3.5 ≥4.5	3.3 4.3
2	公称宽度	≥1 000	995

表 13-3　路桥用塑性体改性沥青防水卷材的物理技术要求（JT/T 536—2018）

物理组成		技术要求
组成材料	胎体材料	聚酯毡
	浸涂材料	无规聚丙烯（APP）或其他非晶态聚烯烃类聚合物（APAO、APO）
	上表面	细砂面（代号 S）、矿物粒面（代号 M） 细砂应为粒径不超过 0.6 mm 的级配砂，矿物粒料应为粒径不超过 2.36 mm 的级配砂
尺寸规格	宽度	按卷材的公称宽度，规格有 1 000 mm
	厚度	按卷材的公称厚度，规格有 3.5 mm、4.5 mm
外观		(1) 卷材表面应平整，不应有孔洞、缺边和裂口，上表面隔离材料粒度应均匀一致，并紧密地黏附于卷材表面。 (2) 每卷卷材的接头处不应超过一个，较短的一段长度不应少于 1 000 mm，接头应剪切整齐，并加长 150 mm。 (3) 成卷卷材应卷紧卷齐，端面里进外出不应超过 10 mm。 (4) 胎基应浸透，不应有未被浸渍处

表 13-4　路桥用塑性体改性沥青防水卷材的性能要求（JT/T 536—2018）

序号	项目		性能要求	
			Ⅰ 型	Ⅱ 型
1	可溶物含量/(g·m^{-2})	公称厚度 3.5 mm	≥2 400	
		公称厚度 4.5 mm	≥3 100	
2	卷材下表面沥青涂盖层厚度/mm	公称厚度 3.5 mm	≥1.2	
		公称厚度 4.5 mm	≥1.6	

续表

序号	项目		性能要求	
			Ⅰ型	Ⅱ型
3	矿物粒料黏附性/g		≤2.0	
4	不透水性(压力≥0.4 MPa,7孔圆盘保持30 min)		不透水	
5	热碾压后不透水性(0.1 MPa,30 min)		不透水	
6	抗砾破性		冲击后不透水	
7	拉力/[N·(50 mm)$^{-1}$]	纵向	≥600	≥800
		横向	≥550	≥750
8	最大拉力时延伸率/%	纵向	≥25	≥35
		横向	≥30	≥40
9	耐热性	试验温度/℃	130±2	150±2
		滑动值/mm	≤2	
10	高温抗剪性(60 ℃)/(N·mm^{-1})		2	2.5
11	低温抗裂性(-20 ℃)/MPa		≥6	≥8
12	低温柔性(3 s弯曲1 800)/℃		-7	-15
			无裂缝	
13	耐腐蚀性	耐碱腐蚀(23 ℃,饱和氢氧化钙溶液,15 d)	外观无变化或轻微变化	
		耐盐腐蚀(23 ℃,浓度为3%的氯化钠溶液,15 d)	外观无变化或轻微变化	
14	热老化(80 ℃条件下处理10 d)	拉力保持率/%	≥90	
		延伸率保持率/%	≥80	
		低温柔性(3 s弯曲1 809)/℃	-5	-13
			无裂缝	
		尺寸变化率/%	≤0.7	
		质量损失/%	≤1.0	
15	接缝剥离强度/(N·mm^{-1})		≤1.0	

13.3.2 桥面防水涂料

路桥用水性沥青基防水涂料技术要求见表13-5。

表13-5 路桥用水性沥青基防水涂料技术要求(JT/T 535—2015)

项目		类型	
		Ⅰ型	Ⅱ型
外观		搅拌后为黑色或蓝褐色均质液体,搅拌棒上不黏附任何明显颗粒	
固体含量/%		≥50	
干燥时间	表干时间/h	≤4	
	实干时间/h	≤10	

续表

项目		类型	
		Ⅰ型	Ⅱ型
耐热性		160 ℃无流淌、滑动、滴落	
不透水性		0.3 MPa，30 min 不渗水	
粘结强度/MPa		≥0.4	≥0.5
低温柔性		−15 ℃无裂纹、断裂	−25 ℃无裂纹、断裂
无处理延伸性/%		≥500	≥600
盐处理	断裂延伸率/%	≥500	≥600
	低温柔性	−10 ℃无裂纹、断裂	−20 ℃无裂纹、断裂
	质量增加/%	≤2.0	
耐腐蚀性	耐碱(20 ℃)	3%Ca(OH)$_2$ 溶液浸泡 15 d，无分层、变色、气泡	
	耐酸(20 ℃)	3%HCl 溶液浸泡 15 d，无分层、变色、气泡	
高温抗碱(60 ℃)/MPa		≥0.16	
热碾压后抗渗水		0.1 MPa，30 min 不渗水	
热老化	断裂延伸率/%	≥300	≥400
	低温柔性	−10 ℃无裂纹、断裂	−15 ℃无裂纹、断裂
	加热伸缩率/%	≤1.0	
	质量损失/%	≤1.0	

复习思考题

1. 桥面防水材料有哪些种类？
2. 桥面防水材料有哪些技术要求？

项目14　土工合成材料

学习目标

1. 了解土工合成材料桥面防水材料的分类、技术性质和技术要求。
2. 掌握土工合成材料的技术性能及其评价方法和指标。

任务描述

通过学习，了解土工合成材料桥面防水材料的分类、技术性质和技术要求，及其在道路工程中的应用情况。

学习引导

本项目沿着以下脉络进行学习：

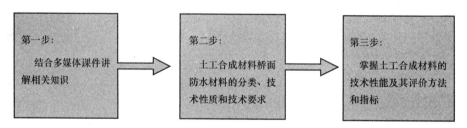

土工合成材料是土木工程应用的合成材料的总称，它是一种以人工合成聚合物（如塑料、化纤、合成橡胶等）为原料制成的，置于土体内部、表面及土体之间，发挥加强或保护土体的作用的土木工程材料。20世纪90年代以来，土工合成材料以它独特的功能和特性及其在实际工程中的显著效果在各行各业中得到广泛应用。

任务14.1　土工合成材料的分类及特点

根据《公路土工合成材料应用技术规范》(JTG/T D32—2012)可以将土工合成材料进行分类，见表14-1。

表14-1　土工合成材料类型(JTG/T D32—2012)

大类	亚类		典型品种
土工合成材料	土工织物	有纺(织造)	机织(含编织)、针织等
		无纺(非织造)	针刺、热粘、化粘等
	土工膜	聚合物土工膜	—
	土工复合材料	复合土工膜	一布一膜、两布一膜等
		复合土工织物	
		复合防排水材料	排水板(带)、长丝热粘排水体、排水管、防水卷材、防水板等

续表

大类	亚类	典型品种
土工合成材料	土工特种材料	
	土工格栅	塑料土工格栅(单向、双向、三向土工格栅)、经编土工格栅、粘结(焊接)土工格栅等
	土工带	塑料土工加筋带、钢塑土工加筋带等
	土工格室	有孔型、无孔型
	土工网	平面土工网、三维土工网(土工网垫)等
	土工模袋	机织模袋、针织模袋等
	超轻型合成材料	泡沫聚苯乙烯板块(EPS)
	土工织物膨润土垫(GCL)	—
	植生袋	

1. 土工织物

土工织物是用于岩土工程和土木工程的机织、针织或非织造的可渗透的聚合物材料。土工织物主要可分为纺织和无纺两类(图 14-1)。纺织土工织物通常具有较高的强度和刚度，但过滤、排水性能较差；无纺土工织物过滤、排水性能较好且断裂延伸率较高，但强度相对较低。

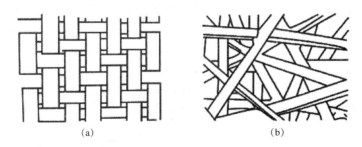

图 14-1 土工织物示意

(a)纺织土工织物；(b)无纺土工织物(高倍放大)

2. 土工膜

土工膜是由聚合物或沥青制成的一种相对不透水的薄膜。土工膜主要由聚氯乙烯(PVC)、氯磺化聚乙烯(CSPE)、高密度聚乙烯(HDPE)和低密度聚乙烯(VLDPE)制成。土工膜渗透性低，常用作液体或蒸汽的阻拦层。

3. 土工格栅

土工格栅是由有规则的网状抗拉条带形成的用于加筋的土工合成材料。其主要有聚酯纤维和玻璃纤维两类。土工格栅的质量轻且具有一定柔性，常用作加筋材料，对土起加固作用。

(1)聚酯纤维类土工格栅。聚酯纤维类土工格栅是经拉伸形成的呈方形或矩形的聚合物网材，主要可分为单向格栅和双向格栅两类。前者是沿板材长度方向拉伸制成，后者是继续将单向格栅沿其垂直方向拉伸制成(图 14-2)。通常在塑料类土工格栅中掺入炭黑等抗老化材料，以提高材料的耐酸、耐碱、耐腐蚀和抗老化性能。

(2)玻璃纤维类土工格栅。玻璃纤维类土工格栅是以高强度玻璃纤维为材质的土工合成材料，多进行自粘感压胶和表面沥青浸渍处理，以加强格栅与沥青路面的结合作用

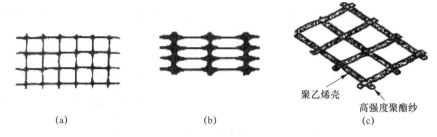

图 14-2 土工格栅示意

(a)双轴向(挤出)格栅；(b)单轴向(挤出)格栅；(c)带式纺织格栅

4. 土工特种材料

(1)土工模袋。土工模袋是一种由双层聚合化纤织物制成的连续(或单独)袋状材料。根据材质和加工工艺不同，土工模袋可分为机制模袋和简易模带两类。土工模袋常用于护坡或其他地基处理工程。

(2)土工网。土工网是由平行肋条经以不同角度与其上相同肋条粘结为一体的土工合成材料，常用于软基加固垫层、坡面防护、植草及用作制造组合土工材料的基材。

(3)土工网垫和土工格室。土工网垫多为长丝结合而成的三维透水聚合物网垫。土工格室是由土工织物、土工格栅或土工膜、条带聚合物构成的蜂窝状或网格状三维结构聚合物。两者常用于防冲蚀和保土工程。

(4)聚苯乙烯泡沫塑料(EPS)。聚苯乙烯泡沫塑料是在聚苯乙烯中添加发泡剂至规定的密度，进行预先发泡，再将发泡颗粒放在筒仓中干燥，并填充到模具内加热而成。聚苯乙烯泡沫塑料质轻、耐热、抗压性能好、吸水率低、自立性好，常用作路基填料。

5. 土工复合材料

将土工织物、土工膜、土工格栅和某些特种土工合成材料中的两种或两种以上相互组合起来就成为土工复合材料(图14-3)。土工复合材料可将不同性质的材料结合起来更好地满足工程需要。例如，复合土工膜就是将土工膜和土工织物按一定要求制成的一种土工织物

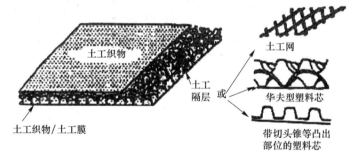

图 14-3 土工复合材料

组合物，同时起到防渗和加筋作用；土工复合排水材料是由无纺土工织物和土工网、土工膜或不同形状的土工合成材料芯材组成的排水材料，常用于软基排水固结处理、路基纵横排水、建筑地下排水管道、集水井、支挡建筑物的墙后排水、隧道排水、堤坝排水设施等。

任务 14.2 土工合成材料的技术性质

14.2.1 物理性能

土工合成材料的物理性能主要包括单位面积质量、厚度、幅宽和当量孔径等。

1. 单位面积质量

单位面积质量是指单位面积的土工合成材料在标准大气条件下的质量。单位面积质量是反映材料用量、生产均匀性及质量稳定性的重要物理指标,采用称量法测定,按式(14-1)计算。

$$m = \frac{M}{A} \tag{14-1}$$

式中　m——单位面积质量(g/cm^2);
　　　M——试样质量(g);
　　　A——试样面积(cm^2)

2. 厚度

厚度是指土工织物在承受规定的压力下,正反两面之间的距离。厚度反映了材料的力学性能和水力性能,采用千分尺直接测量。

3. 幅宽

幅宽是指整幅土工合成材料经调湿,除去张力后,与长度方向垂直的整幅宽度。幅宽反映了材料的有效使用面积,采用钢尺直接测量。

4. 当量孔径

土工格栅、土工网等大孔径的土工合成材料的网孔尺寸是通过换算折合成与面积相当的圆形孔的孔径来表示的,称之为当量孔径。当量孔径是检验材料尺寸规格的主要物理指标,采用游标卡尺测量,按式(14-2)计算。

$$De = 2 \times \sqrt{\frac{A}{\pi}} \tag{14-2}$$

式中　De——当量孔径(mm);
　　　A——网孔面积(mm^2)。

14.2.2　力学性能

土工合成材料的力学性能主要包括拉伸性能、剥离力、撕破强力、顶破强力、刺破强力、穿透性能、摩擦性能、抗蠕变性能、抗拉强度等。

1. 拉伸性能

拉伸性能是指材料抵抗拉伸断裂的能力。拉伸性能是评价土工合成材料使用性能及工程设计计算时的最基本技术性能,主要包括宽条拉伸试验、接头/接缝宽条拉伸试验和条带拉伸试验。

(1)宽条拉伸试验。宽条拉伸试验是检测土工织物及其复合材料拉伸性能的主要办法。试验原理是:将标准试样两端用夹具夹住,采用拉伸试验仪按规定施加荷载直至试件拉伸破坏,以拉伸强度和最大负荷下伸长率表示。

拉伸性能是指材料被拉伸直至断裂时每单位宽度的最大抗拉力,按式(14-3)计算。

$$\alpha_f = F_f C \tag{14-3}$$

式中　α_f——拉伸强度(kN/m);
　　　F_f——最大负荷(kN);
　　　C——对于非织造品、高密织物或其他类似材料,$C = 1/B$,B 为试样名义长度(m);对于稀松机织土工织物、土工网、土工格栅或其他类似松散结构材料,$C = N_m/N_s$,N_m 为试样 1 m 宽度内的拉伸单元数,N_s 为试样内的拉伸单元数。

最大负荷下伸长率是指对应于最大拉力时材料的应变量,以百分率表示,按式(14-4)计算。

$$\varepsilon = \frac{\Delta L}{L_0 + L_0'} \times 100 \tag{14-4}$$

式中 ε——伸长率(%)；

L_0——名义夹持长度(mm)；

L_0'——预负荷伸长量(mm)；

ΔL——最大负荷下的伸长量(mm)。

(2)接头/接缝宽条拉伸试验。接头和接缝是整个土工结构中的薄弱点。接头/接缝的强度是整个结构物的强度，直接影响工程的质量和寿命。接头/接缝宽条拉伸试验用于测定土工合成材料接头/接缝的强度和效率。试验原理是：将标准试件两端用夹具夹住，按规定施加荷载直至接头/接缝或材料本身断裂，以接头/接缝强度和接头/接缝效率表示，分别按式(14-5)和式(14-6)计算。

$$S_f = F_f C \tag{14-5}$$

式中 S_f——接头/接缝强度(kN/m)；

式中其他符号意义同前。

$$E = \frac{\overline{S_f}}{\overline{\alpha_f}} \times 100 \tag{14-6}$$

式中 E——接头/接缝效率(%)；

$\overline{S_f}$——平均接头/接缝效率(kN/m)；

$\overline{\alpha_f}$——无接头/接缝材料平均拉伸强度(kN/m)。

(3)条带拉伸试验。条带拉伸试验用于测定土工格栅、土工加筋带及其复合材料的拉伸强度和最大负荷下伸长率。试验原理与接头/接缝宽条拉伸试验相似，只是试件规格、施加荷载略有不同。试验以拉伸强度和最大负荷下伸长率表示，分别按式(14-7)计算。

$$\alpha_f = \frac{fn}{L} \tag{14-7}$$

式中 α_f——拉伸强度(kN/m)；

f——试件的最大拉伸力(kN)；

n——样品宽度上的筋数；

L——样品宽度(m)。

2. 剥离力

剥离力是指各类粘焊土工格栅粘焊点的极限剥离力。剥离力反映了土工格栅粘焊点抵抗剥离的能力，是评价粘焊土工格栅破损扩大程度难易的重要力学指标。剥离力采用剥离试验专用夹具夹持含有粘焊点的试样，试验原理是：采用拉伸试验机按规定的拉伸速率进行拉伸，直至试件粘焊点破坏，如图14-4所示。

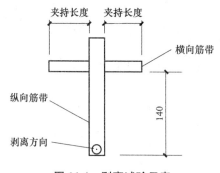

图 14-4 剥离试验示意

3. 撕破强力

撕破强力是指材料受荷载作用直至撕裂破坏时的极限破坏应力。撕破强力反映了土工合成材料抵抗扩大破损裂口的能力,是评价土工织物和土工膜破损扩大程度难易的重要力学指标。撕破强力多采用梯形法测定,试验原理是:将标准试件装入卡具内,采用拉伸试验机按规定施加荷载直至试件撕裂破坏,如图 14-5 所示。

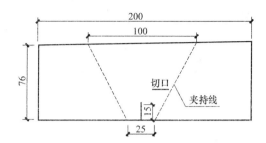

图 14-5 撕破强力梯形试样示意(尺寸单位:mm)

4. 顶破强力

顶破强力是指材料受顶压荷载直至破裂时的最大顶压力。顶破强力反映了土工合成材料抵抗各种法向静态应力的能力,是评价各种土工织物、复合土工织物、土工膜、复合土工膜及其相关的复合材料力学性能的重要指标之一。顶破强力多采用 CBR 顶破试验测定,试验原理是:将标准试件固定在环形顶破夹具中,按规定施加荷载直至试件顶破破坏,如图 14-6 所示。

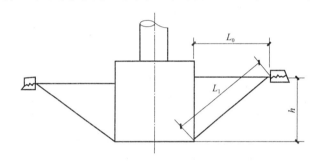

图 14-6 顶破试验示意(尺寸单位:mm)

h—顶压杆位移距离;L_0—试验前夹具内侧到顶压杆顶端边缘的距离;
L_1—试验后夹具内侧到顶压杆顶端边缘的距离

5. 刺破强力

刺破强力是材料受顶刺荷载直至破裂时的最大顶刺压力。刺破强力反映了土工合成材料抵抗小面积集中荷载的能力,是评价各种机织土工织物、非织造土工织物、土工膜和复合土工织物材料强度的力学指标。刺破强力试验原理与 CBR 顶破试验相似,只是在试件制作和施加荷载速率上略有不同,如图 14-7 所示。

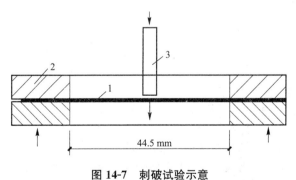

图 14-7 刺破试验示意

1—试样;2—环形夹具;3—$\phi 8$ mm 平头顶杆

6. 穿透性能

穿透性能反映了土工合成材料抵抗冲击和穿透的能力,是评价土工织物抵抗锐利物体穿刺破坏的力学指标。穿透性能采用落锥穿透试验(图 14-8、图 14-9)测定，试验原理是：将标准落锥从规定的高度自由下落冲击刺破试件，再用量锥测定破口尺寸，以破口直径作为最终评价指标。

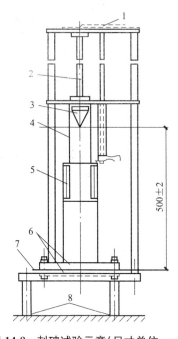
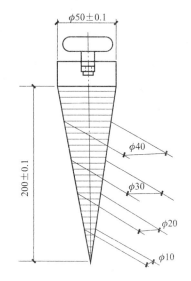

图 14-8　刺破试验示意(尺寸单位：mm)　　图 14-9　量锥示意(尺寸单位：mm)
1—释放系统；2—导杆；3—落锥；4—金属屏蔽；
5—屏蔽；6—夹持环；7—试样；8—水平调节螺钉

7. 摩擦性能

摩擦性能是评价土工合成材料工程结构稳定性的重要指标，摩擦性能试验包括直剪摩擦试验和拉拔摩擦试验。

(1)直剪摩擦试验。直剪摩擦试验是通过模拟土工合成材料与土发生单面位移时的摩擦情况，来评价土工合成材料的摩擦特性。试验原理是：将试件与标准砂制成剪切盒，采用直剪仪按规定分别对其施加不同的水平荷载直至规定剪切强度，检测此时构件的外观状况，以摩擦比表示。摩擦比是指在相同的法向应力下砂土与土工织物间最大剪应力与砂土最大剪应力之比，按式(14-8)计算。

$$f_{g(\delta)}=\frac{\tau_{\max(\delta)}}{\tau_{s,\max(\delta)}} \tag{14-8}$$

式中　$f_{g(\delta)}$——摩擦比；
　　　$\tau_{\max(\delta)}$——在不同法向应力下砂土与土工织物间最大剪应力(kPa)；
　　　$\tau_{s,\max(\delta)}$——在不同法向应力下砂土最大剪应力(kPa)。

(2)拉拔摩擦试验。拉拔摩擦试验是通过模拟土工合成材料与土发生双面位移时的摩擦情况，来计算土工合成材料与现场土石材料的摩擦剪切强度。试验原理是：对拉拔试验箱施加规定的水平荷载直至出现水平应力峰值，以拉拔摩擦系数表示。拉拔摩擦系数是指土与土工合成材料在拉拔试验中测得的剪应力与法向应力的比值，按式(14-9)计算。

$$f=\frac{\tau}{\sigma}=\frac{0.5\dfrac{T_d}{LB}}{\dfrac{P}{A}}=\frac{AT_d}{2LBP} \tag{14-9}$$

式中　f——摩擦系数；
　　　τ——剪应力(kPa)；
　　　σ——法向应力(kPa)；
　　　P, T_d——垂直荷载与水平荷载(kN)；
　　　A——试验箱的水平面积(m^2)；
　　　L, B——织物被埋在土内部分的长度和宽度(m)。

8. 抗蠕变性能

土工合成材料的一个重要特性是：在恒定的荷载下土工合成材料的变形是时间的函数，即表现出明显的蠕变性能。作为加强作用的土工合成材料应具有良好的抗蠕变性能。拉伸蠕变与拉伸蠕变断裂性能试验用于土工合成材料过早损坏或由于蠕变影响了其在结构中的加强作用而可能造成结构塌陷的产品。试验原理是：在规定的温度、湿度环境条件下，将一恒定静荷载施加于试样上并保持1 000 h，连续记录或按规定的时间间隔记录试验的伸长，不足1 000 h试验发生断裂，则记录断裂时间。拉伸蠕变与拉伸蠕变断裂性能试验可测定的试样的拉伸强度、断裂伸长率和横向收缩率。

土工合成材料抗蠕变性能的表示是有一定困难的，目前没有相关的国际标准和国家标准，且拉伸蠕变与拉伸蠕变断裂性能试验时测定的土工合成材料在不受土壤约束条件下的拉伸蠕变性能，其结果不能真实代表土工合成材料在土壤中的蠕变特性，但可用于同一条件下不同产品的性能比较。

9. 抗拉强度

土工合成材料多为高分子聚合物，具有蠕变特性，应用于土木工程中，还会受到紫外线、生物或化学物质的影响，铺设碾压过程也会对其产生损伤，导致其性能降低，因此，设计时需要考虑这些不利因素。路基加筋的土工合成材料，按照式(14-10)确定其设计计算抗拉强度。

$$T_a = \frac{T_{uh}}{RF} = \frac{T_{uh}}{RF_{CR} \cdot RF_D \cdot RF_{1D}} \tag{14-10}$$

式中　T_{uh}——加筋材料的极限抗拉强度，按现行《公路工程土工合成材料试验规程》(JTG E50—2006)试验确定；
　　　RF——总折减系数；
　　　RF_{CR}——蠕变折减系数；
　　　RF_D——考虑微生物、化学、热氧化等影响的老化折减系数；
　　　RF_{1D}——施工损伤折减系数。

14.2.3　水力性能

土工合成材料的水力性能主要包括垂直渗透性能、防渗性能、压屈强度与通水性能、有效孔径和淤堵性能等。

1. 垂直渗透性能

垂直渗透性能试验主要用于土工合成材料的反滤设计，以确定其渗透性能，通常采用垂直渗透系数和透水率表示。垂直渗透性能采用恒水头法测定，试验时将浸泡后除去气泡的标准试件装入渗透仪，按规定的时间向渗透仪通水，然后根据达到规定的最大水头差时的渗透水量和渗透时间确定垂直渗透系数和透水率。垂直渗透系数是指在单位水力梯度下垂直于土工织物平面流动水的流速，按式(14-11)计算；透水率是指垂直于土工织物平面流动的水，在水位差等于1时的渗透流速，按式(14-12)计算。

$$k = \frac{v}{i} = \frac{v\delta}{\Delta h} \tag{14-11}$$

$$\theta = \frac{k}{\delta} = \frac{v}{\Delta h} \tag{14-12}$$

式中　k——实际水温下的垂直渗透系数(mm/s);

　　　v——垂直土工织物平面水的流动速度(mm/s);

　　　i——试件上、下两侧的水力梯度;

　　　δ——试件厚度(mm);

　　　Δh——对试样施加的水头差;

　　　θ——透水率。

2. 防渗性能

防渗性能是指土工膜及其复合材料抵抗水流渗入的能力,是重要的水力性能指标。防渗性能对材料使用寿命和工程质量有重要的影响,常采用耐静水压试验测定。试验时将试样置于规定的测试装置内,对其两侧施加一定水力压差并保持一定时间,逐级增加水力压差,直至样品出现渗水现象,试样能承受的最大水头压差即材料的耐静水压值。也可通过测定要求水力压差下试样是否有渗水现象来判断防渗性能是否满足要求。

3. 压屈强度与通水性能

塑料排水带芯带压屈强度与通水量试验用于测定塑料排水带芯带压屈强度与复合体纵向通水量,适用于各种类型的塑料排水带。

(1)压屈强度。压屈强度试验原理是:将试样放在压力机上,上下垫刚性垫板,对试样施加不同等级的压力并记录各级压力下的压缩量。试样在各级压力下的压缩应变按式(14-13)计算。根据试样的应力-应变曲线,取初始线性段的最大压力值作为芯带的压屈强度。

$$\varepsilon_i = \frac{\Delta h_i}{h_0} \times 100 \tag{14-13}$$

式中　ε_i——第 i 级压力下的压缩应变(%);

　　　Δh_i——第 i 级压力下的压缩变形量(mm);

　　　h_0——试样初始厚度(mm)。

(2)通水性能。通水性能试验采用通水能力测定仪(图14-10、图14-11)进行检测。试验时试样沿排水带长度方向随机裁取两块,试样长度与通水能力测定仪相匹配,在恒压及恒定水力梯度下渗流半小时后测量渗流量,并记录测量时间,此后每隔2 h测量一次,直到前、后两次通水量差小于前次通水量的5%为止,以此作为排水带通水量。排水带通水量按式(14-14)计算。

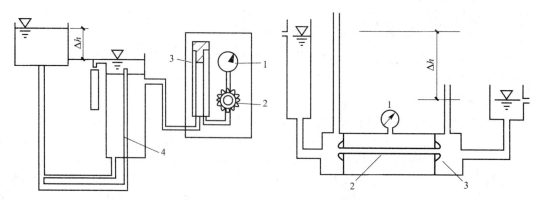

图 14-10　立式通水能力测定仪　　　　图 14-11　卧式通水能力测定仪

1—压力表;2—调压阀;3—体变管;　　　　1—压力表;2—排水带;3—端部密封;

4—排水带;Δh—水位差　　　　　　　　　　　Δh—水位差

$$Q=\frac{W}{ti} \tag{14-14}$$

式中 Q——通水量(cm^3/s)；
W——在 t 时段内通过排水带的水量(cm^3)；
t——通过水量 W 所经历的时间(s)；
i——水力梯度，设定 i 为 0.5。

4. 有效孔径

孔径反映了土工织物的过滤性能和透水性能，是评价材料阻止土颗粒通过能力的重要水力学指标，以有效孔径表示。有效孔径是指能有效通过土工织物的近似最大颗粒直径，采用干筛法测定。试验时用土工织物试样作为筛布，将已知粒径的标准颗粒材料置于其上加以振筛，称量通过质量并按式(14-15)计算过筛率，根据不同粒径标准颗粒试验，绘制出有效孔径分布曲线，以此确定有效孔径。

$$B=\frac{P}{T}\times 100 \tag{14-15}$$

式中 B——标准颗粒材料通过试样过筛率；
P——试样同组粒径过筛量平均值(g)；
T——标准颗粒材料质量(s)。

5. 淤堵性能

淤堵试验适用于土工织物及复合土工织物，以判断土工织物作为某种土的滤层时是否会产生不均匀的淤堵。判断淤堵通常是通过土工织物水流量的减少及进入土工织物土颗粒的增多进行评估。梯度比试验方法具有历时较短、操作简单且比较成熟的优点，在淤堵试验中得到普遍采用。在淤堵试验中，梯度比是指土工织物试样至其上方 25 cm 土样的水力梯度与土工织物上方 25~75 cm 之间土样的水力梯度比值，按式(14-16)计算。不计土工织物厚度时，梯度比按式(14-17)计算。含土量按式(14-18)计算。

$$GR=\frac{\frac{H_{1-2}+\delta}{L_1}}{\frac{H_{2-4}}{L_2}} \tag{14-16}$$

$$GR=\frac{2H_{1-2}}{H_{2-4}} \tag{14-17}$$

$$\mu=\frac{m_1-m_0}{A\delta} \tag{14-18}$$

式中 GR——梯度比；
μ——土工织物单位体积试样的含土量(g/cm^3)；
δ——土工织物厚度(mm)；
H_{1-2}——测压管 1 号与 2 号间的水位差(mm)；
H_{2-4}——测压管 2 号与 4 号间的水位差(mm)；
L_1，L_2——渗径长(mm)；
m_0——试验前土工织物试样质量(g)；
m_1——试验后土工织物试样烘干质量(g)；
A——土工织物试样面积(cm^2)。

14.2.4 耐久性能

耐久性能是指土工合成材料抵抗自然因素长期作用而技术性能不发生大幅度衰退的能力。耐久性能主要包括抗氧化性能、抗酸碱性能和抗紫外线性能等。

1. 抗氧化性能

土工合成材料在工程应用中长时间与氧气接触，因此，抗氧化性能是土工合成材料耐久性能的最重要指标之一。以聚丙烯和聚乙烯为原料的各类土工合成材料（除土工膜外）采用抗氧化性试验测定。试验原理是：将标准试件按要求进行老化处理，然后采用拉伸试验机按规定施加荷载直至试件拉伸破坏，以断裂强力保持率和断裂伸长保持率表示，分别按式（14-19）和式（14-20）计算。

$$R_F = \frac{F_e}{F_c} \times 100 \tag{14-19}$$

$$R_{老化} = \frac{\varepsilon_{老化e}}{\varepsilon_{老化c}} \times 100 \tag{14-20}$$

式中 R_F，$R_{老化}$——断裂强力保持率（%）和断裂伸长保持率（%）；

F_e，$\varepsilon_{老化e}$——老化后平均断裂强力（N）和平均断裂伸长（mm）；

F_c，$\varepsilon_{老化c}$——对照样平均断裂强力（N）和平均断裂伸长（mm）。

2. 抗酸碱性能

抗酸碱性能是土工合成材料抵抗酸、碱溶液侵蚀的能力，采用无机酸（碱）浸泡试验测定。试验时将标准试件按规定在标准无机酸（碱）溶液中浸泡，观察浸泡后的表面性状，测定浸泡后的质量与表面尺寸，并对浸泡后的试件进行横、纵双向拉伸试验，以质量变化率、尺寸变化率、强力保持率和断裂伸长保持率表示，分别按式（14-21）～式（14-24）计算。

$$P_G = \frac{G_e - G_c}{G_0} \times 100 \tag{14-21}$$

$$P_d = \frac{d_e - d_c}{d_0} \times 100 \tag{14-22}$$

$$R_F = \frac{F_e}{F_c} \times 100 \tag{14-23}$$

$$R_{浸\varepsilon} = \frac{\varepsilon_{浸e}}{\varepsilon_{浸c}} \times 100 \tag{14-24}$$

式中 P_G，P_d，R_F，$R_{浸\varepsilon}$——单位面积质量变化率（%）、尺寸变化率（%）、强力保持率（%）和断裂伸长保持率（%）；

G_e，G_c，G_0——浸泡后试样、对照样、浸泡前试样的平均单位面积质量（g/m²）；

d_c，d_e，d_0——浸泡后试样、对照样、浸泡前试样的平均尺寸（mm）；

F_e，F_c——浸泡后试样、对照样的平均断裂强力（N）；

$\varepsilon_{浸e}$，$\varepsilon_{浸c}$——浸泡后试样、对照样的平均断裂伸长（mm）。

3. 抗紫外线性能

抗紫外线性能是指土工合成材料抵抗自然光照等老化因素作用而其性能不发生大幅度衰退的能力，常用炭黑含量来评价和控制材料的该项性能。炭黑是聚烯烃塑料制土工合成材料的重要添加物，有助于屏蔽紫外线防止老化，对防止材料老化起着关键性作用。因此，检验炭黑含量可以间接反映材料的抗紫外线老化性能。炭黑试验原理是：将试样研磨粉碎并称量，按规定对试样进行裂解和煅烧，冷却后称取残留物质量，以炭黑含量和灰分含量表示，分别按式（14-25）和式（14-26）计算。

$$C = \frac{m_2 - m_3}{m_1} \times 100 \tag{14-25}$$

$$C_1 = \frac{m_3 - m}{m_1} \times 100 \tag{14-26}$$

式中 C，C_1——炭黑含量(%)和灰分含量(%)；
　　m_1——试样质量(g)；
　　m_2——样品和试样在550 ℃热解后的质量(g)；
　　m_3——样品和灰分在990 ℃煅烧后的质量(g)；
　　m——样品质量(g)。

任务14.3　土工合成材料的选择及技术要求

土工合成材料种类繁多，在道路工程中有着广泛的应用。在选用时必须明确材料使用目的，充分考虑工程特性，仔细比较材料的特点，统筹分析工程、材料、环境、造价之间的关系，最终确定最佳的材料。

1. 路基加筋

土工合成材料应用于路基加筋，主要作用在于提高路基的稳定性。当路基稳定性不足、需要构筑陡坡以减少占地，以及对路堤边坡进行修复加固、道路加宽、增强重力式挡墙稳定时，可采用土工合成材料进行加筋。

加筋材料宜采用整体性和耐久性好、强度高、变形小的土工格栅、高强度土工织物、土工格室等。这些土工合成材料埋在土体之中，可以有效分布土体应力，增加土体模量，传递拉应力，限制土体的侧向位移，还增加土体和其他材料之间的摩擦阻力，提高土体及有关构筑物的稳定性。

路基加筋工程中对土工合成材料强度影响较大的是蠕变和施工损伤两个因素。应根据所选的加筋材料、所处的环境条件、填料类型、加筋材料所处的应力水平进行相关试验，确定式(14-10)中各折减系数；无条件时根据工程情况，按照表14-2、表14-3取值。

表14-2　路基加筋工程土工合成材料蠕变与老化折减系数(JTG/T D32—2012)

土工合成材料原材料	蠕变折减系数	老化折减系数
聚酯	1.5～2.5	1.1～2.0
聚丙烯	2.0～4.0	
高密度聚乙烯	1.5～3.5	

表14-3　路基加筋工程土工合成材料施工损伤折减系数(JTG/T D32—2012)

土工合成材料类型	细粒土	砂类土	砾类土
土工织物	1.1～1.2	1.1～1.6	1.2～2.0
土工格栅	1.1～1.2	1.1～1.4	1.2～1.6

当所处工作环境对土工合成材料强度有较大影响时，取高值；反之取低值。总折减系数为2.0～5.0。

2. 路基防排水

(1)过滤作用。过滤又称反滤或倒滤，是指土中渗流流入滤层时流体可以通过、土中固体颗粒被截留下来的现象。滤层的作用主要是保护渗透出口处的土体，以防发生渗透变形或颗粒流失所引起的破坏。

荷载、渗流、被保护土质情况等均会对土工织物的过滤性能产生影响。因此，需要保证土工织物性能和结构的稳定，避免由于荷载作用而导致其孔径发生大的变化。

过滤准则很复杂，包括挡土准则、透水准则、淤堵准则。土工织物的选择是在挡土和透水之间寻求合理的平衡，根据材料的应用场合和所起的主要作用有所侧重。在过滤准则中，维持长期的透水性是最困难的，而挡土的要求则容易达到。考虑到过滤准则的复杂性，要求对重要的工程或者结构，根据实际工程情况进行相应的渗透试验、淤堵试验或模型试验选择土工织物。

用于过滤的土工织物，应满足挡土、保持水流畅通（透水）和防止淤堵三个方面的要求。用于包裹碎石盲沟和渗沟的土工织物、处治翻浆冒泥和季节性冻土的土工织物、支挡结构物壁墙后的土工织物、水下坡面防护的土工织物，以及复合排水材料外包的土工织物等应按过滤设计要求进行选择。

用于过滤的土工合成材料宜采用无纺土工织物，强度应符合表14-4的规定，单位面积质量为300~500 g/m²。通常环境下宜采用Ⅱ级，所处环境条件良好时可采用Ⅲ级，遇有冲刷等较恶劣环境条件时应采用Ⅰ级。

表14-4　无纺土工织物强度的基本要求（JTG/T D32—2012）　　　　　　　　　　N

测试项目	Ⅰ级		Ⅱ级		Ⅲ级	
	伸长率<50%	伸长率≥50%	伸长率<50%	伸长率≥50%	伸长率<50%	伸长率≥50%
握持强度	≥1 400	≥900	≥1 100	≥700	≥800	≥500
撕裂强度	≥500	≥350	≥400	≥250	≥300	≥500
CBR顶破强度	≥3 500	≥1 750	≥2 750	≥1 350	≥2 100	≥950

注：表列数字指卷材沿强度最弱方向测试的最低平均值。

在处治翻浆冒泥或季节性冻融翻浆工程中应用土工织物时，应在土工织物上铺设10~20 cm中粗砂保护层，在其下铺设5~10 cm中粗砂垫层，以提高过滤效果。

(2)排水作用。排水是指其在土体中形成排水通道，将土中的水分汇集起来，沿着材料平面排出体外。

排水体的断面尺寸应根据排水需求、土工合成材料的排水能力，以及与其配合的其他排水材料的排水能力综合确定，在实际荷载作用下，土工合成材料排水截面最大压缩率应小于15%。用于排水的土工合成材料可采用排水板（带）、透水软管、透水硬管、长丝热粘排水体或其他土工合成材料，其强度应符合表14-4的规定。

(3)防渗作用。防渗可选用土工膜、复合土工膜、土工织物膨润土垫（GCL）及复合防水材料等。土工膜、一布一膜或两布一膜均可满足防渗需求。从实际工程效果看，两布一膜对膜的保护性较好，还有一定的排水、排气作用。

土工合成材料可用于公路中央分隔带防渗、路肩底部防渗、排水结构防渗、坡面防渗等。用于中央分隔带防渗时，应铺设于中央分隔带沟槽底部，并宜在中央分隔带护栏立柱搭设后铺设，以免遭到破坏；用于排水结构内部和侧边防渗时，应铺设于靠近路基侧或排水结构下侧位置；用于土路肩底部防渗时，应铺设于土路肩底部，当土路肩外侧有挡土结构时，应预留排水出口。

3.路基防护

防护作用是指利用土工合成材料的渗滤、排水、加筋、隔离等功能控制自然界和土建工程的侵蚀现象。土工合成材料因具有质量轻、强度高、耐磨防腐等优点而逐渐取代了传统方法，广泛应用于防护工程中。道路工程中的防护主要包括坡面防护与路基冲刷防护。前者用于防护自然因素影响而破坏的土质或岩石边坡,后者用于防护水流对路基的冲刷与淘刷。

土工合成材料可单独用于坡面生态防护,也可与钢筋混凝土框架或浆砌片石骨架共同进行坡面防护。坡面防护采用三维土工网、平面土工网、土工格栅、土工格室、植生袋,可用于坡率不陡于1∶0.75的土质边坡和强风化石质边坡,其材料性能应满足表14-5~表14-7的要求。土工格栅喷射混凝土边坡防护可用于坡率为1∶0.2~1∶1.0的强风化和中等风化、节理裂隙发育、破碎结构的岩质、低等级公路边坡,其材料性能应满足表14-8的要求。

表14-5　坡面生态防护三维土工网性能要求(JTG/T D32—2012)

单位面积质量/(g·m^{-2})	厚度/mm	极限抗拉强度/(kN·m^{-1})	
		纵向	横向
≥400	≥16	≥3.2	≥3.2

表14-6　坡面生态防护土工格室片材性能要求(JTG/T D32—2012)

项目	聚丙烯材料	聚乙烯材料
环境应力开裂 F_{50}/h	—	≥1 000
低温脆化温度/℃	≤−23	≤−50
维卡软化温度/℃	≥142	≥112
氧化诱导时间/min	≥20	≥20

表14-7　坡面生态防护土工格室性能要求(JTG/T D32—2012)

项目		聚丙烯土工格室	聚乙烯土工格室
外观		格室片应平整、无气泡、无沟痕	
格室片的极限抗拉强度/MPa		≥23	≥20
焊接处极限抗拉强度/(kN·m^{-1})		≥20	≥20
格室组间连接处抗拉强度	格室片边缘/(kN·m^{-1})	≥20	≥20
	格室片中间/(kN·m^{-1})	≥20	≥20

表14-8　土工格栅喷射混凝土坡面防护材料性能要求(JTG/T D32—2012)

材料	要求
土工格栅	双向拉伸格栅,网孔孔径不小于40 mm,极限抗拉强度不小于30 kN/m
喷射混凝土	C20~C30混凝土,并加入速凝剂
锚杆	HRB335钢筋,直径16~22 mm

沿河和沿海岸路基冲刷防护可采用土工织物软体沉排、土工模袋等。土工织物软体沉排是在土工织物上以块石或预制混凝土块体为压重的护坡结构,可采用单片垫和双片垫两种结构形式,可用于水下工程及预计可能发生冲刷的路基坡面。常用的软体沉排有砂肋软体排、混凝土联锁块软体排、砂肋软体排与混凝土联锁块软体排相结合的混合软体排等。土工模袋是一种双层织物袋,袋中填充流动性混凝土、水泥砂浆和稀石混凝土,凝固后形成高强度和高刚度的硬结板块。土工模袋有反滤排水点的模袋、无反滤排水点的模袋等,应根据工程要求和当地土质、

地形、水文、经济与施工条件等进行模袋的选型。土工模袋应满足表14-9的要求。

表14-9　土工模袋材料要求（JTG/T D32—2012）

强度/N	渗透系数（10^{-3} cm/s）	等效孔径/mm	延伸率/%
≥1 500	0.86～10.0	0.07～0.15	≤15

4. 路基不均匀沉降防治

土工合成材料防治路基不均匀沉降可用于路基填挖交界处、高填方路堤与陡坡路堤、软土地基路堤、软土地基不同处理方式交界处、改扩建公路新老路结合处，以及路基于桥台构造物结合处等路段。

采用土工合成材料防治路基不均匀沉降时应先做好地基处理，根据公路等级、荷载条件、处治部位、地基条件、路基断面形式与桥台形式，以及路基沉降变形情况选择合适的土工合成材料。防治路基不均匀沉降宜采用整体性和耐久性好、强度高、变形小的双向或三向土工格栅、高强度土工织物、土工格室等土工合成材料。需要减轻路基自重时，可采用EPS块等轻质材料。土工合成材料性能应满足表14-10的要求。

表14-10　防治路基不均匀沉降土工合成材料要求（JTG/T D32—2012）

材料	要求
土工格栅、高强度土工织物	极限抗拉强度≥50 kN/m，2%伸长率时的抗拉强度≥20 kN/m
EPS块	密度为20～30 kg/m³，抗压强度≥100 kPa
土工格室	格室片极限抗拉强度≥20 MPa，焊接处极限抗拉强度≥20 kN/m，高度≥10 cm；宜用于软弱地基顶部形成垫层

5. 路面裂缝防治

土工合成材料可用于减少或延缓由旧路面裂缝对沥青加铺层的反射裂缝，或半刚性基层、刚性基层裂缝对沥青面层的反射裂缝。用于防治反射裂缝时宜铺设于旧沥青路面、旧水泥混凝土路面沥青加铺层的底面或新建半刚性、刚性基层沥青路面的沥青层底面。应用于沥青路面裂缝防治的土工合成材料可采用玻璃纤维格栅、聚酯玻纤无纺土工织物、长丝纺粘针刺非织造土工织物、聚丙烯非织造纺土工织物等，其技术指标应满足表14-11～表14-14的规定。

表14-11　用于路面裂缝防治的玻璃纤维格栅要求（JTG/T D32—2012）

技术指标	技术要求
原材料	无碱玻璃纤维、碱金属氧化物含量应不大于0.8%
网孔形状与尺寸	矩形，孔径宜为其上铺筑的沥青面层材料最大粒径的0.5～1.0倍
极限抗拉强度	≥50 kN/m
极限伸长率	≤4%
热老化后断裂强度	经170 ℃、1 h热处理后，其经向和纬向拉伸断裂强度应不小于原强度的90%

表14-12　用于路面裂缝防治的聚酯玻纤无纺土工织物技术要求（JTG/T D32—2012）

单位面积质量	抗拉强度	极限抗拉强度纵横比	极限延伸率（纵、横向）	CBR顶破强度
125～200 g/m²	≥8.0 kN/m	1.00～1.20	≤5%	≥0.55 kN

表 14-13　用于路面裂缝防治的长丝纺粘针刺非织造土工织物技术要求(JTG/T D32—2012)

单位面积质量	极限抗拉强度	CBR 顶破强度	纵、横向撕破强度	沥青浸油量
≤200 kg/m²	≥7.5 kN/m	≥1.4 kN	≥0.21 kN	≥1.2 kg/m²

表 14-14　用于路面裂缝防治的聚丙烯非织造纺土工织物技术要求(JTG/T D32—2012)

单位面积质量	抗拉强度	极限抗拉强度纵横比	极限延伸率(纵、横向)	CBR 顶破强度	沥青浸油量
120～160 g/m²	≥9.0 kN/m	≥0.80	≤40%	≥2 kN	≥1.2 kg/m²

复习思考题

1. 土工合成材料应具备哪些性质？采用什么指标来反映这些性质？
2. 土工合成材料有哪些用途？

项目 15　高分子聚合物

学习目标

1. 了解聚合物的基本知识。
2. 掌握合成橡胶、合成纤维及塑料的组成和分类。
3. 掌握常用高分子材料在道路工程中的用途。

任务描述

通过学习，了解工程聚合物材料的基本概念、常用工程聚合物（合成橡胶、合成纤维及塑料）的性能及其在道路工程中的应用。

学习引导

本项目沿着以下脉络进行学习：

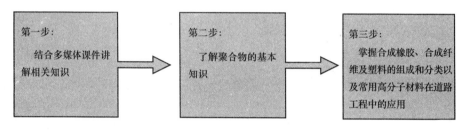

任务 15.1　聚合物概述

15.1.1　聚合物材料的组成

聚合物是由千万个低分子化合物通过聚合反应连接而成，因而又称为高分子化合物或高聚物。聚合物有天然聚合物和合成聚合物两类。从自然界直接得到的聚合物称为天然高分子聚合物，如淀粉、蛋白质、纤维素和天然橡胶等；而由人工用单体制造的高分子化合物称为合成聚合物或合成高分子聚合物。

聚合物的相对分子质量一般都很大，为 $10^3 \sim 10^7$，但其化学组成比较简单，合成聚合物一般均由一种或几种简单的化合物聚合而成，如聚乙烯由聚氯乙烯聚合而成。其聚合过程可以用下列化学反应式表示：

$$n\text{CH}_2=\underset{\underset{\text{Cl}}{|}}{\text{CH}} \xrightarrow{\text{加聚}} \qquad (15\text{-}1)$$

从式(15-1)中可以看出，聚合物是由许多相同结构单元重复组成的，聚氯乙烯高分子聚合物是由许多氯乙烯小分子打开双链聚合而成。这种组成聚合物的低分子物质称为单位，氯乙烯即聚氯乙烯的单位。聚合物是由这些单体通过化学键之间相互作用力聚集而成的。

组成聚合物的相同结构单元称为链节。一个聚合物中链节的数目为聚合度，用 n 表示。例如，式(15-1)中的聚氯乙烯单体氯乙烯，链节为

$$n\text{CH}_2=\underset{\underset{\text{Cl}}{|}}{\text{CH}} \xrightarrow{\text{加聚}} {\left[\text{CH}_2-\underset{\underset{\text{Cl}}{|}}{\text{CH}}\right]}_n \qquad (15\text{-}2)$$

聚合度 n 为 300～2 500，相对分子质量为 2×10^4～16×10^4。

15.1.2 聚合物的结构特征

聚合物的各种性能主要由其结构决定，按聚合物分子链的连接方式，聚合物可分为线形、支化和交联聚合物，其结构如图 15-1 所示。

聚合物中最简单的链是"一维"的线形链形大分子。支链有长支链、短支链、树枝状支链等。支化高分子和线形高分子一样，加热仍能塑化、熔融，仍具热塑性，能溶于适当的溶液剂。

高分子链之间通过支链联结成三维网状体型分子，称之为交联结构。交联高分子与线形支化高分子有质的区别，它不能再溶于溶剂，加热也不熔融。当然，交联程度低的高分子在溶剂中仍能溶胀，加热也可能软化(但不熔融)。一些热固性塑料是高度交联的聚合物，具有刚性和高度良好的尺寸稳定性。用作橡胶的聚合物，如天然橡胶、丁苯、顺丁橡胶等，在加工成制品时，必须使之有适度的交联(硫化)，从而可以获得和保持良好的弹性。

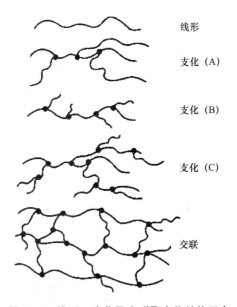

图 15-1　线形、支化及交联聚合物结构示意

15.1.3 聚合物材料的分类与命名

1. 分类

聚合物可以从不同的角度来分类，如从单体来源、合成方法、最终用途、加热行为、聚合物结构等。

(1)按分子主链的元素结构，聚合物可分为碳链、杂链和元素有机三类。

1)碳链聚合物：大分子主链完全由碳原子组成。绝大部分烯类和二烯类聚合物属于这一类，如聚乙烯、聚苯乙烯、聚氯乙烯等。

2)杂链聚合物：大分子主链中除碳原子外，还有氧、氮、硫等杂原子，如聚醚、聚酯、聚酰胺、聚氨酯、聚硫橡胶等。工程塑料、合成纤维、耐热聚合物大多是杂链聚合物。

3)元素有机聚合物：大分子主链中没有碳原子，主要由硅、硼、铝和氧、氮、硫、磷等原子组成，但侧基由有机基团组成，如甲基、乙基、乙烯基等。有机硅橡胶就是典型的例子。

元素有机又称杂链的半有机高分子，如果主链和侧基均无碳原子，则称为无机高分子。

(2)按材料的性质和用途分类，高聚物可分为塑料、橡胶和纤维。

2. 命名

(1)根据单位的名称。以形成聚合物的单体作为基础，在单体名称之前加"聚"字而命名，如聚乙烯、聚丙烯、聚氯乙烯等。如单体有两种或两种以上时，常将单体的名称(或其缩写)写在前面，在其后按用途加"树脂"或"橡胶"名称，如苯酚甲醛树脂(简称酚醛树脂)、丁苯橡胶(由丁二烯和苯乙烯聚合而成)、ABS树脂(由丙烯腈、丁二烯和苯乙烯共聚而成)等。

(2)习惯上的命名或商品名称。一些聚合物常采用习惯命名或商品名称，如聚己二酰己二胺，习惯上称为聚酰胺66，商品名称为尼龙66；聚甲基丙烯酸甲酯，商品名称为有机玻璃。为简化起见，聚合物也常以英文名称的缩写符号表示，如聚乙烯的英文名称为Polyethylene，缩写为PE；聚甲基丙烯酸甲酯的英文缩写为PMMA等。

15.1.4 聚合物的合成

聚合物的合成反应主要有加成聚合反应与缩合聚合反应两种。

1. 加成聚合反应

加成聚合反应又称加聚反应，是由不饱和低分子化合物相互加成或由环状化合物开环连接成大分子的反应过程。按照加聚反应的单体种类，加聚反应可分为均聚合和共聚合。

(1)均聚合。由一种单体进行聚合反应称为均聚合。其产品称为均聚物，其分子链通常为线性结构。乙烯单体由加聚反应生成聚乙烯的过程用式(15-3)表示。

$$n\text{CH}=\text{CH}_2 \xrightarrow{\text{聚合}} [\text{CH}-\text{CH}_2]_n \quad (15\text{-}3)$$

乙烯单体　　　　　聚乙烯

其他如聚氯乙烯、聚丙烯、聚苯乙烯、聚四氟乙烯等都是均聚物。均聚物的技术性能往往较为局限，不能满足众多使用要求。

(2)共聚合。由两种或两种以上单体进行的加聚反应称为共聚合。其产品称为共聚物，如丁二烯与丙烯腈橡胶。丁二烯与苯乙烯共聚可生产丁二烯与苯乙烯的嵌段共聚物，简写为SBS，是一种热塑性丁苯橡胶。其结构式可分为线形和星形两种。

$$\text{线形：}(\text{CH}_2-\underset{\underset{\text{C}_6\text{H}_5}{|}}{\text{CH}})_n(\text{CH}_2-\text{CH}=\text{CH}-\text{CH}_2)_m(\text{CH}_2-\underset{\underset{\text{C}_6\text{H}_5}{|}}{\text{CH}})$$

$$\text{星形：}[(\text{CH}_2-\underset{\underset{\text{C}_6\text{H}_5}{|}}{\text{CH}})_n(\text{CH}_2-\text{CH}=\text{CH}-\text{CH}_2)_m]_4\text{Si} \quad (15\text{-}4)$$

经共聚反应得到的共聚物不是各种单体均聚物的混合物，而是在大分子主链中包含两种或两种以上单体构成链节的新型聚合物，犹如"合金"，可以吸取各种单体均聚物的特性，具有良好的综合性能。

以A、B表示两种不同的单体作为原料，根据单体链节在大分子链中的排列方式，加聚反应可以生成为五种共聚物，见表15-1。

表15-1 加聚反应生产聚合物的单体排列方式

聚合物		链节单元排列通式	聚合物品种
均聚物		…—A—A—A—A—A…	聚乙烯、聚苯乙烯等
共聚物	无规共聚物	…—A—A—B—A—B—B—B…	氯乙烯、乙烯乙酸酯共聚物
	交替共聚物	…—A—B—A—B—A—B—A—B…	顺丁烯二酸酐与1,2—二苯乙烯共聚形成交替共聚物

续表

聚合物		链节单元排列通式	聚合物品种
共聚物	嵌段共聚物	...—A—A—A—A— B—B—B—B—A—A—A—A...	苯乙烯、丁二烯嵌段共聚物
	接枝共聚物	B—B—B—B— ...—A—A—A—A...—A—A—A—... B—B—B—B—B	天然橡胶接枝苯乙烯共聚物

2. 缩合聚合反应

缩合聚合反应又称缩聚反应，是由两个或两个以上官能团的低分子化合物如羟基、羧基等，通过多次缩合反应最后形成高聚物，同时析出低分子化合物（如水、氨、醇、氯化氢等）副产品的过程。缩聚反应的产物称为缩聚物。例如，聚酰胺的缩聚反应过程如式(15-5)所示。

$$n\text{NH}_2(\text{CH}_2)_5\text{COOH} \xrightarrow{\text{均缩聚}} \text{H}[\text{NH}_2(\text{CH}_2)_5\text{CO}]_n\text{OH} + (n-1)\text{H}_2\text{O} \quad (15\text{-}5)$$

  氨基乙酸   聚酰胺   水
  （单体）   （缩聚物）   （低分子化合物）

在缩聚反应中，聚合物的分子量随反应时间的延长而增加，其相对分子质量不再像加聚物那样是相对分子质量的整数倍，分散性较大，但一般不超过 3×10^4。采用缩聚方法生产的高分子化合物有涤纶、环氧树脂、脲酸树脂、酚醛树脂等。

任务 15.2　常用的工程聚合物

在土木工程中常用的工程聚合物主要包括合成橡胶、合成纤维、塑料及胶结剂等。

15.2.1　合成橡胶

合成橡胶是以石油、天然气为原料，以二烯烃和烯烃为单体聚合而成的高分子物质。合成橡胶中有少数品种的性能与天然橡胶相似，大多数与天然橡胶不同，但两者都是高弹性高分子材料，一般均需要经过硫化和加工之后才具有使用价值。

1. 合成橡胶的分类

（1）按成品状态分类，合成橡胶可分为液体橡胶（如端羟基聚丁二烯）、固体橡胶、乳胶和粉末橡胶等。

（2）按橡胶制品形成过程分类，合成橡胶可分为热塑性橡胶（如可反复加工成型的三嵌段热塑性丁苯橡胶）、硫化型橡胶（需要经过硫化才能制得成品，大多数合成橡胶属此类）。

（3）按生胶充填的其他非橡胶成分分类，合成橡胶可分为充油母胶、充炭黑母胶和充木质素母胶。

（4）实际应用中按使用特性分类，合成橡胶可分为通用型橡胶和特种橡胶两大类。

1）通用型橡胶只可以部分或全部代替天然橡胶使用的橡胶，如丁苯橡胶、异戊橡胶、顺丁橡胶等，主要用于制造各种轮胎及一般工业橡胶制品。通用型橡胶的需求量大，是合成橡胶的主要品种。

2）特种橡胶是指具有耐高温、耐油、耐臭氧、耐老化和高气密性等特点的橡胶。特种橡胶常用的有硅橡胶、各种氟橡胶、聚硫橡胶、氯醇橡胶、丁腈橡胶、聚丙烯酸酯橡胶和丁基橡胶等。其主要应用于要求某种特性的特殊场合。

2. 合成橡胶的生产

合成橡胶的生产工艺大致可分为单体的合成和精制、聚合过程及橡胶后处理三部分。合成橡胶的基本原料是单体，精制常用的方法有精馏、洗涤、干燥等。聚合过程是单体在引发剂和催化剂作用下进行聚合反应生成聚合物的过程。合成橡胶的聚合工艺主要应用乳液聚合法和溶液聚合法两种。目前，采用乳液聚合的有丁苯橡胶、异戊橡胶、丁丙橡胶、丁基橡胶等。后处理是使聚合反应后的物料（胶乳或胶液），经脱除未反应单体、凝聚、脱水、干燥和包装等步骤，最后制得成品橡胶的过程。乳液聚合的凝聚工艺主要采用加电解质或高分子凝聚剂，破坏乳液使胶粒析出。溶液聚合的凝聚工艺以热水凝析为主。凝聚后析出的胶粒，含有大量的水，需脱水、干燥。

常用橡胶材料的性能与用途见表15-2。

表 15-2　常用橡胶材料的性能与用途

品种	代号	来源	特性		用途
天然橡胶	NR	天然	弹性高、抗撕裂性能优良、加工性能好，易与其他材料相混合，耐磨性良好	耐油、耐溶剂性差，易老化，不适用于100 ℃以上环境	轮胎、通用制品
丁苯橡胶	SBR	丁二烯苯乙烯共聚	与天然橡胶性能接近，耐磨性突出，耐热性、耐老化性较好	生胶强度低，加工性能较天然橡胶差	轮胎、胶板、胶布、通用制品
丁腈橡胶	NBR	丁二烯与丙烯腈聚合	耐油、耐热性好，气密性与耐水性良好	耐寒性、耐臭氧性较差，加工性差	输油管、耐油密封垫圈及一般制品
氯丁橡胶	CR	由氯丁二烯以乳液聚合制成	物理、力学性能良好，耐油耐溶剂性和耐候性良好	电绝缘性差，加工时易粘辊，相对成本高	胶管、胶带、胶粘剂、一般制品
顺丁橡胶	BR	丁二烯定向共聚	弹性性能最优，耐寒、耐磨性好	抗拉强度低，粘结性差	橡胶弹簧、橡胶减震垫
丁基橡胶	HR	异丁烯与少量异戊二烯共聚	气密性、耐老化性和耐热性最好，耐酸耐碱性良好	弹性大，加工性能差，耐光老化性差	内胎、外胎、化工衬里及防震制品
乙丙橡胶	EPDM	乙烯丙烯二元共聚物	耐热性突出，耐候性、耐臭氧性好，耐极性溶剂和无机介质	硫化慢、粘着性差	散热胶管、胶带、汽车配件及其他工业制品
硅橡胶	SI	硅氧烷聚合	耐高温及低温性突出，化学惰性大，电绝缘性优良	机械强度较低、价格较贵	耐高低温制品，印模材料
聚氨酯橡胶	UR	—	耐磨性高于其他各类橡胶、抗拉强度最高，耐油性优良	耐水、耐酸碱性差，高温性能差	胶轮、实心轮胎、齿轮带及耐磨制品

15.2.2 合成纤维

1. 纤维的分类

纤维通常是线性结晶聚合物，平均分子量较橡胶和塑料低。纤维大体可分为天然纤维、人造纤维和合成纤维。

(1)天然纤维是自然生长或形成的纤维，包括植物纤维(天然纤维素纤维)、动物纤维(天然蛋白质纤维)和矿物纤维。

(2)人造纤维是利用自然界的天然高分子化合物——纤维素或蛋白质作原料，经过一系列的化学处理与机械加工而制成类似棉花、羊毛、蚕丝一样能够用来纺织的纤维，如人造棉、人造丝等。

(3)合成纤维的化学组成和天然纤维完全不同，是从一些本身不含有纤维素或蛋白质的物质，如石油、煤、天然气、石灰石或农副产品中，加工提炼出来的有机物质，再用化学合成与机械加工的方法制成的纤维。合成纤维主要有聚酰胺纤维(锦纶)、聚丙烯腈纤维(腈纶)、聚酯纤维(涤纶)、聚丙烯纤维(丙纶)、聚乙烯醇缩甲醛纤维(维纶)，以及特种纤维(耐腐蚀纤维、耐高温纤维，高强度、高模量纤维，以及难燃纤维、弹性体纤维、功能纤维等)。

2. 合成纤维的生产与特征

相对于各种天然纤维和人造纤维，合成纤维具有强度高、密度小、弹性好、耐磨、耐酸碱和不霉、不蛀等优越性能。因此，在道路、建筑等土木工程中，合成纤维的应用越来越多。

合成纤维是由有机化合物单体制备与聚合、纺丝和后加工三个环节完成的。合成纤维的原料是以有机高分子化合物为主要成分，并添加了提高纤维加工和使用性能的某些助剂，如二氧化钛、油剂、染料和抗氧化剂等，制成成纤高聚物。

成纤高聚物的熔体或浓溶液，用纺丝泵连续、定量而均匀地从喷头的毛细孔中挤出，成为液态细流，再在空气、水或特定的凝固液中固化成初生纤维的过程称为纤维成型或纺丝。纺丝的方法主要有熔体纺丝法和溶液纺丝法两大类。其中，溶液纺丝法又可分为湿法纺丝和干法纺丝。纺丝成型后得到的初生纤维结构还不完善，物理机械性能较差，必须经过一系列的后加工，主要是拉伸和热定型工序，使其性能得到提高和稳定。主要合成纤维性能见表15-3。

表15-3 主要合成纤维性能

化学名称	商品名称	特性
聚酯纤维	涤纶(的确良)	弹性好，弹性模量大，不易变形，强度高，抗冲击性能好，耐磨性、耐光性、化学稳定性及绝缘性均较好
聚酰胺纤维	锦纶(人造毛)	质轻、强度高，抗拉强度好，耐磨性好，弹性模量低
聚丙烯腈纤维	腈纶(奥纶)	质轻、柔软、不霉蛀、弹性好，吸湿性小，耐磨性差
聚乙烯醇	维纶、维尼纶	吸湿性好，强度较好，不霉蛀，弹性差
聚丙烯	丙纶	质轻、强度大，相对密度小，耐磨性优良
聚氯乙烯	氯纶	化学稳定性好，耐酸、碱、弹性、耐磨性均好，耐热性差；可用作纤维增强材料，配制纤维混凝土，具有较高的抗冲击性能，也可作为防护构件用

15.2.3 塑料

塑料是以合成或天然聚合物为主要成分，辅以填充剂、增塑剂和其他助剂，在一定温度和压力下加工成型的材料或制品。其中的聚合物常称为树脂,可分为晶态和非晶态。塑料的行为介于纤维和橡胶之间,有很广的范围:软塑料接近橡胶,硬塑料接近纤维。

1. 塑料的组成

塑料是由许多材料配制而成的,高分子聚合物(或称合成树脂)是塑料的主要成分。另外,为了改进塑料的性能,还要在聚合物中添加各种辅助材料,如填料、增塑剂、稳定剂、着色剂、润滑剂等。

(1)合成树脂。合成树脂是塑料的主要成分,其在塑料中的含量一般为40%~100%。由于含量大,合成树脂的性质常常决定了塑料的性质。塑料除极少一部分含100%的树脂外,绝大多数的塑料,还需要加入其他物质。

(2)填料。填料又称填充剂,可以提高塑料的强度和耐热性能,并降低成本。填料可分为有机填料和无机填料两类。前者如木粉、碎布、纸张和各种织物纤维等,后者如玻璃纤维、硅藻土、石棉、炭黑等。

(3)增塑剂。增塑剂可增加塑料的可塑性和柔软性,降低脆性,使塑料易于加工成型。增塑剂一般是能与树脂混溶,无毒、无臭,对光、热稳定的高沸点有机化合物,最常用的是邻苯二甲酸酯类。

(4)稳定剂。为了防止合成树脂在加工和使用过程中受光和热的作用分解和破坏,延长使用寿命,要在塑料中加入稳定剂。常用的稳定剂有硬脂酸盐、环氧树脂等。

(5)着色剂。着色剂可使塑料具有各种鲜艳的颜色,常用有机染料和无机颜料作为着色剂。

(6)润滑剂。润滑剂的作用是防止塑料在成型时不粘在金属模具上,同时可使塑料的表面光滑美观。常用的润滑剂有硬脂酸和钙镁盐等。

(7)抗氧剂。抗氧剂的作用是防止塑料在加热成型或在高温使用过程中受热氧化,而使塑料变黄、发裂等。

除上述助剂外,塑料中还可加入阻燃剂、发泡剂、抗静电剂等,以满足不同的使用要求。

2. 塑料的分类

(1)按使用特性分类。根据各种塑料不同的使用特性,通常可将塑料分为通用塑料、工程塑料和特种塑料三种类型。

1)通用塑料一般是指产量大、用途广、成型性好、价格便宜的塑料。通用塑料有五大品种,即聚乙烯(PE)、聚丙烯(PP)、聚氯乙烯(PVC)、聚苯乙烯(PS)及 ABS,都是热塑性塑料。

2)工程塑料一般是指能承受一定外力作用,具有良好的机械性能和耐高、低温性能、尺寸稳定性较好,可以用作工程结构的塑料,如聚酰胺、聚砜等。

3)特种塑料一般是指具有特种功能,可用于航空、航天等特殊应用领域的塑料,如氟塑料和有机硅具有突出的耐高温、自润滑等特殊功用,增强塑料和泡沫塑料具有高强度、高缓冲性等特殊性能。这些塑料都属于特种塑料的范畴。

(2)按理化特性分类。根据各种塑料不同的物理化特性,可将塑料分为热塑性塑料和热固性塑料两种类型。

1)热塑性塑料是指在特定温度范围内能反复加热软化和冷却硬化的塑料,如聚乙烯、聚四氟乙烯等。热塑性塑料又可分为烃类、含极性基因的乙烯基类、工程类、纤维素类等多种类型。热塑性塑料受热时变软,冷却时变硬,能反复软化和硬化并保持一定的形状,可溶于一定的溶剂,具有可熔的性质。热塑性塑料具有优良的电绝缘性,特别是聚四氟乙烯(PTFE)、聚苯乙烯(PS)、聚乙烯(PE)、聚丙烯(PP)都具有极低的介电常数和介质损耗,适合作高频和高电压绝缘材料。

2)热固性塑料是指在受热或其他条件下能固化或具有不溶(熔)特性的塑料,如酚醛塑料、环氧塑料等。热固性塑料又可分为甲醛交联型和其他交联型两种类型。热加工成型后形成具有不熔的固化物,其树脂分子由线形结构交联成网状结构;再加热则会分解破坏。典型的热固性塑料有酚醛、环氧、氨基、不饱和聚酯、呋喃、聚硅醚等材料,还有较新的聚苯二甲酸二丙烯酯塑料等。它们具有耐热性高、受热不易变形等优点;缺点是机械强度一般不高,但可以通过添加填料,制成层压材料或模压材料来提高其机械强度。

15.2.4 塑料-橡胶共聚物

随着聚合物工业的发展,无论是成分还是形状,橡胶与塑料的区别已不是很明显了。例如,将聚乙烯氯化可以得到氯化聚乙烯橡胶(CPE),即氯原子部分置换聚乙烯大分子链上氢原子的产物。随着氯含量的增加,氯化聚乙烯柔韧性增加而呈现橡胶的特性。ABS树脂在光、氧作用下容易老化,为了克服这一缺点,将氯化聚乙烯与苯乙烯和丙烯腈进行接枝,可制得耐候性ACS树脂。高冲击聚苯乙烯树脂是由顺丁橡胶(早期为丁苯橡胶)与苯乙烯接枝共聚而成的,故也称接枝型抗冲击聚苯乙烯(HIPS)。该产品韧性较高,抗冲击强度较普通聚苯乙烯提高7倍以上。苯乙烯-丁二烯-苯乙烯嵌段共聚物(简称SBS)是苯乙烯嵌段共聚物,兼具塑料和橡胶的特性,具有弹性好、抗拉强度高、低温变形能力好等优点。SBS是较佳的沥青改性剂,可综合提高沥青的高温稳定性和低温抗裂性。常用塑料的特性与用途见表15-4。

表15-4 常用塑料的特性与用途

合成树脂名称	代号	合成方法	特性与用途
聚乙烯	PE	乙烯单体加聚而成,按合成方法的不同,有高压、中压和低压之分	强度高、延伸率大、耐寒性好,电绝缘,但耐热性差。主要用于制造薄膜、结构材料、配制涂料、油漆等
聚丙烯	PP	丙烯单体加聚而成	密度低,强度、耐热性比PE好,延伸率、耐寒性较好。主要用于生产薄膜、纤维、管道
聚氯乙烯	pvc	氯乙烯单体加聚而成	较高的力学性能、化学稳定性好,但变形能力低、耐寒性差。用于制造建筑配件、管道及防水材料等
聚苯乙烯	PS	苯乙烯加聚而成	质轻、耐水、耐腐蚀、不耐冲击、性脆。用于制作板材和泡沫塑料
乙烯-乙酸乙烯酯共聚物	EVA	乙烯和醋酸乙烯共聚而成	具有优良的韧性、弹性和柔软性,并具有一定的刚度、耐磨性和抗冲击性。用于胶粘剂、涂料等
聚甲基丙烯酸甲酯	PMMA	甲基丙烯酸甲酯加聚而成	透明度高,低温时具有较高的冲击强度,坚韧、有弹性。主要用于生产有机玻璃
酚醛树脂	PF	由苯酚和甲醛缩聚而成,两者比例及催化剂种类不同时,可得到热塑性及热固性品种	耐热、耐化学腐蚀、电绝缘。较脆,对纤维的胶合能力强。不能单独作为塑料使用

续表

合成树脂名称	代号	合成方法	特性与用途
环氧树脂	EP	两个或两个以上环氧基团交联而成	粘结性和力学性能优良，耐碱性良好，电绝缘性能好，固化收缩率低。可生产玻璃钢、胶结剂和涂料
聚酰胺	PA	由己内酰胺加聚而成	质轻、良好的机械性能和耐磨性、耐油，但不耐酸和强碱。大量用于制造机械零件
有机硅树脂	SI	二氯二甲基硅烷水解缩一线型；二氯二甲基硅烷与三氯甲基硅烷水解一体型	耐高温、耐寒、耐腐蚀、电绝缘性好、耐水性好。用于制作高级绝缘材料、防水材料等
ABS塑料	ABS	丙烯腈、丁二烯和苯乙烯共聚	高强、耐热、耐油、弹性好、抗冲击、电绝缘，但不耐高温、不透明。用于制作装饰板材、家具等
聚碳酸酯	PC	双酚A($2, 2'$-双丙烷)缩聚而成	透明度极高、耐冲击、耐热、耐油等，耐磨性差。用于制造电容器、录音带等

任务15.3 高分子聚合物在道路工程中的应用

随着有机高分子材料品种的不断增加、性能的不断改善，高分子聚合物所使用的领域更加广泛，在土木建筑、道路工程中现已得到大量的应用。在道路工程中应用最多的聚合物是改性沥青，它可用以改善水泥混凝土性能或制作聚合物混凝土，还可作为胶结和嵌缝密封材料，以及用于加强土基、路基和路面基层的聚合物土工格栅材料等。聚合物改性沥青已在本书相关项目中予以介绍。

15.3.1 聚合物混凝土

聚合物混凝土是由有机材料、无机材料复合而成的混凝土。按组成材料和制作工艺，聚合物混凝土可分为聚合物浸渍混凝土、聚合物水泥混凝土和聚合物胶结混凝土三种。

1. 聚合物浸渍混凝土(PIC)

聚合物浸渍混凝土是将硬化后的混凝土加热、干燥、抽去孔隙中的空气，以有机单体(甲基丙烯酸甲酯、丙烯腈等)浸渍，然后用加热或辐射等方法使孔隙中的单体聚合而成。聚合物混凝土具有高强、耐蚀、抗渗、耐磨等优良性能。

聚合物填充了普通水泥混凝土，硬化后内部存在孔隙和微裂缝，增强了混凝土的密实度，提高了水泥与集料之间的粘结强度，减少了应力集中，因而，改善了混凝土的力学和物理性能(抗压强度可提高2～4倍，抗拉强度可提高3倍，抗折强度可提高2～3倍)。

聚合物浸渍混凝土的加工工艺过程比较复杂，需要消耗大量的能量，制作成本较高，在美国、日本等国家用于上下水管道、预制预应力桥面板、高强度混凝土、地下支撑系统等。

2. 聚合物水泥混凝土(PMC)

聚合物水泥混凝土也称为聚合物改性水泥混凝土，采用聚合物乳液或粉状材料拌和水泥，并掺入砂和其他集料制成,生产工艺与普通水泥混凝土相似,便于现场施工,成本较低,应用较广泛。聚合物水泥混凝土主要应用于机场跑道、混凝土路面或桥梁面层及构造物的防水层。

一般认为在硬化过程中聚合物与水泥之间发生化学作用,水泥吸收乳液中的水分进行凝结硬化,聚合物乳液逐渐失去水分而凝固。聚合物与水泥水化产物相互穿透包裹,形成致密的网状结构,因而改善了混凝土的性能,具有粘结性能好,抗拉强度较高,耐久性、耐磨性和耐蚀性高等优点。

3. 聚合物胶结混凝土(PC)

聚合物胶结混凝土也称为树脂混凝土,是完全采用聚合物(聚酯、聚甲基丙烯酸甲酯等)作为胶结材料的混凝土,主要由聚合物和砂石材料组成。为改善某项性能,必要时也可掺加短纤维、减剂、偶联剂等添加剂。

目前,常用的胶结材料有环氧树脂、不饱和聚酯树脂、呋喃树脂、糠醛树脂及甲基酸甲酯单体、苯乙烯单体等。其中,不饱和聚酯树脂价格较低,对聚合物混凝土的固化控制较易。若采用甲基丙烯酸甲酯,由于黏度较低,混凝土和易性好,施工方便,固化性能较好。与普通水泥混凝土相比,聚合物胶结混凝土具有一些新的性能特点,其抗拉强度、抗压强度、抗弯强度都得到较大提高,抗渗性、耐磨性、耐水性、耐腐蚀性都得到较大改善。因此,聚合物胶结混凝土在土建、交通和化工部门都得到重视,已用于铺筑路面和桥面、修补路面凹坑、修补机场跑道等。由于生产工艺的改进,聚合物混凝土材料的应用范围越来越广,如混凝土管、隧道衬砌、支柱、堤坝面层及各种土建工程的装饰性构件等。

15.3.2 其他应用

1. 土工合成材料

聚合物材料包括塑料、合成纤维、合成橡胶,如聚乙烯(PE)、聚丙烯(PP)、聚氯乙烯(PVC),以及聚酯纤维等作为原料制成土工织物、土工膜、土工格栅等,可以用于加固土基、防止沥青路面反射裂缝、加固挡墙及桥墩工程。聚合物材料已得到越来越广泛的应用。通常聚合物原料被加工成丝、短纤维、纱或条带后,才能再制成具有平面结构的土工织物。其他土工制品也主要采用聚合物作为原料,如土工格栅在制造过程中,聚合物高分子在加热延伸过程中重新定向排列,加强了分子链间的联结力,从而达到提高其强度的目的。

2. 膨胀支座和弹性支座

桥梁和管线工程中的膨胀支座一般以聚四氟乙烯(PTFE)树脂为原料,以保证梁的水平移动的要求。弹性支座可采用氯丁橡胶(CR)和聚异戊二烯橡胶(IR)等制作,以减少噪声和振动。

3. 胶粘剂

胶粘剂的品种有很多,其中的合成胶包括树脂型、橡胶型和混合型三类。树脂型胶粘剂的胶粘强度高,硬度、耐温、耐介的性能都比较好,但较脆,起粘性、韧性较差;橡胶型胶粘剂的柔韧性和起粘性好,抗振和抗弯性能好,但强度和耐热性较差;混合型树脂与橡胶,或多种树脂、橡胶混合使用可取长补短,发挥各自的优越性。

在土建工程中应用最多的是环氧树脂胶粘剂,它是由环氧树脂、固化剂、增韧剂、填料等组成的,还包括稀释剂、促进剂、偶联剂等。环氧树脂胶粘剂的特点是粘结力强、收缩率小、稳定性高,而且与其他高分子化合物的混溶性好,可制成不同用途的改性品种,如环氧丁腈胶、环氧尼龙胶、环氧聚硫胶等。环氧树脂胶粘剂的缺点是耐热性低,耐候性尤其是耐紫外线性能较差,部分添加剂有毒。它可用于金属与金属之间、金属与非金属材料的粘结,也可用作防水、防腐涂料。

聚醋酸乙烯酯胶粘剂也是常用的热塑性树脂胶粘剂，以聚醋酸为基料，可以制备成乳液胶粘剂、溶液胶粘剂或热熔胶等，其中以乳液胶粘剂使用最多。聚醋酸乙烯酯乳液胶粘剂的成膜是通过水分的蒸发或吸收和乳液互相溶结这两个过程实现的，具有树脂分子量高、胶结强度好、黏度低、使用方便、无毒、不燃等优点。其适用于胶结多孔、易吸水的材料，如木材、纤维制品等，也可用来粘结混凝土制品、水泥制品等，用途十分广泛。

4. 裂缝修补与嵌缝材料

裂缝修补与嵌缝材料实际是一种胶粘剂，用于修补水泥混凝土路面的裂缝或嵌缝结构或构件的接缝。此类材料必须具备较好的粘结力、较高的拉伸率，并具有较好的低温塑性及耐久性。目前常用的有环氧树脂类、聚氨酯类、烯烃类修补材料，以及聚氯乙烯类、橡胶类等嵌缝材料。

（1）环氧树脂类。环氧树脂类修补材料的主要组分是环氧树脂。它含有两个以上环氧化基因高分子化合物。常见的环氧树脂可分为两类：一类是缩水甘油基型环氧树脂；另一类是环氧化烯烃。水泥混凝土路面修补中使用的环氧树脂大多属于缩水甘油基型。但环氧树脂的延伸率低、脆性大、不耐疲劳，在使用中会造成一定的缺陷，因此，必须对环氧树脂进行改性，以提高延伸率，降低其脆性。改性的方法是加一些改性剂，可采用低分子液体改性剂、增韧剂等。

（2）聚氨酯类。聚氨酯胶液的主体材料是多异氰酸酯和聚氨基甲酸酯，固化后所得到的弹性体具有极高的黏附性，抗老化性能好，与混凝土的粘结牢固，且不需要打底，可用作房屋、桥梁的嵌缝密封材料。

（3）烯烃类。烯烃类裂缝修补材料主要采用烯类聚合物配制而成，通常有两大类：一类是以烯类单体或预聚体作胶粘剂；另一类是以高分子聚合物本身作胶粘剂。如氨基丙烯酸胶粘剂，其最大的优点是室外固化时间快，几分钟之内就可以粘住，24～28 h可达到最高抗拉强度，且气密性能好，但价格较高，不宜大面积使用。

（4）聚氯乙烯类。聚氯乙烯胶泥是以煤焦油为基料，加入聚氯乙烯树脂、增塑剂、填充料和稳定剂等配制而成的单组分材料，呈黑色固体状，施工时需要加热至130 ℃～140 ℃；采用填缝机进行灌注，冷却后成型。它具有良好的防水性、粘结性、柔韧性和抗渗性，且耐寒、耐热、抗老化，能很好地与混凝土粘结，适用于混凝土路面板的接缝及各种管道的接缝。

（5）橡胶类。氯丁橡胶嵌缝材料是以氯丁橡胶和丙烯系塑料为主体材料，配以适量的增塑剂、硫化剂、增韧剂、防老化剂及填充剂等配制而成的一种黏稠物。它与砂浆、混凝土及金属等有良好的粘结性能，且易于施工，常用作混凝土路面的嵌缝材料。

硅橡胶是一种优质的嵌缝材料，具有良好的低温（－60 ℃）柔韧性，可耐150 ℃的高温，且耐腐蚀，但价格较高。聚硫橡胶嵌缝材料兼具塑料和橡胶的性能，常温下不发生氧化，变形小、抗老化，适用于细小、多孔或暴露表面的接缝。

复习思考题

1. 什么是高分子聚合物？有何特点？其聚合方式有哪些？
2. 简述合成橡胶、合成纤维及塑料的主要成分、分类与性能。
3. 高分子材料在道路工程中的哪些方面会得到应用？

项目 16 其他新型材料

学习目标

1. 了解新型建筑钢材的性质。
2. 了解新型沥青材料的组成成分和性质。
3. 了解 Superpave 与 GTM 沥青混合料的性质及其设计方法。

任务描述

通过学习，了解新型建筑钢材的性质，新型沥青材料的组成成分和性质，以及 Superpave 与 GTM 沥青混合料的性质及其设计方法。

学习引导

本项目沿着以下脉络进行学习：

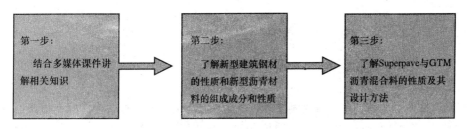

任务 16.1 新型建筑钢材

近年来，随着冶金和焊接技术的发展，高性能钢材也越来越多地应用于桥梁工程中，如高性能双腹板梁桥、高性能钢管端翼缘工字钢梁、钢管混凝土拱桥等。它不仅提高了结构可靠性、减少了材料用量、减轻了结构自重、缩小了桥墩，还有利于施工，使桥梁在实际运用中发挥了更强大的作用。下面简单介绍几种高性能钢材。

1. 高强度钢

桥梁工程应用高强度钢，可有效减小所用钢板的厚度，减轻结构的总质量，获得较大的跨度，并且方便施工。在桥梁结构中，高强度钢材一般仅用到 570 N/mm^2 级钢，但在其他领域有时要求强度比这高得多。

2. 耐候钢

在湿度高、腐蚀性强的环境条件下，结构钢的防腐性能是桥梁设计考虑的重点。新型耐候钢能有效减少盐分在盐分环境条件下对材料的腐蚀，同时不引起过量层状撕裂和无粘结的片状锈物，从而降低了桥梁结构的养护与维修成本。在工程实践中，耐候钢不涂装就可以使用，是极好的结构用材，能使寿命期内的总费用降到最低。

3. 高韧性钢

在寒冷工作条件下,钢板的冲击韧性对结构的工作性能非常重要。一般来说,桥梁钢材在寒冷工作条件下,其应变的时效效应将降低钢板的韧性,降低的幅度与钢板的制作方法有关。通过减少碳、磷、硫和氮的含量,细化晶粒结构及引入控温控轧技术(TMCP技术),可以减少钢板韧性降低的幅度。

4. 抗强疲劳性能钢

目前,改善钢材疲劳性能的途径主要有通过磁化提高结构疲劳性能,通过细化钢材晶粒或加入微量镁和锆改善钢材的低周疲劳性能。这些方法可以提高材料抗裂纹产生能力,延迟材料产生裂纹萌生期,进而达到提高钢材抗强疲劳性能的目的。

5. 高焊接性能钢

在焊接工艺中,焊接预热是一个关键因素。TMCP技术是高性能钢板降低焊接预热温度所采用的一项关键技术。普通780 N/mm² 级钢焊接时需120 ℃以上的预热温度,这带来了各方面的问题,诸如由热膨胀引起的构件变形和高温所带来的工作荷载增加等。不需要预热或预热温度较低的高性能钢板可以解决这类问题,它增加了桥梁结构的耐久性,降低了工作难度,方便施工。

任务 16.2　新型沥青材料

16.2.1　天然沥青

天然沥青按照形成的环境可分为湖沥青、岩沥青等。天然沥青具有较高的含氮量(一般沥青中很少含氮),这使它具有很强的特殊浸润性和较高的抵御自由基氧化能力,因此,天然沥青的黏度大,抗氧化性强。天然沥青的强极性还使它具有很好的黏附性及抗剥落性。天然沥青不含蜡,在高含蜡沥青中加入天然沥青能够在一定程度上削弱蜡对沥青的不良影响。

1. 湖沥青

湖沥青是石油不断从地壳中冒出并存在于天然湖中,经长年沉降、变化、硬化而形成的天然沥青。湖沥青的代表性产品为产于南美洲特立尼达岛的特立尼达湖沥青(Trinidad Lake Asphalt,TLA)。特立尼达湖沥青经过精炼加工后得到的产品称为特立尼达精炼湖沥青。

胶体结构分析表明TLA属于凝胶结构。对于掺配TLA改性后得到的改性沥青,其结构性能与温度敏感性得到了较大改善,软沥青质组成物的成分使改性沥青具备了良好的抗剥落性能,同时,沥青的劲度模量与沥青路面的抗滑性能均有不同程度的提高。

TLA改性沥青被广泛应用于重交通路段,包括飞机场道面、桥面铺装、高速公路路面等。TLA改性沥青的具体应用条件见表16-1。

表16-1　各等级TLA改性沥青的适用范围

等级	针入度(25 ℃,100 g,5 s)(0.1 mm)	建议应用的条件
TMA1	40~55	极繁重的荷载条件、重交通路面,停机坪等
TMA2	60~75	繁重的交通量、标准负荷的高速公路,机场道面,街道等
TMA3	800~100	中等至繁重的交通量、标准负荷的干线公路,次干道,公路,停车场

续表

等级	针入度(25 ℃，100 g，5 s)(0.1 mm)	建议应用的条件
TMA4	120～150	轻至中等的交通量、标准负荷的次干道，停车场，热拌沥青及冷拌沥青混合料，表面修复

美国 ASTM 规范对 TLA 改性沥青的技术要求见表 16-2。

表 16-2　TLA 改性沥青技术标准

指标	针入度等级							
	TMA1		TMA2		TMA3		TMA4	
	min	max	min	max	min	max	min	max
针入度(25 ℃，100 g，5 s)(0.1 mm)	40	55	60	75	80	100	120	150
黏度(135 ℃)/(mm²·s⁻¹)	385	—	275	—	215	—	175	—
延度(25 ℃)/cm	100		100		100		100	—
闪点/℃	232	—	232	—	232	—	232	—
溶解度/%	77	90	77	90	77	90	77	90
TFOT 残留物								
针入度(25 ℃，100 g，5 s)降低/%	55	—	52	—	47	—	42	—
延度(25 ℃)/cm	50	—	50	—	75	—	100	—
无机质(灰分)/%	7.5	19.5	7.5	19.5	7.5	19.5	7.5	19.5

注：①若原样沥青延度小于 100 cm，则应采用抽提的不多于 5% 无机质灰分的改性沥青重新试验。
②原样沥青 25 ℃ 延度小于 100 cm，15 ℃ 延度大于 100 cm 时，也予通过。
③溶解度要求由用户按照混合的 TLA 比例在此范围内提出。

2. 岩沥青

岩沥青是石油不断地从地壳中冒出，存在于山体、岩石裂隙中，经长期蒸发凝固而形成的天然沥青。岩沥青的代表性产品是布敦岩沥青(BMA)、UINTAITE 北美岩沥青。我国新疆、青海及四川一带也有储量丰富的岩沥青。

北美岩沥青和布敦岩沥青的组分见表 16-3。

表 16-3　两种岩沥青的组分 %

岩沥青	饱和分	芳香分	胶质	沥青质
UINTAITE 北美岩沥青	1～3	1～3	21～37	57～76
布敦岩沥青	12～34	12～23	20～54	37～56

两种常用岩沥青的技术要求见表 16-4。

表 16-4　两种常用岩沥青的技术要求

指标	UINTAITE 北美岩沥青	布敦岩沥青
软化点/℃	175	144

续表

指标	UINTAITE北美岩沥青	布敦岩沥青
针入度(0.1 mm)	0	0
沥青含量/%	70.0	20.4
含水率/%	1.0	0.64
加热损失/%	0.2	1.05
5 ℃密度/(g·cm^{-3})	1.05	1.81
有机物含量/%	—	—
灰分/%	0.5	27.3
闪点(COC)/℃	315	306

16.2.2 泡沫沥青

在高温的普通针入度级沥青中加入少量冷水，使沥青表面积大大增加、体积膨胀数倍至数十倍，然后在1 min内又恢复原状。这种膨胀成泡沫的沥青称为泡沫沥青。泡沫沥青多与水泥一起作为稳定剂，应用于沥青路面的冷再生工程。

泡沫沥青的制备工艺如图16-1所示。

通常采用膨胀率和半衰期两个指标对泡沫沥青的性能进行评价。膨胀率是指沥青发泡膨胀达到的最大体积与泡沫完全消失时的体积之比，它可以反映泡沫沥青的黏度大小。半衰期是指泡沫沥青从最大体积降低到最大体积的一半所需要的时间，它反映了泡沫沥青的稳定性。对泡沫沥青而言，我们希望膨胀率和半衰期两个指标都尽可能提高，但实际上两个指标呈现相反的变化趋势，如图16-2所示。

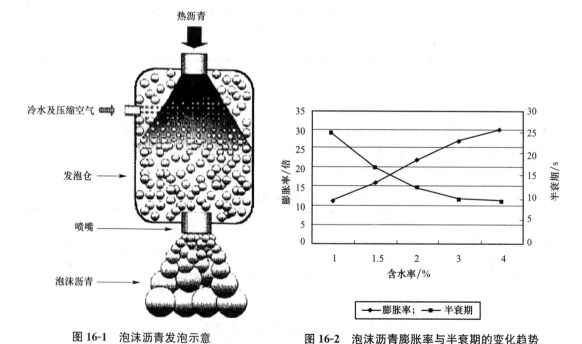

图16-1 泡沫沥青发泡示意　　图16-2 泡沫沥青膨胀率与半衰期的变化趋势

研究表明，当泡沫沥青两个评价指标中的任何一个达到最优而另一个较差时，都不利于泡沫沥青性能的稳定,因此,在确定泡沫沥青的发泡条件时,应尽可能通过变化试验参数使膨胀率和半衰期两个指标均能达到较好的状态,从而获得最佳的沥青发泡效果。

任务 16.3 新型沥青混合料——Superpave 的组成设计方法

Superpave(高性能沥青路面)是 Superior Performing Asphalt Pavement 的缩写。Superpave 体系包括沥青胶结料物理特性试验及规范、一系列集料试验与规范、热拌沥青混合料设计和分析体系,以及集成体系各部分的计算机软件。

Superpave 混合料设计的基本步骤是:材料选择、设计集料结构选择、设计沥青胶结料含量选择和混合料水敏感性评估。

16.3.1 沥青胶结料性能评价方法

永久变形、疲劳开裂与低温开裂是沥青路面在高温、中等温度与低温状况下普遍产生的三种典型病害类型。Superpave 胶结料体系中提出与之相对应的胶结料试验评价方法,以描述沥青在实际路面温度及最可能发生病害时间段内的特性,见表 16-5 及图 16-3 所示。

表 16-5 Superpave 胶结料试验

Superpave 胶结料试验	目的
动态剪切流变试验(DSR)	测定高温和中等温度性质
旋转黏度试验(RV)	测定高温性质
弯曲梁流变试验(BBR)、直接拉伸试验(DTT)	测定低温性质
旋转薄膜烘箱试验(RTFO)	模拟硬化(短期老化)特性
压力老化试验(PAV)	模拟耐久性(长期老化)特性

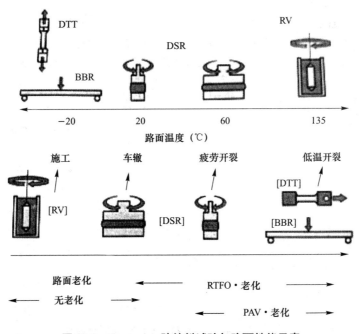

图 16-3 Superpave 胶结料试验与路面性能示意

16.3.2 Superpave集料性能评价方法

1. 集料技术性能

SHRP路面研究者意识到，在所有情况下要得到高性能的沥青路面，集料的某些特征是非常重要的。这些特征又被称为认同特性，主要包括粗集料棱角性、细集料棱角性、集料的针片状含量与集料黏土含量。

Superpave集料规范规定：粗集料棱角性采用人工识别方法测试大于4.75 mm的集料中具有一个或一个以上破碎面的集料占集料总质量的百分率；细集料棱角性采用间隙率法棱角性测试仪测试小于2.36 mm集料未压实空隙率；集料的针片状含量采用针片状规准仪测试集料中最大与最小尺寸之比大于5的粗集料的质量百分率；集料黏土含量采用砂当量法测试小于4.75 mm集料中黏土的质量百分率。

Superpave规范中提出的基于路面交通轴载的集料性能指标要求见表16-6。

表16-6 Superpave的集料性能指标要求

指标	交通量ESALs(百万次)	<0.3	0.3~3	3~10	10~30	≥30
粗集料棱角性/%	路表100 mm以内	55/—	75/—	85/80	95/90	100/100
	路表100 mm以下	—	50/—	60/—	85/75	100/100
细集料棱角性/%	路表100 mm以内	—	40	45	45	45
	路表100 mm以下	—	40	40	40	45
针片状含量/%		—	≤10	≤10	≤10	≤10
黏土含量(砂当量)/%		≥40	≥40	≥45	≥45	≥50

注：①"85/80"是指粗集料中85%具有一个破碎面，80%具有两个破碎面。
②细集料棱角性采用间隙率进行表征。
③黏土含量采用砂当量进行表征。

2. 集料级配

Superpave集料规范中采用横坐标间隔为筛孔尺寸的0.45次方的级配图定义级配范围。为了规范集料范围，0.45次方的级配图上增加了两个附加特征，即控制点和限制区(又称禁区)。控制点是级配必须通过的范围，设置在公称最大尺寸、中等尺寸、中等尺寸(2.36 mm)和粉尘尺寸(0.075 mm)处；限制区是在最大密度级配线附近，在中等尺寸和0.3 mm尺寸之间，形成的一个级配不应通过的区域，如图16-4所示。Superpave设计体系认为集料的级配曲线(设计集料结构)只有落在控制点范围内，且不通过限制区时，混合料方可取得较为优越的路用性能，如图16-5所示。

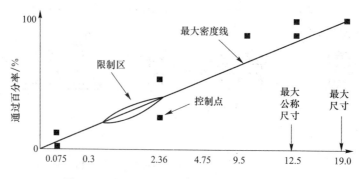

图16-4 Superpave混合料级配控制点与限制区

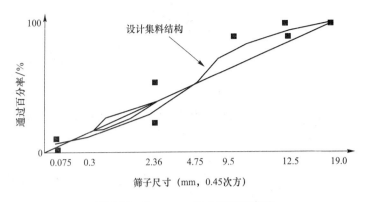

图 16-5 Superpave 混合料级配曲线

16.3.3 Superpave 混合料设计方法

Superpave 混合料设计分为三个水准：混合料体积设计，也称水准Ⅰ设计，使用旋转压实机（SGC），根据体积设计要求选择沥青用量；混合料中等路面性能水平设计，也称水准Ⅱ设计，以混合料体积设计为基础，附加一组 SST 和 IDT 试验以达到一系列性能预测；混合料最高路面性能水平设计，也称水准Ⅲ设计，以混合料体积设计为基础，附加的 SST 和 IDT 试验是在一个较宽温度变化范围内进行试验。由于包含了更广泛的试验范围和结果，完全分析可提供更可靠的性能预测水平。目前，Superpave 设计体系中仅水准Ⅰ设计比较完善，水准Ⅱ与水准Ⅲ设计仍在研究完善之中。

1. Superpave 沥青混合料成型方法

Superpave 沥青混合料设计体系中采用 Superpave 旋转压实机（SGC）对热拌沥青混合料采用旋转搓揉方法成型圆柱体沥青混合料试件，可实时测量试件在压实过程中的高度，从而实时计算其密度、空隙率等体积参数。

旋转压实过程中有三个旋转次数需特别关注：设计旋转压实次数 N_{des}、初始旋转压实次数 N_{ini} 与最大旋转压实次数 N_{max}。Superpave 设计体系提出的基于沥青路面交通轴载状况的沥青混合料旋转压实次数见表 16-7。

表 16-7 Superpave 设计旋转压实次数

设计等效单轴荷载 ESALs（百万次）	压实参数		
	N_{ini}	N_{des}	N_{max}
<0.3	6	50	75
0.3≤ESALs<3	7	75	115
3≤ESALs<30	8	100	160
≥30	9	125	205

2. Superpave 沥青混合料技术要求

水准Ⅰ的 Superpave 沥青混合料技术要求包括混合料体积特性要求、粉胶比、水敏感性。

（1）混合料体积特性要求。沥青混合料体积特性要求包括空隙率、矿料间隙率、沥青饱和度，以及在 N_{ini} 和 N_{max} 条件下混合料密度。其中，空隙率是极为重要的性质，是沥青胶结含量确定的基础。在 Superpave 设计体系中，沥青混合料的设计空隙率为 4%。

当沥青混合料的设计空隙率为 4% 时，矿料间隙率（VMA）的要求与集料的公称最大粒径有关，见表 16-8。

表 16-8　Superpave 规范中对 VMA 的要求

公称最大粒径/mm	最小 VMA/%	公称最大粒径/mm	最小 VMA/%
4.75	16.0	19	13.0
9.5	15.0	25	12.0
12.5	14.0	37.5	11.0

当沥青混合料的设计空隙率为 4% 时，沥青饱和度 VFA 的要求范围与沥青路面的交通轴载状况有关，见表 16-9。

表 16-9　Superpave 规范中对 VFA 的要求

设计 ESALs/百万次	最小 VFA/%	设计 ESALs/百万次	最小 VFA/%
<0.3	70～80	10～30	65～75
0.3～3	65～78	≥30	65～75
3～10	65～75		

Superpave 设计体系中对沥青混合料不同旋转次数时的压实度也做出了相应的规定，要求 N_{ini} 在初始压实状态时，压实密度与沥青混合料最大理论密度的比值不超过 89%；N_{max} 在最大压实状态时，该比值不得超过 98%。前者的意义在于可限制沥青混合料设计中产生的软弱集料级配与结构，后者的意义在于可限制沥青混合料在设计交通量下压实过度。

(2) 粉胶比。Superpave 设计体系中对混合料体积参数的另一个要求是粉胶比，即小于 0.075 mm 矿粉与有效沥青含量的质量比值，要求沥青混合料的粉胶比范围为 0.6～1.6。粉胶比过低会引起沥青混合料的高温稳定性不良，过高则会引起沥青混合料耐久性不足。

(3) 水敏感性。Superpave 设计体系中采用高度为 95 mm，空隙率为 6%～8% 的 SGC 沥青混合料试件进行真空饱水冻融劈裂试验，计算经冻融循环后沥青混合料间接抗拉强度与原样试样间接抗拉强度的比值，即冻融劈裂强度比 TSR。Superpave 要求沥青混合料的 TSR 不得小于 80%，若 TSR 较低，则易导致沥青混合料产生水损害。

3. Superpave 沥青混合料设计方法

水准 I 的 Superpave 混合料设计的四个基本步骤为材料选择、设计集料结构选择、设计沥青胶结料含量选择和混合料水敏感性评估。材料的选择标准与要求在前文已经进行了阐述，以下介绍设计集料结构、胶结料含量与混合料水敏感性评估。

(1) 沥青混合料设计集料结构(设计级配)选择。

1) 合成级配选择。设计集料结构的主要任务是确定各种集料的用量比例，配制合成级配，并使级配曲线满足最大筛孔、公称最大筛孔 2.36 mm 筛孔和 0.075 mm 筛孔的控制点要求，并不得通过限制区。

在级配配制过程中可尝试多个合成级配方案，但不得少于 3 个合成级配。通常可各选择 1 个中等合成级配、粗的合成级配与较细的合成级配进行设计。

2) 试拌沥青用量的选择。按每一种合成级配拌制热拌沥青混合料试样，并采用 SGC 至少压实成型 2 个试件。其中，试拌沥青混合料所需的预估沥青用量可按式(16-1)进行计算。

$$P_{bi} = \frac{G_b \times (V_{be} + V_{ba})}{[G_b \times (V_{be} + V_{ba})] + W_s} \times 100 \tag{16-1}$$

式中　P_{bi}——试拌沥青混合料所需的预估沥青用量(%)；

　　　V_{be}——有效胶结料的体积(%)；

　　　V_{ba}——被集料吸收的胶结料体积(%)；

　　　G_b——胶结料的相对密度；

　　　W_s——集料的质量(g)。

根据旋转压实过程中沥青混合料试件高度的实时记录数据计算其毛体积密度 G_{mb}；利用沥青混合料最大理论密度 G_{mm} 计算设计旋转压实次数 N_{des} 时各组沥青混合料的空隙率、矿料间隙率 VMA、沥青饱和度 VFA 与粉胶比；对初始压实次数 N_{ini} 时的压密程度进行校核，并对该级配的沥青胶结料预估用量进行调整。经综合比较后，最终选择一种合成级配。

(2)设计沥青胶结料含量选择。确定矿料合成级配后，选择不同的沥青胶结料用量进行旋转压实成型试件，对混合料的特性进行评估，从而最终确定设计沥青胶结料的用量。

1)以预估沥青用量为中心，以 0.5% 为间隔，选择 5 种沥青胶结料用量。

2)每组最少 2 个，旋转压实成型 5 组沥青混合料试件。

3)计算每组试件在设计旋转压实次数 N_{des} 时各组沥青混合料的空隙率、矿料间隙率 VMA、沥青饱和度 VFA 与粉胶比。

4)选择设计旋转压实次数 N_{des} 时空隙率为 4% 的沥青胶结料用量作为最佳胶结料用量。

5)以最佳胶结料用量再次旋转压实成型沥青混合料试件，对其设计旋转压实次数 N_{des} 时的压实程度进行验证，要求其不得超过 98%。

4. Superpave 沥青混合料水敏感性评估

采用设计集料结构(矿料级配)及设计最佳沥青胶结料用量，旋转压实成型高度为 95 mm、空隙率为 7% 的 SGC 沥青混合料试件，对其进行真空饱水冻融劈裂试验，计算冻融劈裂强度比 TSR，要求沥青混合料的 TSR 不得小于 80%。

任务 16.4 新型沥青混合料——GTM 的组成设计方法

GTM(Gyratory Testing Machine)即美国工程兵旋转压实剪切试验。GTM 作为一种理论研究和工程兵实际应用的工具，是由美国工程兵为解决轰炸机场跑道容易破损的问题而专门研究发明的。

GTM 是柔性路面在荷载作用下的机械模拟。该试验机采用类似于施工中压路机作用的搓揉方法压实沥青混合料，并且模拟了现场压实设备与随后交通的作用，具有改变垂直压力的灵活性。

GTM 的结构组成与工作原理如图 16-6 所示。试模夹具顶部有一凸出圆盘，在圆盘上、下面各有一滚轮，上、下滚轮之间的连线与水平面有一定角度，称为机器角(机器角可通过调整滚轮相对高低而改变)。与试模同一轴线的上下有垂直压力加载系统，施加与实际路面结构受力相等的最大压力。当上、下滚轮旋转时，试件便随着试模夹具在设定垂直压力下被不断搓揉、压实、剪切，直到平衡状态(是指每旋转 100 次试件的密度变化率为 0.016 g/cm³)。在试件被压实到平衡状态过程中，GTM 能自动随时采集试件的应力—应变数据，并显示抗剪强度变化曲线，以判断试件是否会达到破坏及塑性过大状态，从而决定沥青用量是否合理。试件的应变是通过机器角的大小来表示的，抗剪强度 S_G 是用滚轮压力推理换算而得的。

GTM 一个重要的特征是能够直接反映颗粒状塑性材料中可能出现的塑性过大的现象。

GTM 成型方法的试验目的是模拟路面行车荷载作用下沥青混合料的最终压实状态及平衡状态，并测试分析试样在被压实到平衡状态过程中抗剪强度 S_G 和最终塑性变形大小，以判断混合料组成是否合理。在混合料被压实到平衡状态过程中，若机器角上升，滚轮压力下降，则说明混合料的抗剪强度在降低，变形在增加，呈现出塑性状态，即表明沥青混合料的沥青用量已经过大。压实试件的最终塑性变形大小是用旋转稳定系数 GSI(Gyratory Stability Index)来表示的。GSI 是试验结束的机器角与压实过程中的最小机器角的比值，它表示试件受剪应力作用的变形稳定程度参数。GSI 接近 1.0 时所对应的沥青用量为混合料的最大沥青用量。

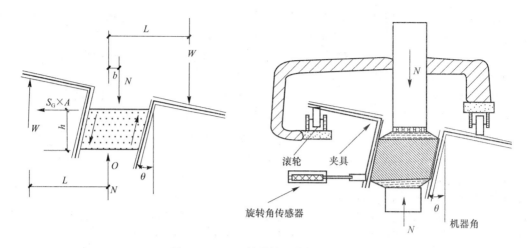

图 16-6 GTM 的结构组成与工作原理

GTM 沥青混合料设计时，需变化沥青用量分别进行 GTM 压实试验，然后绘制 GSI 与沥青用量的关系曲线，以确定混合料的最大沥青用量。另外，GTM 试验时还可以提供试件的最大密度，即试件处于平衡状态时的密度、安全系数 GSF（抗剪强度与最大剪应力之比值）、静态剪切模量、抗压模量等。

在 GTM 试验中，确定最佳用油量的指标包括以下几个：

1. 试件压实到平衡状态时的毛体积密度

试件密度作为一种体积指标在实际设计过程当中几乎不作为确定最佳用油量的判据，但是可以作为一种参考。从理论上讲，由 GTM 设计方法确定的最佳用油量对应的密度也是最大的。

2. 应变比（旋转压实稳定度 GSI）

旋转压实稳定度 GSI 是试验结束时的机器角与压实过程中的最小机器角的比值，它是表示试件受剪应力作用的变形稳定程度的参数，可检验沥青混合料在被压实到平衡状态时是否会出现塑性变形；一般认为 GSI 接近 1.0 时（最大可放宽至 1.05）所对应的沥青用量为混合料的最大沥青用量。

3. 抗剪安全系数 GSF

GSF 即抗剪强度与最大剪应力之比，主要用于检验沥青混合料被压实到平衡状态时的抗剪强度，是否达到在行车荷载的作用下需要承受的剪应力。GSF 应大于 1.0。

由于 GTM 旋转压实成型时的压实功显著大于马歇尔击实功，因而，GTM 设计的混合料最佳油石比、矿料间隙率、空隙率小于马歇尔法；试件标准密度、稳定度大于马歇尔法。

一般来说，GTM 设计的沥青混合料具有较好的高温稳定性、水稳定性，但由于该方法设计的沥青用量偏低，会对混合料的低温抗裂性能产生不利的影响。

➤ 复习思考题

1. 新型建筑钢材有哪些性质？
2. 天然沥青有哪几类？其组成成分和性质是什么？
3. 什么是 Superpave？Superpave 沥青混合料设计方法的主要步骤有哪些？
4. GTM 设计的沥青混合料的主要路用性能特点有哪些？

参 考 文 献

[1] 中华人民共和国交通运输部. JTG 3430—2020 公路土工试验规程[S]. 北京：人民交通出版社，2020.

[2] 中华人民共和国交通部. JTG E41—2005 公路工程岩石试验规程[S]. 北京：人民交通出版社，2017.

[3] 中华人民共和国交通部. JTG E42—2005 公路工程集料试验规程[S]. 北京：人民交通出版社，2016.

[4] 中华人民共和国住房和城乡建设部. JGJ/T 70—2009 建筑砂浆基本性能试验方法标准[S]. 北京：中国建筑工业出版社，2009.

[5] 中华人民共和国国家质量监督检验检疫总局，中国国家标准化管理委员会. GB/T 14684—2011 建设用砂[S]. 北京：中国标准出版社，2011.

[6] 中华人民共和国国家质量监督检验检疫总局，中国国家标准化管理委员会. GB/T 14685—2011 建设用卵石、碎石[S]. 北京：中国标准出版社，2011.

[7] 中华人民共和国交通部. JTG E30—2005 公路工程水泥及水泥混凝土试验规程[S] 北京：人民交通出版社，2005.

[8] 中华人民共和国交通运输部. JTG/T F30—2014 公路水泥混凝土路面施工技术细则[S]. 北京：人民交通出版社，2014.

[9] 中华人民共和国交通运输部. JTG D40—2011 公路水泥混凝土路面设计规范[S]. 北京：人民交通出版社，2011.

[10] 中华人民共和国交通运输部. JTG 3362—2018 公路钢筋混凝土及预应力混凝土桥涵设计规范[S]. 北京：人民交通出版社，2018.

[11] 中华人民共和国国家质量监督检验检疫总局，中国国家标准化管理委员会. GB/T 1499.1—2017 钢筋混凝土用钢 第1部分：热轧光圆钢筋[S]. 北京：中国标准出版社，2017.

[12] 中华人民共和国国家质量监督检验检疫总局，中国国家标准化管理委员会. GB/T 1499.2—2018 钢筋混凝土用钢 第2部分：热轧带肋钢筋[S]. 北京：中国标准出版社，2018.

[13] 《建筑用钢筋标准与规范汇编》编写组. 建筑用钢筋标准与规范汇编[M]. 北京：中国标准出版社，2004.

[14] 中华人民共和国住房和城乡建设部. JGJ 55—2011 普通混凝土配合比设计规程[S]. 北京：中国建筑工业出版社，2011.

[15] 中华人民共和国住房和城乡建设部，国家市场监督管理总局. GB/T 50081—2019 混凝土物理力学性能试验方法标准[S]. 北京：中国建筑工业出版社，2019.

[16] 中华人民共和国交通运输部. JTG/T 3650—2020 公路桥涵施工技术规范[S]. 北京：人民交通出版社，2020.

[17] 中华人民共和国交通运输部. JTG/T F20—2015 公路路面基层施工技术细则[S]. 北京：人民交通出版社，2015.

[18] 中华人民共和国交通运输部. JTG E51—2009 公路工程无机结合料稳定材料试验规程[S]. 北京：人民交通出版社，2009.

[19] 中华人民共和国住房和城乡建设部. JGJ/T 98—2010 砌筑砂浆配合比设计规程[S]. 北京：中国建筑工业出版社，2011.

[20] 中华人民共和国交通运输部. JTG E20—2011 公路工程沥青及沥青混合料试验规程[S]. 北京：人民交通出版社，2011.

[21] 中华人民共和国交通运输部. JTG D50—2017 公路沥青路面设计规范[S]. 北京：人民交通出版社，2017.

[22] 中华人民共和国交通部. JTG F40—2004 公路沥青路面施工技术规范[S]. 北京：人民交通出版社，2004.

[23] 申爱琴. 水泥与水泥混凝土[M]. 2版. 北京：人民交通出版社，2019.

[24] 姜志青. 道路建筑材料[M]. 5版. 北京：人民交通出版社，2015.

[25] 李立寒，孙大权，朱兴一，等. 道路工程材料[M]. 6版. 北京：人民交通出版社，2018.